河南信息化年鉴 2007

河南省信息协会
河南省信息中心 编

河南人民出版社

图书在版编目(CIP)数据

河南信息化年鉴2007/河南省信息协会,河南省信息中心编. -郑州:河南人民出版社,2008.1
ISBN 978-7-215-06170-5

Ⅰ.河… Ⅱ.①河…②河… Ⅲ.信息工作-河南省-2007-年鉴 Ⅳ.G203-54

中国版本图书馆CIP数据核字(2008)第008819号

河南人民出版社出版发行
(地址:郑州市经五路66号 邮政编码:450002 电话:65723341)
新华书店经销 郑州市毛庄印刷厂印刷
开本 787毫米×1092毫米 1/16 印张 20.75
字数 465千字 插页 12
2008年1月第1版 2008年1月第1次印刷

定价:180.00元

河南省信息中心

河南省信息中心是具有行政职能的全供制事业单位，隶属河南省发展和改革委员会。目前的主要任务：一是河南省电子政务外网的建设和运行维护工作，二是为四大班子及政府各职能部门提供宏观决策支持和各种经济信息，三是为省发改委提供技术支持和各种信息服务。

河南省信息中心技术力量雄厚，现有114人，拥有计算机、通信网络、软件开发、硬件维护、系统集成、经济预测分析、信息采集加工等各方面、多层次的人才，其中具有高级职称的技术人员16人、中级职称的技术人员44人。拥有先进的计算机、通信和网络设备，已建成河南省电子政务外网信息交换平台、国家计划系统纵向网河南省平台，逐步成为河南省大型信息网络互联中心和数据处理中心。

目前开发的主要信息系统有：河南省电子政务外网公共应用信息系统、河南省经济运行预测预警监控调度系统、河南省企业景气调查信息系统、河南省百户重点企业信息系统、国家计划系统纵向网河南节点信息系统、河南省国民经济动员管理信息系统、河南省项目上报管理信息系统、河南招商网、河南信息化网、河南省高新技术产业网、河南省区域合作网等。

主要信息产品和出版物有：河南省宏观经济数据库、河南省投资数据库、法律法规库、河南省工业企业景气调查数据库、《河南信息》（月刊）、《宏观经济发展展望》（年度）、《中部十省宏观经济运行信息交流》、《宏观经济季度分析》、《宏观经济预警分析》、《宏观经济中长期预测分析》、《决策参考》、《每日经济》、《财经动态》、《要闻、特情、建议》、《发改委领导参阅信息》、《热点、难点研究》等。

2007年12月4日，在焦作市召开河南省电子政务外网工作座谈会

2007年8月22～23日，在鲁山县召开河南省电子政务外网培训工作会议

2005年12月8日，在郑州市召开河南省电子政务外网建设工作交流会

河南省电子政务外网交换平台机房

河南中烟工业公司

河南中烟工业公司大门

国家局确定的新世纪制丝线首条鉴定样线

“帝豪”生产线

河南中烟工业公司成立于2003年10月15日。2006年7月17日，经国家烟草专卖局批复同意，与所属新郑烟草（集团）公司、许昌卷烟总厂、郑州卷烟总厂合并重组为新的河南中烟工业公司，经营范围为烟草制品的生产、销售，烟用物资、烟机零配件的经营，烟叶进口和卷烟出口业务，与烟草制品生产、销售相关的其他生产经营，多元化经营，资产经营等。公司本部常设18个部门，分别为办公室、企划部、生产管理部、安全保卫部、装备部、法律与改革部、财务部、审计部、人力资源部、投资管理部、监察部、政工部、市场营销部、原料部、物资部、进出口部、技术中心、信息中心。

公司下辖新郑、郑州、许昌、安阳、南阳、驻马店、漯河、洛阳8个卷烟生产厂，拥有1个行业技术中心、2个博士后工作站，总资产126.7亿元，年产销卷烟近300万箱，主要生产红旗渠、帝豪、黄金叶、金芒果、金许昌等品牌卷烟。其中，红旗渠、帝豪、黄金叶为“中国驰名商标”。

公司地址：河南省郑州市农业东路29号（450016）
电话：0371－69192777
传真：0371－69192888
公司网址：www.hatic.com

驻马店生产车间

新郑厂区

洛阳厂区

许昌厂区全貌

安阳厂区

河南省国家税务局

省局党组关注信息化建设。图为省局党组成员亲自参加全省综合征管软件上线动员大会

2006年12月19日河南省国家税务局钱国玉局长、魏正武副局长，亲切看望信息中心工作人员并提出希望

总局授予河南国税信息化建设先进单位称号

总局领导非常关注河南国税信息化建设。近两年，郝照成副局长、贺邦靖纪检组长、宋兰副局长等先后来河南省视察信息化建设工作

2006年12月总局谢旭人局长到河南省视察信息化建设工作

2007年8月谢旭人局长再次到河南省视察工作，充分肯定河南省国税信息化工作

河南省国家税务局已经建成了省级集中加地市分布模式的12366纳税服务热线

河南省国家税务局信息中心机房

近几年，河南省国家税务局10余个项目通过省科委鉴定。图为信息化建设项目科技鉴定会现场

2005年8月，河南省国家税务局实现综合征管软件省级集中运行，这是河南国税信息化建设的里程碑

2005年10月，国家税务总局综合征管软件定版会议在河南省召开，总局许善达副局长主持会议

河南国税作为全国税务系统信息化建设先进单位被总局批准成为全国信息化建设技术支持分中心

中国银行河南省分行

中国银行河南省分行办公楼

主机房

网络机房

网络机房

中国农业银行河南省分行

中国农业银行河南省分行办公楼

2006年至2007年上半年，河南省农行在信息化建设方面重点做了以下工作：

一、建立了安全、稳定、高效的生产系统新环境。按照农总行的统一要求，河南省分行优化、调整了全省网络架构，开通了省中心至总行的4条高速通信电路，实现了一、二级网络数据通信双备份，省中心主机系统、存储系统得到彻底更新，前台主机和应用得到全面改造，生产环境得到极大改善，综合性能得到极大提升，形成了先进、高效、稳定、统一的基础网络和应用平台，河南省农行的科技水平实现了质的飞跃。在此基础上，省农行召开全省农行信息安全工作会议，开展自律监管暨信息系统安全检查，层层签订安全生产责任状，规范操作流程，完善内控措施，强化运维管理等，使全行生产系统长期保持安全、稳定、高效的运行状态。

二、加快本地业务改造和特色产品研发。1.2006年利用全国数据集中的有利时机，完成了银行卡、基金、国债等8个应用系统和助学贷款等原有金融产品的本地化改造或重新开发，使河南省农行原有21类本地特色业务全部得以保留。2.实现本外币一体化改造，在全国农行系统率先开发启用了小额账户收费系统和基于LINUX平台的集中式柜员终端系统。3.在TULIP平台上，先后与总行合作开发了泰康、太平洋等5个全国性的银保通项目。4.独立开发了集中版电力代收费、网通代收费、财政国库支付、本利丰、银证通、银证转账、电话银行等20余项全省性金融产品，河南省农行新型的现代化电子银行服务体系初步形成。

三、规范渠道接入，加快产品部署和应用推广。1.与总行软件开发中心联合开发的“启用新会计科目ABIS改造系统”在全国农行系统21个非数据上收行推广应用。荣获了总行“启用新会计科目先进集体”称号，张郑阳、白华飞等四人被总行评为“启用新会计科目先进个人”。2.完成了网银、SWIFT和反洗钱系统的升级改造，推广应用了国际业务收支结算和个人存款证明系统。3.全面完成了小额支付、ATM跨行查询收费、网内往来、基金定投、电子支付卡等10余种前置渠道类业务和总行推广产品的测试、上线。4.充分利用全行统一的应用平台，加快产品的推广部署速度，2006年至2007年上半年先后完成了储蓄国债、银期通、第三方存款、交强险、汇利丰、电子支付密码、贷记卡约定还款、短信平台、个人优质客户管理、金钥匙理财等大量应用系统的推广，有力促进了河南省农行业务经营向多元化模式的转变。

四、精心组织，圆满完成数据上收和数据迁移任务。2007年省分行集中全省技术力量，科学谋划，精心组织，周密部署，与总行联手攻坚，以空前的凝聚力和战斗力连续鏖战5个多月，高质高效地完成了大量技术升级、改造和数据清理、移植工作，于2006年6月18日将河南省分行的数据圆满上收总行。2007年一季度完成了全国一级网改造，5月份配合总行完成了全国运行中心从北京向上海的数据迁移和网络切换，实现了生产系统的安全平稳过渡。

五、管理信息系统建设取得了明显成效。1.在全省推广应用了基础数据平台、客户风险信息统计、“1104工程”监管报表、财务管理、审计管理等系统，完成了全省防病毒系统建设；自主开发了省分行内部网站、保卫综合管理信息系统等。2.参与了“中国农业银行高级专业技术人才评价系统”的开发，获得人事部和金融系统三等奖，多人获得总行“参与贡献奖”。3.在做好十几类管理信息系统的日常维护和技术支持的基础上，高标准、高质量地完成了省分行管理信息系统向郑东新区新办公大楼的迁移任务。4.完成了省银监局与辖内银行业金融机构广域网的专网建设和人民银行公民身份核查系统推广。5.完成了信贷登记咨询、NOTES等系统的技术改造，启动了个人优质客户管理等信息系统建设，全行管理信息系统品种日益丰富、功能更趋完善，为河南省农行的管理决策提供了强大的技术保障。

义马煤业（集团）有限责任公司

中心机房

计算机机房

调度室

总配线室

河南省烟草专卖局（公司）

国家局、省政府领导指导工作

省局领导视察工作

郑州物流中心监控系统

省局机房

河南省盐业总公司

学习班

食盐自动分包

机器人码垛

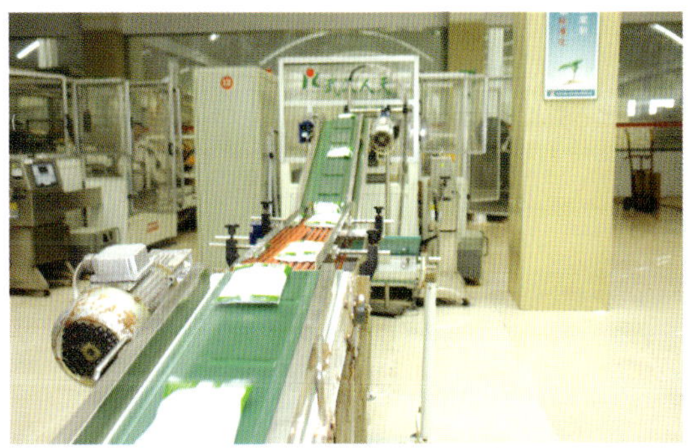

盐袋自动传送

盐箱自动传送

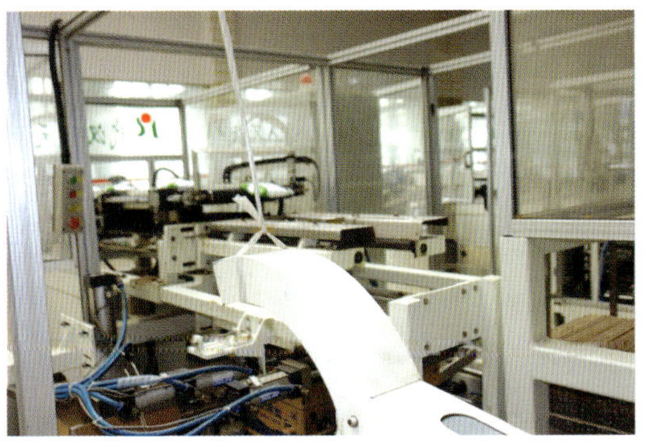

自动装盐

河南中原商贸城开发有限公司

河南中原商贸城开发有限公司董事长陈国平

河南中原商贸城开发有限公司总经理安美如

总体规划图

商铺效果图

4 幢高层效果图

商铺效果图

市民广场效果图

中国石油天然气股份有限公司河南销售分公司

先进的库区仪表控制系统

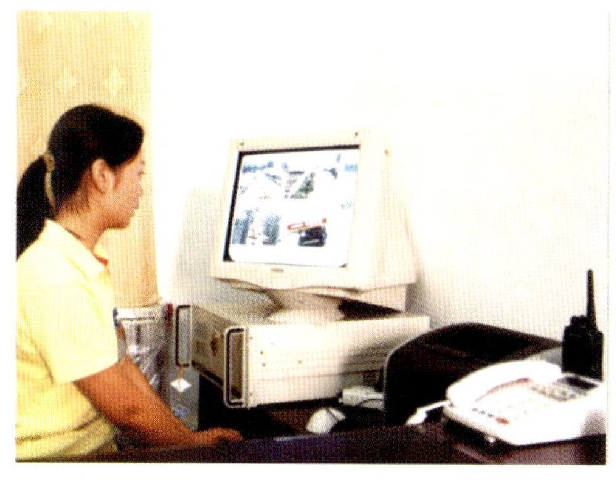

现代油库区域电子监控系统

河南石油化工行业唯一的一座油库污水自动处理系统

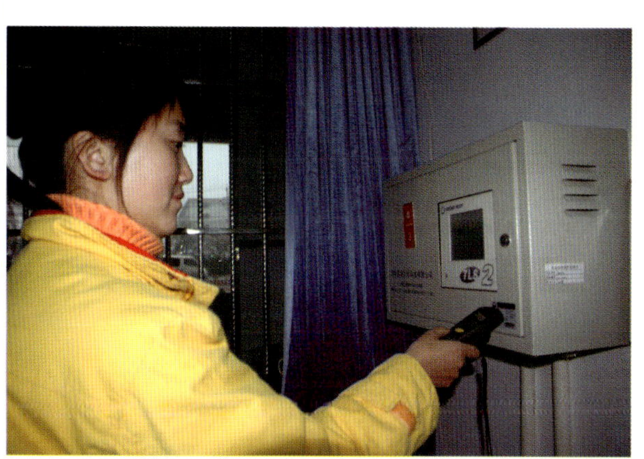

IC 卡

河南省宛西制药股份有限公司

“仲景”牌六味地黄丸生产线

工厂一角

厂区

洛阳尚德太阳能电力有限公司

河南省委书记徐光春，河南省委常委、洛阳市委书记连维良视察公司

河南省委常委、洛阳市委书记连维良与公司董事长施正荣博士会晤

张光春总经理

一期30兆瓦太阳能电池线奠基仪式

公司生产线

公司产品应用

公司外貌

鹤壁煤业（集团）有限责任公司

鹤壁煤电股份有限公司第六煤矿生产指挥中心

鹤煤集团信息中心工作人员在进行网络监控

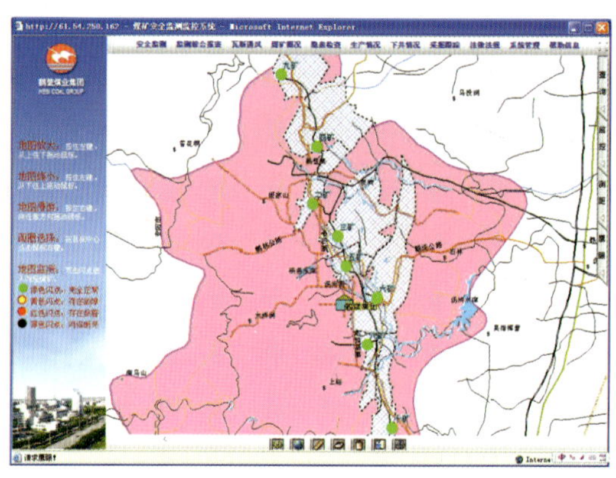

鹤煤集团煤矿安全监测监控系统

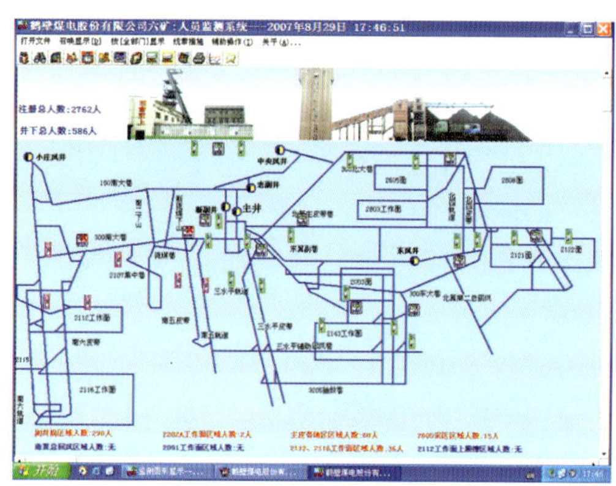

鹤煤集团井下人员定位系统

鹤煤集团智能化办公楼效果图

郑州煤炭工业（集团）有限责任公司

郑煤集团董事长、党委书记牛森营

郑煤集团矿区综合通信楼

郑煤集团安全导航系统应用截图

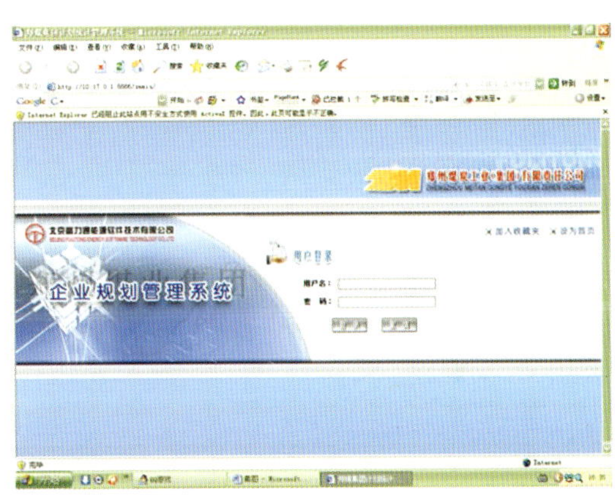

郑煤集团计划统计系统应用截图

郑煤矿区中心程控交换机机房配线室一隅

郑煤集团矿区信息化数据机房一隅

河南豫能控股股份有限公司

公司办公楼外景

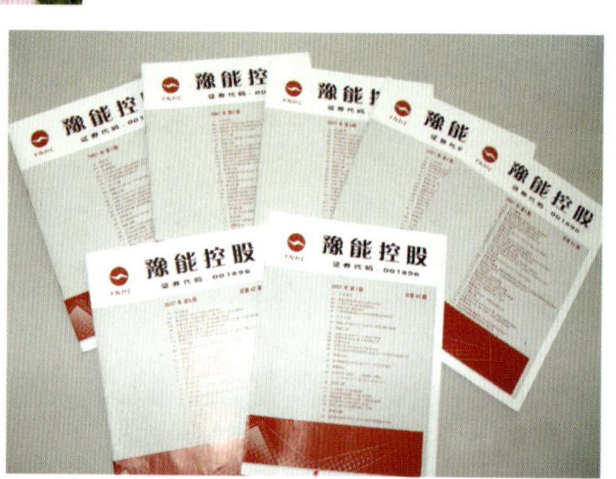

《豫能控股》已连续出版43期

公司网站内容剪影

为提升企业形象，设计、制作了《企业识别系统手册》

河南莲花味精股份有限公司

高总办公照

莲花味精科技业园

河南信息工程学校

2006年12月，教师赴德国学习“双元制”教学模式

实训室

“中德班”设备验收

校大门

学生礼堂

郑州市社会信用服务中心

郑州市社会信用体系建设工作联席办公会议

信用中心办公区

郑州市社会信用服务中心2006、2007年连续两年荣获郑州市“青年文明号”称号

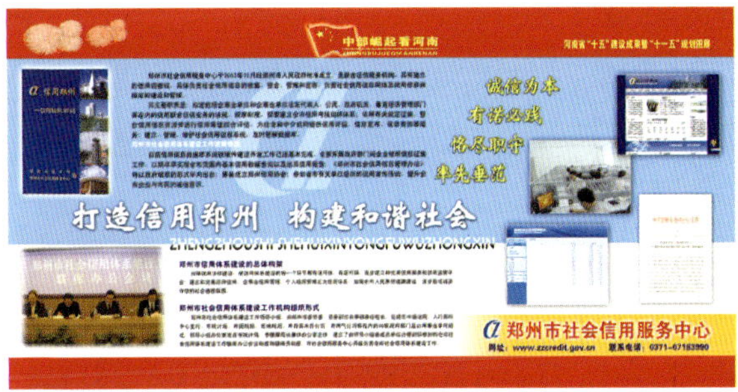

中心机房

河南省信息协会

河南省信息协会是1991年成立的全省性社会团体，业务主管单位是省发改委，日常办事机构依托省信息中心。其宗旨是：努力推进河南省国民经济和社会信息化，为政府、企业、会员提供信息服务，充分发挥联络政府部门和企事业单位的桥梁和纽带作用，搭建企事业单位之间沟通交流的平台。

协会现有团体会员200多家，其成员主要包括：省直机关信息部门、各地市信息中心和信息化主管单位、科研院校、省重点企业和重要行业的信息部门等。

目前主要工作有：定期召开会员大会、理事会和省直机关信息部门联谊会；不定期举办有关信息化的论坛、研讨会、培训和国内外考察；对于会员举办的相关活动给予积极支持；办好《河南信息》会刊和河南招商网、河南信息化网站；编辑出版《河南信息化年鉴》；协助搞好省电子政务外网建设等。

赵硕会长定期主持召开会长办公会议

2005年7月27日，在栾川县龙峪湾召开河南省信息协会理事会暨电子政务安全论坛

2006年8月23日，在南阳市宝天曼召开河南省信息协会理事会暨电子政务高层论坛

2007年2月8日，在郑州市大河锦江饭店召开首届省直机关信息部门联谊会暨迎春茶话会

2007年12月20日，在丰乐园大酒店举办省直机关信息部门联谊会2007岁末主题活动

主管单位:河南省发展和改革委员会
指导单位:河南省信息化工作领导小组办公室
主办单位:河南省信息协会
河南省信息中心
协办单位:河南中烟工业公司
河南省国家税务局

《河南信息化年鉴2007》编辑委员会

顾　　问:夏宗勇　河南省人大财经委原主任、河南省信息协会名誉会长
主　　任:林景顺　河南省发展和改革委员会主任
苏福功　河南省信息产业厅厅长
副 主 任:赵　硕　河南省信息协会会长
张远达　河南省发展和改革委员会副主任
张震宇　河南省信息产业厅副厅长
钱国玉　河南省国家税务局局长
赵志正　河南中烟工业公司副总经理

编委会委员:
陈　雁　河南省发展和改革委员会高技术处处长
彭八牛　河南省信息产业厅电子政务处处长
程　瑜　河南省信息产业厅信息化推广应用处处长
姜永波　河南省信息产业厅经济运行处处长
蒋笃运　河南省教育厅厅长
李九成　河南省安全生产监督管理局局长
郑建民　河南省烟草专卖局局长
赵启林　河南省盐务管理局局长
于国干　河南省农业厅副厅长
于前锋　河南省粮食局纪检组组长
王继新　河南省水利厅信息中心主任
竹怀农　河南省民政厅办公室副主任
赵丰盛　河南省委办公厅第一秘书处副处长
张青华　河南省知识产权局副局长
周　宏　河南省人口和计划生育委员会发展规划处处长

王广军 河南省建设厅办公室副主任
张建州 河南省旅游局信息中心主任
杨全明 河南省统计局计算中心主任
郝宝林 河南省卫生厅办公室主任
来有功 河南省新闻出版局办公室主任
谢海洋 河南省信访局副局长
杨建堂 安阳市信息中心主任
张北平 济源市信息化工作办公室主任
范国澜 濮阳市信息中心主任
梁 巍 焦作市人民政府信息化工作办公室主任
李学勤 南阳市信息中心主任
魏 东 鹤壁市信息中心主任
李 刚 驻马店市信息中心主任
陈洪彬 洛阳市人民政府信息中心主任
冯士龙 平顶山市信息中心主任
郭金秀 漯河市信息化办公室主任
盛 铎 郑州市电子政务中心主任
方守成 开封市发展和改革委员会副主任
李德耀 郑州市统计局局长
张黎明 河南信息工程学校校长
刘 枫 中国银行股份有限公司河南省分行信息科技部总经理
武豫鲁 义马煤业(集团)有限责任公司董事长、党委书记
曹景军 中国石油天然气股份有限公司河南销售分公司总经理、党委副书记
殷建勇 河南豫能控股股份有限公司总经理
高 君 河南莲花味精股份有限公司总经理
孙耀志 河南省宛西制药股份有限公司董事长
李永新 鹤壁煤业(集团)有限责任公司董事长
施正荣 洛阳尚德太阳能电力有限公司董事长
安美如 河南中原商贸城开发有限公司总经理
牛森营 郑州煤炭工业(集团)有限责任公司董事长、党委书记
李同智 河南省电力公司总经理
冯志刚 河南省数字证书有限责任公司常务副总经理
程和平 郑州新力电力有限公司总经理
寇炳恩 中国大唐集团公司河南分公司党组书记、总经理
段保全 黄河水利水电开发总公司
周遂成 天津药业集团新郑股份有限公司
郝子现 许继集团信息中心主任
于道金 河南豫农农业生产资料有限公司董事长

序

河南省政协主席　王全书

信息技术是当今世界经济和社会发展的重要驱动力，信息产业是我国全面建设小康社会的战略性产业和基础性产业。信息化迅猛发展和信息技术的广泛渗透，推动着人类社会生产力和文明迈向一个新的高度。党的十六大提出以信息化带动工业化，以工业化促进信息化，走新型工业化道路，优先发展信息产业。党的十六届五中全会审议通过的《中共中央关于制定国民经济和社会发展第十一个五年规划的建议》，把信息产业发展摆在十分重要的位置，明确指出，信息产业要根据数字化、网络化、智能化的趋势，大力发展集成电路、软件等核心产业，重点培育数字化音视频、新一代移动通信、高性能计算机及网络设备等信息产业群，加强信息资源开发和共享，推进信息技术普及和应用。胡锦涛总书记在十七大报告中，关于大力推进信息化的思想贯穿全篇，特别是报告中首次将“工业化、城镇化、市场化、国际化”的“四化”扩展为“工业化、信息化、城镇化、市场化、国际化”这“五化”，增加了“信息化”，并且把“信息化”排在了第二位。这充分反映出十六大以来党中央对信息化认识的不断深化，对信息化重视程度的不断提升，这是党中央把握经济和社会发展全局，高瞻远瞩，采取的重大战略举措。这对今后五年乃至更长一个时期我国信息化的推进必将产生重大而深远的影响，具有里程碑式的意义。

省委七届十次全会审议通过的《中共河南省委关于制定全省国民经济和社会发展第十一个五年规划的建议》指出，“十一五”时期河南省经济社会发展要在新的战略起点上实现新突破，要用科学发展观统领经济社会发展全局，推进经济结构的战略性调整，加快国民经济和社会信息化，走新型工业化道路。坚持以信息化带动工业化，运用高新技术和先进适用技术改造提升传统产业。大力发展信息产业，重点培育河南省具有一定优势的信息产品，加强信息资源开发和共享，推进信息技术普及和应用。办好国家批准的信息产业园。

河南是全国第一人口大省，也是经济大省。在全国区域发展中的地位和作用举足轻重。2006 年全省生产总值达 12 496 亿元，居全国第五位。今年以来，河南省经济又好又快地发展，各项主要发展指标呈现出全面协调持续快速增长的喜人局面。初步预计，全年生产总值突破 1.5 万亿元，比上年增长 14.5% 左右。工业经济快速高效发展，预计全部工业增加值达到7 400亿元，增长 19.5%。其中，规模以上工业增加值超过5 300

亿元，增长24%左右，连续46个月增长20%以上；实现利润1 800亿元，增长65%左右。高新技术产业增加值预计达到1 100亿元，增长36%，分别比全部工业增加值和规模以上工业增加值的增速高16.5和12个百分点。事实雄辩地证明，“十一五”时期河南省要保持经济社会平稳、较快发展，全面建设小康社会，奋力实现中原崛起，使河南省经济社会发展在新的战略起点上实现新突破，走在中部地区的前列，就必须从河南的实际出发，用科学发展观统领经济社会发展全局，把握科学技术的发展趋势，抓住机遇大力发展高新技术产业，特别是要充分发挥信息产业的辐射带动作用，用高新技术改造、提升传统产业，培育新兴产业。

“十一五”时期，河南省将进一步加大对高新技术产业，特别是信息产业的支持力度，制定鼓励其加快发展和做大做强的政策措施，加快推进全省国民经济和社会信息化的进程。加快信息化基础设施建设，进一步增强河南省信息化的基础实力；加快全省电子政务工程的建设；积极推动电子商务的应用，大力推进骨干企业的信息化建设，抓好生产制造过程的信息化，重点加快大型企业运用计算机集成制造技术、综合自动化技术、数控技术、网络化虚拟制造技术等先进制造技术；全面推进企业经营、销售等方面的信息化管理，提高管理效益；完善电子商务支撑环境，建设一批社会化、专业化、网络化的现代物流骨干企业；努力发展农业信息化，充分利用各种网络资源，实现信息进村、入户，使广大农民能及时获得大量的农业信息。大力推进国民经济和社会信息化，在政务、商务和国民经济其他领域广泛运用信息技术，通过实现产品信息化、生产过程信息化、市场需求和生产供给信息化、决策信息化、社会管理信息化，提高传统产业的市场竞争力，充分发挥信息化对经济发展的先导性作用。要以企业信息化为突破口，大力提高信息资源和信息技术在企业的应用水平。

目前，河南进入了一个快速发展的新阶段，我们正在以科学发展观统领经济社会发展全局，抓抢机遇、加快发展，在中部地区崛起中发挥更大作用。实现这一宏伟目标，必须依靠科技进步与创新，必须把提高自主创新能力作为推进结构调整的中心环节，抓住世界产业、技术加速向我国转移和沿海发达地区产业、技术加速向中西部地区转移的良机，加大对外对内开放力度，大力引进、消化、吸收国内外先进适用技术，加快传统产业改造升级步伐。大力发展高新技术产业，鼓励创业投资，理顺高新技术产业投融资机制，促进高新技术产业发展；研究制定加大高新技术领域招商引资力度的政策措施，引导社会资源投向高新技术领域，积极吸引外资和外来人才投入河南省高新技术产业。信息产业的发展一定要从实际出发，把握特点，理清思路，确定符合河南省信息产业实际的发展战略、目标、规划和重点。研究制定适合河南现阶段信息产业发展情况的相关政策和措施，通过政策的调节、引导作用，加快信息产业的发展，使信息产业成为推动河南省国民经济发展的重要产业，为加快工业化、城镇化、农业现代化，全面建设小康社会、奋力实现中原崛起作出更大的贡献。

河南省信息协会和河南省信息中心编写的《河南信息化年鉴2007》一书，为河南省信息化建设提供了权威的信息资源，提出了全面推进河南省信息化建设工作的目标、原则、重点、措施，收录了河南省各地各行业信息化建设的先进经验和全省重大信息化工程建设的进展情况，记载了全省和各地各行业“十一五”信息化规划以及2006年全省信息化各项指标完成情况。内容丰富，数据翔实。我相信，该书的出版，必将对河南的信息化建设，对实现经济大省向经济强省、文化大省向文化强省的跨越，起到有益的推动作用。

2007 年 12 月 16 日

编辑说明

一、《河南信息化年鉴》是全面反映河南省信息化建设的大型资料性工具书，旨在忠实记载河南省信息化事业建设的历程，全面反映全省信息化建设的基本情况，集中展示全省信息化建设的成就和经验，集史料性与指导性于一体，为各级政府、企事业单位及各个领域的信息化决策提供有效信息支持。

二、本年鉴自2007年起，计划每年编印一卷，重点记载上一年和当年全省信息化建设的新情况。2007年卷主要收录了2006年全年和2007年上半年的最新相关资料。鉴于2007年卷是第一卷，为完整反映全省信息化事业发展的历程，安排了一些历史回顾内容。

三、《河南信息化年鉴2007》共八部分：

（一）综述篇：概述河南省信息化事业发展的总体情况以及历史进程。

（二）部门领域篇：重点记录省直部门和行业领域的信息化建设与发展的最新进展情况以及近期信息化工作重点和重大举措。

（三）重大工程篇：收录河南省2006—2007年重大信息化工程建设情况。

（四）产业发展篇：重点反映全省现代信息产业发展现状。

（五）发展规划篇：收录已颁发实施的河南省国民经济和社会信息化“十一五”规划以及部分行业、省辖市和重点企业的“十一五”信息化规划。

（六）省辖市篇：收录省辖市的信息化事业总体发展情况。

（七）企业篇：重点反映企业信息化建设概况。

（八）附录：收录河南省信息化相关基础数据。

由于我们首次编印，缺乏经验，水平有限，在框架设计、内容组织、编辑加工、排版印刷等方面肯定会有不少错误或需要改进的地方，恳请大家批评指正，以便在今后进一步完善、提高。

本年鉴在编撰过程中，得到了各省直单位、各省辖市信息化主管部门以及各参与单位领导和专家学者的大力支持，各资料提供单位和撰稿人都为此付出了艰辛的努力，在此一并表示诚挚的感谢。

《河南信息化年鉴》编辑部

二○○七年十二月

目　录

一、综述篇

河南省信息化发展概况

【河南省信息化建设取得的成就】

(一)信息化基础环境

1. 通信设施。

河南省电信业发展条件进一步改善,发展环境进一步优化,发展势头进一步趋好,呈现出增长速度较快、经济效益较好的态势,实现了“十一五”时期的良好开局。2006年,全省电信业务总量完成686.2亿元,比上年同期增长29.6%;业务收入完成268.4亿元,比上年同期增长15.5%。增加值完成171.6亿元,同比增长20.8%。固定资产投资84.6亿元,同比增长7.1%。

新增固定电话用户163.7万户,总数达到2 027.2万户。其中,新增无线市话用户87.1万户,总数达到446.3万户;新增公用电话22.9万部,总数达到181.7万部。新增移动电话用户536.2万户,总数达到2 351.2万户。新增移动分组数据用户236.0万户,总数达到513.6万户。固定电话主线普及率和移动电话普及率分别达到20.8部/百人和24.1部/百人。新增互联网用户52.4万户,总数达到327.4万户。其中,拨号用户124.0万户,同比减少11.8万户;专线用户达到1 724户,同比增加545户;宽带接入用户达到203.2万户,同比增加64.1万户,宽带接入用户中XDSL用户166.6万户,LAN用户36.7万户,WLAN用户69户。

全省光缆线路长度新增2.9万公里,达到24.0万公里。固定长途电话交换机容量新增1.8万路端,达到74.8万路端;局用交换机容量新增25.7万门,达到1 375.3万门;接入网设备容量新增208.2万门,达到1 207.2万门。移动电话交换机容量新增847.0万户,达到2 936.3万户。固定电话和移动电话的实装率分别达到78.5%和80.1%。互联网宽带接入端口新增78.8万个,达到259.7万个。

截至2007年6月底,全省电信业务总量完成422.4亿元,比上年同比增长30.9%;业务收入完成 155. 9 亿元,比上年同比增长 17. 2%;互联网用户累计达到 381. 4 万户,比上年同比增长 26. 9%;固定电话普及率达到 20. 9 部/百人,比上年底增加 0. 2 部/百人;移动电话普及率达到 27. 2 部/百人,比上年底增加 3. 1 部/百人。

2. 广播电视。

2006 年河南省广播影视覆盖工作实现了历史性突破,全省广播、电视人口综合覆盖率分别达到 96. 51% 和 96. 42% 以上,从单一节目无线覆盖发展到多套节目无线覆盖,实现了全省广大地区农民群众从收听到收看到广播电视向收听好收看好广播电视的转变。

2006 年,河南省广播影视整体收入达到 11. 5 亿元,同比增长 42%,缴税近亿元。省电台综合实力进入全国前 5 强。省电视台全省市场份额突破 45%,全台经营创收和卫星频道收视率、覆盖率进入全国前 10 强,卫星频道广告创收进入全国前 8 强。

2006 年,投入近亿元,新增、更新、调整广播电视发射机 98 部 853 千瓦,建设、改造了局 102 台等 6 个骨干发射台。全省"十一五"重点工程广播电视发射塔正式开工建设。工程占地 141 亩,发射塔净高为 388 米,建成后将成为世界最高全钢结构发射塔,总建筑面积为 5. 8 万平方米,总概算为 6. 23 亿元,塔内设有展现河南人文风物的世界最大规模的全景画馆,可发射 36 套广播电视节目,将有效解决中原城市群 3 000 多万农民群众收听收看广播电视问题。

(二)电子信息产业

2006 年,全省电子信息产业实现销售收入 396. 2 亿元,同比增长 25. 3%;完成工业增加值 100. 48 亿元,同比增长 26. 5%;实现利润总额 29. 55 亿元,同比增长 28. 47%。

2007 年 6 月,信息产业部发布中国电子信息百强名单,河南省有四家企业入围。在入围的四家河南企业中,金龙铜管销售额 103 亿元,列百强第 25 位;许继集团以 56 亿元的销售额排第 36 位,新飞集团以 50 亿元的销售额列第 45 位,安彩集团以 33 亿元的销售额列第 67 位。

2007 年河南省电子信息产业发展和经济运行形势保持良好。今年上半年全省电子信息产业主要经济指标增幅都达到了两位数以上,增速均在 30% 以上。截至 6 月份,全省电子信息产品制造业实现销售收入 202. 7 亿元,同比增长 38. 35% 以上;完成工业增加值 40. 6 亿元,同比增长 43. 67%;实现利税总额 15 亿元,同比增长 122. 15% 以上。这是近年来产业发展最好的时期之一。

截至 2006 年底,河南省共认定软件企业 247 家,登记软件产品 685 件;系统集成企业 74 家。其中,国家重点软件企业 2 家,国家火炬计划软件企业 4 家。全省共有 4 个软件园:一个国家级火炬计划软件产业基地(中部软件园,包括国家 863 中部软件孵化器)、两个省级火炬计划软件产业基地(河南省软件园和洛阳软件园),以及正在扩建中的郑州软件园(河南科技市场)。

截至 2006 年底,河南省软件从业人员达 2 万多人,全省软件销售收入为 76. 2 亿元,比上年增长 51%。

截至 2007 年 6 月,全省软件产业实现销售收入 40. 58 亿元,同比增长 90. 3%;实现利润总额 4. 38 亿元,同比增长 46. 8%。

(三)电子政务

2006年,河南省电子政务重大建设项目进展顺利,全省电子政务重大项目前三季度已累计完成投资8 557万元,占年度计划投资的69.3%,整体进展顺利,已开始发挥效益。

以"两网、一站、四库"为重点的全省电子政务基础平台和基础数据库项目建设取得突破性进展。省委办公厅承担的内网一期工程,已经完成内网CA身份认证系统(普密级)的开发和测试,实现首批97家单位的联网。省政府办公厅承担的省政府综合门户网站已于10月1日开通试运行,网站发稿量和访问量稳步增长,目前点击率为平均5万次/天,总信息量已达1.2万余条。省信息中心承担的外网一期工程项目建设已基本完成,省电子政务外网网管中心已与省电子政务外网实现对接,国家电子政务外网也已在省网管中心落地,目前已为部分省直单位提供与对口国家部委和省辖市互联互通的服务,与省直厅局委办的大规模连接正在抓紧进行。省统计局承担的宏观经济数据库已完成222万笔历史数据的加载,开始在信息采集平台上运行贸易外经、综合、建筑业等数据,实现金融保险业、重点企业集团、建筑企业的联网直报。省测绘局承担的空间地理信息数据库,已完成10个省辖市政区图数字化和遥感影像地图建库,开始建设中原城市群地理信息系统等。

电子政务重点业务系统项目顺利推进。省公安厅承担的"金盾"工程,已建成禁毒信息管理系统、境外人员管理信息系统等15个一级应用系统和机动车驾驶人交通违章信息异地交换平台、道路交通事故死亡24小时快报2个二级应用系统等,其中违法犯罪人员信息系统建设受到公安部的通报表扬,被定为免检测验收系统。省劳动保障厅承担的"金保"工程一期,已完成中心机房扩建,开发了全省统一的劳动保障核心应用软件系统,并在周口、许昌、鹤壁三市开始试点运行。省安全生产监督管理局承担的省安全生产信息管理系统,已完成项目所需设备和软件的招标工作,基本完成省局数据中心视频会议室、网络机房的改造。

此外,省政府应急指挥厅、信访信息系统一期、金质工程一期等项目,正在抓紧开展前期工作,力争早日开工建设。

2007年7月9日下午召开的济源市"基于互联网电子政务信息安全保障试点"建设情况汇报会上,由济源市信息中心承担的电子政务试点建设受到了专家的一致好评。国家信息化专家咨询委员会常务副主任周宏仁、省信息产业厅副厅长张震宇及有关人员出席会议。与会领导、专家对济源市基于互联网电子政务信息安全保障试点建设给予了高度评价。他们认为,济源基于互联网建设的电子政务系统,10个月的健康、正常运行是成功的,充分说明了在地级市通过互联网完成电子政务系统建设是切实可行的。济源基于互联网电子政务信息安全保障试点建设的指导思想、建设策略、管理举措等多方面都极具创新性,且整个电子政务系统建设成本低,值得在其他地市推广应用。

(四)农业信息化

目前全省行政村固定电话、移动电话覆盖率达到100%,小灵通已经深入50%以上乡镇所在地,农村网络覆盖率达到99%,宽带业务覆盖90%以上乡镇所在地和部分行政村。

2007年4月9日,漯河市政府成功举办了国家级农村信息化综合信息服务试点启动仪式,许昌、漯河两个国家级试点正式全面启动。省信息产业厅还积极组织网通、移动和邮政等通信运营企业开展了"金牧阳光暨'三电合一'的信息入户"等农村信息化专项工程，开展了农村医疗信息化试点乡(镇)遴选工作。河南省的农村党员干部现代远程教育资源整合办法，得到了中组部和省委组织部的充分肯定和好评。2007年河南省积极申报国家县域信息化评价试点省，目前已被国信办初步确定为试点省。

全省基本建成从省到市、县、乡的信息网络服务平台，所有18个省辖市和128个县级部门建成农业信息网，已经建成农业信息网站达到162个，2 910个农业村实现计算机上网。此外，全省各省辖市、县成立农业服务机构，初步形成从省到乡的四级农业工作体系，建成从上到下的农业信息化队伍，可以直接向农民提供传递信息的农村信息员发展到7 000多个，有效突破了农业信息化"最后一公里问题"，促进了信息进村入户。

(五)企业信息化

河南省大中型骨干企业在设计、生产、管理、销售等领域不同程度地应用了信息技术，企业决策者信息化意识普遍增强，有条件的企业已经建立企业生产、管理信息系统和独立的企业网站。如南阳防暴集团有限公司已建成千兆高速局域网系统，拥有网络节点1 300余个，网络辐射整个集团公司的各个业务网点。公司先后建成开通了外部网站系统和内部网站系统，外部网站在宣传企业文化、促进产品交流、提供网络服务方面发挥着重要作用。内部网站配合内部邮件系统基本实现了企业的无纸化办公，为企业内部方便、快捷的办公创造了良好的网络环境。公司重大新产品全部采用三维设计，并经过电磁CAE、结构CAE的优化分析，具备虚拟样机设计、制造的雏形，大大提升了公司的技术创新能力。

2006年11月，郑州纺织机械股份有限公司应用企业信息系统设计制造的第一套年产5万吨ZLHV908涤纶短纤维后处理装置打出了第一包成品丝，标志着高端涤纶短纤维设备打破了国外的垄断，截至目前，已经给郑纺机带来了近1.5亿元的销售额。作为全国制造业信息化应用示范企业，郑纺机在"十五"期间实现了国产软件在企业的信息化集成，有机地把信息技术、管理技术和业务流程融为一体，极大地提升了企业运行质量，目前已经有500种产品在集成系统中运行。郑纺机在推行制造业信息化工程后，产品设计周期由一年左右减少到1至3个月，个性化设计减少到一周，公司的生产率提高了10%。去年新产品的贡献率占工业总产值的65%以上。

2006年河南省启动了"河南百万中小企业信息化培训"工程。举办18期培训班，共有8 800多名中小企业人员参加了培训，增强了中小企业管理人员的信息化意识，形成了政府引导、社会各方共同推动的多赢局面，有效推进了中小企业信息化进程。

(六)信息化环境建设

2006年10月23日，省政府正式印发了《河南省国民经济和社会信息化"十一五"规划》(以下简称《规划》)，这标志着河南省信息化建设进程将进一步加快，信息化推进力度将进一步加大，全省信息化建设将要迈上一个新台阶。

《规划》明确提出了"十一五"期间河南省信息化发展的目标：一是到"十一五"末，使河南省全民的信息化意识普遍提高，信息化发展水平再上一个新台阶，成为推动河南省工业化、城镇化和农业现代化的重要手段；二是信息化发展环境明显改善，普及应用水平明显提高；三是经济领域信息化取得突破性进展，经济结构和增长方式更加合理；四是社会领域信息化蓬勃发展，公共服务质量明显提高；五是电子信息制造业和信息基础设施不断发展,信息化发展的支撑能力明显增强。到2010年,电子信息制造业销售收入在2005年的基础上翻两番,成为河南省的新兴先导产业,走在中部六省前列。电信业继续保持高速增长,电信业务收入"十一五"期间年均增长12%左右;实现村村通电话、乡乡通宽带;电话用户总数达到6 500万户,互联网用户达到1 300万户。

《规划》明确提出了"十一五"期间河南省信息化发展的重点:(1)紧紧围绕调整经济结构和转变经济增长方式,推进国民经济信息化。一是以信息化改造传统农业,推进农业现代化;二是以信息化带动工业化,推进工业化向纵深方向发展;三是以信息化改造、提升服务业,加快现代服务业发展。(2)紧紧围绕构建和谐社会,推进社会信息化。一是加快城市信息化建设,增强城市的服务功能;二是推进教育信息化,服务学习型社会建设;三是加快公共卫生信息化,提高医疗服务水平;四是加快文化领域信息化建设,丰富人民群众的精神生活。(3)紧紧围绕提高执政能力,积极稳步推进电子政务建设。一是建设全省统一的电子政务传输网络;二是建设全省电子政务内外应用系统;三是建设全省基础性重点信息资源数据库;四是建设国家统一规划的重要业务系统。(4)紧紧围绕满足国民经济和社会信息化需求,推进基础网络设施建设。一是建设中原城市群高速传输环网;二是不断优化完善通信网络,提高网络安全和通信能力;三是建设数字化、多功能的广播电视网络;四是加强技术进步,推动网络向下一代发展。(5)紧紧围绕加强自主创新,大力发展电子信息制造业。一是加快调整产品结构,提升电子元器件和新型电源两大优势产业;二是提高精深加工水平,做强硅半导体材料、太阳能电池、新型显示材料及精深加工两大产业链;三是承接产业转移,培育数字视听、网络通信、计算机、软件四类优势产品。

2007年3月3日,省委办公厅和省政府办公厅联合转发了《河南省电子政务建设领导小组关于推进河南省电子政务网络建设的实施意见》(豫办〔2007〕10号,以下简称《意见》)。《意见》明确了河南省电子政务网络建设的主要原则、建设目标、管理体制、重点工作及保障措施,还提出了推进河南省电子政务网络建设的目标,即用3年左右的时间,在已有的电子政务传输骨干网的基础上,建成基本能够满足各级政务部门业务应用需要的省政务内网和省政务外网,健全省电子政务网络安全保障机制,完善省电了政务网络管理体制,为电子政务的发展提供网络支持。

【河南省信息化建设中存在的主要问题】

河南省在信息化推进过程中存在的一些问题:一是一些地方和部门的信息化意识仍然比较淡薄,对信息资源重视不够,信息资源尚未同物质资源、能量资源一样受重视;二是信息资源的开发利用滞后于经济社会发展的要求,开发利用程度低,信息共享差;三是信息化投入不足,特别是社会资金投入少;四是信息化环境建设不完善,法律、法规、标准、信用体系建设难以满足信息化发展形势需要;五是信息化人才缺乏,信息服务体系不健全,信息技术应用的广度和深度不够,创新能力明显不足;六是信息安全存在隐患,系统抗侵能力较差;七是信息产业总体规模偏小,对信息化的支撑作用不强。

【2007年河南省信息化建设的工作重点】

(一)紧紧围绕新农村建设,抓农村信息化

落实李成玉省长与微软签订的备忘录,重点抓好信息产业部确定的漯河、许昌国家农村信息化综合服务试点和巩义市县域经济信息化试点工作。

(二)围绕经济发展方式转变,抓好企业信息化

抓好中小企业网络服务平台建设,抓好信息技术与传统工业技术融合,抓好电子商务的推进。

(三)围绕公共服务,抓好电子政务建设

积极推广济源基于互联网电子政务国家试点模式经验。进一步完善全省电子政务内、外网络平台建设和政府门户网站建设,加快信息资源共享工作的推进。

(四)围绕社会和谐,抓好社会信息化

积极推进社会信息化,一是抓好社区信息化,二是抓好医疗信息化,三是抓好城市应急指挥系统,四是抓好公共领域信息化。

(五)围绕信息化"十一五"规划的宣传,积极筹备全省信息化大会的召开

(六)围绕信息产业发展,重点抓好产业园建设

电子信息产业增速确保25%,力争达到30%,年底力争突破500亿元;软件产业销售收入增速确保40%,力争达到50%以上,年底力争突破100亿元。

(七)突出抓好软件企业研发中心、河南省软件外包联盟、河南省软件开发公用平台项目建设

组织有关企业开展好金融税控收款机生产资质和生产许可证的申请工作,鼓励和扶持软件企业加大产业化力度,重点培育一批知名软件企业和软件产品,力争在软件产业化方面实现新的突破。

(八)做好《河南省信息化条例》的立法工作,加快《无线电管理条例》的立法调研进度,营造良好的信息化发展环境

(河南省信息中心　卫乃良　代凝冰)

河南省信息化推进工作情况

2006 年是“十一五”规划实施的第一年，河南省信息化推进工作在省委、省政府的正确领导下，在信息产业部、国务院信息化工作办公室的指导、关心和支持下，较好地完成了各项任务。

【2006 年重点工作完成情况】

（一）认真落实省长李成玉与美国微软签订的备忘录，积极推进农村信息化

为了加快河南省农村信息化的推进，2006 年 6 月 1 日，省长李成玉代表河南省人民政府与美国微软比尔·盖茨签订合作备忘录。根据备忘录精神，省信息化领导小组办公室（以下简称信息化办公室）积极争取将河南省列入信息产业部在全国建的 5 个农业信息化综合服务示范中心，信息产业部以信息部信[2006]815 号文将漯河、许昌列入首批支持市。徐光春书记在漯河试点市的简报上作了重要批示：“这是件好事，请抓紧工作，抓出成效。”漯河市委、市政府非常重视农村信息化试点工作，将部农村信息化试点工作列入市委、市政府 2007 年为民办的十六件实事之中，并列专项资金给予重点支持。目前关于农村信息化综合平台的合作方案，已与微软对接，微软公司与河南新益华公司在医疗信息化方面的合作经过近半年的洽谈，已基本上达成了一致意见。对试点市的培训，各市正在制订方案。为了进一步落实省委 2006 年 1 号文件和信息产业部 2006 年 229 号文件精神，信息产业厅会同通信管理局联合制定了信息产业服务社会主义新农村的意见，省政府办公厅以 40 号文转发，并于 9 月份召开了全省信息产业服务社会主义新农村的工作会议，史济春副省长、苟仲文副部长到会，并做了重要讲话。意见的出台，对全省农村信息化推进起到了积极作用；安阳市政府根据本市情况制定了农村信息化建设的意见。去年 11 月 28 日，史济春副省长应邀参加出席了信息产业部、国务院信息工作办公室共同举办的 2006 中国信息化推进大会，并在会上作了典型发言，产生了很好的反响。

（二）认真落实信息产业部部长、国信办主任王旭东与省委书记徐光春、省长李成玉达成的协议

2006 年 10 月份，信息产业部部长、国信办主任王旭东赴河南考察信息化工作，对河南农村信息化、党员远程教育系统、企业信息化等都给予充分肯定。省委书记徐光春、省长李成玉为了加快河南信息化建设，与王部长达成了部省互动、共同推进河南农村信息化的意见。信息化办公室与信息产业部、国信办多次交换意见，目前合作协议部里正在征求

有关司局意见，省里也正在征求有关部门意见，信息产业部、国信办一定要重点支持河南农村信息化建设，并在农村信息化、涉农软件、信息产品制造等方面在资金、政策上给予支持。

（三）坚持用信息技术改造传统产业，提升传统产业的技术水平

1. 全省大中型骨干企业在设计、生产、管理、销售等领域不同程度地应用了信息技术，企业决策者信息化意识普遍增强，有条件的企业已经建立企业生产、管理信息系统和独立的企业网站。如南阳防暴集团有限公司已建成千兆高速局域网系统，拥有网络节点1 300余个，网络辐射整个集团公司的各个业务网点。公司先后建成开通了外部网站系统和内部网站系统，外部网站在宣传企业文化、促进产品交流、提供网络服务方面发挥着重要作用。内部网站配合内部邮件系统基本实现了企业的无纸化办公，为企业内部方便、快捷的办公创造了良好的网络环境。公司重大新产品全部采用三维设计，并经过电磁CAE、结构CAE的优化分析，具备虚拟样机设计、制造的雏形，大大提升了公司的技术创新能力。河南众品食业股份有限公司全面应用企业资源计划系统（ERP），实行生产环节、管理决策、市场信息、物流配送、销售网点等全方位信息管理，今年在美国纳斯达克成功上市。许昌湖雪面粉有限公司引进面粉生产计算机自动化控制系统后，实现了配料、配粉自动化，生产效率、面粉质量得到提高。

2. 进一步发挥制造业信息化示范企业的作用，带动机械、电子、冶金、化工、建材、纺织、畜产品加工等行业企业快速发展，使企业成为制造业信息化工程的主要投资者、实施者和受益者。

3. 贯彻落实国家发改委、信息产业部组织实施的“国家中小企业信息化推进工程”，启动“河南百万中小企业信息化培训”工程。2006年举办18期培训班，共有8 800多名中小企业人员参加了培训，增强了中小企业管理人员的信息化意识，形成了政府引导、社会各方共同推动的多赢局面，有效推进了中小企业信息化进程。

4. 信息技术改造提升传统产业取得明显成效，各行各业广泛应用信息技术，探索形成了一批信息化带动工业化的典型模式。生产过程中以信息技术为核心的控制系统在烟草、金刚石及其制品、粮食加工和造纸等行业得到了广泛应用，节能降耗、保护环境效果显著；电子安全监控系统在煤炭等采矿行业的推广应用，有效提高了生产安全水平；机械、轻工和纺织业利用信息技术改造工艺设备，提升了行业的技术水平，产业结构得到了升级。传统产业开始涉足电子商务，有效提高了企业的商务效率。

（四）积极争取将巩义市列入国务院信息化工作办公室县域经济信息化试点

根据国务院信息化工作办公室的要求，信息化办公室经过认真调查研究，将巩义市申报全国县域经济信息化试点市。国务院信息化办公室批复同意。徐光春书记批示：“看到河南省信息产业的快速发展，感到十分高兴。这固然与国家有关部门的支持分不开，但发展与其他事物一样，主要靠内因。靠河南省信息产业系统广大干部职工的辛勤劳动，靠信息产业厅的有效组织和推动。”这不仅是徐光春书记对河南省信息化工作的肯定，更是新的要求。一年来，巩义市信息化推进工作有了新的突破，市委、市政府将县域经济信息化工作放在了突出的位置，列入了经济社会发展的宏观管理。市委经济工作会议、四次党代会、市人大三届四次会议都将巩义市县域经济信息化工作列入了全市的重点工作。

（五）较好完成了国信办济源市电子政务试点

济源市电子政务基于互联网试点工作顺利完成，得到了国务院信息工作办公室的肯定。2005年，济源市被国务院信息工作办公室确定为基于互联网的电子政务信息安全试点，经过多方努力，试点工作取得了圆满成功。去年10月16日，国信办组织国家有关部门和20多个省、市在济源市召开了试点总结暨现场会，会上曲维枝副主任做了重要讲话，肯定了济源模式和工作。史济春副省长在会上也做了重要讲话。会后，史副省长在济源市上报的报告上专门做了批示，指出："济源市在创新体制整合资源，以互联网为依托，构筑电子政务平台，做得很好，得到国务院信息化办公室的充分肯定并召开了现场会，探索出了一条电子政务建设的新路子，请信息产业厅总结推广。"根据史副省长的批示，信息产业厅正在积极调研、做好推广工作。

（六）积极落实中办18号文件精神加快电子政务建设

2006年，信息化办公室紧紧围绕落实中办18号文件精神，积极稳妥地推进全省电子政务建设。一是制定落实18号文件河南省电子政务建设的意见。二是召开电子政务座谈会，听取了电子政务建设中的成功做法和存在的问题。三是加快内外网管中心、基础数据库和重点系统的建设。四是积极与发改委联合审查省信访、省应急指挥系统项目的建设。

（七）完成《河南省国民经济和社会信息化"十一五"规划》的编制工作

2006年10月23日省政府以豫政[2006]76号文印发了《河南省国民经济和社会信息化"十一五"规划》，由各省辖市人民政府和省政府各部门组织实施。该规划由省发改委等联合编制，经过近2年的调查研究，并结合河南省国民经济和社会发展"十一五"规划及国家信息化发展战略，经反复征求意见，数易其稿，于2006年上半年形成汇报稿，经省政府同意后印发。规划对"十一五"期间信息化工作进行了回顾，并对"十一五"期间信息化面临的形势进行分析，提出了河南省信息化发展的指导思想、建设原则及发展目标，结合河南省实际提出了今后五年的发展重点，一是紧紧围绕调整经济结构和转变经济增长方式，推进国民经济信息化；二是紧紧围绕构建和谐社会，推进社会信息化；三是紧紧围绕提高执政能力，积极稳步推进电子政务建设；四是紧紧围绕满足国民经济和社会信息化需求，推进基础网络设施建设；五是紧紧围绕加强自主创新，大力发展电子信息制造业。规划最后提出完善信息化政策法规环境，加大信息化资金投入，加强信息化人才培养，鼓励技术创新及加大对外合作和保障信息安全等措施。

（八）完成了《河南省信息化条例》起草论证工作

为提高全民信息化意识，加快信息资源开发利用，加大信息技术推广应用力度，以及依法行政的需要，根据国家有关法规及兄弟省市的立法经验，起草了《河南省信息化条例》，该条例在起草过程中征求省直各有关部门及各市信息化办公室的意见，并由省法制办组织专家进行咨询论证，目前已报省人大法制办，且已列入2007年立法计划。

（九）积极抓好网通信息村、移动欢乐新农村、联通中原信息网建设

1. 省网通公司信息村建设进一步加快。2006年新建乡（镇）信息服务站1 600个，信息村5 316个。村村通宽带工程不断加强，农村电话入户率、普及率正在提升，目前农村固定电话用户数已达到769万户。

2. 移动通信数字网络已经覆盖全省城乡。2006 年移动公司新铺设光缆 460 公里，解决了全省剩余的 101 个未通电话行政村的通话问题，实现了“村村通电话”的目标。采取话费补贴、赠送手机等惠农服务活动和建立农村营销服务体系，为农民提供了便捷的服务，受到了广大农村的欢迎。

3. 省联通中原农业信息网建设进展顺利。2006 年上半年，省政府办公厅《关于大力支持中国联通中原农业信息网建设促进河南省农业信息化发展的通知》文件下文后，联通公司成立了农村信息化推进工作领导小组，总经理任组长，两个副总负责日常工作，下设农村信息化工作办公室。在省信息化工作领导小组办公室的业务指导下，联通公司与省农业厅签订了《“河南农业信息落地入户工程——中原农业信息网”乡镇信息服务站建设的框架协议》，开展了多种形式的合作和建设，联通公司原计划年内建设村级服务站点 100 个，到目前全省已建成乡镇信息服务站 439 个，发布农产品交易信息2 500余条，实现成功交易 120 余条，服务农户 32 万户，涌现了一批“助农、富农”案例，实现经济效益 110 余万元，获得了各级政府的好评和广大农民群众的欢迎。

（十）加强对外开放，积极吸引国外大公司来豫考察

河南省近年信息化推进工作有序开展，特别是农村信息化建设和推进工作取得了明显的效果，受到了社会的极大关注，产生了良好的社会影响，在对外交流与合作中，众多世界著名 IT 企业纷纷表达了对河南省农村信息化建设的重视和积极参与河南省新农村建设的愿望，对外开放工作出现了新趋势。4 月 23—25 日美国微软全球总部副总裁蒙迪先生一行来豫，对漯河、许昌两市的市、县、乡、村信息化现状和应用情况进行了考察、调研，走访了当地的农户。9 月 19—20 日微软技术副总裁韦尔博携微软技术研究院负责技术研发人员一行再次来豫进一步调研、考察与河南省合作的相关内容。此外英特尔公司、IBM 公司、思科公司等也先后到河南考察，表示愿意参与河南省农村信息化建设。

（十一）积极配合省委组织部抓好党员远程教育系统建设

受省委组织部委托和领导，省政府信息化工作办公室组织信息化专家对农村党员远程教育系统进行了验收，按照 10% 行政村的比例抽查验收，共验收市平台 9 个、县平台 56 个和终端站点1 160个。2006 年新建省辖市平台 9 个、县平台 138 个和20 193个行政村终端站点。

（十二）围绕社会和谐配合有关部门抓好社会信息化建设

为了加快中小企业信息化建设，信息产业厅、省中小企业局联合制定了支持中小企业网络服务平台建设的意见，省政府以豫政[2006]67 号文件转发。2006 年培训中小企业人员 18 期、4 000多人。今年首次在漯河高新区开展“以信息化带动工业化试点区(县)”工作，力争通过试点逐步探索在企业密集的开发区应用信息技术服务企业、推动区域经济发展的新路子，特别是加快以信息化助推中小企业发展的探索。

积极协助省旅游局抓好伏牛山旅游信息化的规划建设。

省国税局在全国税务系统率先实现了数据大集中，实现了税务征收和业务系统管理的网络化，有效地改进了税收征管水平，杜绝了税收过程的漏洞，降低了税收成本，提高了服务能力。

省金盾工程在依托省电子政务网的基础上，网络进行了大规模的升级改造，应用系统

得到进一步提升,完成了互联网侦控系统等的建设,逐步实现系统内的互联互通、资源共享,提高了办案效率,对维护河南省政治大局稳定起到了重要作用。

金保工程是电子政务面向社会服务的重点工程。2003 年河南省金保方案通过论证,进入实质性建设阶段,现正在进行业务系统的测试和网络整合。

河南省信访局建立了自己的网站,开通了全省信访系统专用信箱和手机短信信访业务,达到了对外宣传、解决群众信访渠道和提高办事效率的良好效果。

省畜牧业信息网于 2004 年实现省、市、县三级互联,目前已有近 200 个子网站。河南金牧阳光工程通过电话、手机短信、电视上网等方式为广大农民服务,该工程已被列入河南省"十一五"信息化建设十大工程之一。"禽流感防控网"为河南省禽流感疫情的快速布控提供了有效手段。河南省疫情信息网基本建成了覆盖省、市、县三级,快速、通畅、安全的网络体系,全省疾病报告信息系统正式投入运行。

河南省应急指挥系统建设已经启动,一期工程进展顺利。

此外,农业、教育、商务、文化、水利、审计、质量技术监督、安全生产等信息化结合行业和领域特点和重点工作也在不同程度地积极推进。

2006 年信息化推进工作取得了良好的成绩,信息化对国民经济和社会发展的促进作用逐渐显现,社会认可度进一步提升,但是,信息化工作做得与省委、省政府的要求还有一定的差距,需要在今后的工作中加大力度,确实让信息化在全省经济社会发展中起到积极作用。

(十三)信息产业保持了快速的发展

2006 年,全省电子信息产业实现销售收入 396.2 亿元,同比增长 25.3%;完成工业增加值 100.48 亿元,同比增长 26.5%;实现利润总额 29.55 亿元,同比增长 28.47%。其中,软件产业实现销售收入 76.2 亿元,同比增长 58.3%;完成工业增加值 30.48 亿元,同比增长 50%;实现利润总额 14.55 亿元,同比增长 71%。

重点项目建设取得了重大突破:

1. 利达光电集团去年 4 月和 8 月分别与美国 SYNTAX—BRILLIAN 公司和日本智能泰克公司签署了合作协议,生产光学引擎产品;目前,该公司的 DLP 和 LCOS 光学引擎已在南阳开始批量生产。

2. 单晶硅和中国有色金属研究院合作的中硅一期 300 吨多晶硅项目已建成投产,去年已产 200 多吨的多晶硅,效益良好;700 吨的项目预计今年二三月份投产,2 000吨的扩产项目已经启动。

3. 单晶硅与无锡尚德合作的 30MW 太阳能电池组建项目生产线已调试完毕,并于去年 8 月投入生产。100MW 的生产线预计今年第二季度建成投产。

4. 方城迅天宇公司的多晶硅项目,厂房建设基本完成,测试设备调试完毕,今年将开始批量生产。

5. 金光集团 MD 电视样机已经出来,生产线安装调试完毕,最近可小批量生产。

6. 晶诚公司的集成电路项目已经完成土建工程;前期将在东区租标准厂房生产笔记本电脑的电感产品;今年 7 月将安装调试生产线。

7. 集团的 1.1—0.7 厘米的电子玻璃项目已经形成了年产 500 万 m^2 的生产规模,即将开始大批量生产。

8. 威科姆公司新上的30万台数字电视机顶盒生产线已建成,具备了批量生产能力,今年将要投产。

9. 电子冷光源产品已经通过部级专家论证,去年销售收入突破了20亿元,生产基地初步形成。

去年,我们在抓好大项目的同时,并对列入全省百户重点工业企业中的8家IT企业和列入全省50户高成长性高新技术企业中的19家IT企业进行了重点跟踪和扶持,有效地促进了企业发展。从整体上看,2006年的重点项目建设比较顺利,得到了省领导的充分肯定。去年7月,李成玉省长、史济春副省长分别对我厅所抓的大项目建设情况作出重要批示。史副省长在批示中指出:"这项工作做得好,就是要盯住项目的建设和实施,只有项目实施才有新的经济增长点。对于实施慢及有困难的企业要加大协调力度给予支持。这样我们的信息产业才能有快速的发展,'十一五'目标才能实现。"

【2007年工作重点】

2007年是实施国民经济"十一五"规划的重要一年,做好全年工作意义重大。2007年工作总的要求是:全面落实科学发展观,坚持以信息化带动工业化,坚持以信息化服务全省经济社会发展,开拓创新,努力工作,突出应用,务求实效,抓好试点,积极推进,团结协作,齐抓共建,在实现全省经济又好又快的发展中发挥好信息化的作用。

(一)紧紧围绕新农村建设,抓农村信息化

落实李成玉省长与微软签订的备忘录,重点抓好信息产业部确定的漯河、许昌国家农村信息化综合服务试点和巩义市县域经济信息化试点工作。立足实际,着眼需求,稳妥务实,狠抓应用,突出实效,惠及三农。尽快建立试点领导管理组织机制,研究制定试点实施方案,加强对试点的领导,努力探索出一条用信息化服务三农的新路子。抓好六件实事的落实。积极促进微软与新益华医疗信息化的合作。做好信息化的培训工作。

(二)围绕经济方式转变,抓好企业信息化

抓好中小企业网络服务平台建设,加快漯河省级高新区"以信息化带动工业化"试点建设,积极做好培训工作。抓好信息技术与传统工业技术融合,召开现场交流会。抓好电子商务的推进。积极促进高耗能、高耗污、高污染企业的信息化开展,促进循环经济发展。

(三)围绕部、省互动,积极推动省、部农村信息化推进协议的签约

(四)围绕公共服务,抓好电子政务建设

积极推广济源基于互联网电子政务国家试点模式经验。进一步完善全省电子政务内、外网络平台建设和政府门户网站建设,加快信息资源共享工作的推进。加快出台河南省落实18号文件的实施意见,加快电子政务建设标准体系和管理办法的制定。

(五)围绕做大做强文化产业,抓好文化领域信息化

积极推动旅游、出版业、档案、图书等领域信息化,做大做强河南省文化产业,推动服务业发展。

(六)围绕社会和谐,抓好社会信息化

积极配合有关部门推进社会信息化,一是抓好社区信息化,二是抓好医疗信息化,三是抓好城市应急指挥系统,四是抓好公共领域信息化。

（七）围绕党在农村的执政地位，积极配合省委组织部抓好农村党员远程教育工程建设

（八）围绕信息化“十一五”规划的宣传，积极筹备全省信息化大会的召开

（九）围绕信息产业发展，重点抓好产业园建设

电子信息产业增速确保25%，力争达到30%，年底力争突破500亿元；软件产业销售收入增速确保40%，力争达到50%以上，年底力争突破100亿元；重点围绕项目抓好部、省级信息产业园建设，加大招商引资力度。

（河南省人民政府信息化工作办公室　彭八牛）

二、部门领域篇

河南省统计信息化发展概况

统计信息是国民经济和社会发展的基础信息，统计信息化是国家信息化发展的重要组成部分。2006 年，河南省统计局在国家统计局和省信息化领导小组的统一领导下，按照《河南省统计信息化"十一五"规划纲要》所确定的建设内容，以宏观统计数据库建设为重点，继续深入推进统计信息化建设，取得了新的进展。

【河南省统计信息化建设基本回顾】

河南省统计信息化建设起步于 1998 年。当年经省政府批准立项，拨付资金 1 000 万元用于河南省统计信息化"九五"建设工程，各省辖市政府亦拨付一定的配套资金用于统计信息化建设。河南省各级统计局精心组织、科学论证、稳步实施，全面拉开了统计信息化建设的序幕。到 2002 年，省和省辖市组建了局域网、广域网，初步建立了以内部网站为主的应用系统。而后，经过"十五"统计信息工程和近两年的持续建设，网络系统建设有了较大发展，以宏观统计数据库建设为主的网络应用逐步深入，河南省统计信息化建设取得显著成绩。

（一）网络建设初具规模

截至 2006 年底，河南省各级统计局均建立了百兆局域网；建立了广域网支干系统，省、市、县三级统计局实现了网络互通互联，网络带宽为两兆，部分省辖市的网络系统已延伸到乡镇；全省建立了统一的病毒防治系统，省和省辖市及大部分县级统计网络系统建立了防火墙，网络安全得到一定保障。

（二）网络应用逐步深入

河南省各级统计局在统计信息化建设过程中，十分注重实效，把网络基础建设和网络应用结合起来，先后建立了河南省统计信息网系统内部网站和外部网站、全省统一的电子邮件系统和 IP 电话系统，OA 办公自动化逐步推广。

(三)数据库建设渐成体系

省统计局在逐步建立人口普查、农业普查数据库和基本单位数据库的基础上,于2004年承担了河南省宏观经济数据库一期工程建设项目,其主要内容是建设河南省综合统计数据库。经过两年多的努力,目前已加载数据500多万笔,涵盖了新中国成立以来所有国民经济和社会发展的主要数据。

(四)统计数据处理业务平台基本建成

统计数据处理采集平台是统计数据库的采集、处理系统,是把个别的、分散的统计数据加工为信息资源的工具。经过近两年的努力,目前主要统计业务的数据采集、加工、汇总、上报都通过业务平台处理,部分企业通过网络平台实现了直报,有效提高了数据质量和工作效率。

(五)资金投入不断增加

近十年来,河南省各级统计局多方筹集资金用于统计信息化建设,"九五"期间,全省共投入建设资金5 900万元,"十五"期间达6 565万元,2005年为997万元,2006年为2 261万元。

(六)计算机设备有了较多增加

经过近十年的持续建设和不断投入,全省统计系统及其附属设备有了大量增加。截至2006年底,全省共拥有个人微机5 141台、笔记本电脑420台、打印机2 121台;拥有微机服务器395台、网络交换机408台、路由器162台、网络防火墙82套。

【统计信息化建设成效显著】

经过近十年的统计信息化的持续建设,在支持统计业务的开展、推动统计工作现代化的进程、增强统计工作服务于党政领导和社会各界的能力方面发挥了显著效益:

1. 全省各级统计局利用统一架构的计算机网络体系,可以方便快捷地进行数据传输、资料查询,为实现资源共享初步奠定了物质技术基础。

2. 网络邮件系统有效地支持了系统内的业务往来,提高了办公效率,网络IP电话系统有效地节省了话费开支。

3. "河南省统计信息网"内部网站、省(市)长网站和外部网站对各级政府及部门提供了大量信息服务,服务响应时间也大大缩短。

4. 网上直报系统的陆续展开和办公自动化系统的初步应用,有效提高了工作时效和办公效率。

5. 省—市—县统计广域网系统有力支持了各种统计调查任务的数据处理工作。第五次全省人口普查、第一次经济普查的大量数据采取在线方式进行处理取得成功,表明通过网络系统组织并实施普查和经常性统计报表数据处理已成为河南省统计系统数据处理的基本手段。

6. 基本单位名录库、人口普查数据库、经济普查数据库等的建成,以及河南省综合统计数据库初步建立及大量数据加载,有效抢救、挖掘和保存了大量统计信息,防止了统计数据的遗失。通过数据库的建设,也促进了统计标准化建设。

【存在的问题及今后发展】

河南省统计信息化建设取得的成绩是显著的,但仍然存在一些问题需逐步加以解决。

资金筹措困难仍是制约信息化发展的首要问题，全省的网络基础还比较薄弱，网速还有待提高，网络安全和网络管理都有待加强，综合统计数据库至今尚未完全建立，使统计信息这一国家基本的信息资源得不到更好的开发利用，制约了统计信息为党政领导决策、为各部门以及社会公众服务能力的进一步提高，影响了统计信息化整体效能的发挥。

河南省统计局已制定了《河南省统计信息化建设“十一五”规划纲要》，今后一段时期，全省统计系统将在国家统计局和河南省信息化领导小组的领导下，按照全省规划，进一步建立健全信息化管理机构，多方筹集信息化建设资金，有计划、分步骤实施统计信息化建设重点任务，以核心数据库建设为中心，通过广泛应用现代信息技术，实现从统计设计到数据采集、传输、处理、存储、分析和发布等统计信息生产全过程的网络化，支持国家电子政务建设信息资源共享；实现统计政务管理的电子化；推进统计体制和制度方法的科学化，促进统计业务的标准化与规范化，更好地发挥统计的信息、咨询、监督功能。

（河南省统计局计算中心　田少勇）

中国银行河南省分行
网络信息化建设概况

根据中国银行总行科技发展整体战略部署，为了配合总行“IT 蓝图”的全面实施，河南省中行网络规划和网络信息化建设始终遵循总行制定的网络信息化建设规范和标准的要求，并结合河南中行不同地域通信技术发展和支持的能力及资源供给情况，对中国银行股份有限公司河南省分行现有网络平台进行层次机构、功能区域、带宽冗余等方面的优化改造，以提高对中国银行股份有限公司河南省分行将来管理信息系统和办公自动化系统等高带宽业务的支持能力，从而保证总行“IT 蓝图”实施时核心业务向一类网的平稳过渡；分别制订了符合总行规划并适合中国银行股份有限公司河南省分行未来发展及扩容的组网模式；有效整合了全行网络资源；加强了网络集中统一管理和标准化、规范化的管控能力；订制了可量化、可控制的网络服务指标，实现了阶段性跨越式的发展。

在网络系统建设过程中，河南中行始终将网络信息安全建设作为首要任务，一方面，加大网络系统安全基础设施的建设，加强网络系统安全管理，建立可控的安全防范机制，防范和打击网络金融犯罪行为，有力地保障了河南中行信息高速公路的安全畅通。另一方面，努力建设面向数据、语音、视频等多应用的综合性、智能化的互联互通的网络架构，较好地促进了河南中行相关业务的蓬勃开展。近两年，河南中行网络信息化规划建设重点体现在以下几方面：

（一）骨干网升级改造

由于中国银行股份有限公司河南省分行二级骨干网中设备老化，已处于故障高发期，今年首要任务是对二级骨干网处于关键地位的路由器进行升级改造，首先利用性能更加稳定可靠的新型路由器替换掉目前二级骨干网中已老化的路由器，再对二级骨干网中的路由策略进行优化调整，使改造后各市行局网和同城网作为骨干网络的接入网络，形成了清晰的网络结构层次，网间相互依赖关系降低，安全性提高，骨干网络的扩展能力、数据控制和网络服务管理能力将显著加强。今后中国银行股份有限公司河南省分行还将分期对骨干线路进行带宽增容，对所支持的业务进行类别分类，部署相应服务策略，保障线路带宽资源的合理利用。

（二）全省同城网点接入线路的增容与优化

随着中国银行股份有限公司河南省分行各项业务的蓬勃发展，中国银行股份有限公司河南省分行相关业务处理模式将要转型，数据流量成倍增加，网点现有的冗余线路带宽将起不到支撑视频、VOIP电话等新业务的备份作用，对辖内网点的上联备份线路进行带宽增容，使业务数据流与办公数据流实现负载均衡，提升对后期未知高带宽业务的支持能力，并可分离当前网点录像监控数据，降低网络风险。

（三）大楼局网进行分区改造

随着各行网络节点的逐步增多，局网规模逐步增大，为加强局网的安全管理，内部根据功能特点进行应用类别划分，形成层次化组网结构，避免楼层局网出现环路时影响核心业务，不仅能确保核心业务的安全生产，并且便于IDS安全设备的部署。

（四）实施和推广视频会议和VOIP语音电话项目，大力提升网络增值服务

中国银行股份有限公司河南省分行今年第一季度推广部署了一套覆盖全辖各二级支行的视频会议系统，该系统的使用有效缓解了以前内部培训交流、业务授权核批、政策决议传达、总结通报、部门内控治理、经营分析等相关会议逐步增多所带来的财务开支过大、费用紧缺的局面。今后中国银行股份有限公司河南省分行还将在成熟稳定的网络平台上推广VOIP语音电话等网络增值服务。

（五）加强边缘网络管理，进行网点网络流量控制

2006年保卫部门在全辖实施了基于中国银行股份有限公司河南省分行网络平台的保卫监控系统，该系统的推广加强了中国银行股份有限公司河南省分行内控建设和科学化管理手段，为了使该系统更稳定地运行，中国银行股份有限公司河南省分行2007年完成了所有支行及营业网点、省分行大楼路由器软件升级，通信参数的定义和修改，部署网络访问控制策略，有力地保护了核心业务的发展。

（六）IDS部署

为了更有效地检测计算机病毒并及时发现维护和处理，省行2007年要在内网部署IDS设备，监督各市行异常主机可疑行为，防范中国银行股份有限公司河南省分行联网业务信息资产受到威胁，提高入侵防范效率，以后省行会将异常情况随时下发该行，协助各行进行故障排查，消除网络隐患。

河南中行信息化建设伴随着我国经济体制和金融体制的改革进程而不断深化发展，其发展规模从无到有，从小到大；业务应用范围从单一项目品种到综合业务服务；业务经营模式从分散处理格局到业务集中管理全国联网运行，经过十几年的探索实践和总结完善，河南中行网络信息化建设技术体系框架基本形成，规范、方便、高效、安全的银行信息化服务体系初步建成，网络信息平台上运行有核心的综合业务系统、国际结算业务、收付、MERVA、信贷系统、零售、外汇买卖、办公系统、大量的中间业务系统、自助设备（ATM、CDM、自助理财终端、补登机等）等重要业务和设备，它起到的作用不可替代，它的健康、稳定发展将为河南中行在竞争激烈的金融市场中及时抓住机遇、避开风险、拓展业务提供有力的科技支持与保障，为贯彻落实总行制定的"IT蓝图"项目奠定了坚实的基础。

（中国银行股份有限公司河南省分行　郭桂霞　陈红宇）

中国农业银行河南省分行信息化建设概况

中国农业银行河南省分行的信息化建设在总行的统一部署和分行党委的高度重视下,坚持"科技兴行"战略,不断加大投入,实施农业银行信息化建设"十一五"发展规划,形成了信息科技完善的组织管理架构和技术保障体系,建成了河南省最大的国有银行信息化网络,全行信息化建设水平、应用水平和管理水平持续提升,为河南省农行的可持续发展提供了强有力的技术支撑。

2006 年以来,在总行的大力支持和省分行党委的高度重视下,河南省农行不惜投入巨资加大信息化基础设施建设,加快应用改造和产品创新步伐,在保障全行信息系统安全稳定运行的基础上,圆满完成了设备更新、系统升级、网络改造、数据上收等重点工程,实现了"全国一网,一网打尽"的历史性跨越,有力地支持了全行的改革和发展。仅 2006 年,河南省分行就在信息化建设方面投入资金 1.2 亿元,为打造农业银行安全、先进的科技平台奠定了扎实的物质基础。全省农行覆盖城乡的 1 300 多个营业网点、7 000 多个前台柜员、460 余台自助设备全部实现系统内外的互联互通,强大的系统功能和丰富的金融产品为客户提供了实时全面的金融服务,95599 电话银行、网上银行、自助设备更为客户提供了不受时空限制的便利支持。2006 年至 2007 年上半年,河南省农行在信息化建设方面重点做了以下工作:

(一)建立了安全、稳定、高效的生产系统新环境

按照农总行的统一要求,河南省分行优化、调整了全省网络架构,开通了省中心至总行的 4 条高速通信电路,实现了一、二级网络数据通信双备份,省中心主机系统、存储系统得到彻底更新,前台主机和应用得到全面改造,生产环境得到极大改善,综合性能得到极大提升,形成了先进、高效、稳定、统一的基础网络和应用平台,河南省农行的科技水平实现了质的飞跃。在此基础上,省农行召开全省农行信息安全工作会议,开展自律监管暨信息系统安全检查,层层签订安全生产责任状,规范操作流程,完善内控措施,强化运维管理等,使全行生产系统长期保持安全、稳定、高效的运行状态。

(二)加快本地业务改造和特色产品研发

1. 2006 年利用全国数据集中的有利时机,完成了银行卡、基金、国债等 8 个应用系统

和助学贷款等原有金融产品的本地化改造或重新开发，使河南省农行原有 21 类本地特色业务全部得以保留。

2. 实现本外币一体化改造，在全国农行系统率先开发启用了小额账户收费系统和基于 LINUX 平台的集中式柜员终端系统。

3. 在 TULIP 平台上，先后与总行合作开发了泰康、太平洋等 5 个全国性的银保通项目。

4. 独立开发了集中版电力代收费、网通代收费、财政国库支付、本利丰、银证通、银证转账、电话银行等 20 余项全省性金融产品，河南省农行新型的现代化电子银行服务体系初步形成。

（三）规范渠道接入，加快产品部署和应用推广

1. 与总行软件开发中心联合开发的“启用新会计科目 ABIS 改造系统”在全国农行系统 21 个非数据上收行推广应用。荣获了总行“启用新会计科目先进集体”称号，张郑阳、白华飞等四人被总行评为“启用新会计科目先进个人”。

2. 完成了网银、SWIFT 和反洗钱系统的升级改造，推广应用了国际业务收支结算和个人存款证明系统。

3. 全面完成了小额支付、ATM 跨行查询收费、网内往来、基金定投、电子支付卡等 10 余种前置渠道类业务和总行推广产品的测试、上线。

4. 充分利用全行统一的应用平台，加快产品的推广部署速度，2006 年至 2007 年上半年先后完成了储蓄国债、银期通、第三方存款、交强险、汇利丰、电子支付密码、贷记卡约定还款、短信平台、个人优质客户管理、金钥匙理财等大量应用系统的推广，有力促进了河南省农行业务经营向多元化模式的转变。

（四）精心组织，圆满完成数据上收和数据迁移任务

2007 年省分行集中全省技术力量，科学谋划，精心组织，周密部署，与总行联手攻坚，以空前的凝聚力和战斗力连续鏖战 5 个多月，高质高效地完成了大量技术升级、改造和数据清理、移植工作，于 2006 年 6 月 18 日将河南省分行的数据圆满上收总行。2007 年一季度完成了全国一级网改造，5 月份配合总行完成了全国运行中心从北京向上海的数据迁移和网络切换，实现了生产系统的安全平稳过渡。

（五）管理信息系统建设取得了明显成效

1. 在全省推广应用了基础数据平台、客户风险信息统计、“1104 工程”监管报表、财务管理、审计管理等系统，完成了全省防病毒系统建设；自主开发了省分行内部网站、保卫综合管理信息系统等。

2. 参与了“中国农业银行高级专业技术人才评价系统”的开发，获得人事部和金融系统三等奖，多人获得总行“参与贡献奖”。

3. 在做好十几类管理信息系统的日常维护和技术支持的基础上，高标准、高质量地完成了省分行管理信息系统向郑东新区新办公大楼的迁移任务。

4. 完成了省银监局与辖内银行业金融机构广域网的专网建设和人民银行公民身份核查系统推广。

5. 完成了信贷登记咨询、NOTES 等系统的技术改造，启动了个人优质客户管理等信

息系统建设，全行管理信息系统品种日益丰富、功能更趋完善，为河南省农行的管理决策提供了强大的技术保障。

（中国农业银行河南省分行）

河南省人民银行系统信息化建设概况

人民银行系统信息化建设不断加快,一些重要业务已经实现了信息化,已经完成了中国现代化支付系统大额支付系统、中央银行会计集中核算、国家金库会计核算系统、货币发行信息管理系统、人民币结算账户管理系统、银行信贷咨询系统、金融统计监测分析系统、企业家问卷调查系统等信息化建设;信息化通信基础建设逐步完善,形成了河南省人民银行系统信息通信网络架构,满足了金融业务的需要,较好地保障了各项金融业务的开展。

2006年,河南省人民银行系统信息化建设坚持贯彻人民银行信息化建设要以科学发展观统领信息化建设的指导思想,不断加强和推进河南省人民银行系统信息化建设,努力提高金融服务水平,确保金融业务安全稳定运行,为河南省经济建设作出了应有的贡献。

【加强支付体系建设,提高金融服务水平,促进河南金融业务的发展】

2006年,根据人民银行总行中国现代化支付系统建设规划要求,在河南省组织完成了中国现代化支付系统小额支付系统的建设和应用推广工作。中国现代化支付系统大、小额系统在河南省的建设完成,为河南省金融系统提供了安全、快捷的资金结算服务,加快了商业银行之间业务结算速度,提高了商业银行资金的使用效率,有力推进了商业银行业务的开展,也为河南省经济建设作出了贡献。

【加强基础设施建设,保障金融信息安全稳定运行】

为了确保河南省人民银行系统和金融系统信息通信安全,根据人民银行总行网络规划,不断加大信息通信基础设施建设力度,组织完成了河南省人民银行网络通信设施核心设备备份工程建设,在郑州和16个地市统一进行了通信设施核心设备备份工程建设,该项目的建设完成,一是实现了河南省域网地市节点双机冗余热备,资金和信息业务分道传输,大大提高了网络运行的安全性和可靠性;二是确保省级数据中心网络正常地运行,大大提高了省节点局域网的容错性、交换速率,保证业务系统高效、不间断地运行。

【认真落实好信息安全管理各项制度,保障信息安全】

一是认真做好全国人大会议和全国政协会议期间的河南省金融系统信息安全管理工作,确保了河南省金融系统在"两会"期间的信息安全;二是在河南省人民银行内组织开展信息安全检查,对信息安全管理工作进行检查,有效地推进了信息安全管理工作的落实;三是采取技术手段监控和防范信息安全漏洞,预防安全事故的发生。

【加强应急管理,提高应对突发事件应急处理能力】

为了确保突发事件发生时河南省人民银行IT系统的应对能力,根据人民银行总行应急管理的要求和应急预案指引,结合河南省实际情况,研究制定了网络、IT入侵攻击、病毒危害、人民币结算账户管理、中央银行会计集中核算和国家金库会计核算系统、电子公文传输等系统突发事件技术应急预案。为了全面检验制度预案的科学性,在河南省人民银行系统内组织开展了NOTES邮件系统、中央银行会计集中核算、国家金库会计核算系统、电子公文传输系统、网络系统、内联网入侵和病毒危害事件、计算机机房环境设施的应急演练,有效验证了应急预案的科学性。

【做好农民工银行卡特色服务工程建设,为农民工提供方便安全的银行卡业务服务】

为了做好农民工银行卡特色服务在河南的工程建设任务,人民银行郑州中心支行在河南省人民政府有关部门全力支持下,组织中国银联河南省分公司、各商业银行、河南省农村信用联合社等相关部门对银行卡信息转接系统、商业银行银行卡柜台终端系统进行了技术改造,给予参加农民工银行卡特色服务的商业银行政策扶持,对业务操作人进行业务技术培训。牵头完成了河南省农民工银行卡特色服务工程建设,12月28日在郑州举行了河南省农民工银行卡特色服务开通仪式,河南省政府李克常务副省长、人民银行总行苏宁副行长参加了开通仪式。

【加快办公自动化建设】

随着技术的发展,办公需求的变化,已经运行4年的原办公自动化系统从C/S模式升级为B/S模式,解决了原系统难以维护且不能满足部分需求的问题,有效地提高了办公效率和办公质量。

(中国人民银行郑州中心支行)

河南省国税系统信息化发展概况

河南省国家税务局把信息化建设作为贯彻科学发展观、深化税收改革、建立现代税收管理体制、构建和谐国税的主要基础和抓手，按照国家税务总局一体化建设要求，强化体制建设、资金保障、应用驱动，以推进省级集中应用、整合系统资源为主线，以深化数据分析、加强数据应用为重点，以服务基层、服务征管、服务纳税人为宗旨，转变思想观念，调整工作思路，信息化建设呈现出快速发展、整体迈进的可喜局面，推进了全省税务管理跨越式发展。

河南国税以省级集中模式积极稳妥地推进应用业务系统建设。以 2005 年 8 月 23 日综合征管软件 V2.0 省级集中上线为里程碑，河南国税目前已经实现综合征管软件 V2.0、金税工程二期（包括交叉稽核系统、防伪税控系统、协查系统）、出口退税系统、税控收款机管理系统、车辆购置税征收管理系统、人事管理系统、财务管理系统等 20 余个系统省级集中处理。形成了由基础设施架构、数据架构、应用系统架构、安全体系、运维体系构成的包括征收管理、行政管理、外部信息、决策支持系统的功能齐全、协调高效、信息共享、监控严密、安全稳定、保障有力的税收管理信息系统架构。系统集中带来应用、管理和服务的省级集中，省级集中的税收征管信息化在规范业务、优化流程、量化征管质量、约束征纳行为的同时，也促进了税收收入的持续、稳定增长，规范了税收执法，加强了执法监督，强化了税源监控，提升了税务管理水平和纳税服务水平，提高了管理决策质量，推动了税务管理体制的创新。

目前，河南国税已经基本建成较为全面的为纳税人服务体系。以方便纳税人及时足额纳税和提高税法遵从度为目标，河南国税不断建设完善省级 12366 门户网站，为纳税人提供包括网上申报、增值税发票网上认证及发售等全方位服务，全面打造河南国税网上办税大厅，使纳税人足不出户即可办理各项涉税事宜。据统计，12366 门户网站自 2003 年开通以来，访问量已达 400 多万人次，日均访问量在 3 000 人次以上，已经成为税法宣传的平台，税企交互的重要窗口；同时，河南国税着手建设省级 12366 纳税服务热线，为纳税人提供咨询、电话申报、举报投诉等服务，通过为纳税人服务系统建设，减轻了纳税人负担，提高了办税效率。

河南国税充分利用信息集中的优势加强信息资源应用，为税收管理和宏观决策服务。信息集中到省局后，河南国税省、市两级成立了数据处理机构，建立了完善的信息管理制度，加强对数据的规范、审核和分析处理，提高数据增值利用水平，变革管理理念和管理模式，基层加强税收管理员级的信息处理分析，全面构建“数字型国税机关”。目前，数据分析的成果已经成为开展纳税评估、税源管理、专项稽查和税收执法等工作的重要依据，有效地提高了税源监控水平，基层税务机关的工作有的放矢，促进了税收征管科学化、精细化。

河南国税近年来按照“精简节约、分步投入”的原则持续加大对基础计算机类设备等信息资源的投入，全面加强基础设施建设。目前，全省国税系统已经建成较为完善的覆盖各级国税机关的网络系统。省、市局均采用155MATM端口，通信带宽为10M—20M；市、县及市到所（分局）通信主线路采用2M/128k帧中继，各级局机关都进行了办公楼综合布线，局域网网络带宽在100M以上。在省、市级广域网入口安装部署了防病毒、防入侵、防火墙系统。截至2007年6月份，全省共有各类小型机45台，各类PC服务器887台，人均基本一台PC机。

河南国税注重信息化组织领导和规章制度建设。目前，全省各级局都建立了信息化领导小组和信息办，建立健全了严格的管理制度和信息化标准体系，量化目标，严格考核，规范和完善信息化建设的程序。先后出台了项目管理、网络管理、机房管理、安全管理、数据管理、征管软件运行管理、金税工程管理等28项配套管理制度，并在信息化实践中及时调整各项不适合信息化发展现状的制度，使全省的信息化工作沿着规范化、制度化、标准化的道路前进。

目前，金税工程（三期）立项已经正式通过国务院批准，河南国税作为国家税务总局金税工程（三期）试点单位，信息化建设必将再次飞跃。

（河南省国税局）

河南省地方税务局信息化发展概况

近几年来,河南省地税信息化工作在省局党组的正确领导下,按照“金税工程”(三期)建设的目标和任务要求,创新工作、注重实效,以开发、推广、应用新一代税收征收管理信息系统为中心,全面带动各项信息化建设,取得了显著成绩,走在了中西部地区的前列,得到了国家税务总局的肯定。

【信息化建设基本情况】

(一)基础体系及设施建设初具规模

全系统现拥有小型机9台,PC服务器649台,计算机1.6万台。省→市→县→乡四级网络全部建成,覆盖全省各级地税机关,基本满足了当前数据、语音和图像传输需要。网络增值应用不断拓展,开通了省→市视频会议系统和省→市→县IP电话系统。标准的贯彻和配套规范的制定取得突破性进展,严格执行国家税务总局的强制性标准,并在此基础上制定和完善了与税收信息化建设相适应的配套规范。

(二)征收管理系统建设

从2005年开始,在总局“金税工程”(三期)建设目标的指导下,组织优化和完善了“河南地方税收业务管理信息系统”,该软件涵盖税收业务的全过程和所有税种,于2006年6月底全面推广完毕。其中郑州和省直属局共用一个版本,其余省辖市局共用一个版本。目前已建立“市局处理为主,省级处理为辅”的征管系统应用模式,支持操作层、管理层和决策层的三级应用需求,实现了省级数据集中,有效地推进了河南省地税征管工作的科学化、精细化,初步形成了以信息化建设为依托的征收管理体系。

以“河南地方税收业务管理信息系统”软件为核心,根据总局要求和新的业务需求对该软件进行了扩展。一方面通过推广应用总局的个人所得税管理系统、货运业税控发票管理系统、销售不动产(建筑安装)营业税管理系统等单项应用软件,扩充了税收业务管理应用系统的功能;另一方面根据新的业务需求,在大的系统框架不变的情况下,适时扩展了征管业务的应用范围,促进了税收收入的增长,提高了税收征管质量。

(三)行政管理系统建设

目前全省地税系统尚未有统一的、严格意义上的行政管理系统软件,正在使用的综合办公系统开发于2001年,以省、市、县级为单位进行部署,目前已在全系统范围内实现了无纸化办公;人事管理系统是引进河南省国税系统开发的软件,采取省级集中方式部署;

财务管理采用的是信德财务软件；纪检监察系统已开发完成，目前等待试点和推广。

（四）外部信息系统建设

一是纳税人服务子系统建设的探索工作取得阶段性成效。省局积极开展了“以税收业务系统为基础、以门户网站为依托，提供多种纳税服务”为主要内容的纳税服务子系统应用的探索工作。二是外部门信息交换子系统建设开始起步。以电子政务外联网为基础，开始探索与财、税、库、银、工商等政府部门间横向信息交换，重点包括与国税、工商等部门的信息交换和税银库横向联网两个部分。

（五）决策支持系统建设

严格说真正意义上的决策支持系统尚未建立，从2006年开始省局在数据利用方面进行了积极探索，确定了以“数据分析利用为主、数据挖掘为辅、决策支持后置”的开发方针。经过近一年的试点，主要取得了以下成绩：一是初步建立了“一户式”数据存储与查询，确立了“一户式”数据分析模型。二是在“一户式”管理的基础上，把应用主题扩展到“一员式”和“一局式”。三是将外部交换信息，也纳入了税收数据分析利用的范畴。

（六）信息安全保障体系建设

一是修订及编写了《河南省地方税务局网络与信息系统安全综合应急预案》等系列规章制度，建立了外部信息安全领导小组。二是通过技术手段强化网络与信息系统安全，在全省地税系统所有的PC机和服务器安装统一的瑞星杀毒软件。三是与省委、省政府、省财政厅的联网采用单独组网的方式实现物理隔离，并分别配置了防火墙和交换机。四是提高应用系统安全等级，重点进行了备份网络建设。五是进一步完善了应用系统的升级策略。六是改善存储介质及物理环境，对存储备份进行科学管理，尤其是征管软件数据的备份和版本管理。

（七）运行维护体系建设

目前尚未成立单独的运行维护组织和队伍。各级信息中心和开发商、集成商、运营商等商业公司协同负责对本级软硬件、网络及安全系统进行维护；各级信息中心负责本级运维工作的管理及运维人员的分配。

（八）信息技术队伍建设

全省地税系统已建立了省、市两级信息技术机构，部分县（区）设立了信息站，共有信息技术人员413人（2006年底数据）。

（河南省地税局）

河南省农业信息化发展概况

2006 年省委 1 号文件强调要“积极推进农业信息化建设,大力发展农村通讯事业,积极应用信息技术改造传统农业,加强乡镇信息服务站建设,完善农业信息服务体系。大力推广‘三电合一’农业信息服务模式,充分利用各种农业信息网络平台,使农民及时快捷地获取所需信息”。推进农业信息化,充分利用和整合涉农信息资源,强化面向农村的广播电视电信等信息服务,是服务“三农”、促进“三农”问题根本解决的一项重要战略举措。

【农业信息化建设取得的成就】

推进农业信息化,促进了农业结构调整,提高了农产品国际竞争力,涌现出洛阳信息连锁超市、许昌服务大厅、南阳特色网站、信阳电视、三门峡多路并进等多种信息服务模式,在加快建设现代农业、繁荣农村经济、增加农民收入等方面发挥了重要作用。截至 2004 年底,全省 18 个省辖市和 142 个农业县(市、区)的农业信息网站全部建成开通,提前三年完成了目标任务,全省大部分市、县都成立了农业信息服务机构。2006 年,在省政府对 48 个部门网站的抽查评比中,“河南农业信息网”排名第六。

(一)推进农业信息化,促进了农民增收

河南农业信息网联合全省农业网站建立了农业信息网站联盟,并成为联盟网站的共用信息交换和处理平台,实现了新闻、广告、供求信息、商务信息联播。同时,“河南农业信息网”还分别设立了菜篮子、花卉、植物保护、土壤肥料等 30 个专业网站,以及农产品批发市场、农民经纪人、农业技术、质量标准等 9 个大型数据库。农民通过网络和“致富通”手机短信能够及时了解农产品市场价格行情、农业技术、政策法规、病虫害防治、劳务需求等 10 大类信息。在以“河南农业信息网”为龙头的各级农业网站的引导服务下,越来越多的农民大胆着手调整生产结构,走效益农业之路。以“陕州桃王”生产为主业的三门峡市陕县过村,建起了村级宽带信息服务站,在制作的网页上发布果品供货信息后,吸引了上海、广东、湖南等 8 个省市客商的考察和洽谈,客户数量翻了一番,价格比上网前提高了 20%。

(二)推进农业信息化,加速了先进适用技术的推广应用

电话、电视、电脑“三电合一”的农业信息服务模式,推进了农业科技进村入户。三门峡、许昌、安阳、信阳等省辖市,以及鄢陵、武陟、滑县等 42 个县(市)通过电脑网络采集信息,开通热线服务电话,制作电视节目传播,建立信息服务大厅,实现农业信息“面对面”

服务农民。

同时,农业信息超市的建立,加速了农业先进适用技术的推广应用。洛阳市农业局在全市建立了55家农业信息连锁超市,超市利用信息网络、VCD、资料书籍,在农民购置农资产品时一并提供信息服务。据统计,每年信息服务超市接受农民咨询在10余万人次,农民阅览图书5万多人次,发布农业信息12万条,播放科技光盘3 000多次,农民上网13万人次,网上促成交易700多万元。

(三)推进农业信息化,架起了农民与市场的桥梁

南阳淅川县常年种植小辣椒30多万亩,并拥有全国最大的辣椒市场——中国香花辣椒市场,县农业局建立了以辣椒产业为特色的"中国辣椒网",年促成辣椒成交额达5亿多元,香花辣椒市场也成为全国性的辣椒集散中心。许昌市每年花木销售额的60%、中药材销售额的70%都是通过农业信息网络服务而实现的。2006年,全省农业信息系统有专职和兼职信息人员达5 960多人,市、县级农业部门建立农业网站160个,连接互联网的乡镇农技部门近300个、涉农企业658个、农产品批发市场26个、农产品特色基地62个,已发展农民经纪人和种养大户30万户、农村专业合作经济组织8 473个,初步建立起了覆盖全省的农业信息体系框架。

(四)推进农业信息化,促进了农村社会和谐稳定

依托河南农业信息网,省农业厅建立了方便、快捷、高效的网上信访系统,公布了农业信访电子信箱和信访热线电话。2006年收到群众网上信访294件,全部按照"属地管理、谁主管、谁负责"的原则,通过网络及时向有关市县反馈、督办,对群众反映的农民负担、土地承包、良种补贴等问题,都做到了有信必复、有访必答、有求必果,确保群众提出的问题能够按照有关规定得到及时、妥善处理,群众满意度很高。

【农业信息化建设的做法】

(一)切实加强领导

"扩大农村广播电视和信息网络覆盖面,建成覆盖全省的农村信息网"是2006年省委、省政府确定的十件实事之一。省农业厅把农业信息化建设作为转变职能、促进农民增收、为民服务的"窗口"来抓,制定了《河南省农业信息化建设指导意见》、《河南省农业信息落地入户方案》等指导性文件,有力地推进了全省农业信息化建设。

(二)创新工作机制

1. 实行"以奖代补"。

对建成信息网站的市、县,按照成熟一个,验收一个,补贴一个的办法,一次性给予一定的奖励补助,扶持其进一步完善提高。全省已兑现"以奖代补"资金603万元。

2. 开展联合表彰。

开展省级农业信息化示范市、国家级农业信息化示范市的评选活动。

3. 进行物质奖励。

对推进农业信息化建设的先进市县,对主管市领导和农业局主要领导进行奖励。

(三)整合联合信息资源

1. 整合全省农业系统资源。

省、省辖市、县(市)三级共同设立供求信息、劳务输出、专家咨询、质量日报等特色栏

目,共建共享数据库,整合集成共享信息,避免了公用资源的重复建设。

2. 联合涉农部门资源。

农业厅与省直各涉农部门协调沟通,整合了林业、水利、畜牧、农机、水产、河南农大、省农科院、中华粮网、兴农网等信息资源,建立信息交换制度,实现涉农信息资源共享。

3. 联合信息部门资源。

农业部门和移动、联通公司先后联合实施了“信息曙光工程”、“万部手机赠农民”和“欢乐新农村——信息乐万家”等,为农业信息化建设增添了新的活力。

【农业信息化建设工作重点】

(一)搞好“两个服务”

宏观服务方面,加快建立农产品市场监测预警系统定期信息发布制度,结合区域性的主导产业、主导产品,对当地主要农产品和输入的农产品产量、消费量、流量、流向等进行深度监测与分析,及时向社会发布,引导结构调整和产业升级。

微观服务方面,抓住农业产业化龙头企业等中间环节,以尽快把当地市场信息传递到农户,切实解决信息传递的及时性问题。支持农村龙头企业自身的信息化建设,引导和支持农村龙头企业、种植养殖大户、农业协会开展网上交易。

(二)推进“两个工程”

“金农”工程重点建设农业监测预警系统、农产品和生产资料市场监管信息系统、农村市场与科技信息服务系统,开发整合国内、省内农业信息资源,提升河南农业信息网的支撑能力,建设延伸到县乡的全省农村信息服务网络。

“三电合一”工程将努力在创新信息服务方式、破解“最后一公里”难题上取得突破,力争3年内全部完成省辖市、县(市)“三电合一”建设,新建1 000个以上的乡镇信息服务站,实现全省所有乡镇建立农业信息服务站或信息服务网站;建设2万个村级信息服务室,最大限度地提高农业信息网络的覆盖率。

(三)推进“三项建设”

1. 队伍建设。

要广泛吸收人才,通过加强培训,提高农业信息化队伍整体素质。

2. 制度建设。

要适应农业信息化发展的要求,对工程项目建设、管理和信息采集、加工、分析、共享、发布(服务)等各个方面、各个环节,建立相应的制度,为农业信息工作的推进提供保障。

3. 理论建设。

要着眼指导实践,狠抓理论建设,把各地的成功创造和有益探索进行发掘、总结和提炼,丰富和发展农业信息化理论,并在指导实践的过程中进一步丰富与发展。

(河南省农业厅　魏国强)

河南省粮食行业信息化发展概况

【2006—2007 年粮食信息化工作现状】

“十一五”期间,河南省粮食行业信息化建设,坚持以“促进和提高办公效率,为粮食流通体制改革服务”的原则,经过各级粮食部门的积极努力,信息化建设有了长足的进展。具体表现在:

(一)2006 年以来全省粮食行业信息化建设取得明显进展

1. 全省信息化建设得到了快速发展。

近些年来,全省各级粮食部门高度重视信息化建设,以适应工作需求,提高工作效率为出发点和落脚点,加强组织领导,建立健全工作机制,树立现代化信息管理意识,推广和应用信息技术,服务粮食经济工作发展,全省粮食行业信息化建设取得很大的进展。其中14 个省辖市和 9 个省局直属单位建立了本单位的局域网,实现日常办公、内部信息沟通、各类信息发布、信息共享等;10 个省辖市和 5 个省局直属单位建立了自己的门户网站,加强了对粮食部门形象和粮食行政执法、粮油政策的宣传,为粮食工作和粮食经营创建了网络平台。新乡粮食网上相关信息多次被“新华网”、“中华粮网”分别采用,在市级专业网站运转业绩中属于先进行列;在郑州市政府信息化工作办公室对 2005 年全市政府网站进行的绩效评估中,郑州粮食信息网名列第一。

2. 加强了对粮食行业信息化工作的领导。

各级粮食部门领导对加快推进信息化建设进程给予了高度重视,明确专人负责信息化工作,经常听取信息化建设工作进展情况汇报,不断加强基础设施建设,保证了信息化建设各项工作的顺利开展。目前全省粮食行业已有 85% 以上单位成立了信息化工作领导小组,单位主要负责同志为组长,各级粮食局办公室为具体承办单位。近两年来全省粮食部门共投入 1 100 万元,进行设备的购置和更新、日常维护以及软件应用等。

3. 全省已建立了一批粮食系统信息化专业队伍。

各级粮食局采取多种形式,通过举办培训班、研讨会、现场演示会等形式,加大了计算机基础知识和网络知识的培训力度,广大粮食系统职工信息化意识得到普遍增强,并基本了解了现代化办公的基本技能。

(二)2007 年粮食信息化工作重点

2007 年,在原有基础上,全省信息化建设得到了进一步发展。以省局办公室为中心,通过网络布线、电话线与省局直属单位和各省辖市、部分县市区粮食局相连接的局域网运行正常。河南省粮食局制发的各类无密级公文、信息等材料已全部实现网上传输，实现了无纸化办公，提高了工作效率。重点抓好以下几方面的工作：

1. 进一步加强省粮食局局域网建设。

去年底今年初，河南省粮食局从老楼搬迁到新办公大楼，在资金紧张、人员少、技术力量薄弱的情况下，不等不靠，积极克服各类困难，认真做好新办公楼网络基础建设工作，保证了新办公楼局域网运转正常。根据省政府、省保密委的要求，河南省粮食局对新办公楼网络建设工作进行合理规划，按照大楼网络运转的实际需求，申请资金在原有基础上添购了一批网络设备，向本地网通公司租用100M带宽连入互联网，满足整个大楼内计算机上网需求。同时统一组织，多方协调，确保了省局局域网、省政府专网、财政专网顺利从老楼向新楼迁移，并于2007年接入省委党务内网。

2. 建成了“河南省粮食局”门户网站。

按照省政府要求，2007年初，河南省粮食局与省政府门户网站筹备组、专业网络技术公司合作开发了省粮食局门户网站，已建设完毕。省政府门户网站保障组对河南省粮食局人员就网站信息编辑、发布等内容进行了初步培训。目前，“河南省粮食局”门户网站已正常运行，实现了政务公开和网上办公，接受公众监督，促使粮食行政部门依法行政。

3. 积极配合做好“金农”工程省级网络系统建设。

“金农”工程是国家电子政务建设的重点工程之一，由农业部牵头、国家粮食局等单位配合，共同组织进行建设。粮食部门负责建设国家、省两级粮食流通数据中心，建立安全运行维护系统及相关的配套环境。河南省粮食局按照要求成立了河南省粮食局“金农”工程粮食项目协调领导小组，驻局纪检组组长于前锋任组长，领导小组下设办公室，办公室设在局办公室，具体负责项目的协调组织工作。上半年，河南省粮食局已完成了“金农”工程一期建设项目可行性研究报告（河南省级投资部分）初稿报省农业厅和国家粮食局。

【今后的发展重点】

（一）积极规划建设河南粮食信息网

今后省局将进一步整合粮食信息资源，实现粮食电子政务、信息处理和业务管理的现代化，形成比较完整的粮食数据体系和业务网络系统，努力实现基础数据安全完整、动态数据及时更新、部门之间实现信息共享和数字化管理机制，为全省粮食宏观管理和各级领导科学决策提供高效优质服务。

（二）健全完善省粮食局门户网站

明确职责任务，建立网站内容采集、审核、发布制度，完善门户网站一、二级栏目内容保障机制，确保网站内容更新及时、准确，做到政务公开，自觉接受各界监督。

（三）按照国家“金宏”工程总体部署和国家粮食局要求，加快粮食调控信息系统建设，作为省级节点，积极准备接入发展改革委纵向网

（四）加快“金农”工程一期项目建设

按照国家“金农”工程总体部署和农业部、国家粮食局的要求，加快“金农”工程一期项目可行性研究报告编制进度，及时申报，积极配合省农业厅加快工程建设，推进河南省

粮食流通数据中心建设。

（五）进一步发挥地方积极性，加快推进各地粮食信息化建设

加强对各地粮食部门信息化建设的领导，提高认识，明确信息化对粮食行业发展的重要意义。结合粮食工作实际，着手制订规划，落实措施，建立健全粮食信息网络体系。加强人员培训，建立和完善粮食信息化队伍，在推进全省信息化建设和电子政务方面发挥积极作用。

（河南省粮食局 杨 程）

河南省烟草专卖局(公司)信息化发展概况

河南省烟草专卖局(公司)的信息化工作,按照“统一标准、统一平台、统一数据库、统一网络”的要求,围绕建平台、抓应用、成体系的建设目标,积极推进信息化建设,全力打造“数字烟草”。

【重点工程】

(一)全面推广卷烟销售网络管理信息系统

按照“电话订货、电子结算、网上配货、现代物流”的现代营销模式,开发实施了全省卷烟销售管理信息系统,全面实现了市级公司电话订货统一呼叫和“一库制”配送,3G 技术在卷烟配送系统中广泛应用,实现商流、物流、资金流、信息流的融会贯通,为传统商业向现代流通转变迈出了重要一步。

(二)整合提升专卖管理信息系统

对专卖准运证、到货确认、打假、零售许可证和案件管理等专卖管理子系统进行整合,对系统功能进行提升,实现专卖和卷烟销售信息系统的紧密对接。

(三)烟叶管理信息系统全面推广

在全省烟叶产区,全面推广实施了烟叶管理信息系统,优化了系统数据库结构,新增户籍化管理和跟踪查询两个功能模块,开发烟叶收购监控子系统,实现了烟叶管理信息系统的全省统一,确保了收购工作的规范化。

(四)积极推进卷烟生产经营决策管理信息系统

按照国家局统一部署,在全省范围内实施了卷烟生产经营决策管理信息系统,实现了数采数据替代统计报表。

(五)开发推广了资金监管系统

系统涵盖会计核算、财务预算、资金监管、财务分析、在线审计等功能,有效优化资金配置,规避资金风险,提高运营效益,保证资金安全。

【网络建设】

采用“ATM + 帧中继”技术,开展了两期行业广域网建设,一个上连国家局,下连各分、县公司和基层站点,覆盖全行业的地面骨干通信网络已经建成,为应用系统的实施奠定了基础。基于行业广域网,建设视频会议系统,实现遍及全行业的双向、多点、实时的视音频会议系统。

【基础管理】

在贯彻执行国家和烟草行业信息管理制度和技术标准的基础上，相继制定了一系列信息化建设、管理制度，完善了考核办法和内容。行业各单位结合实际，制定了计算机设备、网络、安全及应用维护等规章制度，促进了信息化管理工作的规范化。

【组织体系】

省局（公司）成立了信息化工作领导小组和工作部门，各市局（公司）也相继成立了信息化工作领导小组，各市局（公司）和部分县局（分公司）也成立了专职从事信息化工作的部门。据统计，目前全省烟草行业有近300人专职从事信息化工作。

（河南省烟草专卖局）

河南省盐业信息化建设概况

河南省盐业信息化建设，是河南省盐行业管理从传统管理方式向信息化管理方式迈进的一个重要标志。河南盐业信息化发展的方针是：统筹规划、资源共享，深化应用、务求实效，面向市场、立足创新，安全可靠。努力实现网络、应用、技术和产业的良性互动，促进网络资源的融合，实现资源优化配置和信息共享。

近年来，河南省盐行业信息化建设得到了较快发展。1999 年，中盐总公司将全国盐业计算机联网工作由点到面逐步推开，延伸到市地级，河南省作为产供销结合的大省而成为这项工程的重点。2000 年 7 月，省盐务局完成了省局及各市盐业局、各生产企业的专用的联网设备配备，为全省联网做好了硬件准备。2003 年 7 月，河南省盐业系统软件全部模块完成了编写工作。2003 年 8 月到 10 月，省局牵头进行了第一次软件全省测试。2004 年 4 月，组织了由国家信息产业部、清华大学、中盐总公司、省信息中心等专家组成的专家鉴定组，对软件进行鉴定验收。这一包括办公、业务、盐政、质量管理、生产企业管理等的盐业系统管理软件，于 2004 年 6 月 1 日正式投入运行，标志着河南省盐业信息化建设走到了全国盐业系统的前列。

在这期间，省盐务局成立了由局主要领导担任组长的信息化领导小组，设立了信息网络科，明确信息化机构应有的地位，抽调熟悉计算机和各方面业务的人员在全省盐业系统自上而下设置相应的机构，实现专人和专门的机构负责本单位的信息、数据收集报送工作，连续三年对盐业系统的网络操作人员进行了三次计算机技能培训。

同时，做好“河南盐务网”网站建设，充实内容，定期采集信息并及时发布，使河南盐业网站成为一个信息交流与传递的快速、有效的平台，成为对外宣传盐业、展示行业形象的窗口。建立了生产信息、运销业务信息、盐政执法信息、产品质量信息等数据库，完成了国家盐业准运证系统与河南省盐业信息系统的链接。与省内地市之间的各种文件、数据等信息，全部利用内部网络传递，基本实现了“无纸化”办公。不断完善综合信息基础设施，鼓励各市级盐业部门逐步建立各单位的局域网，并向各县区级推进。

加快盐业物流与信息流的逐步融合，以信息化带动工业化，促进盐业经济增长方式向高效、节约型方式转变。2006 年 5 月，全国最大的国家级食盐调拨配送中心——中盐河南盐业物流配送有限公司食盐配送中心项目在叶县开工建设并于年底投产，从原盐上料、分料、包装、喷码、装箱、封箱、输送、拣重、机器人堆码到电瓶叉车装车等整个工艺流程，除重要生产线岗位外，其余岗位基本上实现无人值守，高自动化管理，在全国居于领先水平。

（河南省盐务管理局）

河南省水利信息化发展概况

【水利信息化建设概述】

2001 年初,河南省水利厅党组决定加快建设以防汛为重点的水利信息化一期工程。建设目标是:用 3 年左右时间,建设省水利厅到 18 个市水利局、部分大型水库和厅属单位之间的水利信息高速公路,实现防汛信息、办公信息、内部 IP 电话、异地防汛会商的互连互通,初步实现防汛决策科学化、办公自动化、信息发布网络化。

2005 年 9 月,按照国家防汛抗旱指挥系统统一安排,河南省防汛抗旱指挥系统一期工程建设正式启动。主要包括水情信息采集系统、计算机网络系统和决策支持系统。一期主要建设全省水情信息采集系统。

【业务应用系统建设】

(一)省、市两级防汛信息查询系统建设

开发了省、市两级防汛信息查询系统,实现了对重要控制站水情信息实时监控、实时气象信息的查询、实时洪水过程的跟踪和对比分析及水库水位动态显示等功能。

(二)省、市两级内部办公业务系统建设

开发了省、市两级水利内部办公业务系统软件,形成了全省水利系统省、市两级行政办公自动化综合业务平台,利用该系统可以进行内部公文及资料传输,实现信息共享,提高了办公效率。

(三)预报调度软件开发

省防办组织有关单位,在经验模型的基础上初步开发了沙颍河、洪汝河和淮河干流三个流域的新安江模型、Topmodel、水力学模型、马斯京根法等模型,建立了多模型的洪水预报与会商,提高了预报精度,并实现了优化调度的模拟分析。

(四)山洪灾害预警预报系统软件

省防办组织有关单位,采用 HEC—HMS 流域预报模型和新型地貌单位线分析方法,对河南省 477 幅 1/5 万 DEM 数据进行了分析处理,划分了近 3 500 个子流域,提取了基于 DEM 的水文特征及地貌资料,并对淮河支流中汤以上和白河白土岗以上流域近 1 万平方公里的山丘区小流域进行了实验研究与洪水模拟,实现了对山丘区无或缺水文资料的地区进行洪水预报预警。

（五）河南省水利工程管理信息系统建设

河南省水利厅计划处组织初步开发完成了河南省水利工程管理信息系统，进行了技术培训，正在推广应用。

（六）水土保持监测与管理信息系统建设

省水土保持监督监测总站建立了基于3S（RS遥感、GIS地理信息系统、GPS全球定位系统）的土壤侵蚀信息技术系统，并利用GIS软件，制作了全省重点防治区电子图集，目前正在开展利用高精度数字影像（IKONOS）进行小流域微观动态变化监测工作。

（七）水政水资源管理信息系统建设

编制完成《河南省水政水资源管理信息系统初步建设方案》，并通过了中国水利水电科学研究院、黄委会、省水文水资源局等单位的专家审查，初步开发了取用水信息服务系统，并按照工作重点，分步实施。

【行业门户网站建设】

按照河南省政府上网工程要求，河南省水利厅1999年在互联网上建立了河南省水利网站（域名：www. hnsl. gov. cn、www. hnshuili. com），成为全国水利行业建成较早的省级水利门户网站，栏目主要有部门介绍、机构设置、水利法规、水资源、供水工程、水电建设、水土保持、科技教育、水利新闻等。

2003年对网站进行了整体改版。改版后的河南水利网站从系统平台、栏目设置、服务功能、网站风格和管理维护等方面做了大量的改进，增加了政务公开、重点工程建设、水利论坛等政务公开类栏目。提高了网站的整体安全性、可靠性和扩展性。网站共分17个主栏目和大量的子栏目，更加注重加强了新闻类信息和动态信息的时效性和可读性。

部分厅属单位和重点工程建设部门，以政务公开和宣传自身工作为重点建设了互联网网站，如河南省移民办、省沙颍河涡河工程建管局和省燕山水库建管局等都建设了自己的互联网网站。

【信息资源开发与利用】

（一）重要防洪工程数据库

省防办组织完成了全省11 589个水利工程的信息代码编制以及重要防洪工程的数据整编工作，入库数据量已达到120万组。在全国水利系统居领先地位。

（二）河南省水利工程电子地图

省防办组织制作了全省1/150万、1/100万、1/25万、1/5万及沙颍河300多公里河道的1∶5000电子地图。开发了B/S结构的地图浏览查询引擎，实现了各种地图无级、无缝显示及数据库与地图双向查询。

（三）河南省国家水文数据库

建成了河南省国家水文数据库，并通过了水利部组织的验收，其中收录了河南省四大流域有记录以来的全部水文资料。

【网络基础设施建设与安全保障】

（一）计算机局域网

2001年建成水利厅机关局域网，采用交换式快速以太网，网络中心设在厅信息中心。2006年省防汛指挥中心大楼建成使用，大楼建设了物理隔离的专网和内网两套网络系统,主干千兆,到桌面 100M,联网计算机 500 台左右,信息节点 2 500 个。

全省水利系统 18 个省辖市水利局,联网厅属单位和大型水库也建设了自己的计算机局域网系统。目前,联网的计算机局域网达 44 个。

(二)水利系统计算机广域网

建成了全省水利系统防汛计算机网络,实现了省水利厅到 18 个市水利局、部分大型水库和厅属单位之间集数据、语音、视频为一体的多业务计算机骨干网络。实现了与水利部和省政府的宽带连接。

(三)水利网络电话系统

充分利用计算机网络的多媒体功能,将联网单位的程控电话交换机与防汛计算机网络进行互连,实现了全省联网单位之间无话费 IP 电话的互通,目前全省水利系统入网 IP 电话已达到 2 000 门。实现了厅机关内线电话与国内长途 IP 电话的联网,使机关内线电话以 IP 电话的费用(每分钟 0.3 元)任意拨打国内长途电话,节省了长途电话费用。

(四)异地防汛会商系统

建设了省水利厅到 18 个市的异地防汛会商视频会议系统,实现了省市两级水利部门异地防汛会商、行政会议和远程培训等多种功能。

(五)防洪工程视频监控系统

建设完成了白沙水库、周口大闸、石漫滩水库漯河水文站等多个防汛重点部位的视频监控系统,实现了对重点防汛部位的实时监控。

(六)水利移动办公系统

运用 VPN 技术,建设了安全、可靠的远程移动办公系统,可满足未联网单位和出差在外人员移动防汛和政务活动的需要。

(七)防汛抗旱指挥中心会商室建设

根据河南省防汛抗旱指挥需要,建设了功能齐全、技术先进的现代化防汛抗旱指挥中心会商室,会商室面积近 300 平方米,配备了先进的大屏幕显示系统、会议集中控制系统、会议音响系统和摄像监控系统。

在会商室内通过以上各个硬件子系统的支持,结合防汛抗旱各个应用软件系统,为防汛抗旱会商人员直观地提供图文声像并茂的实时防汛信息,包括实时水情、雨情、工情、旱情、灾情信息、重点防洪工程远程监视、异地视频会商等,为防汛抗旱指挥提供决策支持。

(八)网络安全保障体系建设

编制了水利信息化安全体系建设规划,先后建设了防火墙系统、入侵检测系统和网络防病毒系统。在新的防汛办公楼中建设了内外网物理隔离的网络系统。省水利厅通过 100 兆专线与因特网连接,内部网与因特网通过硬件防火墙实现逻辑隔离,重要服务器位于防火墙隔离区内。

【规划与政策法规建设】

(一)河南省水利信息化初步规划

按照部水规计[2001]504 号文件的要求,河南省水利厅组织编制完成了《河南省水利信息化初步规划》。2002 年 8 月,该规划通过了水利厅组织的专家审查,并以豫水计[2002]144 号文件上报水利部。

（二）水利信息化“十一五”规划

按照省和厅里的统一部署，信息中心初步编制完成了《河南省水利发展“十一五”规划》中《水利信息化“十一五”规划》部分。全面构筑了河南省水利信息化建设框架体系，规划了“十一五”期间全省水利信息化的建设规模。主要建设任务是：完善河南省水利计算机网络系统；建设省级水利数据资源中心；建设河南省水利信息安全体系；建设河南省防汛抗旱指挥系统；建设河南省水政水资源监测管理信息系统；建设河南省水利电子政务系统；建设河南省水利信息公众服务系统；建设河南省水土保持监测与管理信息系统；建设河南省水利工程建设与管理信息系统；建设水利信息化政策保障体系。目前，该规划作为《河南省水利发展“十一五”规划》的专项规划已报省里。

（三）行业管理制度与法规建设

为加强全省水利系统信息化管理，先后制定了《河南省水利厅计算机网络安全管理规定》、《河南省水利厅内部办公业务网管理办法》、《河南省防汛计算机网络管理办法》、《河南省水利厅异地防汛会商视频会议系统运行管理办法》、《河南省防汛信息化建设管理暂行办法》、《河南省水利计算机网络保障应急预案》和《河南省水利信息网络安全管理办法》等信息化管理制度。

（四）内部管理制度建设

水利信息中心是全省水利系统网络的枢纽，省水利信息中心从自身建设和管理出发，先后制定了《信息中心管理制度》、《机房管理制度》、《信息安全保密制度》、《交换机房管理制度》、《值班管理制度》、《服务器房管理制度》、《供电室管理办法》等网络和设备管理维护制度。

【培训与人才队伍建设】

（一）信息化应用培训

分期分批对厅直属单位处级干部进行了两期水利信息化知识讲座；在全省水利系统办公室主任会议上进行了一期水利信息化知识讲座；对厅机关各处室信息员进行了计算机基础和水利网络政务管理维护培训；举办了多期全省水利系统信息及网络管理员培训班；举办了两期电子公文传输培训班，培训信息及网络管理员500多人次。

（二）编写培训教材

结合水利信息化建设和管理过程中技术人员的心得和体会，组织编写了《水利信息化基础知识教程》，已由黄河水利出版社出版，编写了《河南省水利内部办公网使用手册》等培训教材。

（三）信息化学术交流

成立了河南省水利学会水利信息化专业委员会，组织学术交流会议多次，编辑出版了论文集《河南省水利信息化建设现状与发展》。

（四）信息化知识竞赛

为提高全省水利系统职工的信息化应用水平，与省水利工会联合举办了三届全省水利系统职工计算机知识竞赛。

【成绩与效果】

(一)满足了现代防汛工作的需要

河南省水利信息化建设以满足现代防汛需要为首位,重点解决了防汛信息的传递和分析处理,30分钟即可收集完成全省报汛站的水情数据,与该系统建设前相比洪水预报预见期增加近4个小时,为领导防汛决策提供了快速准确的科学依据,在近几年防汛工作中发挥了重要作用。2004年7月23日《河南日报》第一版以《信息化擦亮防汛的"眼睛"》为题对河南省水利信息化在防汛中的作用做了专门报道。

(二)产生了显著的社会经济效益

2003年汛期,在抗御淮河流域大洪水中,利用新建的防汛信息化手段,通过科学调度,避免了老王坡滞洪区的启用,减少财政补偿费用8 000多万元。

在2007年淮河流域特大洪水期间,新建的河南省防汛抗旱指挥系统一期工程发挥了重要作用。省领导多次运用异地防汛会商视频会议系统、水库、闸坝等防洪工程视频监控系统,及时掌握洪水进程,进行可视化指挥调度,最大限度减免洪灾损失。

(三)提高了水利职工信息化应用水平和办公效率

河南省实施水利信息化一期工程以来,通过不断加强硬件基础设施建设,分期分批进行不同层次技术培训,水利干部职工应用信息技术的水平越来越高,应用范围越来越广,信息技术已经逐步融入日常办公中,传统办公方式正在逐步改变,办公效率得到了明显提高。

(四)增强了信息技术在水利行业的科技创新能力

在水利信息化建设过程中,注重与高校及科研单位的协作,加强科技创新和技术攻关,通过技术创新,将信息技术与水利应用相结合。先后完成了多项项目和课题的开发研究。先后获得河南省科技进步二等奖和三等奖各1项、水利部全国水利信息化应用软件大会奖1项、河南省职工经济技术创新成果二等奖1项、河南省水利科技进步一等奖2项、河南省信息产业科技进步一等奖1项、河南省人事科研成果二等奖1项。

(五)树立了河南省水利工作新形象

河南省水利信息化建设以防汛为重点,以应用为目的,取得了较好的社会经济效益,受到各级领导的肯定,2006年5月8日,回良玉副总理视察了河南省防汛抗旱指挥中心并给予了高度评价。水利信息中心先后荣获"全国职工创新示范岗"、"河南省青年文明号"和"河南省五一劳动奖状"等集体荣誉称号。

【存在的主要问题】

(一)信息化管理机构需要理顺

水利系统信息化管理机构自上而下没有理顺,厅信息中心为临时机构,没有固定编制。市级水利信息化管理机构仅个别有专门机构,有的分别归口办公室、防办、通信站管理。机构建设的滞后严重影响了全省水利信息化的进一步发展。

(二)信息化行业管理职能薄弱

受管理机构制约,信息化管理职能非常薄弱,各单位信息化建设各自为政,低水平重复建设和"信息孤岛"现象比较严重。

（三）经费渠道不畅，运行维护管理经费缺口较大

信息化建设没有专门经费渠道，大部分利用工程建设和防汛经费，系统建成后运行维护经费难以列入正常渠道，缺口较大。

2006年5月8日，中共中央政治局委员、国务院副总理、国家防总总指挥回良玉和水利部部长汪恕诚、农业部部长杜青林、国务院副秘书长张勇、财政部副部长廖晓军、国务院研究室副主任李炳坤等一行，在省委书记、省人大常委会主任徐光春，省委副书记、省长李成玉，省委副书记陈全国，副省长刘新民等陪同下，视察了新建成的河南省防汛抗旱指挥中心。回副总理一行认真听取了河南省防汛抗旱和水利信息化建设工作汇报，对河南省防汛抗旱和水利信息化建设工作给予了充分肯定。

（河南省水利厅信息中心　王继新　王　骏）

小浪底水利枢纽工程信息化建设概况

小浪底水利枢纽工程为国家重点工程，位于三门峡水利枢纽下游130公里、河南省洛阳市以北40公里的黄河干流上，控制流域面积69.4万平方公里，占黄河流域面积的92.3%，是控制黄河水沙、治理黄河的关键性控制工程。小浪底工程的信息化建设是整个枢纽工程建设的重要组成部分，在工程的建设、管理过程中发挥了非常显著的效益。

【小浪底工程信息化建设回顾】

小浪底工程的信息化建设起步较早，于1993年就开始了信息化建设，每年在信息化建设方面都进行了大量的投入。在工程建设初期，为满足小浪底工程建设管理的实际需求，加强对工程建设进行动态和有效的控制，并与国标工程的建设管理全方位接轨，小浪底建管局先后完成计算机局域网建设，P3进度控制系统的二次开发和应用，Expedition文档管理系统的二次开发和应用，小浪底工程建设多媒体演示系统的开发等。在工程建设的高峰期，启动了大坝安全监控系统和电厂自动控制系统的开发工作。主体工程完成后，为适应工程从建设期到管理期的转变，制定了信息化建设的总体规划方案，并完成了相关应用系统的建设，截至2006年底，以生产调度为中心的计算机监控系统，和以各种业务管理为中心的各种应用系统均投入了运行，在生产管理和日常管理中发挥着越来越重要的作用。

【小浪底工程信息化建设总体状况】

(一)计算机基础网络建设状况

经过近几年的不懈努力，以郑州为网络管理中心覆盖全局的计算机网络系统建设已全部完成。其中郑州网络中心、小浪底工区、洛阳基地三个地方的网络构成了全局网络系统的骨干，均实现了千兆数据交换。小浪底管理区网络作为郑州网络管理中心的一个关键接入点，通过光纤将管理区内各部门子网连接在一起，构成了小浪底管理区网络系统。洛阳基地网络通过内部微波连接至小浪底管理区。郑州网络中心通过专线与小浪底管理区网络实现了远程互联互通，形成了分布式、功能齐全、覆盖全局，并能满足信息化管理要求的高性能、高可靠性、高安全性的计算机通信网络。截至2006年底，全局在计算机网络建设方面(含布线和网络设备)的投资约为600万元。

(二)计算机硬件配置情况

到2006年，按正在使用的计算机计算，全局共配有各种类型台式机691台，各种笔记本计算机153台,用于各种用途正在运行的各种类型的服务器共计20余台,全局共配置各类打印机354台。从计算机的总体配置情况看,基本实现了办公人员人手一台的标准。

(三)关键性业务应用开发状况

2003年以来,全局在与企业经营管理相关的关键性业务应用系统的建设方面达到了前所未有的重视程度,在这方面的投资大大增加。到2006年,全局已经建设的应用系统主要分为三大类:

一类是用于枢纽运行管理的监测和控制系统,主要包括1999年建成并投入使用的小浪底水电站计算机监控系统,2001年建成并投入运行的小浪底水利枢纽工程安全监测系统,小浪底水利枢纽工程水库闸门监控系统,2006年1月底完成的小浪底水库泥沙监测系统,以及正在建设中的小浪底水利枢纽郑州集中控制系统。

另一类是为各项办公业务服务的信息系统,主要包括:小浪底水利枢纽综合数字办公平台,小浪底网站,小浪底视频点播系统,小浪底大厦网站,小浪底电厂生产管理系统,小浪底电厂物资管理系统,发电厂调度管理及竞价上网辅助决策支持系统,局财务系统,固定资产管理系统,人力资源管理系统,西霞院P3管理系统,小浪底档案管理系统等。

第三类是工业电视系统,主要包括电视会议系统和用于水力发电厂监视的工业电视系统。

(四)信息安全管理状况

到2006年底,在郑州管理中心初步建立了以数据安全为重点的数据中心安全保障体系。整个网络设计充分考虑了信息安全与可靠性,采用硬件防火墙实现了内外网隔离,有入侵监测、远程访问身份认证与防病毒措施,从网络控制方面保证了郑州中心数据的安全性。数据备份措施较完善、可靠,主数据库双机备份冗余、磁带机备份、磁光盘备份等措施,基本保证了数据的安全。2006年5月,安装了网络接入监视器,实现了对整个网络的可视化管理,同时部署了反垃圾邮件网关,保证了邮件系统的安全和正常使用。

【小浪底工程信息化建设成效显著】

小浪底工程信息化经过十几年的持续建设,在全局各项关键性业务的信息采集、传输、存储、处理、分析和服务中已发挥了显著作用,办公业务实现了数字化管理,电厂生产管理实现了自动化控制。信息化不仅在提高全局管理水平,提高决策效能,降低管理成本,促进技术进步,提高经济效益等方面发挥了显著作用,而且促进了全局各项管理工作的现代化,推动了管理模式改变。

1. 计算机网络得到了深层次的应用,经过多年的运行,整个网络系统稳定、安全、可靠,满足全局各项业务应用的需要,并在实现内部数据传输、资料查询、资源共享等方面发挥着巨大的基础作用。

2. 全局计算机整体应用水平大幅提高,对信息化管理的意识在逐步增强,对业务工作的计算机化管理有了比较高的要求。

3. 小浪底网站对外网站向外界提供大量的有关小浪底工程建设和管理的信息,发挥了窗口和桥梁作用,对外宣传效果明显。

4. 小浪底数字化办公系统从2004年3月开始运行,经过近两年的运行后,局机关和各二级单位的公文收发、各种签报、合同会签等办公流程全部实现了无纸化,法定代表人授权申请,督查通报,工作简报,以及各种会议纪要的审核、签发、发布等流程也实现了无纸化。全局的内部新闻,各部门的工作动态,各种文件信息,各种期刊信息,水情信息,发电信息,电子公告(发布所有的通知、通告、公告)等均在网上发布。个人之间的信息传递通过邮件系统和文件快递完成。截至 2005 年 12 月,数字化办公系统中已建立各类办公和审批流程 65 项,运行各类公文已达 5 622 件,发布局内新闻 1 582 条,发布电子公告 1 338条,发布水情信息 771 条、发电信息 761 条,发布电子期刊 186 份,发布其他信息 1 196条。数字化办公系统的成功应用,使全局的办公效率大大提高,有效地降低了办公成本和往来各地的交通成本,企业内部信息得到了充分的共享。同时,数字化办公系统的成功应用,改变了传统的管理模式,部门之间、人员之间能更好地协同工作,提高了小浪底枢纽工程运行管理水平和工作效率。

5. 会计电算化的成功实施,实现了全局财务管理工作的计算机化管理;人力资源管理系统的成功推广,实现了全局各部门人事、工资和保险的统一管理;档案数字化的成功应用,实现了档案管理的数字化,以及档案查询和调阅的网络化等。上述业务应用系统的成功应用,大大提高了全局相关业务工作的管理效率和管理水平。

6. 小浪底电站计算机监控系统、工程安全监控系统、水库闸门监控系统、电厂综合管理信息系统和枢纽调度远程控制系统等生产管理系统的建设,是小浪底建设国际一流电厂的重要组成部分,上述系统的成功投入运用,实现了小浪底电厂生产管理的自动控制,提高了电厂的自动化管理水平。

【存在的问题及今后发展】

小浪底工程信息化建设取得的成绩是显著的,但仍然存在一些问题需逐步加以解决。从总体上看,全局业务处理仅实现了部分数字化,相关技术规范不完善,信息共享机制不健全,有限的数据资源总体质量不高,使用效率较低,各项管理工作离全面实现信息化管理还存在很大差距。

小浪底水利枢纽建设管理局根据《全国水利信息化规划》的总体要求,以“降低管理成本,提高工作效率,提高管理水平,提高决策效能”为指导思想,针对全局信息化建设过程中存在的主要问题,结合管理实际和工作性质,以及当前信息技术的发展,提出了小浪底工程今后五年信息化建设的总体目标:

1. 建成标准统一、功能完善、安全可靠的综合数字办公平台;

2. 完善计算机网络系统和信息安全保障体系;

3. 以业务需求为主导,完善已有的业务应用系统的运行管理,分期继续建设重点业务系统;

4. 全面实现局内各部门、各单位互通互联、资源共享和协同办公;

5. 基础性信息库建设取得重大进展,信息资源开发利用程度明显提高;

6. 建立完善的网络和应用系统建设管理、运行维护机制,保证系统长期发挥效益。

具体表现在要实现以下四个方面的功能:

第一,采用现代计算机技术、网络通信技术、数据库技术、多媒体技术和中间件技术等,构建小浪底信息资源共享体系,并建立小浪底数据中心,形成数据资源存储管理体系,实现全局信息资源的整合和共享;

第二,以综合数字办公平台为基础,根据各部门的实际业务需要,继续建立和完善相应的业务应用系统,全面实现各项办公业务的信息化管理;

第三,以自动控制为核心,实现枢纽运行管理的自动化监测和控制;

第四,以人工智能为依托,构建宏观决策平台,为科学决策提供有效的支持,提高对各项业务管理的反应能力和决策的科学性,为企业可持续发展服务。

(小浪底水利枢纽建设管理局办公室 马贵安 吴昌春)

河南省电力信息化发展概况

【2006年信息化工作重点】

2006年是“十一五”的开局之年，也是实施国家电网公司信息化“SG186”工程的起步之年，河南省电力公司信息化工作取得了长足的发展，在许多方面都有突破和创新，为完成“十一五”信息化建设开了个好头。

（一）“十一五”信息发展规划

2006年河南省电力公司围绕国家电网公司刘振亚总经理的指示：“把信息化作为公司面向‘十一五’发展的战略重点，积极推进数字化电网、信息化企业建设”，以及国家电网的信息化发展战略和工作思路，完成了《河南省电力公司“十一五”信息发展规划》的编制。同时，基层发供电单位针对本单位特点和重点，编制了各单位的“十一五”信息发展规划。

（二）河南电力全省千兆广域网

在河南省电力公司全省范围内建设了千兆广域网，实现信息传输带宽、性能、质量上的突破。此次广域网工程建设依托通信传输网，建设了以千兆为核心带宽的广域信息网络，将核心带宽由原有的最高155兆大幅提高至2×622兆，将各供电公司最高10兆的接入带宽大幅提高至622兆，实现基层单位与省公司信息高速互通，为满足“十一五”期间公司信息化发展和应用需求奠定了坚实的基础。

（三）河南省电力公司办公自动化系统升级

2006年底，办公自动化系统（OA）在河南省电力公司本部和34个下属单位全面升级为新版B/S架构。这套基于浏览器的B/S架构开发的系统，具有很好的开放性、通用性和易用性，实现了新老系统的平滑过渡和无缝接口，解决了老系统存在的问题，新增了许多人性化设计，满足了省公司本部、基层单位复杂多样的办公应用需求，在各单位得到了广泛和深入的应用，特别是移动办公的应用，方便了用户，提高了办公效率。

（四）省公司本部机房整合

河南省电力公司对公司本部机房进行了集中、整合和优化，建成了公司本部统一管理的中心机房，实现了集OA、网站、审计、社保、房改、计划、生产、营销、企务信息、工程管理、人力资源、企业门户等信息化应用系统的统一管理和规范运行，打破了信息设备独立、分散、混乱的局面，是实现信息化统一、规范建设和管理的良好开端。

（五）信息技术咨询

按照国家电网公司实施“SG186”工程的统一安排，河南省电力公司承担了信息化技术咨询和财务业务咨询两项试点任务，咨询成果通过国家电网审核后，将在整个国家电网系统中推广实施。

【2007年信息化工作重点】

2007年是河南省电力公司乃至整个国家电网公司信息化建设的关键年。随着信息化工作的不断深入，多个信息化项目按计划有条不紊地开展实施。河南省电力公司有效利用信息化手段，加强电网设备基础管理，充分发挥信息化在电网运行管理中的支撑作用，为推进公司和电网由大向强转变提供强有力的支撑。

（一）数据中心建设

作为国家电网公司数据中心试点单位，河南省电力公司数据中心项目于2006年末启动。在项目建设的同时，河南省电力公司承担了配合国家电网公司完成数据中心典型设计的工作，其典型设计将在其他省网推广应用。数据中心项目经过调研、设计、评审、开发、实施等工作，取得了阶段性的成果，项目将在8月底进行初步验收，届时包括财务、计划、生产、人资、安监在内的五个主题域的数据将上线运行，为数据集中迈出了第一步。

（二）与国家电网公司企业门户的级联

河南省电力公司是国家电网公司第一批门户级联单位，领导高度重视，技术人员进行技术攻关，制定符合规范和实际情况的实施方案，按时完成了与国家电网公司门户的级联，实现了信息数据的纵向贯通。同时，为充分发挥企业门户的作用，认真分析运行情况和存在的问题，逐个对照数据源，并征求相关业务部门的意见，对企业门户进行了改版。

（三）局域网升级改造

随着全省千兆广域网的建成，对各单位局域网的升级改造提出了迫切要求。在充分调研的基础上，河南省电力公司制定了市级供电公司信息网络改造项目相关技术规范，确定市级供电公司局域网改造方案，计划将各单位局域网改造为双核心冗余配置的网络，实现主干带宽为千兆。局域网改造完成后，将建成全省畅通无阻的信息高速互通网络，进一步提高网络带宽和可靠性，为“SG186”工程提供高效可靠的网络运行平台。

（四）实施多个应用系统的建设

为进一步拓展信息化应用范围，提供多种访问信息系统的方式，省公司启动了统一短信和移动办公平台的建设项目，该项目将大大推进公司移动办公的进程；按国家电网公司统一安排，实施了招投标系统在河南省电力公司的推广应用工作；按华中电网公司推广计划，实施了综合计划系统；作为国家电网公司IT运维试点，积极按计划开展各项工作；对公司网站组织了反事故演习；完成网络直转播系统及网络视频会议系统的工作。

（五）机房改造

良好的机房运行环境是信息系统安全稳定运行的基础。2007年上半年省公司组织对各基层单位的机房现状进行了调研，并审核了各单位改造机房的实施方案。各基层单位将按国家电网公司信息机房标准和管理规范要求，于2007年下半年全面进行机房改造，保障信息系统运行环境的安全。

(六)信息安全自查和互查

信息安全被列为国家安全的重要组成部分,公司把信息安全纳入安全生产体系。国家电网公司召开了信息安全电视电话会议,并开展了安全生产和优质服务“百问百查”活动。河南省电力公司制定了安全检查细则,在各供电公司安全自查的基础上,省公司组织对各单位进行信息安全检查。本着边检查、边整改的方针,通过检查及时发现问题、解决问题,强化各项安全防范措施,采取有效措施,防止信息系统灾害事件的发生。

(七)信息化同业对标工作

2007 年上半年公司系统各单位的信息系统运行情况整体较好,没有发生网络或应用系统全停、数据丢失等严重故障。依据国家电网公司信息化同业对标指标体系,河南省电力公司开发了新的信息化指标考评分析系统,在公司各有关单位开展了信息化同业对标工作。通过对标,在各单位形成了比学赶帮的良好氛围,起到明显促进作用。其中,直辖地市供电企业信息系统广域网络覆盖率从 2006 年 66.66% 的指标值提高到 82.41%,有了明显提高。各单位通过对比找出差距,明确努力方向,公司整体信息化水平进一步提高。

附:国家电网公司信息化“SG186”工程简介

国家电网公司信息化“SG186”工程是公司党组决策实施的企业信息化建设工程。“SG”是“国家电网公司”的英文缩写,“186”的内涵是:构筑一体化企业级信息集成平台,建设八大业务应用,建立健全六个信息化保障体系,坚持以信息化推动生产自动化和管理现代化,建设数字化电网和信息化企业,为加快建设“一强三优”现代公司提供坚强支撑。

“构筑一体化企业级信息平台”就是要进一步建设和完善信息网络等硬件基础设施和操作系统、数据库、中间件等软件基础设施,建立公司信息系统“纵向贯通、横向集成”的信息渠道,确保数据的唯一性、准确性、及时性和有效性,为建设企业级的信息网络、数据交换、数据中心、应用集成和企业门户夯实基础;“建设八大业务应用”就是要以集成为主线,通过整合、完善、改建和新建的方式,实现各业务应用间的数据共享,在一体化企业级信息集成平台的基础上,建设和完善财务(资金)管理、营销管理、安全生产管理、协同办公、人力资源管理、物资管理、项目管理以及涵盖其他业务的综合管理等八大业务应用,增强公司各项业务的管理能力,提高工作的质量和效率;“建立健全六个信息化保障体系”就是要进一步建立和完善信息化安全防护体系、标准规范体系、管理控制体系、评价考核体系、技术研究体系和人才队伍体系,为公司的信息化建设提供必需的资源、技术、管理和人才保障,推动信息化健康、快速、可持续发展。

在“十一五”期间,公司将实施国家电网公司信息化“SG186”工程,构筑一体化企业级信息系统,实现信息的“纵向贯通、横向集成”,支撑公司集团化运作;建设公司总部和网省公司两级数据中心,共享数据资源,促进公司集约化发展;部署公司总部、网省公司和地市公司三层业务应用,优化业务流程,强化公司精细化管理。通过“SG186”工程的建设,进一步畅通信息渠道、实现数据共享、促进业务集成、统一内容展现。

(河南省电力公司　智海燕)

河南省教育信息化发展概况

20 世纪 90 年代以来，信息技术飞速发展，信息网络广泛普及，信息化逐渐成为社会、政治、经济、军事等各领域全面发展的重要推动力量。进入 21 世纪，广泛应用、高度渗透的信息技术正孕育着新的重大突破，信息化正推动社会走向全面变革。教育信息化作为国家信息化的基础和先导，其发展速度更快，范围更广，影响更深，触发了教育思想、体制、手段和方法的重大变革，信息化正引领教育实现跨越式发展。

河南是一个人口大省，也是经济和教育相对比较落后的省份。加快发展教育，把河南省从一个人口大省转变为人力资源强省，为经济发展和社会进步提供智力支持和知识贡献，关系到全面建设小康社会的全局。河南省委、省政府站在时代的高度，充分认识到了信息化的重要性和紧迫性，提出走改革创新之路，以信息化带动教育现代化，加快教育信息化步伐，充分发挥信息技术在教育改革与发展中的巨大作用和效益，全面推进素质教育，实现河南教育的跨越式发展。

"十五"以来，尤其是全省教育信息化工作会议后，在省委、省政府和教育厅的正确领导下，各级教育行政部门、各类学校以及教育事业单位认真贯彻会议精神，奋发图强，开拓进取，努力工作，取得了显著成绩，河南省的教育信息化得到了前所未有的发展。

【信息化建设的成就】

（一）基础设施建设

河南教育科研计算机网高速主干网建设工程顺利完成。按照"高起点、高水平、高质量和强有力的保证措施"，即"三高一强"的指导方针，建成的河南教育科研计算机网高速主干网，采用了 18 台 internet 千兆高端交换路由器，在全省 18 个省辖市实现了 2.5Gbps 的高速互联，建成 18 个地区级网络中心，全省各高校和有关教育科研单位基本上实现了与河南教育科研计算机网（HERNET）的千兆连接，从而实现了校间的高速互联。目前，该网在高速主干网组网、网络接入构造、网络监测与管理、IPv6 试验研究、高性能计算机集群技术的研究和应用等方面都有较大的创新，已成为国内最大、速率最高的省级教育科研主干网络。同时采用 4 套呼叫管理中心以及 1 000 余部纯 IP 电话机建成了省级万门纯 IP 电话网络。该电话网具有设置多个呼叫管理中心、支持更多的 IP 电话的功能，现已支持 IP 电话 1 万门。IP 电话网的建成及开通，不仅实现了 HERNET 全网内的免费 IP 电话通信，而且实现了 IP 电话到电信固定电话网和移动的互联，通达全国大中城市，可进行国际国内长途直拨。

高速主干网的建成开通,有力地促进了全省教育信息化工作的开展。郑州、洛阳、开封、新乡等省辖市的千兆高速城域网相继建成,近90所教育单位建成了功能齐全、技术先进的校园网或局域网,且均以千兆速率联入了教育科研网。许多教育单位正在扩建改建基础网络,以满足数字化快速发展和信息技术应用不断深入的需要。其他各类信息技术设施的规模不断扩大、质量迅速提高。河南大学近三年来,累计投资1 100余万元,建立了比较完备的信息化基础设施;新乡医学院在两年的时间中投资750万元用于网络建设,投资610万元用于其他信息技术基础设施建设,其信息化硬件条件已经后来居上;河南理工大学已经投资900余万元,用于校园网二期工程的建设。中国教育和科研计算机网第十届学术年会于2003年10月在郑州召开,与会代表充分肯定了河南在网络建设和应用方面所取得的成绩。

随着网络应用的深入开展,河南教育科研网的外联速率迅速提高,从建网初期的64k,到目前的5G。全网接入单位数量由1998年的33所增加到目前的88所,IPv4地址拥有量由1998年的114 688个增加到529 440个。河南教育科研网主干网目前正在升级扩容,以确保网络高速、稳定运行,为教学、科研和管理提供良好的网络环境。主干网建成后,全省高校上网计算机总数由2001年的不足5万台,增加到128 100台,上网人数由2001年的不足3万,增加到80万人。

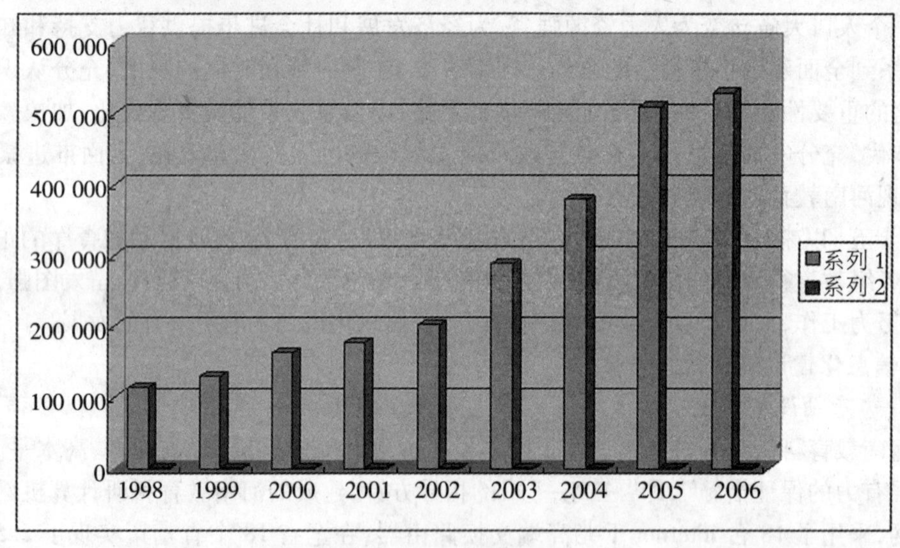

省网 IP 地址数量图示

全省有7 000所中小学开设了信息技术课程,已有500多所建有校园网,并联入了Internet。拥有计算机近20万台,多媒体教室1 563个,电子阅览室169个,远程教育接收点631个。郑州、焦作、安阳、信阳、漯河等省辖市投入大量资金建设覆盖全市各级教育行政机构、各类中等职业技术学校、城市中小学和大部分农村中小学的教育网络设施。

2003年10月,中国教育科研网学术年会在郑州召开,这是该学术年会首次在省级节点城市召开。教育部领导和有关专家一致认为,河南省建成的省级教育科研主干网络是中国教育和科研计算机网中目前最好的主干网。

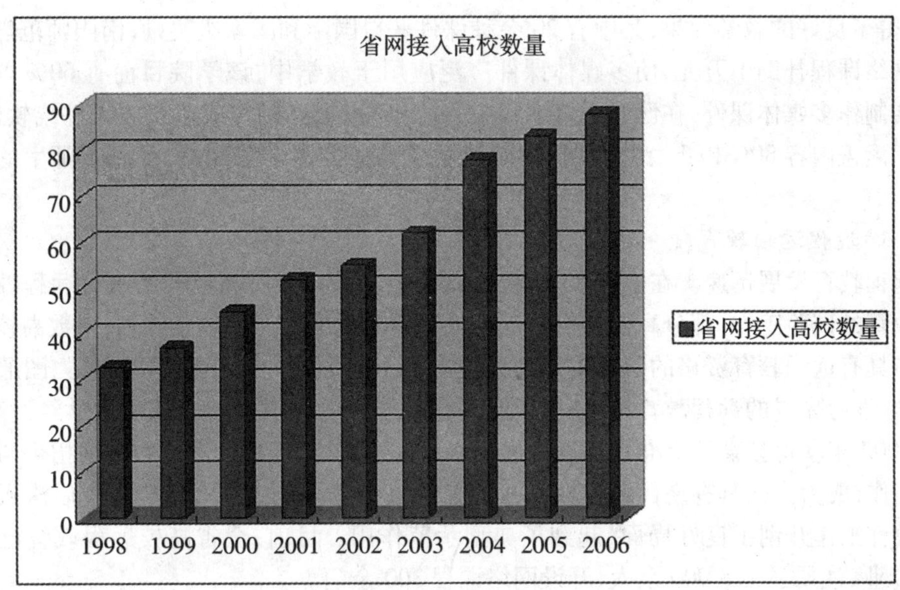

省网接入高校数量图示

积极跟踪下一代互联网关键技术发展趋势，启动了下一代互联网关键技术的研究开发工作。郑州大学经过努力，成为CERNET 225个核心城市节点之一，节点建设工作进展顺利，已累计投入400余万元。近20所高校通过隧道方式，接入了下一代互联网，全省已有近40家教育单位计划开展下一代互联网的研究，并以适当方式联入下一代互联网。

（二）信息教育资源建设

教育信息化建设的核心是信息和教育资源建设。教育信息化过程中的信息资源组织和有效传播可谓是重点工程。如何通过有效的通道来建设教育信息和教育资源是关系到教育信息化建设进程的关键性步骤。

在河南省教育厅相关部门的支持和引导下，全省教育网站规模迅速扩大，教育信息资源的共享程度有了明显增加，现已建有河南教育科研网网站等省级教育网站上百个，同时各高校、部分中等学校、主要小学和大多数教育管理机构或单位也都建有自己的网站。由于各级部门高度重视对公用信息资源建设和开发利用工作，尤其对电子课件、网络教学等软件的开发应用与资源库的建设更加关注（每年为开发课件投入大量经费，其中有10多种课件分别获得国际或国家级奖励），大部分网站信息资源的容量迅速扩大，使其主页的可视性、内容可读性和易用性有了大幅度提高。另一方面，精品课程开发进展顺利，开发了一批优秀多媒体课件。许多教师开始利用教育信息资源库进行多媒体课件授课，深受学生们好评，已取得了良好的教学效果。

河南省高等教育文献保障体系建设成效显著，建成了以河南教育科研网为依托的河南省高等教育文献保障体系基础框架，建立了河南省高等教育文献保障体系管理中心、全省学科文献中心和若干地区中心，2004年至2006年，全省高校累计投入8 940余万元用于数字化图书馆和数字化图书情报资源建设，全省高校图书馆的信息化水平、文献数据库种类和资源量迅速提高。主要高校图书资源共享，仅光盘版科技期刊全省可节约开支1 000万元左右。河南广播电视大学开发了一批高水平多媒体课件，已经广泛应用于教学中，取得了良好的教学效果，其中有20余种课件获得国际和国家级奖励；南阳师范学院为每门网络课程补助1万元，使多媒体课件广泛应用于教学中，该学院目前有60%以上的教师会制作多媒体课件，在已开必修课程中，有50%以上已制作成多媒体课件或软件，每门课程涵盖内容80%以上；河南科技学院建立了大型英语学习网站，受到了师生的普遍欢迎。

(三)现代远程教育

远程教育发展迅速。在全省83所普通高校中，已有34所高校开始进行远程教育或网络教育的试验工作，部分高校制定了远程教育教学大纲和课程教学计划；多数高校还自发地与具有远程教育资格的国家重点高校建立了不同形式的合作办学模式，力图通过合作办学，学习先进的远程教育技术，积累网络化环境下的办学经验。郑州大学经过努力，已于2002年获得教育部批准具有现代远程教育办学资格，可进行远程教育的招生与培养教育工作，成为全国具有现代远程教育办学资格的68所高校之一，为全省今后深入开展远程教育工作开创了良好局面，起到了典型示范作用。目前，全省高校远程教育已开设29个专业，注册学生8 000余人，开设网络课程300余门。

(四)信息技术应用

教育信息化建设的生命在于信息技术在教育中的广泛应用，并在不断的应用实践中实现教育教学效益的提高这一目的。因此，河南省教育厅在信息化建设上，一直坚持从追求配备率和使用率向追求使用效率转变。

随着网络的普及和应用系统的种类逐渐增多，在河南信息技术的应用效益逐渐提高。学籍管理、网上辅导、网上招生、高等学历文凭电子注册认证、科研项目和成果网上申报、网上统计报表等已广泛应用。据统计，在全省83所普通高校中，36所高校建立了网络教学平台，44所高校建立了面向全体教师的多媒体课件制作系统，开展网络化教学，实现了网上课件和素材资源管理、多媒体交互式教学、网上提交批改作业、在线答疑等等。2003年以来，河南省高校招生工作全部在网上进行，河南教育科研计算机网以其高带宽、高稳定性和高安全性，确保了招生工作的顺利进行。全省17所高校建设了校园“一卡通”，学生从入校注册到毕业离校的全部活动均纳入了网络化管理，极大地提高了管理水平和效益，有20余所高校正在加紧规划和建设校园“一卡通”。河南工业大学的校园“一卡通”除实现了一般的“一卡通”功能外，还实现了洗衣机、门控、电梯、水电计量等与“一卡通”的集成。河南科技大学自主研发的高性能计算机集群为当地科研院所和大型企业开始提供高性能计算。中州大学的虚拟导游培训系统，实现了情景导游培训，取得了良好效果。

与此同时，教育系统电子政务进展顺利，大多数学校和教育单位开发了基于网络的各种管理信息系统。“三网一库”基本建成，实现了全省教育系统电子公文网上传输。在省教育厅的大力倡导下，全省教育单位的统一资源与信息平台正在规划论证中。河南省省辖市教育系统视频会议系统也已经建成开通，正在发挥良好作用，全省教育系统各项管理工作逐步走向网络化、科学化的轨道。

(五)数字化校园建设

数字化校园就是在学校广泛推广应用信息技术，把学校建成数字化、网络化、虚拟化和智能化的校园，促进主动型、协作型、研究型和开放型的学习，全面提高信息技术在教学、科研、管理、社区服务等方面的应用水平。为此，河南省教育厅及时做出决策，在全省各级各类学校建设数字化校园，启动数字化校园建设工程。

为推进数字化校园工程建设，2002 年省教育厅开展了全省信息化综合评估，并在此基础上启动了“河南省高等学校数字化校园示范工程”建设项目，到 2006 年 6 月，有 25 所高校被评为“数字化校园示范工程”学校。在示范工程的带动下，数字化校园建设已经由过去的以硬件建设为主，过渡到了以深入推广信息技术为主，加速提高信息技术应用水平和效益的新阶段。经过近几年的努力建设，在向着全面建设数字化校园迈进的道路上取得了一定的成效。全省各高校均启动了建设数字化校园的工作，其中，河南工业大学计划投资 5 400 万元全面建设数字化校园，河南科技大学投资 900 余万元用于校园网二期工程的建设。郑州轻工业学院把数字化校园建设作为践履现代大学理念、实现现代教育教学模式、建设现代大学文化的重要着力点，建设了设施先进、覆盖面广、应用全面的数字化校园。在基础设施上，建成了新一代的校园网络结构，实现了学院所有楼宇高速互联，信息点遍布学院各个角落。在应用上，该院通过自主开发和引入相结合，已建立近 30 个网络应用系统，为全院教学、科研和行政管理提供丰富的网络资源和网络服务。教育信息化在该院人才培养、学科建设、科学研究、行政管理和师生员工的生活方面产生了明显的效益，并已成为该院走特色发展之路、谋求更大跨越、开拓发展空间的重要基础。2006 年上半年，结合河南省中等专业学校信息化发展实际，省教育厅拟在全省中等学校实施数字化校园示范工程，以带动中等学校信息化的快速发展。

(六)信息技术人才培养

网络的迅速普及，以及信息技术的广泛推广应用，造就了一大批信息技术人才。2000 年，河南省平均每 10 所高校网络中心只有专职网络技术人员 10 人，且多为初级职称，技术水平较低，无法满足信息网络快速普及的需要。省教育厅从 2004 年起每年选派 100 名左右中青年骨干教师到国外培训，省政府每年拨款 800 万元，国家留学基金委支持 800 万元，用于培养专业技术人才。到 2005 年，每所高校网络中心平均有专职技术人员 7 名，且 80% 以上为中级以上职称。多数上网的中等专业学校和普通中小学都有专职的网络技术人员。大部分本科院校开设了计算机科学及相关专业，信息技术师资和研究队伍数量和质量得到了稳步提高。人才队伍的不断壮大，满足了目前网络建设、管理、维护，以及信息技术推广的需要。

【“十一五”规划】

教育的信息化是随着信息技术的发展和普及而不断深化的，是随着人们对它的认识和接受程度而不断深化的，其终极目标是建立与知识经济相适应的新型教育形态，实现教育的现代化。

教育信息化的实施已经进入提速期。但从构建真正意义上的网络教育体系的角度来看，还有很多亟待解决的问题，特别是如何进行网上教育资源建设，以及怎样才能使教育资源共享变为现实等问题。在这一背景下，河南省教育厅组织有关专家，对“十一五”期间的教育信息化发展规划进行了专项研究和论证，提出了今后几年河南教育信息化的发展思路、奋斗目标和主要任务。

“十一五”期间，河南教育信息化工作将继续加强信息化基础设施、信息资源建设和人才队伍培养；跟踪国际信息技术发展趋势，开展新技术、新产品和下一代互联网关键技术的研究、开发和推广，力争形成若干以自主知识产权为核心的信息技术高科技企业；加大信息技术的推广应用力度，把工作重心尽快转移到信息技术的推广应用上来，以应用促效益，以应用促发展，加速实现河南教育信息化，全面推进素质教育。

具体思路：

（一）加速网络建设及信息技术的研究开发步伐

不断提高教育科研网的整体技术水平、科研水平和管理水平，建设好河南教育科研计算机网下一代互联网高速主干网；强化软硬件资源的整合，最大限度发挥网络效益；不断提高教育科研网的整体技术水平、科研水平和管理水平，强化软硬件资源的整合，最大限度发挥网络效益；积极开展网络技术的研究与应用，全面参与国家网络计划的实施，在3—4所省属重点高校建设网络节点。

（二）切实做好信息资源的建设和共享

对各级各类教育单位现有的教育资源进行整理、分类、加工、创新，为不同教学、学习阶段的教师、学生和社会有需求人员提供优质、实用、可靠的教学信息及咨询服务；建立专门的教育信息资源综合管理应用平台，在此基础上实现信息资源有效共享；积极开发虚拟或仿真实验、设计系列教学软件；尽快开展各类管理信息资源库的建设工作，争取在1—2年内主要数据库具备一定规模；集中各教育单位优势力量，建设河南省教育数字博物馆。

（三）全面提高信息技术在教育系统的应用水平

加快全省教育电子政务系统建设工作，形成教育改革与发展需要的新型管理体制，提高行政管理的现代化、科学化水平；广泛利用多媒体、网络技术实现高质量教学资源、信息资源和智力资源的共享与传播，形成开放、高效的教学模式，提高学生的创新能力，全面提高教学水平；以高校数字化校园建设为突破口，带动全省各级各类学校数字化校园的建设；积极开展高校科研基地的信息化建设，研究开发数字化实验与虚拟实验系统，创建网上共享实验环境；加快专家库、项目库和成果库的建设，充分利用信息技术，加强科技信息交流，通过网络开展重大科技项目的协同攻关，利用网络促进最新科研成果向现实生产力的转化；积极探索现代远程教育办学规律，总结办学经验，提高教学质量，确保现代远程教育健康、协调发展；积极研究信息化环境下的教育教学规律，尽快构筑河南省的终身教育体系。

（四）培养一支高水平的信息技术人才队伍

到2010年底前，所有高等学校教师和主要中小学教师和各级管理人员通过培训、学习，取得省级信息技术达标合格证，作为晋职、晋级、考核、评先的重要依据；在2—3年内，通过引进和在职培训，培养1 000名左右信息技术高级专门人才。

在此基础上，“十一五”期间，全省将开展五项重点信息化工程：一是下一代互联网建设、研究开发工程；二是全省教育系统电子政务工程；三是精品课程建设工程；四是数字化校园建设工程；五是数字化图书馆、博物馆建设工程。

我们有理由相信，河南的信息化教育会在不久的将来呈现更繁荣的景象。

（河南省教育厅）

河南省安监局电子政务建设概况

安全生产电子信息政务化建设是安全生产工作的重要组成部分，是贯彻“科技兴安”战略的重要手段。为适应新形势下安全生产工作的需要，运用现代电子信息网络技术服务安全生产工作，创新安全生产监管方式和手段，提高安全生产监管自动化水平和工作效率，河南省安全生产监督管理局逐步推进了安全生产电子政务项目建设并取得了一定的成效。

【河南省安全生产监督管理局电子政务建设情况】

河南省安全生产监督管理局根据国家和省委、省政府关于电子政务建设的精神，在李九成局长的直接领导下，成立了电子政务领导小组，以李尚宽副局长为信息化领导小组组长，局办公室、技术装备处、信息调度中心负责人为小组成员。对于信息化项目建设，信息化领导小组多次召开信息化建设会议，讨论建设方案，从内容建设、建设规模、设备采购、工程招标到项目竣工验收，局相关处室均全程参加，在信息化资金保障方面，省财政和国家财政也给予了很大的支持。对信息化项目建设内容，我们从实际应用出发，针对河南省安全生产监督管理局具体情况规划内容，不太超前，也不落后，保证应用。对于已建成的信息化项目，先培训相关人员掌握使用，再逐步推广使用。对丁已建设好的项目，基本上得到很好的使用，尤其是安全生产信息网、安全生产专网的建设应用，极大提高了办公效率，现在局所有的下发文件均通过网上进行，既提高了效率，也节省了大量的通信费用。

近年来，河南省安全生产监督管理局通过基础性网络和应用系统的建设和开发，按照省“电子政务三网一库”的规划，已建立办公外网和办公内网的基础设施。中央财政和省财政从2002年以来每年在信息化建设上都投入一定的资金，特别是去年安全生产信息管理系统作为国家发改委特批的信息化建设项目，作为“金安”工程列入国家信息化建设的金字工程，这也体现出国家对安全生产的重视程度。近年来，省局电子政务信息化建设取得了很大的成就，从2002年年初，全局共有PC机20台，有些处室还没有一台计算机，至今全局人手一台计算机，据统计全局台式机和移动电脑达到120台。办公内网上接省政府办公资源网、省委党务外网、国家局安全生产专网，下接18个地市电子政务专网，开通省到市级的视频会议系统。网络应用也取得了巨大的成就，省局现有三个网站正常运行，即河南省安全生产信息网、河南省安全生产专网、河南省安全生产办公资源内网。其中河南省安全生产信息网在去年全省36个厅局网站评比中，名列第四。国家安全生产报社把全国十个主要产煤省煤矿安全监察网站评比,我们名列第三。拥有安全生产视频会议系统,河南省安全生产监督管理局是全国安全生产系统第三家。这些系统的建立为不断提升河南省安全生产监督管理局安全生产政务信息工作的质量和水平奠定了基础。为进一步构建安全生产信息支撑保障体系,继续大力推进安全生产领域信息化建设,2006年河南省安全生产监督管理局又着手启动了"河南省安全生产管理信息系统"项目建设。

河南省安全生产信息管理系统是国家安全生产信息系统的组成部分,其可研由国家发展和改革委整体批复。该项目在河南省现有信息化工作的基础上,依托公网及政府系统办公资源网,构建全省安全生产管理信息系统的网络平台,网络系统建成后,可实现上接国家安全生产监管总局、省委、省政府,向下覆盖全省18个省辖市、158个县(市、区);重点建设全省安全生产监管机构视频会议系统,形成以省安全生产监督管理局为主会场、18个省辖市安管局为视听会议分会场、158个县(市、区)用个人PC机通过网上登录观看的视频会议框架;同时配合国家总局研制开发安全生产监督管理及行政执法系统、安全生产调度与统计系统等两大业务应用系统,并协助国家安监总局整理安全生产基本情况数据库、重大危险源和预案数据库、重大安全生产隐患数据库、危险化学品监管数据库、政策法规数据库、重特大事故档案数据库、安全生产专家及安全评价中介机构数据库、抢险救灾资源数据库、调度与统计数据库、行政执法数据库等10个数据库群。

本项目可研批准建设总投资2 204万元,分两期完成。2006年已完成项目一期建设,实现省、市、县各级网络节点的互联互通,建成视频会议系统,完成部分应用系统的开发。

【2006年主要完成的建设任务】

2006年是河南省安全生产监督管理局电子政务信息化建设的重要一年,按照"电子政务建设工作要进一步加快建设进度、着重提高应用水平"的总体要求,河南省安全生产监督管理局丰富了河南省安全生产信息网内容,使网站信息量达2万余条,在全国同行业网站中信息量和访问率名列前茅;推广普及了河南省安全生产专网的使用,基本实现了省局与5个煤矿监察分局、各省辖市安管局间文件网上传输交流;组织研发并投入使用了《河南省危险化学品经营许可网上申报系统》,既方便了生产企业,又加快了申报进度;开发使用了办公来文和发文登记系统,规范和提高了公文的处理效率。在此基础上,启动实施了河南省安全生产信息管理系统一期工程。

河南省安全生产信息管理系统项目建设进展基本顺利,已完成了省局数据中心视频会议室及网络机房建设,到2006年年底完成投资1 049万元,其中:省基建投资300万元,市、县自筹配套资金749万元。主要完成省局节点、市局节点、县(市、区)局节点的网络基础建设以及视频会议系统终端,完成省局中心服务器和数据存储备份系统的基础建设,完成了部分应用系统的开发。一期工程投入使用后,将会促进河南省安全生产监督管理局电子政务的不断优化升级,进一步提高行政效能和降低行政成本,最大限度做到政务公开。

【2007年项目建设投资重点】

2007年将继续重点抓好河南省安全生产信息管理系统项目二期工程建设,主要完成各级节点网络安全及通过MPLSVPN方式广域网连接、中心服务器及移动终端设备完善等建设任务,以及部分应用系统的开发。计划完成投资1 155万元,其中:中央预算内投资

185万元,省基建投资457万元,市、县自筹配套资金605万元。

【目前电子政务建设中存在的主要问题及拟采取的措施】

1. 思想认识不到位,人员配备和技术力量跟不上。下一步将以有效宣传教育为引导,正视河南省安全生产监督管理手段落后的现状,增强信息化建设的紧迫感和责任感,激发他们投身信息化建设的主动性,积极督促协调落实电子政务建设资金,确保全省安监系统信息化建设的顺利进行。

2. 安全生产信息系统建设是一项复杂的系统工程,不仅涉及范围广、层次多、资金渠道来源不一,而且项目建设工期短、要求高,上下沟通协调任务繁重,项目建设管理难度大。为此要求各级安全生产监管机构都要成立项目建设领导小组,明确具体的项目负责人和技术负责人,树立"河南省安全生产信息管理系统"建设全省一盘棋的观念,及时上下联系沟通,加强密切协作配合,统筹完成好各项相关工作。

3. 电子政务建设工作涉及面广、技术含量高,单位人才和技术力量薄弱。为解决自身技术力量不足的实际问题,在不断提高现有人员业务素质的前提下,按照"不求所有,只求所用"的原则,考虑借助和整合社会资源和力量,参与安全生产电子政务建设。

4. 信息资源整合难度大,生产企业资料难以提取使用。电子政务主要内容是信息源,对安全生产企业信息资料的搜集和整理,大多企业配合不积极,不愿意把自己拥有的资源实现共享。今后我们将加大宣传力度,对企业信息化建设提出明确要求,同时制定录入信息的使用办法和保密方式,不断丰富河南省安全生产信息资源。

(河南省安全生产监督管理局)

河南省建设行业信息化发展概况

【概述】

2006年以来,河南省建设行业保持着持续、稳定、健康的发展势头,很好地发挥了支柱产业对社会经济发展的贡献力。建设事业的迅速发展对建设系统信息化的发展提出了更高的要求,而信息技术、网络技术在建设系统的广泛应用又大大提高了城市规划、建设、管理的效率,促进了建设事业的发展。

为了适应建设行业发展的需要,适应全球信息化、网络化的发展潮流,为了以现代科技改造传统产业,提高城市建设、建筑、房地产业的生产力水平,近几年来,河南省建设厅一直将推动行业信息化、网络化作为加强建设行业管理的重点之一,在政府办公、行业管理、专业业务应用等许多方面大量采用了先进的信息网络技术,大大提高了政府行政管理的效率和水平,并提高了城市建设、建筑业和房地产业等的现代化水平和科技含量,既推动了建设事业的发展,也为河南省信息化发展的现代化和数字化作出了贡献。

【河南省建设行业信息化建设基本情况】

(一)建立了河南省建设厅内部办公局域网,为电子政务建设打下了坚实基础

2002年,在建设厅党组的支持下,通过多渠道筹集资金,规划建设完成了建设厅内部办公局域网首期工程,为各处室配置了计算机,部分业务处室每人一台,满足了办公自动化对电脑的需求,为建设厅办公业务的计算机自动化、信息化奠定了良好的基础。

(二)大力普及计算机基础知识,推动计算机技术在办公和业务处理中的广泛应用

随着计算机局域网的建立,计算机应用范围的不断扩大,计算机基础知识培训迫在眉睫。我们及时组织对机关工作人员进行计算机操作应用培训,解决了使用中的许多问题,有力地推动了建设厅办公自动化进程。

(三)自主开发建设完成建设厅互联网站,大大提高了建设厅信息化水平

为加强各地信息联络,服务群众,实行政务公开,从2004年开始,建设厅在一无资金,二无设备的情况下自主开发,先后建设完成了厅互联网站、互联网邮件系统,使厅互联网站成为联系厅内与各地的交流平台,服务群众、加强监督的窗口,极大地提高了建设厅信息化水平和工作效率。目前,厅互联网站已经集成政务公开、信息发布、信息上报、各业务处室办事指南等模块,下一步将积极整合资源,在保证安全稳定、快捷有效的基础上,进一步提高效率,节约资源,发挥河南省建设系统信息化的优势,促进河南省建设系统的信息

化建设更上一个新的台阶。

(四)建立完成了与省委、省政府通信的电子政务专网,厅内部局域网联入了省委、省政府专网

按照省政府指示,建设厅及时建立了与省政府专网通信网络,保证了政务信息的畅通。通过将厅机关局域网接入省政府专网,为机关办公提供了极大便利,可以随时查询资料,交换公文,收发电子邮件,提高了工作质量和效率。

(五)大力推动建设系统的信息化建设,各行业应用系统建设迈出较大步伐,工作效率明显提高

支持河南省建筑工程标准定额站、河南省建设技术发展中心等单位开发一系列建筑工程概预算软件、网络教育培训软件,组织河南省建筑科学研究院、河南省城乡规划设计院等单位,参加河南省科技厅设立的河南省CAD应用示范项目,为推动河南省建设行业应用系统建设和CAD的应用起到了良好的作用。

(六)加强电子政务工作机构的建设,发挥指导优势,产生合力作用

早在2001年10月,建设厅就成立了河南省建设系统电子政务工作领导小组办公室和河南省建设行业信息化领导小组办公室,负责河南省建设系统信息化的建设、维护和管理,以及统计、宣传、调查研究等工作。目前正采取措施多方筹措建设资金,建设完善"三网",整合全省建设系统资源,发挥建设厅在建设系统的首位优势,提升河南省建设系统信息化水平,解决目前建设口网站众多,管理机构重复,资源浪费的现象。

河南省各市建设部门也从当地的实际出发,加强各自的电子政务建设工作,取得了不同程度的进展。普遍将计算机应用于办公和管理,提高工作效率,为群众提供优质高效的服务,目前95%以上的建设主管部门都实现了办公自动化、信息化。

【当前存在的问题及工作措施】

河南省建设行业在信息化建设过程中虽然取得了一定成绩,但也遇到了不少困难和问题,主要是人才匮乏,资金不足,影响了信息化建设的深入进行。

下一步,河南省建设行业信息化工作主要根据国家和省委、省政府有关文件精神,结合河南省建设系统的实际,努力实现河南省建设系统范围内的信息共享与业务应用,培育建设领域信息产业市场,提高各级建设行政主管部门的决策水平、管理水平、为公众和企业服务的水平,实现政务公开、透明的目标。与此同时,组织制订建设系统各行业信息化规划和技术政策,规范建设领域信息市场行为;组织实施建设系统局域网和广域网的建设;抓好建设厅机关和各地建设行政主管部门电子政务工作;推进政府职能转换,提高为社会公众信息服务水平。重点抓好以下几项工作:

(一)充实、调整建设厅电子政务工作领导小组和信息化领导小组办公室,加强电子政务规划、政策的制定以及信息工作的组织领导

发挥领导小组的主导作用,制定相关政策,积极协调相关部门和有关机构,进一步提高建设行业信息化水平,加大人力、物力、财力的投入力度,为全面推进全省建设系统的进步发展提供坚实的政策支持。

(二)进一步充实完善厅机关内部办公局域网和互联网网站

建立统一的建设信息发布平台,实现及时发布新闻、信息、通知、公告,收发电子邮件,

查找信息资料,信息共享等功能,使公众不仅可以享受到建设厅提供的各种服务,而且大大加强与建设厅之间的互动,不断提高建设厅公共服务的质量和水平。

(三)进一步完善建设厅互联网站,建立统一的信息共享平台,实现资源共享,信息互通

目前,建设厅基本实现了信息的上报,通知、信息的网上及时发布,但仍有部分市(县)基础设施尚不完善,有些市(县)建设主管部门还没有相关计算机网络或设备,还不能够实现办公自动化。下一步,建设厅将积极协调,加强督查,力争全省建设系统在2007年底前全部实现信息化、网络化。

(四)完善河南省建设厅互联网政府网站,筹措建设"河南建设信息网"

贯彻党中央、国务院关于加快国民经济信息化的总体部署,推进政府部门办公自动化、网络化,提高工作效率及工作透明度,促进勤政、廉政建设;同时,为群众提供办事程序查询、政策指导等便民服务,为企业开辟绿色通道,实现"网上办事一条龙"服务,实现政务公开,办事公开,简化程序,提高效率,提升河南省建设系统形象,成为与群众沟通的重要窗口。

(五)建立河南省建设行业基础性数据库和有关专业领域的数据库并建设完成查询系统,实现数据共享,服务于民

今后几年,我们将着重建立起门类齐全、内容丰富、更新及时、查阅方便的综合性数据库,不但为公众提供信息服务,也为建设行政主管部门日常工作和行政决策提供依据。

(六)积极推动电子政务建设,提高建设行业的综合实力

要在全省建设行业普及信息化知识,加强对电子政务工作重要性的认识,积极推广和使用计算机技术、通信技术、网络技术、自动监测控制和多媒体技术。

努力发展房地产业的信息化工作,按照建设部的要求抓紧建设河南省房地产信息网络,并与建设部联网。加快建设产权产籍计算机管理系统、房地产物业管理信息系统和公积金管理信息系统。

【进一步加快推动建设行业信息化发展的设想】

我们制定了建设行业信息化发展"十一五"规划,将抓住信息化、网络化的发展机遇,以信息化促进建设行业管理的现代化。实现城市规划建设行政管理的计算机自动管理,提高管理效率和透明度;在勘察设计领域继续扩大电子信息技术的应用范围,建成以网络为支撑,CAD技术应用为基础,工程信息技术为核心,工程项目管理为主线,使设计与管理初步实现一体化的集成应用系统;在城市规划管理、建设项目管理、房地产管理、物业管理、工程造价定额管理等方面广泛应用电子信息技术,重点开发和推广城市建设地理信息系统,房地产管理系统,物业管理系统,城市地下管线管理系统,城市道路、供水、电负荷控制系统以及城市现代交通指挥系统等自动化管理系统,提高城市管理的效率;实施建筑智能化工程,对新建的商业、办公、住宅楼实施智能化设计,提高信息化、网络化在日常工作、生活中的覆盖面,为建立"数字城市"打下良好基础。

今后,我们将重点做好以下几项工作:

(一)加强机关办公系统与政府公众网的结合,真正实现电子政府的目标

逐步将机关内部的办公网络与社会公众网络结合起来,通过公众网络实现网上信息

交换,进而实现网上申请、网上审批等电子政府的目标,彻底改变传统的办公方式,提高工作效率,提高办事透明度,减少办事过程中的人为干扰,为实现从“管理”到“服务”的政府职能转变提供最有效的现代化工具。

(二)进行建设行业信息资源状况调查,尽快实现行业信息资源共享

要真正实现信息化建设的目标,信息资源共享是其中的关键环节。我们准备对建设行业主要部门的信息资源状况进行摸底调查,在摸清家底的情况下制定相关的操作规范,建立一个信息资源共享的平台,以尽快实现全行业的信息资源共享,提高信息资源的利用效率,减少信息网络的重复建设,提高全行业的效率和服务水平。

(三)积极引导推动建设行业信息技术应用,加快行业信息化、网络化的步伐

目前信息技术在建设行业企业中应用的广度和深度还不能适应建设行业和现代化科技发展的需要。重点要积极推动企业在更深层次应用信息技术,不仅解决局部问题,更要从管理机制上按照现代企业的要求进行改革,适应信息化社会的发展需要,应用现代的信息技术,改造传统产业,建立一批能将现代化信息技术运用于管理和业务中的企业。

信息化、网络化已经渗透到建设行业的每一个方面,并将发挥越来越重要的作用。河南省建设行业信息化工作可以说还刚刚起步,我们必须更加充分地认识信息化、网络化对建设事业在新世纪发展的重要意义,按照国家的统一部署,结合建设系统的实际情况,积极、稳妥地推进建设事业的信息化进程。

(河南省建设厅　王　巍)

河南省旅游信息化建设发展概况

2006年以来,全省旅游业在河南省旅游信息化工作领导小组的正确领导下,不断加大信息化建设,广泛应用信息化于旅游业发展之中,提高了河南旅游知名度,促进了旅游产业的快速发展。

【建立信息化机构】

河南省旅游局信息化建设起步于2001年。2004年成立了河南省旅游信息中心,招商引资1 000万元成立河南省旅游资讯有限公司,9月正式运营河南省旅游局官方网站——“河南旅游资讯网”(www.hnta.cn)。2005年1月省旅游局正式成立旅游信息化工作领导小组,省旅游局党组书记、局长杨盛道任组长,其他局级领导担任副组长,各省辖市旅游局局长、局机关各处室和局直各单位一把手担任成员,负责统一安排部署全省旅游信息化工作。2006年7月,经省机构编制委员会办公室批准,成立河南省旅游局信息中心,负责河南旅游业信息收集、传输、存储、处理,组织信息技术推广和应用;推进旅游电子政务、多媒体旅游信息咨询等工作。

【搭建软硬件平台】

自筹资金200万元,配备10余台中高档服务器、40余台微机、千兆网络交换机、密码机、身份认证系统和防火墙等网络设备,建设了在全国旅游行业中具有上等水平的中心机房。

2004年6月,省旅游局与中国人民解放军信息工程大学电子技术学院合作,开发建设了门户网站——河南旅游资讯网,并委托电子技术学院和郑州大学承担了《河南省旅游信息网络建设方案》、《河南省数字旅游运营方案》和《河南省旅游目的地营销规划方案》的主体设计。2006年7月进行了第三次自主技术的改版,形成目前网站主要架构。

2006年9月,河南省旅游局网络带宽提升至1 000MB,用户终端理论带宽达到100MB。

2004年至今,河南省旅游局信息中心共开发了旅行社诚信管理系统、旅行社年审管理系统、旅游假日预报系统、导游管理系统、招商项目管理系统、旅游投诉管理系统、公文传送系统、导游考试系统等,基本满足了网上办公的需求,并达到了“河南一流、国内领先”的战略目标。

目前,河南省旅游局建有官方网站——河南旅游资讯网(简体中文和英文);18个省辖市分别建有自己的旅游门户网站；全省300多家旅游景区，建设网站的超过1/3，其中4A级以上景区(50家)均建有网站；全省旅行社建立网站的超过1/3；星级酒店建设网站的超过一半。此外，省旅游局根据开发需要，还建设了"超级旅行"、伏牛山旅游网、河南旅游商品网等专业旅游网站。

【完善规章制度，确定了发展思路】

根据国家和河南省的有关规定，结合局办公系统和保密制度，省旅游局制定了《河南省旅游局政府网站管理规定》、《河南省旅游局计算机技术服务实施办法》、《河南省旅游门户网站信息发布规程》、《河南省旅游局上网信息管理办法》、《河南省旅游局关于加强上网计算机管理工作的通知》、《河南省旅游局接入全省政府系统办公业务资源网(政府专网)方案》等规章制度，对旅游系统信息化建设的健康协调发展起到了积极的推动作用；颁布了全省旅游信息化推进意见，确定了以政府为推动、市场为导向、企业为主体的信息化发展思路，确立了建立和完善公众性、公益性和商务性相结合的信息化服务体系的目标。

【构建信息网络服务体系】

旅游行业是朝阳产业，也是形象产业，河南旅游资讯网作为省旅游局的官方门户网站，承担着宣传河南旅游，宣传河南的责任。河南旅游资讯网自2004年9月开通以来，即注重宣传、注重营销，成立了新闻部，负责采集、编写、发布、上报河南旅游新闻。三年来共发布图文新闻1.2万篇、音视频新闻490期，宣传了河南旅游的日新月异的发展状况。2006年中国旅游网(国家旅游局官方网站)实行新闻上报排行以来，河南省旅游局已连续12个月新闻上报量位居全国第一，有力地宣传了河南旅游形象。网站成立了编辑部，通过目的地系统建设，向全省、全国、全世界游客提供翔实的旅游目的地信息，使广大网民上了网想玩、能玩、玩好。网站成立广告部，负责利用网络资源，发挥多媒体优势，宣传主要的旅游企业。三年来，已有数十家河南顶级旅游企业通过河南旅游资讯网宣传当地旅游资源，吸引大批游客。网络对于宣传河南旅游称得上"功不可没"。

【旅游电子政务与电子商务有机结合】

电子商务是河南旅游信息化快速发展的重要动力。"以需求为导向，以应用促发展"，是信息支撑体系建设的一项重要原则，也是推进信息化建设的力量源泉。河南旅游资讯网是集旅游电子政务网、电子商务网和宣传网三位一体的网站，一个数据处理中心，资源最大共享，建立了统一的信息交换平台和产品交易平台，为消费者提供方便、快捷、优质、安全的服务；无论是政务信息还是商务信息都是旅游消费者、旅游经营者和旅游管理者联结在一起的纽带，是将旅游的国内市场和国际市场融合在一起的桥梁。

河南省旅游局与河南农业银行联合自主开发了河南省首个集金融、旅游、刷卡消费为一身的"金穗旅游一卡通"项目，目前累计发卡量已达20万张，旅游企业签约单位已逾450家，遍及吃、住、行、游、购、娱各个环节，拥有较为稳定的消费者和集团用户，加上网络、短信、呼叫中心(9600198)多手段服务跟踪和适时信息自动采集、发布和反馈，产生了良好的社会效益和经济效益。通过一卡通的成功运营，我们及时对河南旅游资讯网进行了二次改版，其旅游资讯功能和在线服务功能更加突出，更贴近旅游潜在消费者的出游心理。建立门票、机票、宾馆饭店查询预订系统，该系统旨在整合河南省景区、宾馆及其他旅游企事业单位的查询预定，实现河南省景区门票、机票、宾馆酒店分布、价格位置等情况，在网上的便捷查询和通过方便快捷的"在线预付"功能，做到网上预定支付一条龙服务，为河南省旅游网络营销平台的健康发展提供了条件。实践证明，"双网合一"的网站建设模式，通过自主创新和产品渗透，促进了电子商务与现代旅游业的融合发展，拉长了产业链，最终构成集旅游资讯、产品服务、宣传推介和电子商务为一体的旅游综合服务平台，给游客带来了极大便利，为实现全省旅游信息资源共享提供了可靠支持，使信息服务迈上了一个新台阶。

（河南省旅游局信息中心　杨志威）

河南省民政信息化发展概况

随着国家和河南省信息化工作一系列文件的出台,河南省民政信息化建设步伐明显加快。结合民政部、省电子政务领导小组的要求理出了河南省民政信息化建设“十一五”规划的基本思路。省民政厅网站等民政部门公共服务网站已经开通。各级民政部门积极组织计算机专业知识培训,民政干部计算机应用水平不断提高。

【网络基础设施建设日趋完善】

(一)建成了厅局域网,开通了部、省两级民政广域网

厅局域网采取安全技术手段,既与民政部广域网相连,又有接入互联网的接口,局域网网络结构得到优化,网络性能进一步提高。2006 年 4 月,对厅局域网综合基础信息平台进行升级改造,对线路进行了重新规划,更新了交换机、防火墙等硬件设备,对机房进行了重新装修,为提高网络化公共服务能力打下了较好的基础。

(二)充分利用河南省人民政府办公业务资源网

指定专人负责政府专网,利用政府专网的公文报送、信息上报等功能上报文件、信息,接收政府专网发送的公文等,最大限度地发挥政府专网的作用。

(三)开通了全省党委系统内部专网

根据省委办公厅统一安排,多方筹措资金,购置了相关设备,完成了线路接入,实施环境已经省、国家保密局验收,并于 2007 年 7 月正式开通。

(四)厅局域网整体接入省电子政务外网

按照省发改委和省电子政务建设领导小组办公室联合下发的《关于做好省电子政务外网接入工作的通知》(豫发改高技〔2007〕437 号)精神,实现了厅局域网整体接入省电子政务外网。

【民政电子政务服务日益丰富】

(一)开通了河南省民政厅网站

通过该网站,向社会各界及公众宣传介绍民政工作的业务范围,将民政工作相关的法律、法规、政策、办事指南、便民服务措施等向社会公布,将各项工作表格和资料发布到网上,为公众提供服务,搭建与社会公众沟通的平台。及时公布民政工作的最新动态,提供权威信息。通过相应的互动式栏目为企事业单位和个人提供方便、优质、高效的服务,以服务为宗旨,促进政务公开,提高政府工作的透明度。

(二)部分地市开通了民政信息网站

郑州市、开封市、平顶山市、新乡市、焦作市、驻马店市民政局开通了民政信息网站。通过网站,向社会各界及公众宣传介绍当地民政工作。

(三)开通了部分专业网站

针对专项民政业务,开通了河南省民间组织信息网、中原殡葬网等专业网站,这些网站系统、全面、准确地介绍了专项民政业务,为公众提供了方便快捷的信息服务,同时也推进了专项民政业务的发展。

(四)部分二级单位开通了业务网站

河南民政学校、河南福利彩票发行中心、河南第二荣康医院、河南省针灸推拿学校、河南省假肢中心等民政厅直属事业单位推出了自己的网站,有力地促进了河南省公益事业的发展。

【民政广域网应用逐步拓宽】

民政广域网是民政部为进一步提高民政系统的信息管理水平,改善民政部门之间的信息交流机制,提供科学决策水平,所实施的"数字民政"工程和"便民"工程。民政部广域网工程即是"数字民政"工程的具体体现,即以民政部为中心节点,覆盖全国38个省市民政厅(局),其上将运行"社会最低保障软件"系统、"优抚安置软件"系统、民政公用办公平台等应用系统,同时提供IP语音服务和视频服务。

(一)实现部、省网络连接

投入资金,实现了部、省网络连接,开通了电子邮件服务系统,利用该系统进行数据传输等。

(二)建成了部、省两级视频会议系统

2006年完成了全国民政卫星网络系统的一期建设工程。民政部为了扩大民政广域网的覆盖范围,提升视频会议质量,拓展信息化应用领域,以民政广域网为基础建设民政卫星网络系统。民政卫星网络系统建设将分期进行,一期工程先完成省级节点的安装、调试,由民政部统一安排,目前河南省民政卫星网络系统已经完成安装、调试工作,运行良好。二期工程按照民政部要求覆盖到县以上节点。

【建设并推广应用了一些相关民政业务信息系统】

(一)优抚安置信息系统

为了准确及时掌握优抚安置对象的数据及变动情况,实现对优抚安置对象的科学有效管理,民政部研制开发了"优抚安置信息管理系统"。河南省民政厅于2002年开始使用该系统,目前,该应用系统数据库已有数十万条优抚、军休、退伍普查数据进入了数据库,可供查询分析。

(二)流浪乞讨人员救助管理信息系统

河南省流浪乞讨人员救助管理信息系统的建成和使用,初步实现了救助网络覆盖全省、联网全国,救助管理业务信息共享,各级管理部门实时监管,各救助管理站协作配合的工作构想。自开通以来,该应用系统数据库已累计有11万余条记录进入了数据库。

(三)低保管理信息系统

城市居民最低生活保障工作是当前民政工作的一项特别重要的任务,是国家社保工程的重要组成部分，为低保工作提供现代化的管理手段和宏观决策依据，成为民政信息化建设工作的重要任务。随着改革的深入，低保对象大量增加，并处于动态变化之中。保障工作的有效实施，取决于对低保对象实际情况的动态掌握。利用这套管理系统，基层民政工作人员可以在网上完成低保对象的申请、审批、发放、复查、调整等管理工作，从而提高工作效率，进一步促进内部信息的共享，及时了解各部门及人员的工作状况和工作计划安排。利用系统的数据库及在线数据分析功能，可以使各级民政部门的工作人员随时掌握城市居民最低生活保障对象动态数据，低保资金的来源和发放情况，同时可以对数据进行在线分析，提高决策的科学性。河南省低保信息系统建设经过充分论证，目前正在申请立项。

（四）婚姻登记信息系统建设

婚姻登记信息系统涉外婚姻登记已经实现在线登记，目前，河南省婚姻登记信息系统正在申请经费。

（五）地名公共服务工程

自2006年初起，河南省开始启动地名公共服务工程。地名公共服务工程是通过制定和完善地名规范，依法理顺地名管理体制，在强化地名管理的同时，逐步建立和完善以城乡系列地名标志、城镇地名规划和地名信息化为主要内容的服务体系，弘扬先进地名文化，使社会公众能够便捷、及时、快速地获取准确规范的地名信息，为政府更好地履行公共服务职能服务，为构建社会主义和谐社会服务。该工程包括地名规范、地名标志、地名规划、数字地名4个方面的专项事务，预计在5年内完成。目前，郑州市、许昌市已经开通地名公共服务系统。

（六）行政区域界线信息管理系统

2007年2月，郑州市行政区域界线信息管理系统通过有关部门的技术成果鉴定，标志着河南省行政区域界线信息管理进入了信息化管理的快车道。该系统的主要功能有：资料数据输入编辑功能、查询检索功能、图库管理功能、分级管理功能、遥感影像和DEM数据立体显示功能、输出打印功能、专题地图编辑输出功能、野外导航功能、踏勘定界功能、统计分析功能、计算功能等。通过以上功能，信息管理系统能够满足勘界档案的管理和查询、行政区域界线日常管理、边界争议分析决策、勘定行政区域界线、界线详图输出等工作要求。

【信息化管理工作有效加强】

（一）健全组织领导

省厅和各省辖市民政部门均成立了民政信息化工作领导小组，小组下设办公室，由办公室负责信息化建设的日常工作。

（二）加强了对信息化设备的统一管理

印发了《河南省民政信息化建设项目管理办法》、《河南省民政厅计算机维护制度》，对全厅信息化建设项目进行整体规划，统一对厅机关信息化设备进行维护，按照统一的要求为厅机关购置配备信息化设备。

（三）信息化设备日常维护管理工作

做好厅局域网系统维护管理、计算机病毒防控和安全保密工作，及时处理系统中出现的问题,确保厅机关局域网和业务管理系统的正常运行和视频会议系统的顺利召开。

(四)加强制度建设

先后制定、修改完善了《河南省民政信息化建设项目管理办法》、《河南省民政厅网络中心机房管理制度》、《电子公文收发制度》、《河南省民政厅计算机维护制度》、《河南省民政厅计算机保密制度》、《河南省民政厅关于做好河南民政网站和河南省政府门户网站内容保障工作的意见》、《河南民政网上网信息采集、审核、发布暂行办法》、《河南省民政厅关于进一步做好河南民政网站内容保障工作的通知》等信息化工作制度。

(五)纳入了整体规划

对全省民政系统信息化建设"十一五"规划进行了调研,结合民政部、省电子政务领导小组的要求理出了河南省民政信息化建设"十一五"规划的基本思路。

【信息资料的整理工作得到了加强】

我们把资料整理作为实现民政管理信息化的基础性工作认真对待,其内容主要包括有关法律法规、党和政府的有关政策、部门的规章,民政部门法定的职权范围,实施民政管理的法定程序,反映各项民政业务发展历史和现状的统计资料,民政业务工作大事记,民政史上的重大事件以及政府有关部门的相关信息资料等。

(河南省民政厅办公室　马占魁)

河南省新闻出版信息化发展概况

【概述】

2006年以来,河南省新闻出版行业坚持正确舆论导向,继续深化改革,加快发展步伐,新闻出版行业继续保持了持续、稳定、健康发展的势头。新闻出版事业的快速发展,对新闻出版信息化系统建设提出了较高的要求,为适应新闻出版行业发展的需要,适应全球信息化、网络化、数字化发展的趋势,为了以现代信息技术改造新闻出版传统产业,提高图书出版、报刊发行、印刷复制、电子音像、版权贸易、"扫黄打非"等在和谐社会建设中的重要作用,河南省新闻出版局一直将推动行业信息化、网络化,出版数字化作为加强新闻出版行业建设的重点工作来抓,在行政办公、行业管理、专业业务应用等诸多方面采用了先进的信息网络技术,而信息技术、网络技术在新闻出版领域的广泛运用,又进一步繁荣了新闻出版事业,壮大了新闻出版产业,极大地提升了出版生产力的科技含量,有效提高了政府行政监管的效率和水平,为新闻出版事业的发展注入了新的生机和活力,为河南省经济社会又好又快发展提供了强大的精神动力、智力支持和良好的舆论环境。

【河南省新闻出版行业信息化建设基本情况】

(一)应用业务建设

目前,河南省新闻出版局应用业务系统建设以强化各项业务工作开展为目标,以提高行业监管力度、促进新闻出版行业有序发展和服务公众等为目的,计算机终端通过多种网络形式建立业务系统专用通道,已先后实现了与国家新闻出版总署、河南省委、河南省政府、相关厅局以及河南省各省辖市新闻出版管理机构的网络互联互通。目前局机关使用的业务系统有全国新闻出版统计和审核系统、财务管理系统、工资年报系统、工资晋升审核系统、离退休费管理系统、省医保中心数据采集(工资申报)系统、河南省人员与工资管理系统、公务员管理系统、河南省编制管理系统、河南省职称工作管理系统、"扫黄打非"后台管理运用系统等,还有河南省委、省政府办公业务专网,省电子政务外网等。

在其他业务应用系统建设上,2006年初对局机关电子邮件地址进行整合,按照统一标准编制下发,有效地提高了邮件系统的处理能力;按照国家新闻出版总署的指示精神,采用中国电信ISDN专线,接入到全国新闻出版视频会议系统;2006年底对办公大楼一楼大厅配备了电子公告显示屏;2007年8月,把局行政审批服务大厅搬迁至局办公楼一楼,对行政审批大厅多媒体触摸屏查询系统内容进行了更新。这些系统的投入使用,有效地提高了服务社会公众的质量。

(二)行业门户网站

河南省新闻出版局网站始建于 1999 年,在省直单位中属于起步较早的单位。随着电子信息化的迅猛发展,为提高现代化办公能力,2001 年为局机关各处室所有工作人员配备了计算机。2005 年,河南省新闻出版局对网站进行了初步改版,2007 年 7 月,在办公经费十分紧张的情况下,又投资 30 多万元,对局中心机房网络设备进行了部分更新,满足网站访问量增加和数据交换的需要;为确保中心机房网络设备的安全稳定运行,对现有 UPS 电源进行整体更换;为保障河南省新闻出版局计算机网络安全,购买了网络版卡巴斯基杀毒软件。

按照河南省人民政府办公厅《关于印发河南省政府门户网站内容格式规范的通知》(豫政办文〔2007〕1 号)要求,对网站再次进行升级改版,重新建立网站系统支撑平台(包括数据库平台、操作系统平台),对网站系统进行重新开发(栏目包括:政务公开、交流互动、公共服务);参照国内同行和省直有关单位对网站管理的做法,对网站栏目推行分权限管理。按照各处室职能分工,对相应栏目内容实施直接管理,内容随工作更新,确保网站所有栏目达到内容更新速度快,专栏信息有人管,公共服务更直接,交流互动更迅速,网站内容更丰富,可以有效提高网站的访问量和知名度,新网站到 2007 年 10 月正式投入使用。在对网站改版和基础设备更新的同时,并注重强化物防技防能力,加强对信息安全工作制度建设。通过建章立制,检查指导,开展信息安全等级定级工作,整改存在的问题,把计算机信息系统安全管理纳入年度保密工作目标管理考评内容之中,确保信息安全工作得到落实。

(三)重点项目、工程

河南新闻出版行业监管指挥服务中心(金版大厦)工程,是经河南省人民政府常务会议研究同意,河南省发展和改革委员会正式行文批准兴建的河南省重点项目工程,是经国家新闻出版总署批准的国家“金版工程”的重要组成部分和省级示范工程。该项目建筑面积为 1 7000m^2,总投资 1.1 亿元人民币,其中:土建主体工程投资 8 000 万元,信息化系统投资 3 000 万元,资金来源为财政拨款。预计 2007 年 12 月底土建主体工程封顶;设计、安装、调试和信息化工程计划 2008 年 12 月交付使用。信息化系统是河南新闻出版行业监管指挥服务中心(金版大厦)工程的重要组成部分,该系统包含报纸期刊出版监督管理系统、图书出版监督管理系统、音像电子出版监督管理系统、互联网出版物监督系统、印刷复制监督管理系统、出版物发行监督管理系统、一次性内部资料出版监督管理系统、版权保护管理系统、版权贸易管理系统、新闻出版人力资源管理系统、行政审批受理系统、信息检索系统、“扫黄打非”调度指挥平台、电子政务外网平台、办公自动化平台、决策支持平台、公用的系统管理等共计 17 个应用系统,涵盖了新闻出版行业管理服务的全部职能,研发投入使用后,能够实现从国家新闻出版总署到省委、省政府,从各省辖市到县(市)区,从行业到社会公众之间的互联互通,信息共享。同时,系统自身所具备的快速高效的行业监管,统一有序的指挥调度,严密周到的服务协调,方便快捷的信息传递性能,对于转变政府职能、加强对新闻出版全行业的监管指挥服务,提高行业监管指挥服务水平,加快河南省新闻出版产业和信息化建设事业发展步伐,都具有十分重要的意义。

【存在的问题、困难及工作措施】

河南省新闻出版行业在信息化建设过程中虽然取得了一定成绩,但也遇到了不少困难和问题,当前主要的问题和困难是人才匮乏,行业监管指挥服务中心建设资金存在缺口,影响了信息化建设进度。

下一步,河南省新闻出版行业信息化工作将根据国家和省委、省政府有关文件精神,结合河南省新闻出版系统的实际,抓紧抓好河南新闻出版行业监管指挥服务中心建设,做好系统开发,抓好质量进度,搞好安装调试,尽快实现河南省新闻出版系统的信息共享与业务应用,培育新闻出版领域信息产业市场,以信息建设提高各级新闻出版行政主管部门的决策水平、管理水平、为社会公众和企业服务的水平,实现政务公开、科学监管。同时,组织制订河南省新闻出版系统行业信息化规范和技术政策,规范新闻出版领域信息市场行为;组织实施新闻出版系统局域网和广域网的建设;抓好新闻出版局机关和各省辖市新闻出版行政主管部门电子政务工作;推进政府职能转换,提高为社会公众服务水平。并重点抓好以下几项工作:

(一)加强领导,强化组织建设,做好电子政务规划、政策的制定工作

发挥新闻出版局电子政务工作领导小组和信息化领导小组的主导作用,加强对信息化建设工作的领导,制定相关政策,积极协调相关部门和有关机构,加大人力、物力、财力的投入力度,进一步提高新闻出版行业信息化建设水平,确保河南省新闻出版系统信息化建设快速健康发展。

(二)优质高效,保质保量,精心组织新闻出版监管指挥服务中心信息化系统工程建设

按照新闻出版局工程建设领导小组的要求,精心组织该工程的建设,严格把握施工质量和开发进度关口,做好交叉作业,按程序督促进度,争取按计划在2008年底前完成各个应用信息系统的开发,软、硬件项目的招投标,以及安装、检测调试等工作。确保新闻出版监管指挥服务中心信息化系统工程按时完工,尽快投入使用。

(三)积极推动电子政务建设,提高新闻出版行业的综合实力

要在全省新闻出版行业普及信息化知识,加强对电子政务工作重要性的认识,积极推广和使用计算机技术、网络技术、数字出版技术、自动监测控制和多媒体技术。努力发展报刊发行、印刷复制、电子音像、版权法规、“扫黄打非”的信息化工作,按照国家新闻出版总署的要求抓紧建设河南省新闻出版行业监管指挥服务中心信息网络,并与国家新闻出版总署和各省辖市新闻出版监管部门联网,同时,搞好行业网络的建设和延伸,推进政务公开工作,加大为社会公众服务的力度。

(河南省新闻出版局　董春民)

河南省人口和计划生育信息化发展概况

在河南省委、省政府的正确领导和国家计生委的具体指导下，根据河南省政府和国家人口计生委关于信息化建设的总体部署和要求，河南省人口和计划生育委员会将信息化建设列入重要议事日程，加强领导，科学规划，努力解决信息化建设所需的人、财、物问题，不断加快信息化建设的步伐，基本建立了覆盖全省人口和计划生育系统的信息化网络平台架构，率先在全国实现了全员人口信息的省级集中管理。

【信息化建设现状】

河南省人口和计划生育委员会十分重视计划生育系统信息化建设，近年来，以应用系统建设为主导，以信息资源利用为核心，发挥信息网络平台的支持作用，力争实现计划生育决策、管理、宣传、服务等各项工作信息化。具体工作中，主要抓了四项建设：一是应用系统建设；二是信息化基础设施建设；三是信息化人才队伍建设；四是运行管理机制建设。全省各地按照国家人口和计划生育委员会的要求以及河南省的统一规划，结合实际，分阶段实施，整体推进，确保总体建设目标的实现。

（一）应用系统建设

2006 年，按照《全国“十一五”人口和计划生育信息化建设纲要》的要求，河南省人口计生委确立了构建河南省人口和计划生育“全员管理、全员应用”实现信息化建设“一盘棋”管理新格局的总体思路，实施全员人口信息的省级集中管理，实现数据库由分散管理向集中管理的重大转折，河南省人口计生委信息中心，结合河南的实际和人口计生工作特点，自行研发了河南省人口和计划生育管理信息系统（PFPMIS），依托多级广域网络和河南省人口计生专网，建立起了全省人口数据省级集中管理的应用平台。PFPMIS 系统以大型 Oracle 数据库为后台，采用先进 B/S 三层结构技术，充分利用 net 技术在 Windows 平台上的特点，结合国内外多种中间件技术，编码实现方便快捷，设计表现灵活多变，通过对城区和农村两种管理模式的整合，达到城区、农村统一工作规范、统一数据库管理，2006 年 5 月至 9 月，历经应用培训—信息采集—数据导入—信息变更—质量核查五个阶段，基本完成了人口数据的省级集中管理。目前，全省 PFPMIS 系统的用户已达9 000多个，纳入省级数据库管理的人数占 2006 年底河南省统计局公布总人口数的 99.3%，管理对象的个案信息项达 11 大项、126 小项，完整涵盖了《育龄妇女信息系统（WIS）基础数据结构与分类代码》国家标准中的数据项目和内容，可实现人口基本信息、育龄妇女基本信息管理，可实现11项计划生育信息的引导、各项证件办理、4类报表近30项统计比率的生成等功能,为各级人口和计划生育管理工作提供了有力的信息支撑。2006年6月,时任国家人口计生委副主任王国强同志,在参观了河南省人口数据中心并了解了河南的工作模式后,对河南探索出的工作思路与方法给予了充分的肯定。2007年7月,国家人口计生委副主任王培安同志对河南取得的成就给予了高度的赞誉。

在做好人口基础数据省级集中管理的同时,河南省人口计生委还注重其他业务应用系统的全面发展,由河南省人口计生委信息中心自主研发的技术服务管理信息系统、小康工程管理信息系统、药具管理信息系统、财务报表管理信息系统、人事管理信息系统、流动人口管理信息系统、设施设备管理系统等7个业务应用软件也都得到了广泛应用,成为河南省人口和计划生育系统开展日常工作的基本平台,有力推进了全省人口计生系统信息化建设的全面发展;PFP MIS、QOC—MIS、药具管理软件通过国家软件评测中心评审,被河南省科技厅鉴定为“国内领先”水平,并被确认为“河南省科学技术成果”。

(二)信息化基础设施建设

为适应发展的需要,2006年年初,河南省人口计生委投资600多万元,建立省级人口数据中心,数据中心用浪潮NF520型服务器作为数据库服务器,通过使用硬件负载均衡器和浪潮360服务器,实现了Web访问的服务器集群,采用国际先进的Vertias专业数据库备份软件和专用的备份磁带库,借助Oracle 9i在数据备份方面的先进设计理念,以及安全可靠的RAID磁盘冗余技术,使得全省数据集中管理和使用得以实现并在性能上得到充分保障,通过入侵检测设备、防火墙和内外网隔离等安全保障措施,保证系统和数据安全,有效防止网络恶意破坏和攻击,实现了全省数据的容灾备份和运行保障,采用国内先进的服务器集群技术,通过接入100M光纤,建立起全省信息化应用中心枢纽。

2006年以来,河南省人口计生系统认真贯彻落实《河南省“十一五”人口和计划生育信息化建设发展规划》和《河南省人口和计划生育信息化建设规范》,强力推进信息化基础建设。全省建立标准化机房1 843个,配备防病毒软件的单位2 629个,建立市级网站15个,县级网站107个,乡级局域网1 656个,县级局域网194个,人口计生专网已应用到全省194个县级单位,共开通全省人口计生系统Voip网络电话4 000多门,网络及硬件建设全面提升,信息化发展环境进一步得到优化。

(三)信息化人才队伍建设

人才队伍建设是信息化进程中最为关键的因素,河南省人口计生委十分重视信息化人才的培养,2004年,经河南省编委批准成立了河南省人口信息中心,2006年中心综合实力得到进一步壮大,现已拥有4个部门、25名员工,其中本科以上学历的专业技术人员占75%。全省18个省辖市、158个县市区中,已有10个省辖市、118个县市区成立了信息中心,2 000多个乡镇建立了信息工作站,县乡具有本科及以上学历的信息化管理人员394人,持有国家级相关资格证书的195人,乡村级具有中专及以上学历的信息化工作人员6 535人,持有国家级相关资格证书的912人。2006年9月,河南省人口计生委统一组织了“全省人口计生系统县级网络管理员培训班”,为提高全省人口计生系统信息化工作水平,提高育龄妇女信息系统数据质量和操作人员技术岗位能力,按照《国家人口和计划生育委员会办公厅关于在全系统开展信息岗位练兵质量检查和知识竞赛活动的通知》(人口厅发〔2003〕16号）文件要求，在全省人口计生系统广泛开展了信息岗位练兵活动，河南省人口计生委信息中心编印了《河南省人口计生系统信息化系列培训教材》（共三册），成为河南省各级人口计生系统各级信息化管理和应用人员的基本教材。

（四）运行管理机制建设

为进一步加强全省人口和计划生育信息化建设的综合协调，全力推进信息化建设的全面发展，2006年7月10日，河南省人口计生委下发了《河南省人口计生委关于成立人口和计划生育信息化指导小组的通知》（豫人口［2006］65号），成立了由河南省人口计生委副主任鲍常勇为组长，各业务处室主要负责人为成员的信息化领导小组，负责协调人口和计划生育信息系统建设、运行的领导和组织工作；2007年8月，河南省人口计生委下发了《河南省人口和计划生育信息化管理规范（试行）》（豫人口办［2007］61号），进一步明确了信息化工作机构与职责，规范了信息化需求与应用管理办法，制定了信息化工作奖惩制度。

（五）门户网站建设

一是做好两大网站建设，"河南人口网"（外网）和"河南人口信息网"（内网）是河南省人口计生委两大门户网站，是全省人口计生系统对外宣传与内部交流的窗口和阵地，两个网站均由河南省人口计生委自行建设、自主管理，2006年10月与2007年4月，经两次改版升级，先后增设《幸福家庭行动》、《流动人口》、《领导访谈》等12个新栏目，在权威性、互动性、知识性方面有较大提升；二是积极做好河南省政府门户网站的内容保障工作，"河南人口网"在38个省政府部门网站评估中得分47分，综合排名上升了两个位次。在11月9日召开的河南省政府门户网站内容保障工作会议上，向省政府网站的内容保障工作受到表扬。

（六）重点项目建设

2005年，河南被列为国家PADIS项目试点省，结合《河南省"十一五"人口和计划生育信息化建设发展规划》，2006年8月，完成并向河南省发改委递交了《河南省人口数据中心项目可行性报告》，为项目立项做好准备；12月6日，"全国人口宏观管理与决策信息系统（PADIS）项目试点省培训研讨会"在河南省召开，与会代表在听取了河南省数据集中和项目进展情况汇报并实地参观新郑市、郑州市管城区的应用效果后，一致认为河南的模式值得借鉴并具有推广的价值。

【存在的问题】

（一）对信息化技术的应用程度有待进一步提高

随着时代的发展，人口计生部门也在加快信息化建设的步伐，但是，在工作中普遍存在着对信息化技术应用不足的问题，部分地方对人口计生信息化建设的重要性、长期性缺乏足够认识，没有把信息技术与人口计生业务紧密集合起来，存在重电子、轻政务，重网络建设、轻业务流程优化与应用等现象。

（二）基层信息工作人员素质有待提高

人口与计划生育信息化技术力量欠缺，特别是县、乡基层信息化技术力量的薄弱是突出问题。在日常工作中，无法自己排除故障，解决问题，因此，加强基层应用人员培训迫在眉睫。

(三)部门间信息共享程度与方式有待改进

由于人口基本信息涉及各个相关业务主管部门,同时又服务于各个行业,所以信息资源共享便成了掌握人口全面信息的有效途径,但目前全省尚未在省级建立信息共享的工作机制,且由于部门间管理对象的侧重点的差异,部门间信息相对孤立,部分地方虽已初步建立信息交换的机制,但交换方式较为传统,准确性和及时性不高。

(河南省人口和计划生育委员会　周　宏　岳鸿飞)

河南省测绘信息化发展概况

【河南省测绘信息化发展概况】

2006 年,河南省测绘局围绕中原城市群、城乡一体化和社会主义新农村建设等战略重点,着力提高基础地理信息数据的快速获取、处理、更新能力以及基础地理信息网络化分发服务能力。年度下达基础测绘和电子政务项目经费1 974万元,比上年增加 524 万元。开展 C 级 GPS 网联测、D 级 GPS 网、电子政务建设、市县挂图工程以及信阳、周口测区 1:1万地形图更新、1:1万空间数据库建设等项目。完成信阳、周口、南阳、洛阳、商丘等测区 1:1万地形图更新测绘 400 幅,完成洛阳、开封、商丘等地区 1:1万"3D"产品数据转换、编辑入库及数据系统集成 908 幅;完成许昌、平顶山、周口、义马等市 D 级 GPS 三维大地控制网建设和四等水准网施测工作;完成国家测绘局下达河南的 1:5万地形图更新试验工作;完成华东、华中区域 11 个点的大地水准面精化外业施测工作。

河南省测绘局充分利用基础地理信息数据优势与测绘高新技术手段,加强全省电子政务空间地理基础信息库建设,在全省测绘工作会议上推介平顶山地理空间基础框架建设的做法,并将平顶山列为全国数字城市建设试点。在开展"数字区域"地理空间基础框架的大地控制基准建设、国家测绘局 A 级和 B 级 GPS 网加密观测期间,完成河南省 C 级 GPS 网与国家 A、B 级 GPS 加密网的联测。在推动省辖市 D 级 GPS 三维空间大地控制网与大地水准面精化项目上,鹤壁、平顶山等 6 市已全面完成 D 级 GPS 三维空间大地控制网建设;南阳、洛阳等 7 市已部分完成 D 级 GPS 三维空间大地控制网建设。针对豫西豫东及豫西南的情况,河南省测绘局组织科技攻关,完成利用卫星遥感影像进行 1:1万基础地理信息数据的更新试验,为全面推进建设以 1:1万基础地理信息数据库为核心的系列尺度数据库,建设部分城市高分辨率卫星遥感影像数据库奠定了基础。完成了河南省综合省情、中原城市群、河南省农业资源等 11 个专题地理信息系统。

2006 年 5 月,河南省测绘学会与中国 GIS 协会在郑州联合主办"中国 GIS 神州行——地理信息产业与中原崛起论坛",中国科学院院士高俊教授、河南省政府副秘书长张庆义、河南省测绘局局长曹江水等领导和专家及科技工作者 300 余人参加了论坛。

2006 年 11 月 5 日至 8 日,由中国地理信息系统协会政务信息系统专业委员会、中国测绘科学研究院、河南省测绘局、河南省发展和改革委员会、河南省信息产业厅共同主办的 2006 年电子政务与地理信息系统研讨会在郑州召开。中共中央联络部办公厅、国务院办公厅电子政务中心、信息产业部中国信息化推进联盟、外交部中国国际问题研究所、国家发改委以及全国测绘系统的专家学者200余人出席会议。解放军信息工程大学王家耀院士、中国测绘科学研究院刘先林院士、国家发改委研究员曾澜等做大会主题报告，他们分别就地理空间数据推进中原发展、电子政务与区域发展、现代航空航天数码测绘、"十一五"国家电子政务地理空间信息共享平台的发展思路、国务院电子政务空间辅助决策系统建设与应用、中联部电子政务的建设与应用、GIS在黄河防汛业务中的应用、空间信息网络和分布环境下的电子政务平台、电子政务三维地理空间数据框架、电子政务GIS软件平台的研究与开发等开展了研讨。河南省人民政府副秘书长张庆义、中共中央联络部办公厅副主任张渠、中国测绘科学研究院党委书记张双占、河南省测绘局局长曹江水、中国GIS协会办公室主任韩杭生等出席会议并讲话，中国GIS协会政务信息系统专业委员会主任张清浦致开幕词，信息产业部中国信息化推进联盟秘书长刘献军主持开幕式。

9月1日，在河南省测绘工作座谈会上传达了国务院总理温家宝、副总理曾培炎对测绘工作所作的重要指示。温家宝总理指出："测绘和地理信息产业关系到经济、社会发展和国防建设。测绘局是国家不可缺少的要害部门，在信息化时代愈来愈重要，不可小看。"测绘工作要坚持走信息化发展道路，加强基础地理信息资源建设，大力发展地理信息产业，提高测绘为国家和社会服务的水平。河南省测绘局要求认真学习贯彻各级领导的重要讲话精神，并提出河南省测绘部门要突出做好的五个方面的工作。其中提到加快基础测绘步伐，推进数字区域地理空间框架建设；强化科技创新意识，加速信息化测绘体系建设；服务社会需求，促进地理信息资源高效利用等测绘信息化工作。

【河南省空间地理信息数据库建设概况】

2006—2007年河南省测绘局按照国家测绘局《1∶10 000基础地理信息数据生产与建库总体技术纲要》要求，1∶1万DLG、DOM、DEM各908幅数据利用Mapstar和ArcGis软件处理检查合格后，利用地理信息系统软件Geostar和Oracle 9i数据库管理系统进行建库，从而对数据进行有效的组织、管理，分幅数据组织成一个整体，各种数据通过一致的空间坐标定位能够相互叠加和套合，可以进行空间数据的浏览、查询、分发。2006年已建成全省1∶1万与1∶5万(DLG、DOM、DEM、DRG)基础地理信息数据库，为数字河南、数字城市提供了有力的基础地理信息支撑。

【河南省政府门户网站及河南省电子政务外网建设】

河南省电子政务空间信息服务系统的建设依照需求牵引、应用为先、循序渐进、逐步升级的原则分步实施。系统先期要实现的目标是按不同的需求分别建立多尺度、多类型的空间数据库及非空间数据库，在一定的范围内实现数据共享，在地理空间数据的支持下，实现专题信息的空间定位，对数据进行直观、可视化的分析和查询，进而发掘隐藏在统计数据中各种潜在的联系及发展趋势，进行预测分析及空间分析，为省政府部门提供可靠的地理信息服务，以利于整合政务信息，加速河南省电子政务信息网的建设。

河南省电子政务空间信息服务系统以多比例尺、多类型、多时相地理空间数据库为基础，以Geowindows软件为平台建成。该系统的空间数据从1∶100万、1∶25万、1∶5万、1∶1万的矢量数据、遥感数据及数字高程模型，不同程度地反映行政区域、地貌形态、水系、交通及居民地分布情况。专题数据包括人口现状、财政、工农业经济、商贸、教科文卫等信息。系统在地理空间数据的支持下，实现专题信息的空间定位，对数据进行直观、可视化的分析和查询，进而发掘隐藏在统计数据中各种潜在的联系及发展趋势，进行预测分析及空间分析，为政府工作人员检索查询分析全省各地的地理环境、经济和社会发展情况提供综合省情服务；为政府对突发事件的快速处理提供决策支持。系统目前建立了河南省情、专题地图、中原城市群三个专题。在该平台上，可将政府职能部门的专题信息如人口、国民经济、国土资源、农业等加载整合到该系统中，满足更多的电子政务需求。

河南省人民政府门户网站及河南省电子政务外网的建设其实是河南省电子政务空间信息服务系统的两方面的应用：对于电子政务外网，地理信息作为空间载体，进行复杂显示查询和分析，用于提高政府机关办公效率和共享信息；对于政府门户网站，地图作为定位背景，简单显示电子地图，为大众提供服务。

政府门户网站是政府与社会公众交流沟通的主要网站，是电子政务发展的主要形式，是政府在线服务的主要渠道，它强调对各个部门提供信息和服务进行整合，并通过统一的平台提供给公众，提供“一站式”服务。地理信息及其技术的应用，为政府网站带来大量的空间信息，可以很大程度地满足公众增长的需求，提升政府的公众服务能力，也从内容和形式上丰富门户网站，使政府网站内容的科学性大大提高。面向公众服务的电子政务涉及的空间信息应为非涉密数据或经过脱密处理的数据。

为政府网站的建设提供 1:400 万及 1:100 万电子地图及省辖市行政区划图。为保证数据的安全，要对涉密数据空间位置信息即坐标经过一定的处理，只向公众展示全省范围内及周边地区的空间关系正确的基础性地理信息，包括行政区划、居民地、河流、道路、地名注记等。

河南省政府门户网站电子地图及河南省空间信息服务系统的网络建设，是以 DELL 服务器作为数据库服务器，用以管理整个网络的空间数据并进行后台数据处理，数据库服务器放在河南省地理信息中心，主干网采用 100Mbps 光纤，通过路由器与 Internet 相连，在报业大厦安装 IBM 服务器作为应用和 WEB 服务器面向用户，在河南省信息中心安装应用和 WEB 服务器面向政府公务员。该系统的建设旨在为电子政务搭建一个空间信息服务平台，提供需要的基础空间数据，利用 GIS 的功能以地理信息为定位基础，在该平台上将河南省的自然、社会、经济、人口、劳动及安全保障等各方面、各类型、各层次的政务数据有效地整合起来，通过信息化手段将多种资源充分利用，发挥政府的协调、服务能力，推动电子政务的发展进程。

考虑到数据的安全和保密性，将空间地理基础信息数据库中非涉密数据剥离出来，建成非涉密数据库，建设电子政务外网地理信息系统，作为电子政务外网地理信息平台。

（河南省测绘局　王红闯）

河南省纺织行业信息化发展概况

2006—2007 年,河南纺织行业进入历史上最好的发展时期。发展机遇为河南纺织行业信息化工程的进一步实施提供了支撑,信息化进程的加快又推动了河南纺织的快速发展。2006 年,河南省纱锭总数居全国第 3 位,规模以上企业纱产量居全国第 3 位,实现利税总额、利润总额分别居全国第 6 位。信息化向行业纵深发展成为近年来纺织工业的显著特点。

加大信息化在全省纺织行业的推进力度,建立为中小企业服务的公共平台,加快电子商务和信息网络建设步伐,重点抓好信息的开发、利用、推广,信息化方面的新成果、新产品、新技术的推广应用,信息化示范企业经验的推广,ERP 系统在全省纺织企业的推广应用等,进一步提升河南纺织行业的生产和管理水平,增强行业和企业核心竞争力,实现以信息化带动工业化。

(一)建立为行业和企业服务的公共平台方面

2006—2007 年,河南省纺织信息协会在行业主管部门撤销、传统传播格局发生变化的新形势下,充分发挥“传播、宣传、纽带、桥梁”和信息收集、加工、发布的作用,积极开发信息资源。省纺织信息协会与省纺织行业协会等联合办刊,《河南纺织信息》每月两期。2006 年至今,共发行 38 期,刊发信息 800 多条,其中 100 多篇有关行业和企业改革与发展的重大新闻、典型经验等被《中国纺织报》、《中国纺织》、《纺织服装周刊》、人民网等媒体采用,部分有关行业和企业关注的重点、热点、难点问题的情况反映和调查报告,引起有关领导重视,为政府部门决策提供了依据和参考,提高了企业的向心力和品牌知名度,促进了行业和企业的改革和发展。至 2007 年 4 月,《河南纺织信息》已刊发1 000期。省纺织信息协会召开河南纺织信息千期庆典暨信息化高层论坛。中国纺织工业协会副会长许坤元,省人大原副主任、省名推委主任、省工经联会长钟力生,省发展和改革委副主任张远达,省信息协会会长赵硕等领导题词祝贺,省信息中心和省信息协会发贺信祝贺。省纺织行业协会会长李书勤、省信息中心副主任卫乃良等领导出席会议并讲话,全省 40 多家纺织服装企业领导和有关负责人参加会议。

河南省纺织行业协会、河南省纺织信息协会、河南省服装行业协会、河南省家用纺织品协会,还分别与圆通纺织城、河南省纺织工业总公司,联办了中西部纺织网和河南纺织网、河南服装网、河南家纺网,搭建信息服务和电子商务平台,为行业提供了巨大的稳定的数据库和行业知识库系统的支持，实现资源共享，以较低的成本、最快的速度、最高的效率，为行业和企业提供信息和商务服务。通过信息高速公路，进行网上交易，在第一时间发布政策要闻、本省要闻等行业和企业信息，宣传河南纺织服装行业和企业改革和发展。

（二）企业信息化建设方面

2006—2007 年，河南纺织企业进一步加大企业信息化建设步伐。

1. 企业信息服务体系日益完善。

全省 1 000 多个规模以上纺织企业，基本上都建有企业局域网，许多中小纺织服装企业也建立了自己的网站，以信息服务为主的企业网站遍布全省。一些大中型企业还建立了科研所和计算机中心。中国神马集团、郑州纺机、洛阳白马集团等信息化示范企业，在企业信息化建设方面树立了行业标杆，企业管理水平一年一个新台阶，企业核心竞争力大大提高，快速发展。

2. 信息技术的应用更广泛，效果更明显。

全省有不少规模以上纺织服装企业不同程度地应用 ERP 系统，现已应用最多的是财务、办公 OA、采购、销售等软件。中国神马、新乡白鹭、郑州纺机、洛阳白马、安阳昌泰、焦作海华、南阳纺织、新野纺织、河南平棉、许昌豫中、商丘银河、鹤壁朝歌等企业，在信息技术的应用等方面成效显著。

河南省信息化示范企业——洛阳白马集团目前构建了互联网与企业内部网集成的网络系统；建立了企业门户网站；与环球资源合作建立了企业电子商务平台；建立了服装 CAD 系统；建立了无梭车间生产过程监测系统；实施了具有行业特色的 ERP 系统。他们采用现场总线技术建立的无梭织机监测系统，在国内尚属首创，处于国内领先水平。建立的纺织 ERP 系统，基本实现了完整的信息集成，棉纺织企业可以直接移植。无梭织机监测系统与 ERP 系统的集成，是具有行业特色的集成制造系统，国产自主知识产权软件应用率 100%。企业信息化建设推动了企业的快速发展，2006 年，洛阳白马集团实现销售收入 118 952 万元，利税 4 551 万元，其中利润 1 339 万元，新产品销售收入占 60%，新产品销售利润占 70%。

郑州纺织机械股份有限公司是被科技部认定的国家“863 计划”CIMS 应用示范企业，是河南省制造业信息化重点应用示范企业。在信息化工程中，他们一是重点建立了适应快速响应的基于 PDM 的 CAD/CAE/CAPP/CAM 创新体系，适应企业需要的 CAPP 软件，实现产品信息与 ERP 信息的集成；二是业务流程的再造与信息化工程紧密结合，信息化工程的支持使新业务流程的功能得到极大的发挥，公司的新产品贡献率目前达到创纪录的 73%；三是以装配流水线和 ERP 相互配合，逐步实现日均产概念，并降低库存占用，加快资金周转，提高资源的有效利用程度，信息的共享提高了企业的决策水平；四是公司的 ERP 系统与研发和工艺系统之间通过 PDM 有效地集成起来，实现了产品信息和制造信息的有效对接，保证了对市场的快速响应能力，提高了企业核心竞争力，促进了企业经济效益的提高。2007 年，该企业通过国家认定企业技术中心评审。全国纺织行业有国家级 17 家，其中纺织机械行业仅郑州纺织机械股份有限公司一家。

3. 电子商务作用突出。

越来越多的纺织服装企业意识到电子商务的重要性，他们利用网络平台，加大电子商务交易额，提高了企业和产品在国际国内的市场竞争力。中国神马、新乡白鹭、洛阳白马、新野纺织、南阳纺织、安阳昌泰、安阳德隆、濮阳三强等企业，通过网络平台与客户交流、展示产品，最终实现网上交易，交易额逐年增多。

4. 中小企业运用信息技术的热情升温。

在全省中小纺织服装企业中，越来越多的企业注重利用信息技术提高管理水平，利用信息网络获取市场信息、技术信息、人才信息、纺织品服装流行资讯。河南二纺机、漯河双龙、河南平棉等企业在信息化的推进中，引入现代的管理思想、量化的管理、集约化的管理、客户导向的管理和价值导向的管理，注重利用信息技术提高管理水平，使企业的管理水平不断迈上新台阶。焦作海华、许昌豫中、商丘银河、焦作科艺、鹤壁朝歌、南阳纵横丝绸、南阳木兰花公司等企业，注重利用信息网络获取市场信息、技术信息、人才信息，为企业生产和发展服务，推动了企业快速发展。郑州领秀服饰公司、娅丽达服饰公司、渡森服饰公司等企业，建立了服装 CAD 系统，实施了产品销售 ERP 软件，企业信息化建设初见成效。

（河南省纺织协会）

河南省卫生信息化发展概况

在省委、省政府领导下,河南卫生信息化工作由点到面逐步发展,业务系统建设迅速,行业门户网站不断增多,政务、医院、社区、预防、保健等方面信息化建设都取得了长足发展,全省卫生信息网络初具规模,为今后信息化建设奠定了坚实的基础,为河南省卫生事业现代化建设提供了良好的网络平台。

【机构建设】

根据省委、省政府的要求,省卫生厅在2003年成立了以马建中厅长任组长,厅机关各处室负责同志为成员的省卫生厅信息化领导小组,信息化领导小组办公室设在厅信息中心。2006年根据领导分工的变动,对信息化领导小组及办公室成员进行了相应的变更和补充。并再一次明确了厅信息化领导小组主要职责:1. 组织制订全省卫生信息化工作的方针、政策、规划和标准;2. 组织和协调省及区域卫生信息网建设,信息技术开发、与医疗相关网站、软件产品管理、评审和推广应用工作;3. 组织和协调全省卫生系统计算机网络与信息安全方面的重大问题;4. 有计划地组织全省卫生系统计算机、网络技术人员的培训和学术交流活动;5. 承办卫生厅交办的其他事项。

【应用业务系统建设】

根据《全国卫生信息化"九五"计划和2010年远景目标》和《全国卫生信息网建设总体方案》,按照省委、省政府的总体部署,确定了全省卫生信息网分三个阶段建设的任务。第一阶段,建设疫情信息网;第二阶段,建设卫生行政信息网;第三阶段,建设卫生监督信息网。

按照卫生部提出的"统筹规划、分步实施、连点成网、疫报先行"的建设方针,河南省疫情直报网建设在各部门的大力扶持下,精心组织、群策群力,多方面协调配合,建成了覆盖全省的疫情信息网络,共接入179个疾控中心,889家县级以上医院,1 500家乡医院,与全省18个市159个县区实现了联网。全省疫情信息网建设基本完成,实现了疫情资料通过网络及时上报和汇总,传染病疫情报告速度提高了三倍。省病控系统内网也已完成全省联网,接入终端数超过600个,可在线提供数字期刊2 000余种,图书10万余册,极大地方便了各级科研人员。

近年来,省卫生厅按照省信息化建设领导小组和省电子政务建设领导小组的要求,结合卫生工作实际,充分利用网络和信息技术,改变传统的办公方式和服务模式,加快了电子政务和办公自动化建设的步伐。根据省政府抓紧电子政务系统建设的要求,完成了厅内网和外网网站建设:(1)经过深入的需求分析、开发、测试、试点、修改和完善,重新设计和开发了卫生厅办公自动化系统。办公自动化系统采用数据库技术和浏览器/服务器模式,界面清晰,流程科学,操作方便,具备了文件交换、电子档案、电子公告、电子后勤管理等功能,实现了文件交换无纸化,厅内文件流转自动化。(2)根据卫生部、省政府政务信息化建设要求,我们充分利用现有设备、资源,对河南省卫生厅网站进行重新改版,采用全新的网络技术,对网站架构进行了重新设计,新增版块10余个,并为18个省辖市卫生局免费制作动态网站,实现卫生厅网站与地市网站同步更新。卫生信息网初具规模。

医院信息化建设是我国卫生信息化建设的重点。目前,河南省大部分县级医院进行了信息网络的建设。医院信息系统应用水平不断提高。目前,全省70%以上的县级医院建立了HIS系统。医院网络建设已经由最初的文件共享、网络浏览向信息共享、协调办公、集中高度、宏观指挥转变。省疾控中心、省人民医院、省肿瘤医院等的信息系统按照高起点、高标准的理念进行建设。医院信息系统强调以服务病人为中心,以提高效率为目标,不断加强临床管理能力。医院信息系统的开发更注重科学化、个性化、标准化,也更加方便实用、易于操作和掌握。一批建设速度快的医院(如省人民医院、中医学院一附院等)已经建立起了门诊医生工作站、住院医生工作站、护士工作站、药房药库信息系统、医院统计分析系统、病人查询系统等多个功能模块,实现了对整个医院的信息化管理,部分医院试行电子病历和远程医疗,数字化医院水平不断提高。

【行业门户网站】

为进一步加大卫生工作的宣传力度,普及健康知识,推进政务公开,我们实施了全省卫生系统上网工程,积极推进各级卫生医疗机构门户网站建设。省卫生厅对各单位网站建设应具备的功能提出了具体要求,制定了卫生系统网站内容格式规范,明确了信息发布的程序。目前,所有市级以上卫生医疗单位都建立了门户网站,80%以上的县级卫生医疗单位拥有了自己的网站。市级以上卫生医疗单位的网站能提供智能导航、服务索引、状态查询、监督投诉、在线交流等功能,为企业和社会提供方便快捷、公开透明的在线服务。各级卫生行政部门的网站都采用了动态网站技术,具备了后台管理能力,除了可以对外发布静态的政策信息外,还能为群众提供实用的信息查询,支持在线交流、网上信访等功能,建立了自动化的信息收集系统,能对数据进行简单的统计分析。

省卫生厅网站正在紧张改版。改版后的网站共有栏目180多个,日发布信息300余条,开通网上信访通道,制作数据库20余个,包含数据10万余条,可为群众提供医疗广告审批、医疗单位审批、卫生专业中高级职称考试、医师资格考试、护士资格考试、执业医师考试等各类信息的在线查询服务。曝光台栏目将及时曝光卫生监督中发现的问题,及时报道打击非法行医成果,发布卫生监督公告。开设居民健康栏目,宣传、普及健康知识,提供健康咨询。

【信息资源开发与利用】

开发建设信息资源库是一项长期的工作,为完善数据库建设,加强部门数据之间的交换,实现资源共享,省卫生厅对各单位的数据库数据类型提出了指导意见。要求各单位要逐步将办公信息、管理信息、业务数据电子化,建立体系完善、标准统一、内容实时、流程规范的办公业务信息库,开展规范的信息采集、登记、交换、利用和发布的试点工作。目前,分别建立起了医疗广告审批数据库、医师资格考试成绩数据库、执业医师资格考试数据库、护士执业注册数据库、医疗机构审批数据库、卫生应急专家库等一系列数据库,着力推进各级数据库的联网和实时更新,努力打造省级医疗数据中心,并努力构建统一的信息查询平台,为群众提供便捷的信息查询服务。

【存在的问题】

在推进全省卫生系统信息化进程中,我们付出了巨大的努力,取得了一定成绩,但也存在一定的问题。

(一)经费严重不足

虽然国家提出了“金卫”工程,但在具体的资金扶持上与“金盾”工程、“金保”工程相比,力度要小得多,省财政也没有对应的扶持政策;卫生系统与其他单位相比,信息化建设有自己的特点,最为突出的就是信息量大,分支机构多(不仅包括各级卫生行政部门,还包括各级医疗卫生单位),现有的资金无法保障信息化建设顺利开展。

(二)没有专门的机构来推进卫生信息化建设

机构编制部门没有批准各级卫生行政部门成立专门的信息化建设推进机构(即信息中心),没有专门的机构来协调各个信息系统的建设,不利于对全省卫生系统信息化建设进行统一规划,造成各系统之间相对独立,数据接口不统一,数据结构不一致,不利于形成统一的数据平台。

(三)人才相对缺乏

卫生系统的专业性非常强,信息化建设过程中,没有专门的机构,这就造成信息化人才相对缺失,尽管我们也一直在加强信息化技术人才培养,但远远不能满足卫生信息化建设的需求。

(四)建设经验不足

虽然卫生部也出台了信息化建设五年规划,但在具体的建设标准、系统组成、功能要求等方面没有详细的规划,兄弟省份也没有成熟的经验可供借鉴,河南省的卫生信息化建设基本上还是在探索中前进。

(河南省卫生厅　程　豪)

河南省交通信息化发展概况

2006—2007年河南省交通信息化工作按照省委、省政府和交通部的建设要求以及2006年、2007年的建设目标，紧紧围绕《河南省交通信息化“1175”工程总体建设规划》和《河南省交通信息化“十一五”计划》做了大量工作。

【基本情况】

（一）河南省交通业务系统建设

在交通电子政务方面，主要完成了交通系统网站群建设、机关电子政务系统建设、全省规费征稽管理信息系统与网上查询系统、财务集中管理信息系统和全省省到市交通视频会议系统建设等工作；在公路建设信息化方面，省公路局先后建成了“河南省公路信息港网站”、“网上报送信息”、“文件共享服务”等面向办公人员和社会的信息化项目。组织力量开发了养护地理查询系统、超限超载车辆违章信息稽查系统、公路事业单位资金监管网络系统等多个达到国内国外先进水平的信息系统。建立了公路系统应用数据库和全省公路图片视频数据库，采集、存储全省公路信息。开发了河南省公路公文传递系统，实现了公路局所有的下行文件无纸化网上传递。在高速公路信息化方面完成了全省联网收费系统建设；在交通运输方面，做好了河南省“运政网”的完善工作，使全省的运政管理业务的办理实现数据的实时传输，并开发相应管理软件，统一全省违章处理的执法程序，建立全省运输业户的违章处理档案和经营行为考评体系，可对运输企业经营行为进行有效管理。目前，在洛阳市的试点工作已经完成，含洛阳市7个外驻机构、15个县级运管部门、30所驾校均实现了联网和数据的实时传输。在内河航运方面，河南省海事系统网络通道建设已基本完成，开通了省局局域网，设立了河南航务海事信息网（www. hnmsa. cn）；按照“看得见、听得着、救得及时”的标准，陆浑、青天河、南湾、石漫滩和薄山等5个库区和小浪底库区，完成了水上安全监控信息化建设；船检信息化河南省被列为全国第一批推行的单位，船舶登记管理信息系统（一卡通）工作也列入部局明年安排，规费征收工作实行网络上报也列入日程。

（二）河南省交通运输行业门户网站

河南省交通门户网站网址为 www. hncd. gov. cn，内容主要包括：政务信息、在线办事和公众参与三个方面；2006年6月完成了河南交通信息网站的更新改版工作；2006年9月完成了河南交通信息网与交通部政府网站的信息通道，接入全国交通系统网站群。

（三）信息资源开发与利用

按照交通部“十一五”信息化发展规划和河南省交通信息化建设规划要求，为达到信息资源共享的目的，2007年，正在进行全省交通系统信息资源整合初步研究，主要进行了交通信息资源使用和以统一特服号为特征的交通信息服务系统的研究工作。

【重点项目、工程】

（一）河南交通电子政务信息系统一期试点工程顺利完工

根据《河南省交通信息化“1175”工程总体建设规划》安排，截至9月30日，顺利完成了全省通信信息网络平台试点工程建设工作。试点工程范围包括厅机关有关处室、厅属有关单位。整个工程于9月8日签订了合同，并开工建设，于9月29日顺利实现了所有单位联网成功，9月30日，厅财务集中管理信息系统已在此平台试运行。

（二）省交通厅交通规费征稽管理信息系统取得良好效果

省交通厅交通规费征稽管理信息系统工程于2005年上半年开始建设，同年12月开始在全省范围内投入运行。该系统硬件已经全部建设完毕，软件系统的征收、稽查部分已经投入使用，其他部分正在完善中。该系统历经2005年底、2006年6月和12月三个征费高峰期考验，系统运行稳定可靠，解决了2000年以来困扰征稽系统的两大难题：一是做到了全省征收标准统一，减少了地区之间通过私自降低吨位，吸引其他市（县）车辆，扰乱征收政策的现象发生；二是增强了大吨小标的监管和监控，做到按实际车辆征费。对搞好交通规费征收，发挥了不可替代的作用。该系统有以下几个特点：（1）交通规费征稽管理信息系统通过计算机网络化的管理，在车辆车籍地管理的基础上，做到全省各征稽机构的数据集中管理，实现了全省联网实时征费，对全省车辆实行计算机联网稽查、就地补征。（2）省交通厅征稽处对市征稽处、市征稽处对县（市、区）征稽所征费情况可进行实时监督、管理、协调和控制。（3）财务核算、票证管理、台账及档案管理实现了电子化；同时也实现了征管业务的逐级网上实时申报审批、征收任务的自动计算和预测，车辆缴费情况的网上公开。

（三）省厅机关电子政务系统开发完成投入使用

河南交通机关电子政务系统于2004年2月签订合同，截至2005年12月各子系统的设计开发、内部测试已经完成。该系统包括办公系统、公文处理、电子邮件、工程资格审查、视频点播和交通计划统计等十几个子系统，其中电子邮件、审批大厅等几个子系统已经启用，机关人员反映良好。

（四）省厅财务集中管理信息系统正式投入运行

2005年底，经厅党组批准，投资240万元，建设财务集中管理信息系统。厅财务处对厅及厅属独立核算的预算单位实行网络式财务管理模式。整个财务集中管理信息系统工程已于2006年9月底建设完成。实现交通厅及厅直属单位财务联网，提高了财务系统工作效率，提升了行业形象。

（五）建设全省公路管理信息化

截至年底，河南交通养护地理查询系统、超限超载车辆违章信息稽查系统、公路事业单位资金监管网络系统等多个达到国内国外先进水平的信息系统先后建成。河南省交通规费征稽管理信息系统于12月10日在全省实现联网收费，提升了征稽机构的征收管理科技水平,实现了交通规费收缴的一站式服务,减少了车主缴费环节,大大方便了车主。

(六)全省交通视频会议系统投入使用

视频会议系统是河南交通电子政务系统第一期工程的一部分。2007 年 6 月份通过租用中国网通线路搭建了河南交通网络信息平台,开通了河南交通视频会议系统,实现了全省省厅到市交通系统的视频会议,有效提高了工作效率,节约了办公经费。

【2006 年交通信息化工作大事记】

4 月

河南省根据交通部办公厅《关于进一步加强交通政府网站建设的通知》文件要求,开发了相应的信息通道,加入了全国交通系统网站群。目前,该网站群已经开始应用。

5 月

月底,省内京港澳、连霍高速公路全线完成了自动发卡系统安装。

6 月

19 日,完成了河南交通信息网站的更新改版工作。随着厅机关电子政务系统的开发完成,新的河南交通信息网正式启用。

22 日,联系和组织了有关部门和单位负责信息宣传的同志,就有关加强网站建设和信息宣传事宜进行座谈。

9 月

29 日,厅财务集中管理信息系统联网成功。

30 日,顺利完成了全省通信信息网络平台试点工程建设工作,试点工程范围包括厅机关有关处室、厅属有关单位,并在上述单位财务部门部署了厅财务集中管理信息系统,并进入试运行阶段。

30 日,通信中心开发完成了河南交通信息网与交通部政府网站的信息通道,省厅可通过该信息通道,进入全国交通系统网站群,及时、方便地获取交通部和各省的交通信息。

12 月

10 日,河南省交通规费征收完成了联网收费,实现了交通规费收缴一站式服务,减少了车主缴费环节,大大方便了车主。

29 日,全省交通通信信息网络平台建设一期工程完成。

30 日,厅局域网网络交换机改造工程完成。

月底,河南交通养护地理查询系统、超限超载车辆违章信息稽查系统、公路事业单位资金监管网络系统建成投入使用。

【2007 年交通信息化工作大事记】

6 月

2007 年 6 月份通过租用中国网通线路搭建了河南交通网络信息平台,开通了河南交通视频会议系统。

【存在的主要问题】

信息资源整合程度还较低,信息资源利用和共享还需要不断完善。

高速公路通信网络“最后一公里”的问题还有待解决。

【相关基础数据】

截止到2006年底的高速公路光纤芯公里为96 292公里。

计算公式为:高速公路光纤芯公里 = 高速公路总里程 × 平均芯数(3 439公里 × 28芯)

附件:

河南省交通信息化"1175工程"概述

河南省交通信息化"1175"工程即建设一个开放性的网络信息平台、一个子数据库群支撑的数据中心、七个子信息管理系统、五个应用数据库。实现信息网的科学管理,合法运作,进行必要的人员培训,提高人员素质,确保信息网的可持续发展。

1. 一个平台是全省交通通信信息网络平台,分成两部分:一部分是以数据传输为重点的骨干网络,即一级骨干网络,定义为一级网络中心(交通厅)到二级网络中心(市交通局)之间的网络连接;另一部分为二级接入网络,定义为二级网络中心(市交通局)到所辖各机构之间的网络连接。全省交通信息网络平台的建设基本分三个阶段。第一阶段:租用运营商线路来组网。第二阶段:一级骨干网形成一个主干2.5G的核心环结构,覆盖所有地市。二级接入网络均租用运营商网络。第三阶段:一级骨干网形成一个主干2.5G的核心环结构,覆盖所有地市。二级接入点采用各种方式连接临近高速公路光纤资源进行接入。

2. 一个数据中心就是全省交通系统综合数据中心,将成为全省交通系统开展电子政务的中枢,也是全方位服务于全省交通系统的综合性平台,它的主要组成部分包括全省交通通信中心、全省交通信息数据中心、全省高速公路联网收费结算中心、全省高速公路路网监控调度指挥中心。

3. 七个子信息管理系统分别为:

(1)河南交通电子政务信息系统,包括政务办公系统和政务业务系统两部分。政务办公系统主要为河南交通厅服务,集中处理交通厅公文管理、公共事务管理、档案系统管理等日常办公事务。政务办公系统建设目的是实现系统内部各单位的公文流转自动化,实现各单位内部和各单位之间公文交换网络化,实现资源的共享,为各单位提高办事效率及快速反应和决策提供可靠的保障。政务业务系统是在交通协同政务平台上对交通主要业务的流程管理、数据采集和分析决策的系统。政务业务系统以交通厅下属各级单位为信息采集点,以交通厅为信息处理中心,交通厅下属各级单位通过交通信息网络进行信息的上报,交通厅对政务业务系统进行处理,并对相关处理结果进行信息的发布。

(2)河南高速公路网络管理信息系统,包括收费系统、监控系统、养护管理系统、工程数据库、事故分析及紧急救援系统、公众信息发布系统、灾害应急管理系统、规划决策支持系统,其中决策支持等子系统称为信息增值服务系统。按照知识化、科学化管理要求,系统功能不仅需要完成各种事务性管理任务,而且需要逐步形成高速公路的"管理神经网络",有效沟通各部门之间的信息联系,实现将数据组织成为信息,将信息提炼成为知识,将知识融入整个管理,全面支持事务管理、决策分析、制定战略过程的目标。

(3)河南公路水路运输管理信息系统,由道路运政管理系统(分为全省道路客运信息服务、货运信息服务、维修服务、运政管理四个子信息系统)和航务(海事)管理信息系统组成。

(4)河南交通规费征稽管理信息系统,包括交通规费征稽互联网站、交通规费缴费系统、交通规费分账系统、交通规费稽查系统、交通规费查询系统、交通规费办公自动化系统。对全省规费征收工作进行实时监控,统一管理,及时发现问题,有效杜绝征收工作漏洞,全面迅速掌握第一手资料;有效提供预测数据,为领导决策提供翔实的资料;及时掌握全省规费征收的实时数据,全面汇总漏征车辆信息,为稽查工作提供可靠依据;实现全省征收数据的异地统一存储,提高征收系统的故障容灾能力,有效保证全省交通规费征收工作的正常进行。

(5)河南交通工程建设管理信息系统,包含业务审批、计划进度、质量管理、计量支付、工程概预算、工程变更、合同管理、系统维护等子系统。可以为工程建设领域内各类生产经营主体全面提供市场拓展、工程招投标应用、工程项目施工管理、企业日常办公管理等各方面的应用,不仅可以使交通系统的工作与管理全面实现信息化、网络化,使数据、文件、报表及信息快速且安全地传输,还将为管理工作提供全面的支持。

(6)河南公路智能养护管理信息系统,侧重于建设智能养护管理系统。利用网络技术,建立公路管理养护系统,包括路面管理、桥梁管理、道路养护安全作业管理、机电设施管理、公路数据检测以及基于GIS的公路数据库。

(7)河南省交通物流管理信息系统,核心是建设一个物流信息服务平台,通过物流信息服务平台为企业提供“一站式”物流信息服务。建设目标是整合区域内有效的物流公共信息资源,为货主、物流企业及相关政府部门提供协同作业的信息平台;将与国内外物流平台互联互通,并通过战略联盟其他地区的客户提供一站式全程物流服务。实现业务流程的实时跟踪和工作状态的自动查询,增强客户对物流过程的可控性。

4. 五个应用数据库分别为全省公路水路运输管理数据库、全省公路管理数据库、全省规费征稽数据库、全省交通工程管理数据库、全省交通电子政务数据库,分别归类存放各个业务系统的数据,并进行数据挖掘和分析。

(河南省交通厅)

河南省铁路运输业信息化发展概况

郑州铁路局信息化发展以运输生产组织、行车调度指挥、客货营销、经营管理为核心内容,完成铁路运输管理信息系统(TMIS)、调度综合管理信息系统、车号自动识别系统(ATIS)、工务管理信息系统(PWMIS)等工程建设任务,加快办公自动化建设进度,同时结合铁路行业计算机应用状况,开展机务、电务、供电等管理信息系统建设,在减轻劳动强度、提高运输生产效率、增强市场竞争能力等方面发挥了积极、有效的作用。

【铁路运输管理信息系统(TMIS)全面建成投产】

铁路运输管理信息系统(TMIS)是"九五"期间立项,"十五"全面开始建设,以实现铁路运输管理现代化为核心内容的大型系统工程。在铁路信息化建设规划中,TMIS处于核心地位,在建设过程中不仅仅是在业务应用方面为运输生产组织提供了现代化作业手段,而且同时在网络等基础设施上较大程度地奠定了铁路信息化发展的基础。

(一)调度综合管理信息系统

调度综合管理信息系统是TMIS建设的一个标志性工程,也是通过信息技术对调度指挥方式实现变革的一次有效尝试。该系统分为行调、机调、货调、客调、计划、车流分析等子系统,各调度工种共设立73个调度台,系统建成后调度人员使用计算机铺画列车、机车等各种运行图、周转图,下达日班、阶段、机车等计划和调度命令;车站值班员利用计算机上报实际行车信息、接受调度员的指挥信息,彻底改变了调度员、值班员几十年来依靠一张图、一支笔、一把尺子、一部电话的传统作业方式,为减轻劳动强度、提高劳动效率提供了有效的技术手段,有力地促进了增运增收。

(二)车站综合管理信息系统

车站综合管理信息系统包括现在车管理、货运管理两个系统,是TMIS的重要基础信息源,也是路局进行行车指挥组织,准确把握货源、货运市场动态的重要基础数据源。现在车管理系统(YIS)主要在编组站、区段站实施,货运管理系统在货运营业站实施,郑州铁路局管内1个编组站、8个大型区段站、9个中型区段站、2个小型区段站的31个现在车管理系统建成并投入使用;1个大型货运站、10个中型货运站、37个小型货运站共计48个货运系统建成并投入使用。车站综合管理信息系统的投产应用,为减轻基层站段劳动强度、提高劳动效率提供了良好的技术手段,也为全局行车指挥组织、经营管理提供了及时、完整、准确的基础数据。

（三）货运制票系统

郑州铁路局早在“九五”期间就开始了货运制票系统的建设工作。建设初期，路局组织课题组深入货运站实地调研，组织攻关，开发研制了货运制票系统，20 世纪 90 年代初期在局管内主要货运站实现了计算机制票，但由于网络、资金等条件限制，仅只是单机制票，没有实现联网。TMIS 工程开始后，铁道部推出了全路统一的网络版货运制票软件，并确定了全局 64 个站段为 TMIS 货运制票联网站段，郑州铁路局在完成铁道部确定的货运制票站系统建设的基础上，根据全局实际情况又选定了 94 个车站建设货票系统。货票系统建设任务完成后，针对当时数据上传不及时、入库率低的状况，狠抓了货票的三率，即入库率、及时率、完整率，有效地保证了每张货票都及时上传、入库。在货票系统的基础上，组织开发了全路货运收入清算系统，对货票数据进行综合利用，减轻了收入清算、统计等业务的劳动强度，提高了收入清算、统计工作的及时性和准确性。

（四）列车预确报系统

列车预确报（列车编组顺序表）是列车发送站向前方技术作业站或终到站通报到达列车编组内容的资料，是局、车站编制阶段计划、调车作业计划和组织货物装卸工作的重要依据。为各级运输生产和指挥人员提供及时准确完整的列车确报信息，对挖掘运输潜力，提高运输效率，合理均衡地组织车流，实行紧密运输，扩大运输能力都有着重要作用。传统的列车预确报是由列车发站方将列车编组复写后送交车站确报所，由确报所按照编组计划以电报的方式向前方到达站发报，效率低、误差大，为改变这种状况，铁道部把列车预确报系统作为 TMIS 的一个子系统专门立项，经过多年建设，全局 121 个站所全部建成投入使用，列车预确报改由发报站直接通过计算机及网络编发，收报站直接收取，省略了确报所一级中转机构，减少了误差，缩短了收发时间，提高了准确率、及时率。

（五）货运营销与生产管理系统（FMOS）

货运营销与生产管理系统（简称 FMOS）由联网托运人、联网站段、路局及铁道部四级组成，其主要功能是完成有关货物运输计划方面的原始数据采集、审批，并以此为依据进行车、货流计划的编制以及计划完成情况的统计分析工作。全局共有 79 个站段实施该系统，该系统投产后极大地方便了货运计划的上报、审批程序，为开拓货运市场、合理利用运能提供了良好的基础数据。

（六）办公自动化系统

办公自动化系统包括内部企业网站和电子公文流转两个子系统，通过建立邮件服务器、WEB 服务器、域名服务器、电子公文服务器等为机关各部门提供公文流转平台，有效地提高了办公效率，节约了办公用纸、电报费用。局管站段体制改革后，为适应机构改革的需要，对电子公文系统作了大规模的参数调整，信息存贮方式由文件方式改为 Oracle 数据库方式，提高了系统运行速度；集成北大方正电子签章系统增加了电子公文的完整性、严肃性和安全性，电子签章系统的集成使郑州铁路局成为全路第一家全面使用含电子签章的公文系统的路局。为全局 121 个单位的行政、党纪工团制作电子公章 492 个，建立电子公文用户2 390个，邮箱1 268个。电子公文系统在全局的普遍使用极大地加快了公文的传输速度，减轻了收发文人员的工作强度，提高了工作效率。

【车号自动识别系统(ATIS)全面建成】

车号自动识别系统(简称 ATIS)是一项涉及全局运输、车辆、机务、通信、信息技术等业务部门、26 个车站、2 个车辆段、3 个机务段、25 个列检所的规模庞大的高新技术工程项目,其总体目标是在全局所有货车上安装只读标签,在机车上安装有线可写标签,在所有编组站、区段站、大型货运站的出入口、局分界站安装地面识别设备。该系统由货车、机车标签、车站报告系统及部、局车号处理和管理系统组成,通过建立一个铁路车号、车次信息自动化采集报告体系,向 TMIS、车辆管理等系统实时提供列车、机车、货车的标识、属性、位置和时间信息,是实现铁路运输现代化的重要基础手段。该系统投入运行后,首先实现了局间货车使用费清算;其次,以该系统数据为基础,结合 TMIS 部分数据,实现了货车追踪;同时,以 TMIS 预确报、ATIS 数据为基础开发了电子确报系统,为行车组织提供了实时、准确、完整的基础数据。

【网络基础设施进一步加强】

上个世纪末期,计算机网络设施十分薄弱,局、分局、站段之间的广域网基本停留在 9 600bps速率的 DECnet 专线和 x. 25 公共交换网上,覆盖范围仅只有 68 个运输站段(还不到全局运输站段的 1/4);局、分局机关以及站段的局域网大部分停留在 10M 带宽的以太网粗、细缆方式,网络带宽低,数据传输速度慢,安全性能低下,一定程度上阻碍了信息系统的正常发展。通过 TMIS 建设,特别是通过调度、车站综合管理信息系统的建设,有力地扩大了广域网覆盖范围,提高了网络带宽。目前,全局除宁西线以外的 220 个车站、3 个机务段、20 个机务折返段、5 个工务段全部通过 2M 专线联入了全局计算机网络;局、办事处机关建立了以光纤为楼间骨干、带宽为 1 000M 的机关局域网,站段局域网也实现了质的飞跃,编组站和大型货运站、区段站利用光纤组成了站内局域网。通过计算机网络安全工程建设,提高了网络纵深防御能力、病毒防范及外来攻击能力,保证了数据安全,形成了安全、可靠、有效的计算机网络平台,为加速全局信息化发展奠定了良好的基础。计算机网络安全工程主要包括:统一全局信息系统 IP 地址;建立铁路数字证书认证体系;通过身份认证和访问授权技术,实行分等级、分权限的访问控制;对重要和机密的信息实行加密传输和数字签名;在内部服务网和安全生产网间采用防火墙和虚拟专网等技术实施隔离和保护;在内部服务网和外部服务网之间采用动态物理隔离和访问代理机制实行高强度防卫;在公用网络和业务系统专用网之间采用专用网络协议;采用病毒防护、入侵检测、内容过滤和日志审计等多种技术手段,形成纵深的综合防御体系。

【工务管理信息系统】

利用现代计算机技术、通信手段和检测设备,全面快速获取和处理工务数据,全面掌握工务设备情况,迅速准确地提供工务设备资料,及时反映轨道质量状态和线路设备状态,快速报告工务安全故障,指导线路维修,为运输提供可靠保障,确保行车安全,尽快实现工务管理信息化。在此基础上,开发适用于领工区级的应用软件,完成线路地理信息系统、房建管理信息系统、桥隧限界管理信息系统、养路机械管理信息系统、桥梁伤损数据库管理信息系统等。结合铁路现代化进程,大力发展检测技术,完善系统分析、预测、决策功能,实现工务管理科学化。

【机务管理信息系统】

机务管理信息系统的目标是以机车运行生产机构(机务段)为重心建设相互关联的各业务应用系统。建立机车调度运行、安全管理信息系统,使各种运行、安全、调度、机车统计信息互通共享,实现机车运行安全、机车调度管理信息化。建立机车检修、质量及技术管理系统,实现检修生产、设备管理等生产管理过程网络化。建立机车能源、原材料、零部件等物资管理系统,实现物资调配最优化。建立机务段办公自动化系统,实现铁道部、路局、站段各级运营管理部门的日常工作电子化。建立牵引供电管理信息系统、水电管理信息系统、辅助抢修信息系统、供电段日常生产管理系统等,实现电力调度及电网运行安全监控自动化。通过地面与机车进行动态信息交换及与其他信息系统的数据共享,实现地面对机车运行质量信息、安全状况的动态监控。

【车辆安全防范和故障预警系统建设,实现车辆安全监控、预报和预警管理信息化】

完成红外线轴温探测系统全路联网工作,实现探测站—路局—铁道部三级联网,对各探测站的探测情况进行实时监控管理。建立完善红外所、车辆段和列检所三级复示系统,使红外所运行维护复示到各级设备维护管理部门,增加设备故障预报、处理的反应能力。建立覆盖全路的红外线配件配送、设备管理和技术支持三个系统,全面实现红外线轴温探测系统管理信息化。推广红外线系统配套车号智能跟踪功能,实现车次跟踪,车号预报,提高红外线热轴预报的准确性,进一步增强安全防范能力。

建立车辆运行状态地面安全监测系统,率先实现六大干线与车号信息相结合,做到故障车辆监控、报警和及时扣修,纳入繁忙干线安全保障系统,同步建设。

【全局电务管理信息系统】

利用现代计算机和网络技术,建立连接铁道部、铁路局、电务段等电务管理部门和现场工区的计算机通信系统,对现有静态的、孤立分散的电务设备技术状态信息、台账资料实行动态管理和分析,为电务设备管理、故障管理、生产管理和决策提供便利条件和科学依据。

【物资、财务管理信息系统】

以现有全局计算机网络为依托,建设物资、财务管理信息系统,推进全面预算管理的有效实施,其主要功能是围绕铁路局对物资、财务管理工作的要求,使物资、财务系统有机结合,实现信息资源共享,最大限度地降低物资采购、消耗成本,控制财务成本支出,全面覆盖物资、财务管理工作,保证管理部门对基层各项业务活动的监督。

【铁路运营管理宏观决策支持系统】

充分利用各业务系统的信息资源,建立全局运营管理宏观决策支持智能信息库,采用多种数据挖掘技术,综合分析加工信息资源,支持铁路发展战略规划的制定,充分发挥信息资源在企业决策中的作用,为全局各职能部门提供深度的个性化、专题化、智能化的决策支持服务。

【客票系统建设】

铁路客票发售预订系统建设工作稳步推进,管内实现全路计算机售票车站 69 个,实现联网售票车站 67 个,联网售票窗口 300 多个,计算机联网车站发送人和发送进款占全局总发送人和发送进款的 99% 以上。加快列车补票信息化建设,全局所有列车都已配备列车移动补票设备,并实现郑州、洛阳、新乡客运(列车)段补票系统和客票系统的联网。郑州局原客票系统网络通道多为点对点64k星形网络结构,通道速率低,通道安全没有保障。2006年对原客票网络进行优化改造,将全局联网车站按线路实现2M互联,两端接入地区中心,另将大站直接接入地区中心,构成客票系统环网。新客票系统环网的建成保证了售票安全,提高了售票效率。为适应《中长期铁路网规划》铁路客运快速网对客运新产品销售的新需求,做好第六次提速售票组织工作准备,完成全局客票系统5.0升级试点工作。客票系统5.0采用先进的技术架构,实现客票业务数据的灵活管理,提供丰富的售票组织及销售手段等。客票系统5.0升级后,路局全部票额(包括无座)上网发售,最大限度实现了票额资源集中、共享、效益化管理。

(郑州铁路局信息处)

河南省机电信化发展与变革

1976 年到 2006 年 30 年过去了，河南省机电信息工作与全国经济发展同步，从无到有，从弱到强，从管理模式到工作方式，发生了很大变化。

【70 年代】

机电行业各项工作开始恢复，1975 年后，河南省机械工业局、电子工业局下属企业的情报信息机构逐步建立。在信息人员极端缺乏的情况下，一机部（机电部）授权由部情报所对全国各省重点企业、部属院所的情报信息人员进行业务培训，当时河南省机电制造业中农机占 50% 以上，因此，河南省农机所情报室承担行业信息的对外交流业务，与省内外 360 多家企业、科研单位、市地局建立了联系；出版编辑《河南农机》、《烟草生产与设备》刊物；负责全国烟草生产机械信息网的日常工作，为全国烟草育苗、收获、烘烤机械的研制推广提供信息服务；配合政府部门进行机电产品的调研等。

这一时期，信息产品以期刊、简报、调研报告为主，各级信息机构以行政管理模式为主，研究项目由部、省主管部门按计划下达。

【80 年代】

随着全国经济和科技体制改革逐步深入，在推进企业机电一体化的情况下，省机械电子工业厅十分重视信息工作，除政务信息由办公室、统计信息由生产处分管外，1984 年，决定在省农机所、省机械所和农机化所情报室合并的基础上设立河南省机械电子工业厅情报标准站（行政仍属研究所），明确了该站信息、标准工作的归口管理职责，使行业信息工作得到了迅速发展。在此期间，恢复组建了一批专业情报信息网，如：省工业自动化信息网、省农机信息网、拖拉机网、锅炉网、轴承专业科技情报网、重型矿山机械网、防爆电机网、中小型变压器网、低压电器网、空分设备网等等，这些网组织开展了一系列的信息交流活动，在全国专题研究中发挥了重要作用。1983 年在机电部统一部署下，河南省机械工业科技成果信息系统成立，系统由部属在豫的大中型企业、科研院所、大专院校组成，发展本省近百家企业参加，其主要任务是按统一标准收集、整理、发布有价值的科研、新产品、技术革新、技术推广、技术转让、情报、标准成果信息，省站负责对各网点收集的信息进行整理、考核报送机电部信息院，把反映全国动态的《信息通报》及时反馈给企业有关人员，河南省定期组织召开信息系统工作会，多次举办信息员培训班，宣传推广信息利用，疏通了行业信息交流渠道，为企业信息化工作的开展奠定了基础。截至 1990 年，情报标准站组织完成了《河南省机械工业技术现状与技术背景探讨》、《烟草种植户经济效益分析及机械设备需求调研》、《河南机械工业企业标准化情况调研分析》、《河南省机械工业信息系统科技成果汇编及初步分析》、《各省、市、自治区农机化、农机工业和农机科研基本情况》等专题项目及论文 20 多项；出版编辑《河南机械信息》、《实用机械技术》、《烟草生产与设备》内资刊物；收集国内外标准 17 490 种，外文期刊 370 多种；与全国 31 个省、自治区、直辖市情报信息机构建立了联系；配合机电厅、省计委、省科委、省国防办等六部门成功举办了全国性的河南首届机械电子技术交易会，举办了多次新技术新产品信息推介会、新标准宣贯会等，行业信息交流活动十分活跃。

10 年中，全省 130 家大中型机电企业 80% 已建立了信息情报机构，事业单位类似政府的管理体制已开始按社会需求进行重新定位和改革。信息的收集、整理、发布仍以手工操作为主，信息产品仍是图书、资料汇编、报纸、期刊等，信息的主要交流形式是通过会议和信件。

【90 年代】

全省机械电子行业围绕市场发展全面深化改革，党的十四届五中全会提出“加快国民经济信息化进程”，对信息事业的发展起到了极大的推动作用。

根据省机电厅 1990 年统计资料，省机械工业企业 483 家，电子企业 50 多家，其中大中型企业 130 家。在实现从传统计划经济体制向社会主义市场经济体制转变、经济增长方式从粗放型向集约型转变的过程中，从政府到企业对信息的重视度有了很大提高。省机械电子行业为促进企业信息化开展，每年召开信息工作会议，建立了由机电厅生产（统计）调度处为主，收集企业各类经济运行数据的信息网络，由办公室牵头收集政务信息的网络。1990 年 5 月，经编委批准，在原情报标准站的基础上成立了“河南省机电行业情报标准信息中心”，作为厅的直属公益性单位，主要归口管理协调行业科技经济信息、技术标准、信息网络、办公室自动化等。1991 年，河南省信息协会成立，省机电信息中心作为常务理事单位积极参加了各项活动。

在机电厅领导下，坚持收集了企业大量的统计信息，定期编辑出版了《河南机械产销信息》、《河南机械、电子工业统计资料》和各类政策简报，为各级政府、企业决策提供了大量的数据。省机电行业信息中心坚持对全省企业、科研单位产生的七类科技信息进行收集、整理、上报、推广，并以大中型企业为依托，在省机械工业信息系统的基础上组建了河南省机电信息网，利用计算机网络技术，实现与部、省各信息部门交流合作，与重点企业的网站进行了链接；网上开辟了政策法规、机电动态、科技交流、中原汽车、标准超市等栏目；先后出版编辑《河南机械电子》、《河南机电信息》、《河南机电快讯》为各级决策机构提供参考，与有关单位进行交流；完成了省“兴豫杯”产品展销会、机械技术洽谈会、《食品机械》、《通用机械》、《农业机械》、《机电名优产品荟萃》等信息资料的征集与编辑、布展和组织工作；完成中国农业机械基本情况河南部分、家用适用车辆调研、企业标准化情况、企业股份制改造等调研项目，获部省科技情报成果奖多项。省机电信息网注重发展企业信息员，组织信息工作经验交流，制定行业信息和资源利用的发展规划；分批对全省机电信息和标准计量人员进行培训，使基层信息化工作有了很大进展。如：许继、安阳机床、安彩、南阳防爆、郑州日产、平高、洛轴所（厂）、洛拖厂等，他们开发编辑了大量有价值的信息产品(调研报告、市场动态分析、刊物、影像、光盘、图书、项目库软件等),对中国制造业专业领域的发展做出了应有的贡献。

这十年,国家积极推进信息资源网络的建设,是信息业飞速发展的十年,信息基础设施建设不断完善扩展,信息资源快速增长,信息产品的开发利用向高层次延伸,以邮政传递为主的信息交流方式逐步由计算机网络取代,信息工作由行政管理式的被动服务转变为面向市场的主动服务。

【进入21世纪以来】

制造业已成为河南省国民经济的支柱产业之一。全省工业企业,特别是100家重点企业,利用信息技术等先进制造技术使传统产业、传统管理模式得到了改造,迅速升级。计算机应用及信息网络的普及极大地提升了工作效率、生活质量;工业企业的信息化程度广泛提高,计算机辅助设计(CAD)、计算机辅助制造(CAM)、计算机集成制造(CIMS)、工业机器人等信息技术的应用有力地推动了河南省工业的发展,2006年,河南省经济总量突破万亿元,正在发展成为新兴的工业大省。

这期间,根据省政府机构改革精神,省机械电子工业厅撤销后,2003年底,省机械行业管理办公室撤销。政府职能的转变,企业重组联合、转变机制、创造品牌,均给信息事业发展提供了机遇。河南省机电信息工作在变革中发生着变化,2000年到2003年,在省机械办领导下,坚持以服务企业为主,开通了机电信息网站,编辑《省机电快讯》等信息资料,建设机电信息、标准数据库,为行业提供信息标准咨询,做了大量工作。2003年底,省机电行业情报标准信息中心归属省发展和改革委员会管理,发改委领导对信息化工作和中心的发展高度重视,经报省编委批准,中心更名为河南省工业情报标准信息中心,根据工作职能,重新明确了中心的职责,拓宽了服务范围。三年时间里,在省发改委领导下,中心在转变机制中求发展,完成了网络设施更新扩容、办公室改造、人员定位;对原省机电信息网进行全面转换,建设开通了河南工业信息网,实现与省100家大型骨干企业和国内有关部门的链接;机械电子信息的收集、发布扩展到轻工、化工、纺织、煤炭、冶金、建材等制造业,从工业经济运行到改革发展动态,从标准资料查询到市场变化,网站的点击率大幅提高,为用户提供了快速全面的服务,成为河南省工业信息对外交流的窗口和重要的服务平台;定期出版《河南工业经济参考》,为各级领导及决策部门提供信息服务;完成了河南省机械制造业信息网络服务方向及管理模式的分析探讨、河南机械标准定向服务、河南省工业标准资料数据库建设等项目和新材料、汽车等方面的专题资料编写;增加了标准馆藏,为企业制订、修订标准提供技术服务,推广信息网络安全等新技术新产品,为促进工业发展发挥应有的作用。

这些年,信息网络技术的应用普及所产生的社会效益是难以估量的。电子政务的推进,极大提高了决策的科学性,加强了政府与人民的联系;企业运用信息技术,不断提高产品质量,把市场开发延伸到世界,增强了国际化经营的竞争力。总之,信息工作不断顺应形势,开拓创新,优化资源,联合开发,会有更广阔的发展空间。

(河南省工业情报标准信息中心 张 莹)

河南省专利信息化建设概况

在省政府的大力支持下，我们紧紧围绕省委、省政府中心工作，以为河南省经济社会发展提供强有力的信息支撑为目标，在专利信息源的发掘、专利信息服务网络的构建、信息资源开发利用等方面做了大量的工作，已初步形成了一个集宣传、服务、文献检索、技术推广、工作应用于一体的专利信息服务网络，专利信息由原始的纸件专利文献逐步发展到专利数据光盘，实现计算机检索，再到如今的DVD全文和摘要光盘，以及可供网上检索的“七国两组织”专利数据库，专利信息源不断得到充实和丰富，为专利信息工作的开展奠定了坚实的基础。

【领导重视，组织得力，确保专利信息化建设工作又好又快发展】

专利信息河南地方网点的建设对于提高地方知识产权局的专利信息服务能力，推动地方知识产权工作的开展具有重要意义。在河南网点筹建之初，河南省专利局领导即对网点建设工作给予了高度重视和大力支持，指定专门处室作为网建工作责任处室，成立了由局长任组长，主管副局长任副组长，所有处室处长、责任处室主管副处长和一名具体工作人员为成员的河南网点建设工作领导小组，从组织上为网点建设工作的顺利开展提供了强有力的保障。

网点建设工作开展以来，我们根据国家知识产权局的总体要求，结合河南省实际，多次召开专题会议，就河南省信息化建设工作的指导思想、工作思路和目标进行研究，确立了“以省级网点建设为契机，以市级网点建设为重点，不断充实信息源，提高信息服务手段，建设河南省专利信息网”的信息化建设工作指导思想，将专利信息的范畴由最初理解的专利文献扩大到各类专利工作信息，将信息网的应用由专利文献检索扩展到各项工作，理出了一条“以省局网站为核心，以市级网点为辐射，集宣传、服务、文献检索、技术推广、工作应用等多项功能于一体”的专利信息网建设工作思路。七年来，我们在网点功能拓展、服务渠道拓宽、服务能力提升、信息资源开发等方面进行了大量有益的尝试，有力地推动了河南省信息化建设工作的开展。

【积极开拓，努力创新，不断开辟专利信息化建设工作新领域】

我们紧紧围绕局重点工作开展专利信息服务与网点建设，不断增强服务手段，提高服务能力，创新服务方式，使得专利信息化建设工作不断取得新进展。

（一）建设中外专利信息服务平台，推进河南省专利信息化建设进程

随着河南省知识产权事业的不断发展，知识产权战略实施工作的全面推进，社会各界对知识产权信息的需求，尤其是对国内外专利文献的需求急剧增长，河南省专利局网站内信息量已无法满足。在国家知识产权局和省政府的大力支持下，2006 年我们建成了“七国两组织”专利文献数据库，委托省知识产权事务中心承担信息服务工作，完成了网络等基础设施建设，初步构建起河南省中外专利信息服务平台。

（二）建设速冻、肉类食品工业专题专利数据库，助推河南食品产业发展

围绕支柱产业抓专利信息的传播与利用，是我们以提升专利信息利用水平促经济发展的心得之一。2005 年 3 月，在国家知识产权局和省政府的支持下，我们建成了包括“七国两组织”相关专利文献在内的“河南速冻、肉类食品工业专题专利数据库”，并实现网上检索。数据库网上运行两年多来，为推动河南省食品工业的发展做出了积极的贡献，双汇、三全、思念等一批重点食品企业不仅利用数据库提高了自身研发的水平，还从数据库中发现了许多好的适用技术，通过专利许可直接应用于企业生产，促进了企业的发展。

（三）开发企事业单位专业专利数据库建库及应用系统，支撑企业自主创新

针对企业在开展专利工作，促进技术创新中对专利信息的迫切需求，我们根据所拥有的专利信息资源的情况，组织开发了“企事业单位专业专利数据库建库及应用系统”。该系统实现了适时网上数据填充、数据库维护、Web 界面检索、输出等功能，既可单机使用，也可装于企事业单位内部局域网上实现联机使用，基本满足了企业完全依自身需求建立专业专利数据库的要求，并且数据库的数据补充及维护可完全由企业自己完成，强化了此项工作的持续性。今年，我们又对该系统进行了升级，完善和充实了系统功能，并委托专门机构通过“专利信息公务网络平台”为建库企业提供定向服务。目前，为河南省首批知识产权优势培育企业建库工作已全面铺开。

（四）举办专利技术网上博览会，探索专利技术展示交易新途径

针对场地博览会所存在的花费大、时间短等弊端，我们于 2000 年组织开发了“河南省专利技术展示与交易网上博览会”系统软件，于当年 10 月份正式在省局网站上投入运行，并于 2003 年至 2006 年又先后三次对系统进行了升级，增强了平台的交互功能，使得网上博览会逐步转化为集展示和交易于一体的综合性转化服务平台。在此基础上，我们又创建了“优秀专利项目库”，设计专门的网页对一些重点项目进行展示和推广。网上博览会和优秀专利数据库的开通运行，不仅为发明人和企业提供了一个便捷、经济、长效的技术交流平台，而且极大地丰富了河南省专利信息网的内容，也为我们发掘、推广优秀专利技术提供了一条有效的渠道。

（五）组织开展“千项专利县市巡展”活动，促进县域经济发展

在总结以往成功举办专利信息发布会经验的基础上，我们自 2005 年起围绕县域经济发展和新农村建设两大主题，深入重点县市组织开展了“千项专利县市巡展活动”，取得了较好的效果，进一步开拓了专利信息服务工作新思路。活动开展以来，我们先后赴河南省长葛、巩义、新郑等 14 个县市，组织项目 1 400 余项，专家、教授及专利发明人 500 余人次，举办了近 20 场巡展活动，受到了当地政府、企业和广大群众的热烈欢迎。据不完全统计，参展人数达 87 000 人次，累计发放各类资料 12 万份，签订意向合同 538 份，意向合同

金额达4.1亿元,孵卤蛋、人造裘皮、计算机清洗液等一批适用项目实现转化,有力地推动了河南省县域经济的发展,使知识产权经济成为县域经济发展的新动力。

(六)开发专利统计分析系统,增强决策科学性

为了准确把握河南省自主创新的最新进展情况,为政府决策提供数据支撑,河南省专利局领导在经费十分紧张的情况下,拨出专款支持开发了河南省专利统计分析系统。2005年3月,在各方的共同努力下,一个基于网络平台的专利信息统计分析系统上网试运行,挂接在河南省专利信息公务网络平台,供全省知识产权局系统使用。2006年底,我们组织软件公司对统计分析系统进行了二次开发,进一步增强了系统功能,完善了界面设计。该系统的应用,使我们能够及时、准确把握河南省自主创新的脉搏,并做出详尽的专利分析报告供领导决策使用,为河南省网点建设工作补充了新鲜血液,使河南省专利信息统计工作迈上了一个新的台阶。

(七)开发专利信息公务网络平台,推动省、市、县三级联动

2000年,我们在借鉴国家知识产权局建设"中国专利信息工程地方网点"经验的基础上,结合河南省实际,制定了《河南省专利信息网市级网点建设方案》,并向各省辖市做了具体安排和部署。2001年,我们拿出30万元专款用于市级网点建设工作,用了两年的时间全部完成18个省辖市市级网点的建设工作,并于2004年、2005年,对各市级网点进行了设备升级。目前,18个市级网点均通过互联网与省网连接,经身份认证进入省网平台,实现信息资源共享以及相互之间的互联互通,全省已有南阳、洛阳、濮阳、许昌、安阳等市建立了自己的网站。平台搭建是基础,强化制度管理,明确责任划分是关键。为此,我们在2005年下发了加强专利信息和网点建设工作的通知,明确了市、县两级知识产权管理机构的责任,并将此列入年度目标考核。此举极大地调动了市、县两级在专利信息和网点建设工作上的积极性,他们主动转变工作思路,变"要我做"为"我要做"。目前,河南省专利局网站工作信息已经实现日更新。

(八)培养专利信息人才,增强信息化建设后劲

为了使市级网点能够充分发挥作用,我们逐步加大专利信息人才培养的力度,每年都把专利信息培训作为培训工作的重点来抓。河南省专利局自2001年起,与郑州大学网络中心联合,每年举办一期"河南省专利管理系统网络应用培训班"。培训班的举办,为市级专利管理部门培养了大批懂业务、懂网络的计算机网络应用人才,对于市级网点的进一步建设和开发、利用起到了积极的推动作用。

【抢抓机遇,迎接挑战,努力开创专利信息化建设工作新局面】

随着河南省建设创新型河南,实施"自主创新,跨越式发展"战略步伐的加快,专利信息的重要性和其在自主创新中的作用将越来越被社会所认识,今后5—10年必将成为专利信息工作大发展的重要机遇期。我们要牢牢把握这一有利时机,开拓创新,力争使河南省专利信息服务工作再上新的台阶。

(一)建设信息服务平台

要进一步充实信息资源,提高服务能力,健全服务机制,扩大服务网络,以提供基础专利分类数据为先导,以增强知识产权工作网功能、升级专利网上博览会系统、建设河南省知识产权网校为重点,引导和激发企事业单位对专利信息的需求,逐步为企业、行业建立

起专题专利数据库,提高企业利用专利信息的能力。

(二)完善信息服务体系

要进一步加强信息化的软硬件建设,增强服务手段,以信息网点建设为基础条件,以信息服务机构建设为主要手段,以专利展示交易中心建设为契机,大力推动信息服务体系建设,增强信息化对整体工作的支撑能力。

(三)提高信息服务能力

要进一步提高专利信息的二次开发能力,培养专利信息研究分析人才,逐步提高专利战略分析能力,同时,要围绕支柱产业,重点发展的高新技术产业,科技部门实施的重大科技专项,以及区域和企业开展的专利战略研究等,积极开展专利预警机制建设。

(河南省专利局)

河南省质量技术监督局信息化建设情况

【基本情况】

河南省质量技术监督局电子政务建设自 2003 年开始启动，在河南省信息化工作领导小组和国家质检总局信息化工作领导小组的指导帮助下，重点围绕"金质工程"建设、国家质检总局"质量监督综合业务管理信息系统（CQS）"开发应用试点和省政府电子政务建设三个方面开展工作，四年来全省质监系统共投入建设资金 1 500 多万元，其中总局投入 300 万元。在硬件上，建成了设备比较齐全、功能比较完善的省局机关中心机房和局域网，完成了 18 个省辖市局的中心机房和局域网建设，建成了连接国家局和省、市局的质监业务专网，实现了国家局、省、市三级联网和与五个市 38 县（区）实现四级联网，和其他县（市）实现拨号网络连接。电脑设备配置省局一人一台，市局累计约 800 多台，每个科室保证 1 台，每个县（市、区）局保证 3 台以上；在软件上，以总局 CQS 试点为主体，加强了业务管理软件开发应用。以电子公文交换系统、财务直报系统为重点，加强了行政管理软件的开发应用力度。建设了政府外网和内网，开通了电子邮件系统，实现了省市县局信息网上传递。在重点项目上，"金质工程"（一期）顺利完成。在组织管理上，形成了领导高度重视、组织比较严密、建设比较规范、制度比较健全、运行比较平稳、成效比较明显的格局。

【重点项目建设情况】

（一）"金质工程"建设情况

"金质工程"是 2002 年 8 月 5 日中办、国办共同转发国家信息化领导小组《关于我国电子政务建设指导意见》（中办发[2002]17 号文件）中提出的十二金工程的一个重要系统。"金质工程"（一期）的重点是加强"一网、一库、三系统"建设。"一网"就是构建总局、省局、市局、县局四级联网的网络软硬件平台。"一库"就是建设各种业务应用系统产生的质监业务大型数据库群，包括质监系统信息资源、标准信息服务、认证认可业务数据、企业质量信用数据库系统等。"三系统"中，一是以质量技术监督业务为主的"监督管理系统和行政许可管理系统"，包括产品质量监管、执法打假、计量监督、质量管理、行政许可等；二是以提高行政效能为主的"行政管理系统"，包括办公、财务、人事、科技等；三是以面向公众服务为主的"信息服务系统"，包括政府门户建设、技术型贸易措施、检测资源共享服务、质量信息采集分析发布系统等。

根据国家质检总局的统一部署和要求，我们严格按照河南省发改委关于河南省"金质工程”(一期)项目可行性研究报告批复内容,依托全省统一的电子政务网络平台,充分利用总局统一开发的软件,狠抓环境建设和应用推广,累计投资 518 万元,顺利完成了一期工程建设任务。

在网络系统建设上,主要依托河南省电子政务网络,建立了全省质监系统广域网的省到市部分,实现国家质检总局、省局到市局的广域网连接,部分市局还将主干网延伸到县局,实现了市到县局的光纤网络互联,满足数据、语音和视频等综合业务传输需要,超标准完成了建设要求。

在数据库建设上,初步形成了省标准信息库,开展了企业质量信用系统建设工作,编制了省法人单位基础数据库可行性研究报告。

在应用系统建设上,一是以承担的国家质检总局 CQS 应用试点工作为主,充实基础设施,制订推广应用计划,下发了《关于开展质量监督综合业务管理信息系统使用工作的通知》,组织开展了培训。目前,可研批复中要求的实现执法打假快速反应、企业质量信用信息、特种设备安全监管信息、计量业务监督管理和产品质量技术监督管理等五项基本功能都已不同程度实现目标,其中执法打假快速反应、特种设备安全监管信息系统应用得最好。2005 年下半年,国家质检总局专门到河南省质量技术监督局进行了检查,受到了总局的肯定。二是按照可研批复中建设质检业务监督管理、质检业务申报审批、质检信息服务三大系统的要求,组织开发急需的应用软件,重点开发了食品安全监管系统、检验检测业务管理系统、行政许可审批流程等业务软件,财务管理、公文交换、信息化设备统计管理、电子邮件等行政办公软件。

在系统安全建设上,着重加强网络安全和应用系统安全建设。专门组织人员对全系统业务专网进行了安全评估,制订了网络安全建设方案,统一采购了杀毒软件,配置了防火墙等。同时利用先进的网络安全技术,确保全省业务专网的数据隔离。对各类计算机、服务器及网络设备进行定期检查、升级病毒库、排除安全隐患。对各类重点业务数据进行定期备份检查,建设完善的信息资源安全体系,保障业务信息资源的安全共享和使用。

在人员培训上,我们针对全省质监系统专业技术人员数量不多、业务不精等突出现象,结合“金质工程”的实施,多次举办培训班,重点对系统内的有关领导、技术人员和业务系统的操作员进行了培训。培训内容主要包括项目管理及系统运行与维护培训课程、网络技术课程、安全技术课程、服务器系统课程、应用系统开发与维护课程和应用系统使用课程等。其中,技术课程采用集中技术理论课程讲授与现场实践技能培养相结合的培训方式,应用推广采用逐级集中培训与远程教学相结合的方式进行。

在建设管理上,严格按程序办事,设备和主要软件均实行了统一政府采购,局域网建设聘请了省信息电子工程建设监理中心实施了全过程监理。

(二)国家质检总局质量监督综合业务管理信息系统(CQS)试点工作情况

2004 年,河南省质量技术监督局被国家质检总局列为全国系统六个试点之一,承担在全国质检系统推广使用 CQS 业务应用软件的任务。为保证试点工作开展,河南省质量技术监督局专门投入资金近 90 万元,购买了 20 台专用服务器和存储设备部署在省局和 18 个地市局,作为 CQS 系统专用设备,并对全省省、市、县三级质监系统的相关技术和业务人员进行约 1 200 人次的技术培训。积极组织推广应用,协调各有关业务处室,动员 18

个市局分类开展应用，在推广使用过程中，共发现CQS系统中技术及业务问题达300余项，均及时向总局上报，总局基本全部采纳。

（三）电子政务建设情况

加强硬件建设，夯实电子政务基础。依托河南省统一的电子政务网络传输平台，建设了230平方米省局中心机房，配置了必要的网络设备、环境设备和软件平台等，初步搭建起一个纵向连接国家总局和市县局、横向连接政府和企业的公共平台。全省质监系统广域网即全省质量技术监督业务专网采用省、市、县三层网络体系架构，2005年8月底完成了省局到18个市局的互联互通。2006年洛阳、安阳、南阳、三门峡、许昌五市局分别把主干网延伸到30个县、8个区。

大力加强质监门户网站建设，已经建成外网和内网。外网门户网站定位于政务公开、对外宣传和信息服务，是提供公共服务、实行政务公开的窗口，是展示质监形象的宣传阵地，也是保障省政府门户网站内容的渠道。内网网站定位于全省质监系统内部的信息交流中心、数据资源中心和办公辅助平台。2006年10月前，18个省辖市局全部建成对外门户网站并开通运行，2005年年底，顺利建设完成了10个省局直属二级机构对外门户网站并开通运行，初步形成了一个省局、市局、省局直属二级机构完整链接的质监门户网站，为实行政务公开搭建了服务平台。

针对质监系统垂直管理、点多线长的特点，我们坚持把做好河南质量信息网门户网站建设作为实现自动化办公的平台，逐步建立和完善各市局和省局直属机构门户网站，形成主站带动分站的管理模式，把全省质监系统门户网站建设成对外宣传、政务公开、电子申报审批、网上信息服务的重要窗口。开辟网上办公专栏，实现行政审批事项的电子化处理，通过公文处理、政务处理的流程再造，实现办公信息的交流共享，提高处理各项业务的关联能力，推行无纸化办公，提高全省质监系统的办公效率。

按照国家和省关于行政审批项目在“十一五”期间要有一半以上实现网上审批的要求，以及外网受理、内网办理的“一站式”快捷服务模式，提高面向社会的行政业务审批效率，河南省质量技术监督局已经有不少行政审批项目开始逐步推行“一站式”办理，如食品处等业务处室目前已经开始试行食品生产许可等项目的网上审批。目前正在研发的软件应用系统还有科技计划条件共享平台（含大型仪器设备共享平台、科技项目管理平台、专家库等）、人事工资档案管理系统、技术标准服务平台、网上业务咨询和受理、政务公开系统等。

2007年8月，河南省质量技术监督局建设完成了省局到18个市局的视频会议与远程培训教育系统。视频会议系统的建设对于全省质监系统的信息化建设将有一个较大推动作用，并对完善系统的信息化建设具有重要意义。视频会议的建设同时满足了全省质监系统各机构间的远程会议及日常沟通需求，在提高工作效率的同时节约了大量的人力、物力和经费，实现了系统日常办公的网络信息化，更是河南省质监系统落实科学发展观，积极构建和谐社会、节约型社会、节约型机关，建设勤政、廉洁、务实、高效政府的具体表现。

（四）资金投入情况

全省系统四年累计投入建设资金1 600余万元，资金主要用于“金质工程”一期建设、CQS应用软件试点工作、电子政务网站建设、视频会议系统建设等。其中包括市、县局四年共投入信息化建设资金860万元。

【电子政务建设组织管理与保障措施】

(一)建立健全领导机构

省局成立了信息化工作领导小组和办公室,由局长亲自担任组长、分管副局长任副组长、机关各处室领导为成员,办公室设在计划科技处。电子政务建设纳入各级局责任目标考核内容。

(二)制定总体建设规划

2003年,按照国家总局关于“金质工程”建设的总体要求和河南省电子政务建设发展规划,河南省质量技术监督局及时研究制订了《河南省质量技术监督系统政务信息化建设三年规划纲要》,编制完成了河南省“金质工程”(一期)建设项目可行性研究报告,并通过国家总局的审核和省发展和改革委员会的立项批准。结合国家质检总局“十一五”信息化专项规划和河南省信息化建设的实际情况,组织制订了《河南省质量技术监督信息化“十一五”(2006年—2010年)专项规划》。

(三)建立规章制度

1. 建立了软件开发管理制度。根据日常工作中出现的实际情况,我们及时建立了“统一归口、分头实施”的软件开发机制,确保各种软件接口一致、标准统一,掌握软件源代码和主动权,并切实推广应用,专门研究制定下发了《河南省质量技术监督局计算机软件开发应用管理办法》,使软件开发有章可循,有据可依,规范有序。

2. 建立了设备采购和管理制度。结合河南省质量技术监督局实际,我们建立了全省系统信息化设备动态管理库,对在用设备使用情况实施监测,制定设备更新制度,对新购置信息化设备进行集中管理,纳入政府采购,对淘汰设备制定重复利用方案,提高设备利用率,最大限度地节约信息设备更新资金,并制定下发了《河南省质量技术监督局信息化办公设备管理办法》。

3. 设立了《机房管理制度》、《网络安全管理制度》、《内外网站信息采集发布与运行维护管理办法》等,确保网络运行安全和信息安全。

4. 建立了人才培训制度。结合“金质工程”(一期)建设、广域网建设以及有关应用系统的推广使用,我们及时制定了人才培训计划、培训标准、分阶段要达到的具体目标,积极创造有利条件,在全系统分期分批开展技术培训和应用培训,提高了工作人员的信息化应用水平。

5. 建立了目标考核制度。为了从根本上推动电子政务建设的深入开展,我们坚持把电子政务建设纳入年度工作目标考核,建立了目标考核制度,制定了目标考核指标体系,将目标分解、量化,结合全省系统年度工作总结,进行认真考核和综合评分,增强了各级加强电子政务建设的紧迫感和责任感。

(四)建立投入保障机制

设立了信息化建设专项资金,预算内每年保证专项资金用于省局信息化建设和应用开发。各市局均安排信息化专项预算。

(河南省质量技术监督局)

三、重大工程篇

河南省电子政务内网建设概况

【工程进展基本情况】

河南省电子政务内网是为党政机关内部服务的一个专用网络平台，它以省委、省政府为核心，连接省、市、县各级党政部门，主要承载党政部门的内部办公业务和涉密信息的传输。省政务内网的总体目标是建设覆盖全省各级党政部门的网络平台、应用支撑平台、信息交换平台、安全保障体系和服务体系，实现各级党政部门的互联互通、数据交换、信息共享和业务互动。

河南省电子政务内网建设一期工程，将利用国家公用基础通信设施，建设结构合理、边界清晰、技术先进、安全可靠的省电子政务内网网络平台、应用支撑平台、信息交换平台，并结合内网的具体需求构建相应的安全保障体系，开发建设部分综合应用系统，逐步完善政务内网网络服务体系。

（一）建设主要进展

按照《省委办公厅、省政府办公厅关于转发〈河南省电子政务建设领导小组关于我省电子政务建设总体规划〉和〈河南省电子政务领导小组关于我省电子政务建设指导意见〉的通知》（豫办[2004]8 号）文件精神和河南省电子政务内网建设规划，截至 2007 年上半年，累计完成省基本建设投资 1 050 万元。经过一年多的建设，河南省电子政务内网建设主要进展情况如下：

1. 网络传输平台基本建成。依据国家涉密网络建设要求，全省电子政务内网网络传输平台应是完全独立于其他网络的传输平台，按照上述要求，建设完成了省内网网管中心到全省 18 个省辖市的广域骨干网络传输平台和覆盖郑州地域的省级城域网络传输平台，为河南省电子政务内网的接入奠定了基础。

2. 开发了部分基础应用系统。在应用开发方面，首先启动了内网信息资源体系规划和建设项目，按照内网网络平台建设的进度，我们同步开发了相应的应用系统：初步建成了全省电子政务内网门户网站，开发完成了公文交换系统、公务邮件系统、办公自动化系统和多媒体信息应用系统等。

3. 基本建成了内网安全支撑平台。按照同步规划、同步实施、同时投入使用的要求，以公钥基础设施 PKI/PMI 为核心，规划建设了普密级身份认证中心、审计中心，部署了网络密码机、防火墙、入侵监测、漏洞扫描、防病毒等安全保障设备和系统，初步形成了内网安全保障体系，为保证内网的安全应用提供了基础和保障。

（二）应用情况

1. 完成了 110 多家单位的联网工作。按照 2006 年和 2007 年工作安排，依据电子政务内网接入标准，在省密码管理部门的配合下，每家联网单位配备了密码机、防火墙、防病毒系统，利用光纤接入省电子政务内网，实现了和省电子政务内网的互联。

2. 完成了联网单位的培训工作。根据业务应用推广的需要，组织人员编制了培训教材。对联网单位业务主管负责同志和操作人员进行了密码管理教育和集中上机培训，使联网单位用户初步掌握了基本应用技术。

3. 省电子政务内网于 2007 年 7 月试开通运行。

（三）建设效果

通过省电子政务内网建设，将逐步实现河南省党政各部门、各地方内网的互联互通，防止重复建设，促进信息资源的共享，为提高行政效率提供网络化环境。

1. 为重点电子政务业务系统的建设提供网络支撑。

2. 电子政务内网是河南省信息化建设的重要基础设施，有利于经济和社会稳定发展。

3. 电子政务内网业务系统事关国家信息安全。通过政务内网统一平台和安全保障体系建设，能够减少安全隐患，有效地加强信息安全保障能力。

4. 政务内网作为电子政务建设的重要组成部分，涉及部门多、协调难度大、管理复杂，通过一期工程建设可以为我国今后的电子政务建设积累经验。

5. 防止重复建设，促进信息共享，提高行政办事效率。

（四）研发成果及子项目的开发

1. 按涉密网络规范建成了全国首家全省范围内的电子政务内网平台。

2. 建成了全国首家省级普密级身份认证（CA）系统。

（五）重大活动

1. 2007 年 5 月 23 日，举办了全省电子政务内网首期培训班，省委副秘书长杨春雨同志出席了开班仪式并发表了重要讲话。

2. 2007 年 6 月 12 日，省委常委、秘书长曹维新同志视察了省电子政务内网网管中心，专题听取了省电子政务内网建设情况的汇报，并在现场召开了省委秘书长办公会，对省电子政务内网建设的有关问题进行了专题研究。

3. 2007 年 7 月 18 日，省电子政务内网试开通运行。

【2007 年重点任务及远期发展规划】

（一）2007 年省电子政务内网重点开展以下任务

1. 省电子政务内网数据中心及门户网站扩容建设；

2. 省电子政务内网公文交换系统及相关业务系统建设。

(二)远期发展规划

按照省电子政务内网建设规划和实施方案,省电子政务内网一期工程在两年内的发展规划如下:

1. 建成全省电子政务内网网络构架,建立数据传输的基础通道,满足各类政务信息传输需求,为电子政务后续建设打下基础。

2. 基本建成内网网管中心。

3. 建成统一的内网门户网站。

4. 建设全省电子政务系统信息交换共享平台,具备跨部门应用开发的条件。

5. 启动部分应用系统的建设,如:公文交换、公务电子邮件、领导决策支持等,满足当前办公急需,为应用开发和资源整合积累经验。

6. 与网络建设同步规划建设相应的安全保障体系。

7. 省、市机关的办公自动化系统开发和应用。

(河南省委办公厅第一秘书处　朱　弘)

河南省电子政务外网建设概况

河南省电子政务外网(以下简称河南外网)是河南省电子政务的基本组成部分,是国家外网的省级子网。河南外网上联国家电子政务外网,横向连接河南省直各部门,纵向连接河南各市、县(区)。

【外网建设背景】

中办发[2002]17号文件《国家信息化领导小组关于我国电子政务建设指导意见》中指出:"十五"期间,电子政务建设的主要任务之一就是建设和整合统一的电子政务网络。以适应业务发展和安全保密的要求,有效遏制重复建设。电子政务网络由政务内网和政务外网构成,两网之间物理隔离,政务外网与互联网之间逻辑隔离。为贯彻落实中办发[2002]17号文件,河南省下发了豫办[2004]8号文件,提出《河南省电子政务建设领导小组关于我省电子政务建设总体规划》和《河南省电子政务建设领导小组关于我省电子政务建设指导意见》,要在全省建设统一的"一网制"电子政务网络传输平台,构建河南省电子政务内、外网。并明确河南省电子政务外网网管中心设在河南省信息中心。

中办发[2002]17号文件和豫办[2004]8号文件都明确指出,电子政务外网是政府的业务专网,主要用于运行政务部门不需要在内网上运行的业务和政务部门面向社会的专业性服务。为政务部门的业务系统提供网络、信息、安全等支撑服务,为社会公众提供政务信息服务。

【建设目标和内容】

河南外网的总体目标是建设覆盖全省各级党政部门的网络平台、应用支撑平台、信息交换平台、安全保障体系和服务体系,实现各级政务部门的互联互通、数据交换、信息共享和业务互动。

河南外网分期建设,一期工程建成全省电子政务外网网络构架,建立数据传输的基础通道;基本建成外网网管中心;建设河南省电子政务外网网站;建设全省电子政务外网信息交换共享平台;启动部分应用系统建设;初步建设相应的安全保障和标准体系。主要建设内容概括为:建设数据中心和客户服务中心;建设安全保障和管理保障;建设网络平台、数据交换平台和应用支撑平台;建设政务信息交换、外网网站、外网办公支撑系统、IP/TV等应用系统,启动行政审批系统;完成与国家外网的对接。

【总体架构】

依据"国家电子政务标准化指南(第二版)"有关电子政务标准技术参考模型和河南外网建设内容,以模块化规划和分层构建的思想确定了整体框架如下图:

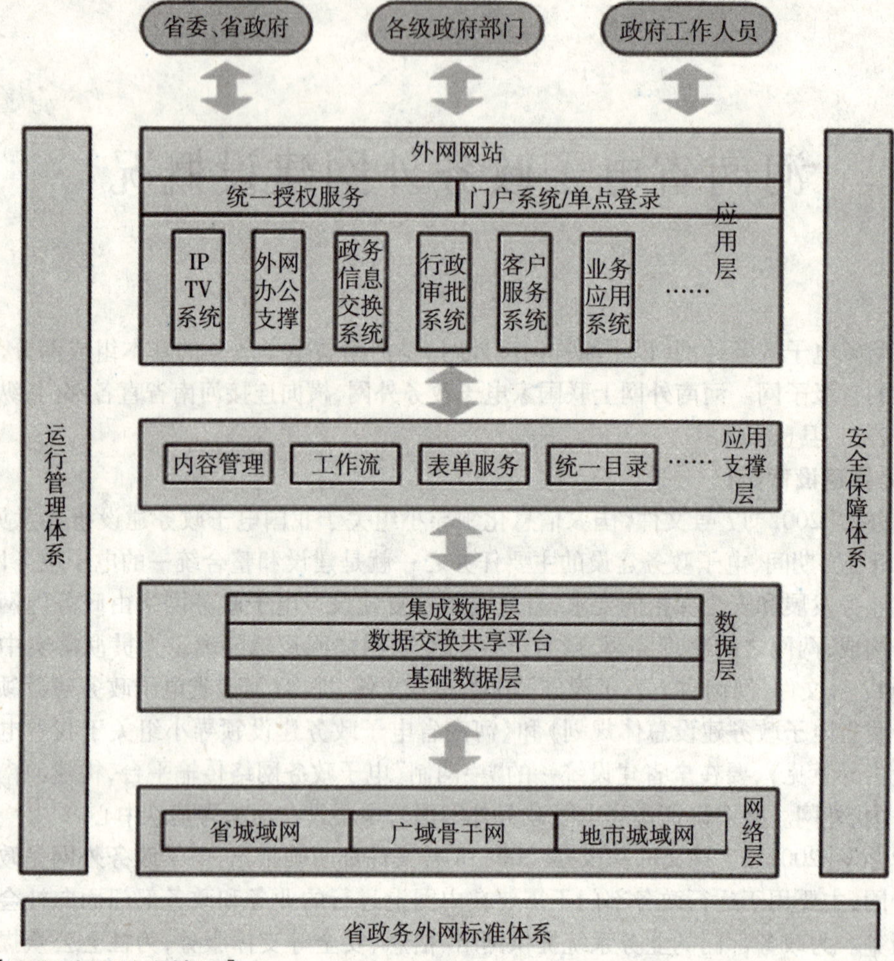

【工程建设进展情况】

2003 年底开始可行性研究报告的编制准备工作。

2004 年 12 月初向河南省发改委呈报了《关于呈报〈河南省电子政务外网建设项目(一期工程)可行性研究报告〉的请示》(豫信字[2004]16 号);根据有关专家及河南省直有关部门的评估报告,省发改委于 12 月正式批复河南省电子政务外网项目(一期工程)可研报告(豫发改高技[2004]2308 号)。

2005 年 9 月完成对原有机房的改造。

2005 年 10 月完成河南省电子政务外网建设项目(一期)工程初步设计,向发改委呈报了《关于呈报〈河南省电子政务外网建设项目(一期)工程初步设计〉的请示》(豫信字[2005]29 号);经发改委组织审查,11 月正式批复省电子政务外网项目(一期)工程初步设计报告(豫发改高技[2005]1670 号)。

2006 年 1 月完成监理和设备购置与集成招标。

2006年3月开始工程实施:设备购置、设备和系统安装集成、应用系统开发、技术培训。

2007年4月一期工程的主要建设内容大部分完成,各种设备安装测试完毕,完成了网管中心的建设,应用系统开发基本完成,外网应用系统数据加载完毕;与国家外网的连接已完成,并承载了部分河南省直部门与上级国家部门的业务传输;与网通的传输网对接完成,统一互联网出口切换完毕,整体的网络、数据交换中心的框架已经建立。外网具备了为河南各级政务部门服务的条件,已开始发挥其在电子政务建设中的基础性作用。

【网络建设】

河南外网依托国家统一的电子政务通信传输网络,构建外网网络平台。从网络结构上外网由三部分组成:传输网、网管中心和接入单位局域网。传输网包括连接省直各部门的城域网,连接省辖市的广域网(由运营商建设,政府租用);网管中心包括网络系统、应用系统等,承担与国家外网、省直各部门之间、各省辖市之间和互联网统一出口的连接管理工作;接入单位局域网由各政务部门办公网络组成。利用宽带IP技术,提供具有一定QOS的带宽保证,并提供各政务部门、系统网络间的逻辑隔离(VPN),保证互访的安全控制;整个网络中心设备的互联采用高速(10GE,2.5GPOS,GE)和冗余(设备、线路、引擎、电源等)策略。整体网络图如下:

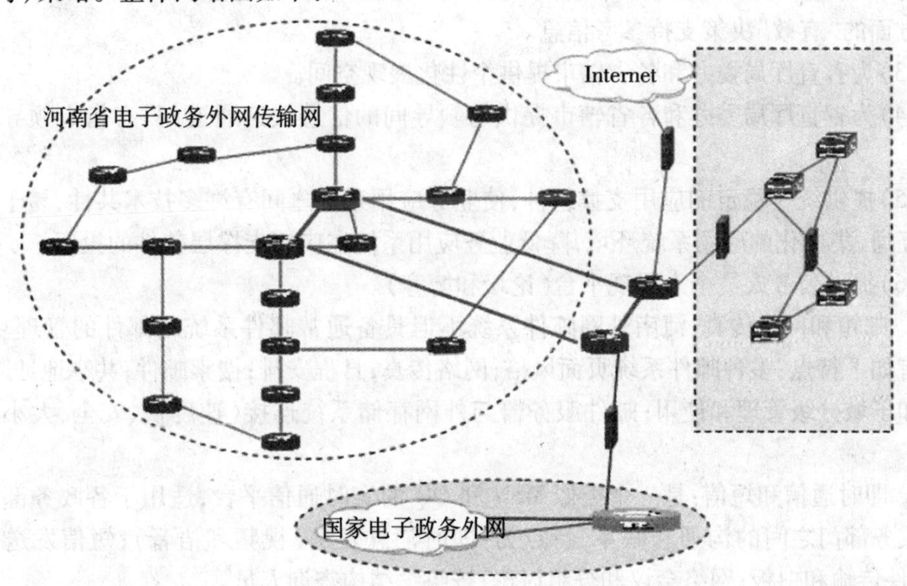

河南省电子政务外网整体网络示意图

河南外网核心交换网络由4台运营级核心网络设备组成,分别位于外网网管中心和传输网核心节点,构成一个环形结构。河南外网互联网出口,有一主一备两个,主出口位于外网网管中心,备出口与传输网相连,政务外网与互联网之间有防火墙隔离,并设置了安全策略。国家外网与河南外网的节点设备落地在外网网管中心,通过该节点设备实现河南外网与国家外网的互通。国家外网广域链路由分属两家电信运营商的155MPOS主链路和2M的备用链路组成。

【应用系统建设】

（一）建设内容

1. 数据中心：构建可靠、稳定、安全的硬件环境和政务信息资源目录体系，形成数据仓库，提供智能化决策的基础支持。

2. 数据交换共享平台和应用支撑平台：解决数据库之间的数据共享，各应用系统之间的数据交换。应用支撑平台由WEB应用服务器、数据交换、内容管理、数据仓库、联机分析处理（OLAP）和轻量级目录访问协议（LDAP）等中间件技术紧密结合构成，形成高效、可靠的应用支撑环境。

3. 公共应用系统：外网网站；政务信息交换；外网办公支撑（邮件和网络传真、即时通信和短信、知识培训）；IP/TV网络电视和视频点播。

（二）应用系统功能

1. 外网网站：面向公务人员的窗口，提供业务办公支撑服务，是集信息发布、数据共享、公共应用、业务支撑服务、工作交流为一体的信息化系统平台。功能如下：

（1）用户统一目录服务器管理；实名制单点登陆；经授权后，分权限浏览信息。

（2）提供公务员范文、常用软件下载和涵盖90年代以来经济各个领域、容量超过100万条的20个经济数据库群，提供专家智囊、国际经验、国家相关政策法规、宏观形势等数十个方面的"有效"决策支持参考信息。

（3）为省直厅局委办和各省辖市提供个性化展现空间。

（4）为省直厅局委办和各省辖市提供与领导间的信息快速通道（只有指定领导可以浏览）。

（5）提供统一稳定的应用支撑组件，使业务应用系统之间有许多技术共性，易于形成互联互通、集成化的应用系统环境，降低业务应用系统在应用支撑层软件的投资。

（6）提供公务人员个人展现平台（论坛和博客）。

2. 邮箱和网络传真：河南外网邮件系统不但具备通常邮件系统对邮件的管理功能，还具有如下特点：多种邮件系统页面风格；网络传真；日程安排；搜索邮件；共享地址簿；按主域和子域分级管理和使用；邮件服务器与外网存储系统连接（速度快、安全、大小方便控制）。

3. 即时通信和短信：是一个类似MSN和QQ的实时通信平台，适用于各政务部门内部和政务部门之间的沟通和联系，特点为：即时消息发送（视频和语音）；短信发送和回复；文件传输和白板；网络会议和分组讨论；按组织结构查询人员。

4. IP/TV系统：提供实时的视频节目、直播回顾、各种视频点播等功能。

5. 知识培训：全省公务人员能超越时间、空间等限制进行网络在线学习、培训及考试。功能：参加指定培训；训练和考试；学习和网上闯关竞赛；领导分级随时查询考试情况；单位能建立和管理自己的知识培训系统（培训、考试、学习、竞赛）。

6. 政务信息交换：实现各单位非涉密政务信息（公文）按照统一标准、统一规范进行收、发和管理的网络传输和交换。

【效果和作用】

河南外网实现全省统一的网络平台，避免了重复建设。与国家外网形成安全的业务

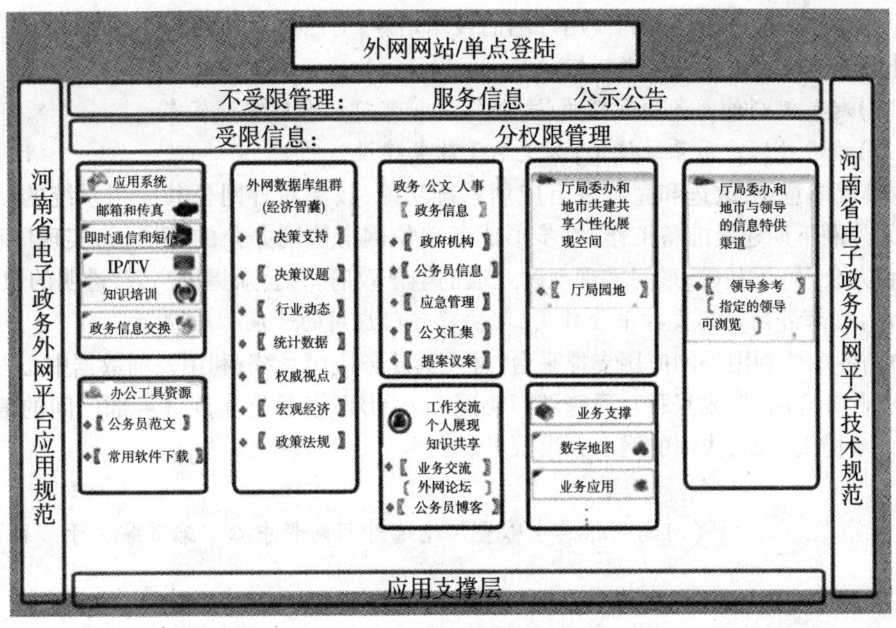

河南外网网站栏目示意图

通道，达到各单位横向互联。统一互联网出口，减少了各单位上网费用；通过外网网站和应用系统对公务人员工作的有力支撑，形成辅助决策能力，提高了行政效率和决策科学性；各单位利用外网统一、稳定的应用支撑中间件和组件，能快速、高效开发各自业务应用系统，节约开发费用、简化开发步骤，易于形成联动的集成化应用系统环境和跨平台系统间互联互通；外网具有高质量、安全可靠的互联网数据中心(IDC)作用，示意如下：

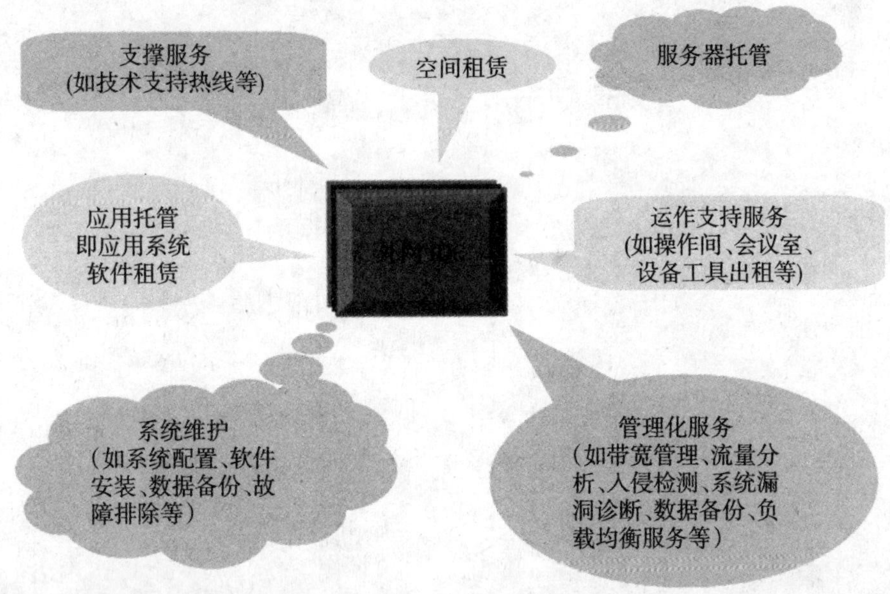

【2007 年重点任务】

(一)加快外网接入工作，促进互联互通

按国家外网要求完成国家外网承载的河南省对应厅局委办的接入；对还没有接入的

省直厅局委办分批进行接入和使用外网的技术培训;对已建好外网的省辖市试点接入;对没建外网的地市提供建设技术指导。

(二)起草河南外网各项管理办法,并经主管部门批准后宣传落实

(三)推进外网应用系统使用,加快电子政务建设

收集反馈意见,改进和完善现有应用系统功能;收集对外网公共应用系统的新增需求,做好外网下期建设准备工作;逐步形成各单位网上协同办公的环境,为实现"前台受理,后台办公"打下基础;最终实现互联互通的电子政府,为公众提供高效、透明的服务。

(四)发挥外网应用支撑平台作用,加快跨部门应用的开展

协助各单位利用外网应用支撑平台,开发其业务应用系统;利用外网数据中心逐步整合、集成业务应用,形成互联互通跨部门协同办公的环境;最终实现政府部门间的信息共享,为公众提供全面、快捷的网上办事服务。

(河南省信息中心暨河南省外网网管中心　宋苏宇　于　颖)

河南省金盾工程建设概况

【金盾工程概述】

金盾工程即公安信息化建设工程。经过几年的建设,河南省公安系统的信息化水平有了很大提高,金盾工程各应用系统逐步部署并展开应用。

【金盾工程重点项目建设情况】

由于多种原因,全省公安信息化基础建设相对薄弱,随着信息化应用的开展,这一矛盾日渐突出,形成了影响和制约全省公安信息化发展的"瓶颈"。

2006年,公安厅党委将信息化建设作为全省基层基础建设十项重点工作之首,强力推进信息化基础建设。全省各级公安机关抢抓机遇,投入2.6亿多元资金,全面开展建设工作,完成了一大批信息化基础建设重点项目,初步破除了影响和制约全省公安信息化发展的"瓶颈"。

(一)公安信息通信网络建设实现新的突破

一是按期完成了全省公安信息二级网扩容改造工程。省厅到18个省辖市公安局网络带宽全部由8兆提高到155兆(郑州市1 000兆),彻底打破了制约全省公安信息化发展的网络瓶颈。二是全部完成了公安信息三级网提速改造工程。全省有17个省辖市三级网带宽达到100兆以上。三是接入网保持动态覆盖所有基层警务单位。全省基层警务单位接入公安网数量达到6 500余个,比上一年增加1 300余个。四是局域网建设不断完善。省公安高等专科学校、洛阳警校、郑州铁路警官高等专科学校、郑州地方铁路公安局等单位100兆接入公安厅局域网工作顺利完成,全省森林、地方铁路公安机关和开封警校接入公安网工作正在紧张进行。五是公安厅接入省电子政务外网(互联网)的相关工作全部完成。

(二)省、市两级公安信息中心运行平台如期建成

2006年6月,根据《河南省"金盾工程"建设总体设计方案》、《"金盾工程"一期建设任务和要求》和公安部《关于印发〈公安信息中心技术建设总体框架〉的通知》等文件精神,省厅信息通信处印发《河南省公安信息中心技术建设总体框架》,正式启动了省、市两级公安信息中心技术建设。经过全省公安机关的艰苦努力,总投资约5 500多万元的信息应用系统运行平台全部按期建成,为今后公安信息资源的集中整合、开发利用,以及应用系统的运行管理奠定了良好的基础。

（三）公安信息资源库和业务信息应用系统建设基本完成

一是进行了枪支管理信息系统、民爆信息系统、旅馆业信息系统、未知名尸体和失踪人员信息系统、重大刑事案件信息系统、在逃人员信息系统、被装管理信息系统、国有资产管理系统、装备财务统计分析系统、信访信息管理系统的建设和禁毒信息管理系统的升级改造工作。二是完成了信息资源库建设，公安综合信息查询系统的数据抽取和业务系统挂接进展顺利。综合信息查询系统已完成和八大资源库及禁毒系统、旅馆业系统、出入境系统、印章业系统的业务挂接和数据抽取工作。三是基本完成了移动查询系统的安全改造工作。

（四）大力加强信息安全体系基础设施建设

一是顺利完成省厅 PKI/PMI 系统的升级工作。二是顺利完成全省网络防病毒系统建设工作。18 个省辖市均已建成本级网络防病毒系统，其中，安阳、平顶山等 11 个单位和省厅联网，全省网络防病毒软件安装覆盖率达 98%。三是进一步加强"一机两用"安全监管，顺利完成补丁管理系统建设任务。四是超额完成数字证书制发任务。至 2006 年底，全省累计制发数字证书 50 000 余张，发放率 59%，使用率 72. 36%。提前完成公安部下达的证书发放任务。

【安全管理和培训工作】

（一）安全管理工作

为进一步加强信息安全管理，省厅先后下发了《关于进一步加强公安信息网安全管理，严厉查处网上违规行为的通知》、《关于加强查处违禁网站工作的通知》和《河南省公安机关非警务人员使用公安信息网管理工作暂行规定》等一系列文件，加大了管理、查处力度。2006 年，全省共发现并查处违禁网站 23 起，"一机两用"（指公安机关使用的计算机及网络设备同时连接公安信息网和国际互联网等其他外部网络，也包括断开公安信息网后接入国际互联网或其他外部网络）违规事件 101 起，处理相关责任人 130 余人，有效地防止了信息安全案、事件的发生。

（二）培训工作

在加强基础建设的同时，全省各级公安机关全面加强信息化应用技能培训，着力提高民警信息化应用水平。省厅先后派出三批人员外出学习先进省市经验；派人参加了公安部组织的 CCNP 培训班，并顺利考取 CCNP 证书；先后举办了两期网络安全员培训班和一期思科初级网络工程师（CCNA）培训班。各省辖市、县级公安机关也都结合本地实际、结合系统应用情况，全面地、有针对性地开展了各种层次、形式多样的培训工作，有效提高了民警的信息化应用技能和水平，促进了全省公安信息化的发展。

【存在的问题及 2007 年工作重点】

虽然取得了很大成效，但面对新形势、新任务，全省公安信息化工作还存在一些问题亟待解决。一是信息化专业技术人才普遍匮乏，很难适应公安信息化建设和今后信息化应用的需要。二是"金盾工程"建设经费投入不足，地区差异较大，严重制约信息化基础建设水平的进一步提高。三是信息化应用水平偏低。四是"一机两用"等网上违规事件时有发生，严重影响公安信息网及网上信息的安全运行。

2007 年是全省公安系统的"信息应用年"，全省公安部门信息化工作的重点是在完成各项建设任务、完善各个系统功能的基础上，全面推进信息化应用，提高信息化应用水平。

（河南省公安厅）

河南省发改委电子政务工程建设概况

【工程建设】

国家发改委系统纵向网既是全国发改委系统信息化建设的专用网络,又是国家电子政务建设的样板工程。随着该工程的建设进展,河南省发改委完成了纵向网工程的河南省省级工程建设,实现了与国家发改委以及全国47个省(自治区、直辖市)、计划单列市、副省级省会城市以及新疆生产建设兵团的网络联通,实现了数据交换、视频会议和IP电话三大功能。

【应用效果】

数据交换平台使许多业务工作实现了网上运行。随着电子政务建设的进一步深化,信息资源开发利用和信息共享的迫切要求,纵向网的利用范围将会更加广泛。发改委的许多业务都将在纵向网上运行。目前实现了计划的网上上报、配额的网上申报,河南省发改委内部实现了网上审批。物价系统也已全面接入纵向网,作为国家宏观调控的重要部门——物价部门,将依托纵向网的纵向延伸功能和网络优势,发挥更有效的管理监督作用。应用系统采用了TRS信息发布和检索系统作为整个系统数据和检索的核心。结合TRS关系数据库检索引擎和TRS电子出版数据处理工具可以做到检索一切数据源,实现了对本站点以及网内所有48个站点的检索功能,同时系统提供了系统级、数据库级、记录级和字段级四级安全控制机制,确保了信息的多重安全,实现了河南省发改委与国家发改委相应司局和其他省市发改委的信息交流和共享。

IP电话方便了沟通,又节省了大量的通信费用。

视频会议系统是纵向网的重要组成部分,实现了和全国发改委系统内的一点对多点或点对点的视频会议。纵向网视频会议系统开通后,省领导、发改委及相关部门领导累计参加全国性的电视电话会议近百次,既有接受党中央、国务院重大战略部署的会议,也有接受落实系统经济工作的会议,还有专业性工作会议以及应对临时性突发事件的紧急会议,都取得了良好效果。该系统为河南省接受党中央、国务院政令并快速反应发挥了不可替代的重要作用,同时也节省了可观的相应经费,发挥了很好的政治经济效益。

由于视频会议系统本身基于单网络、单线路、单终端的环境,鉴于一期技术方案的条件制约,无法确保会议万无一失,另外管理有待加强。随着形势的发展,国家发展改革委利用视频会议系统召开会议日益频繁,为贯彻落实国家发展改革委领导关于视频会议系统保障工作必须做到“万无一失”的要求，国家信息中心对视频系统存在的问题进行了认真分析和研究，提出了全面加强视频会议系统保障的各项措施和解决方案。河南省发改委针对视频会议系统存在的薄弱环节，通过加强管理措施和增强技术手段，进行线路备份和设备备份，全面改进和完善了系统，增强了视频会议系统的可靠性和可用性。

【存在的主要问题】

资金保障是我们的较薄弱环节，近几年，河南省发改委在电子政务建设和运行维护方面，除河南经济运行监测预警调度平台外，基本没有投入资金，因此也给河南省发改委的电子政务建设带来了一定的影响，成为河南省发改委电子政务建设和应用的制约因素。

重视、认识程度不到位，没有将工程建设作为对政府部门管理进行持续改造、使管理发生深刻变化、适应全球化对政府部门管理的挑战、将电子政务建设作为工作的重中之重来抓；应以电子政务为突破口，以提高工作效能为核心，强调利用信息化手段加强政府的有效管理，使各项工作更加严密、有效，服务更加便捷、高效。

需要进一步建立严谨的制度、完善的机制，为电子政务系统建设提供有力的体制保障。为使河南省发改委系统最大限度地实行政务信息公开、行政审批网络化、内部办公电子化，有效地利用办公网络，应结合国家和省政府提出的要求，出台行之有效的网络运行管理办法和网络应用情况评比制度，为系统的良好运行提供强有力的制度保障，促进网络的良性运行。

【2007 年重点任务及远期发展规划】

（一）建立健全网络运行的管理体制

1. 河南省发改委电子政务建设领导小组办公室，加强领导，使系统建设有组织保障，稳步实施。

2. 提高各部门对电子政务建设和网络运行工作的认识，要充分认识到系统建设不仅是转变政府职能、提高各部门行政效能、全面推进政务公开、规范机关依法行政、廉洁从政的需要，更是工作方式、工作内容、工作手段和运行机制的变革和创新，是建设高效廉洁政府部门的需要和标志。因此，各部门必须以局部利益服从整体和大局利益，无条件地按照建设电子政务系统的需要，配合做好相关工作。

（二）对河南省发改委系统“十一五”期间电子政务建设进行全面整体规划

1. 对河南省发改委系统“十一五”期间电子政务建设进行全面整体规划，分步实施，稳妥推进，逐步建成涵盖所有行政许可事项、非许可类审批事项以及部分面对公众的行政机关服务项目。

2. 整合现有网络资源，避免重复投资，实现实际业务工作与电子政务工作的有效结合，实现对系统内多种业务数据以及分析结果数据的集中存储、备份和管理，真正实现平台整合资源、共享数据。

（三）加大建设资金投入，实现省、市、县三级网络的互联互通

争取将河南省发改委系统“十一五”期间电子政务建设内容立项，落实“十一五”期间电子政务建设资金，实现省、市、县三级发改委网络的互联互通和应用系统的建设，加紧行

政许可事项、非许可类审批事项、企业投资备案、投资管理、重点建设项目管理等业务应用系统的开发，有效地促进办事效率的提高，进一步改善为民服务的质量和效率。

（河南省信息中心　周永君）

河南省宏观经济数据库建设概况

河南省宏观经济数据库是河南省信息化建设的重点项目,是河南省基础数据库之一。2004年10月,由河南省发展和改革委员会牵头,组织多名专家学者,对《河南省宏观经济数据库建设项目一期工程可行性研究报告》进行了可行性论证并一致通过,确定由省统计局牵头开发建设宏观经济数据库一期工程。

【工程基本概况】

一期工程项目主要建设内容是:宏观经济元数据库管理系统、统计信息库管理系统、统计信息采集与部门间宏观经济信息交换平台、宏观经济信息发布查询系统、宏观经济数据库安全保障体系、数据中心针对项目需要对现有机房的更新改造等六项内容。总投资969万元。计划四年(2003—2007年)完成。

【项目进展情况】

该项目自建设以来,共开展项目为:

(一)宏观经济元数据库管理系统

开展了宏观经济标准体系的整理与建库工作。根据统计制度整理完善了元数据库指标体系,指标达到4 260个,分类达到9 975个,涵盖统计专业包括国民经济核算、农林牧渔业、工业、交通运输、能源、批发零售贸易、餐饮业、固定资产投资、建筑业、房地产业、服务业、科技、劳动、金融、保险、对外经济等。

(二)统计信息库管理系统

主要进行了宏观统计数据库的建设。截至2006年年底,共完成以下七个方面的数据加载任务:

1. 1997—2006年年度河南统计年鉴口径数据;

2. 河南统计50年资料汇编(1949—1999)全省篇、地市篇以及县级篇数据;

3. 新中国55年统计资料汇编(1999—2004)全国卷及31个省(自治区、直辖市)篇数据;

4. 河南省第一次农业普查(1997年)资料汇编数据;

5. 河南省第五次人口普查(2000年)资料汇编数据;

6. 全国第一次经济普查(2004年)资料汇编数据和河南省第一次经济普查(2004年)资料汇编数据;

7. 2006 年统计业务进度数据。

以上数据累计达 500 万笔。

（三）统计信息采集与部门间宏观经济信息交换平台

统计系统内部实现了贸易外经、综合、建筑业、劳动工资专业、能源专业在信息采集平台上的正常运行。重点企业集团、资质等级为特级的建筑企业实现了联网直报。社会统计、金融保险统计与部分厅局通过该平台实现了数据交换。

（四）宏观经济信息发布查询系统

宏观统计数据库系统本身的查询系统主要针对统计系统的专业人员，为解决对部门、对社会的查询，需要重新开发。目前，对信息发布查询系统进行了初步论证，并设计了宏观统计数据库发布查询系统第一版，目前正在进一步修改完善。

（五）宏观经济数据库安全保障体系

配备了防火墙、网络设备、机房专用消防系统及病毒防治、补丁分发等安全系统，增强了网络的安全性、稳定性。

（六）数据中心针对项目需要对现有机房的更新改造

完成了宏观经济数据库中心机房的更新改造。

该项目累计完成投资 564. 82 万元。

【项目执行情况】

（一）项目单位对审批建设内容的履行情况

根据本项目整体进度安排，年初制定年度工作计划，经充分论证后报局党组批准。每个具体项目由具体承建单位提出建设理由、建设目标，经建设办公室充分研究、论证后批准执行。

（二）服务、设备和软件招标采购情况

完全按照政府采购规定，严格采购审批程序，严格公开招标、竞标或到政府采购定点单位购买设备。

（三）装备与服务的国产化情况

一期工程装备的采购指导思想是“国产优先、省内优先”，目前已经实施的全部为国产化产品，服务商基本是省内公司。

【项目目前已发挥的效益与存在的主要问题】

（一）效益

通过实施宏观经济数据库一期工程，项目效益逐步显现。一是通过实施标准体系的建设，规范了经济与社会的指标与分类，为建设宏观经济数据库打下了基础；二是通过数据采集处理与交换平台的建设，不但规范了统计数据采集与处理流程，提高了统计工作效率与数据质量，减轻了基层统计工作负担，而且加强了与部门之间的数据交换；三是通过实施宏观统计数据库建设，不但将省级统计数据及国家、省辖市、县（市、区）部分主要统计数据实现了大集中，增强了数据的安全性，而且为下一步宏观经济数据库建设及深层次开发利用宏观统计数据打下了基础；四是通过宏观经济信息发布查询系统的实施，宏观统计数据将在更大范围为党政领导、社会公众提供更好的服务；五是通过实施网络与机房改造及网络安全、网络管理等基础建设，网络运行质量、数据安全性、可管理性等得到提高，确保了以上所实施应用项目的可靠运行。

(二)问题

历史数据收集难度较大,常规业务工作与项目建设任务工作量大,存在矛盾,个别项目的开展存在不同程度的滞后。

目前,河南省统计局正在努力克服困难,有计划地积极推进项目进程,力争按计划顺利完成河南省宏观经济数据库一期工程建设任务。

(河南省统计局计算中心　田少勇)

河南省经济运行监测预警调度体系建设概况

【项目建设背景】

随着我国社会主义市场经济体制的不断发展和完善，工业经济增长和政府管理经济的方式正逐步发生深刻的变化，市场对资源配置的基础性作用不断增强，市场机制渐渐成为企业决策的最终决定性因素，政府对企业生产经营的直接干预将大幅度减少，代之以宏观调控、秩序规范和引导服务，政府调控市场，市场调控企业的新的经济运行机制正在形成。工业经济运行受外界因素和环境的影响愈来愈大，经济运行的不确定、不规则和突发性因素增多，规律愈加复杂和难以把握。在这种情况下，进一步加强经济监测分析工作，密切关注国内外形势变化，正确把握全省经济运行变化的趋势和经济指标内在的量的规律性，对倾向性、苗头性的经济变化及时进行监测就显得非常必要。

【建设的目标】

要把体系建设成为规划科学、反应灵敏、功能齐全、装备先进，并在全省建立具有权威性的工业运行分析监测、预测预警、协调调度指挥体系。成为工业经济运行的瞭望塔、晴雨表、警报器和调度指挥快速反应中心。并发挥导向作用，为地方和企业发展提供导向作用。

【体系的主要功能】

运用现代化的信息处理手段，借助于网络技术和有关数学模型，用于综合分析和预测河南省工业经济发展的短期(动态)及近期(年度)宏观走势。系统采用定性分析与定量分析相结合、宏观与微观相结合、当期分析与预测预警相结合的方法，加强对全省工业经济运行全过程的动态监控分析，准确判断工业经济运行现状和存在的主要问题；通过影响工业经济运行的各种相关因素分析，借助于先进的经济分析预测模型和计算机软件，对近期发展趋势进行分析，及时发现倾向性和苗头性的问题，把握走势，提供有价值的、针对性强的信息和措施建议。建立工业经济运行的快速反应机制，对于工业经济运行中出现的问题，及早发现、及早处理，提高运行调控有效性和及时性。实现从事后、具体、被动的分析向超前、主动和战略性分析转变，从而及时为决策和政策的制定提供依据，为企业发展提供信息指导，为经济运行调控赢得更多的主动权。

（一）数据采集和管理功能

数据采集是整个系统运行的基础，是系统成败的关键。

本系统将通过整合信息采集渠道，强化河南省工业经济运行信息的采集监测报告制度，在系统内建立统一、完善的信息收集体系。

同时，在国家电子政务和"金宏工程"信息标准体系内，与上级部门、相关经济管理部门建立信息交换和共享机制，获取相关经济信息，供信息分析和预测预警使用。

根据采集的数据类型对数据进行分类和汇总，并以相应的数据模式建立数据库。通过数据仓库技术，实现对数据库的更新和挖掘。

（二）动态监测功能

主要功能：数据库和数据文件管理、对时间序列进行季节调整、计算经济周期波动转折点、景气指标选择、计算扩散景气指数、计算合成景气指数、绘制指标曲线图。

以统计部门发布的全省主要行业生产和效益统计指标为基础，结合分析国际国内行业发展趋势和专题调研等活动，通过行业分类汇总分析，对全省重点行业运行动态进行监控，首先按行业大类进行监控，对全省各主要行业经济运行状况和发展趋势进行动态监测分析，在此基础上，逐步提高监测分析的尝试，发展到对在全省占有主导地位的重点产品，如石油、煤炭、电力、钢材、烟草、电解铝、化肥、棉纺等产品生产企业的监测分析上，准确把握各重点行业的生产经营总体情况、市场供求形势及主要产品市场价格趋势。在为宏观决策提供依据的同时，发挥导向作用，为企业发展提供信息引导。

（三）经济运行预测预警

建立工业经济运行预测模型，对主要经济指标进行滚动预测，及时发布预警信号；能够准确判断工业经济运行动态趋势，对可能出现的问题发出预警信号。主要有：运行趋势判断，经济运行月度、季度、年度滚动预测，预警信号发布，行业发展预测预警，相关因素分析，生产要素供求，价格市场变动预测，经济政策影响预测，经济政策模拟等。并提供常用的统计分析表格和工具，以便对宏观经济运行现状、总量和结构进行深入的分析。

（四）调度指挥功能

建立工业经济运行调度中心，作为整个体系的平台。一是实现煤电油运的日常监测和指挥调度。主要煤炭生产企业、电力企业、运输部门、成品油供应企业，对煤电油运，实行监控。对出现的问题，通过快速信息通道，实现协调调度。二是应急物资的指挥调度。紧急情况下，通过与部门、省辖市、重要物资储备部门和应急物资生产企业的快速信息通道，实现应急协调调度。

（五）工业经济运行监测

把握河南省工业经济的发展态势和波动规律，全面、准确、及时地获取河南省工业经济运行状态、地区差异、未来走势，以及经济景气动向的观测分析资料等信息，为经济管理部门和研究机构进行宏观经济分析、景气循环测定和预测提供工具，为各级政府用户和社会用户提供经深加工的分析预测产品。主要有：国际、国内工业经济运行及地区工业经济发展、河南省工业化进程监测、河南省工业经济运行状况、省内区域工业经济发展、主要行业运行状况、重点企业运行状况、工业经济相关因素供求状况等。

(六)固定资产投资监测

对河南省固定资产投资情况进行动态监控,把握投资增长趋势,分析投资增长情况、地区和行业构成、资金来源等有关情况。分析投资变化对经济运行当期和未来造成的影响等。

(七)价格监测

对全省价格变动情况进行监测。监测指标主要有:居民消费价格指数、工业品出厂价格指数、能源原材料购进价格指数、重点产品价格情况等等。

(八)信息发布功能

为河南省各级行政管理部门提供工作信息流转平台,为政府决策提供支持。同时发挥信息的导向作用,方便与企业、公众交流信息,实现管理部门与企业、公众的信息互动。面向社会提供权威的信息服务,通过发布权威信息达到对生产和市场经营行为进行引导的目的,提高政府部门的社会服务能力。

【技术路线】

(一)J2EE 技术

J2EE 是 Java 2 Enterprise Edition 的简称。它是与实现企业级应用有关的各种技术规范的集合。

J2EE 中所涉及的各种技术规范简单解释如下:

EJB:企业级 Java 组件,能够封装复杂的业务逻辑,并在整个系统范围内重用,支持远程调用和集群;

JDBC:提供 Java 程序访问数据库的标准接口;

Servlet:支持动态地生成 html 页面,用于基于浏览器的应用开发;

JSP:能够通过混合编写 Java 和 html 脚本,动态地生成 html 页面,比编写 Servlet 的开发效率更高;

JMS:Java 消息服务,支持可靠的点对点、发布/订阅方式的消息传输。

(二)Web 服务技术

Web 服务(Web Service)是一种分布式的计算技术,在 Internet 或者 Intranet 上通过标准的 XML 协议和信息格式来发布和访问商业应用服务。

使用 Web 服务,可以在 Web 站点放置可编程的元素,发布能满足特定功能的在线应用服务,其他组织可以通过 Internet 来访问并使用这种在线服务。

Web 服务使用的是开放的 Internet 标准:Web 服务描述语言(WSDL,用于服务描述),统一描述、发现和集成规范(UDDI,用于服务的发布和集成),简单对象访问协议(SOAP,用于服务调用)。

(三)XML 技术

XML 作为一种元语言,能够在数据中包含有关数据的信息,使应用程序能够理解并处理来自其他系统的数据。这就消除从一种应用程序的私有格式到另一种格式的大量数据转换工作,且不需要定制接口编程工作。

XML 的另一大功能是可为特定的应用定义词汇(vocabulary),例如各种工业、组织或应用程序的词汇。为方便它们之间的转换,XML 标准中提供相应的工具,如:可扩展样式表语言转换(Extensible Stylesheet Language Transformations,简称 ESLT)。这些样式表可将一种文档结构方便地转换成另一种文档结构。

(四)中间件技术

随着计算机技术的飞速发展,各种各样的应用软件需要在各种平台之间进行移植,或者一个平台需要支持多种应用软件和管理多种应用系统,软、硬件平台和应用系统之间需要可靠和高效的数据传递或转换,使系统的协同性得以保证。

比较流行的中间件的定义是:中间件是一种独立的系统软件或服务程序,分布式应用软件借助这种软件在不同的技术之间共享资源。中间件位于客户机/服务器的操作系统之上,管理计算资源和网络通信。

(河南省信息中心　梁益民　于　颖)

河南省防汛抗旱指挥系统
一期工程建设概况

国家防汛指挥系统工程是“金水工程”的重要组成部分和骨干工程,是“金水工程”先期启动的重点建设项目。总目标是在“金水工程”基础设施的支撑下通过系统建设为各级防汛抗旱部门及时地提供各类防汛抗旱信息,较准确地做出雨情、水情和旱情的预测预报,为防汛抗旱调度决策和指挥抢险救灾提供有力的技术支持和科学依据。

河南省于 2003 年 9 月成立了“河南省国家防汛抗旱指挥系统工程项目建设办公室”,作为二级法人,负责全省项目建设管理工作。2003 年 10 月省项目办组织有关单位编制完成《河南省国家防汛抗旱指挥系统工程初步设计报告》,并上报部项目办。2005 年 5 月,水利部批准了《国家防汛抗旱指挥系统一期工程初步设计报告》,并同时批准国家防汛抗旱指挥系统一期工程正式开工建设。在国家一期工程建设中,河南省是 11 个重点建设省份之一。主要建设内容包括:建成 11 个水情分中心,207 个中央报汛站;连通水利部、省水利厅、11 个水情分中心之间的计算机网络系统;建成中央及省管防洪工程防洪预报系统及防汛业务信息管理系统。

截至目前全省已完成的工程项目有驻马店水情示范区建设,连接水利部和河南省防汛抗旱指挥部的计算机骨干网建设和异地会商视频会议系统建设,正在建设和准备实施的项目有河南省水情信息采集系统建设(又称河南省水情分中心建设)、河南省水情中心网络应急建设、河南省水情和工情中心建设以及省计算机网络管理系统建设。河南省水情信息采集系统将在年底前全部建成。

系统建成后,20 分钟内即可自动收集完成全省水雨情信息,为防汛抗旱决策提供快速准确的科学依据。

(河南省水利厅信息中心　王继新　王　骏)

全国信访信息系统河南工程建设概况

信访信息系统建设是由国家信访局按照有关文件精神要求和相关领导指示，统一规划、整体安排的系统网络工程。河南省是一期工程建设的20个省、自治区、直辖市之一。在省委、省政府关心重视下，在省发改委、省财政厅等兄弟单位的支持下，全国信访信息系统一期河南工程于2006年8月份正式立项，可行性研究报告于9月19日通过了省发改委的审核，核定项目总投资为851万元。

【工程进展基本情况】

（一）建设主要进展

截至目前项目建设进展顺利，已完成投资770万元，建设内容有：

1. 完成了省内网络联通工作。

目前，全省18个省辖市信访局和164个县（市、区）信访局均已通过政府办公业务资源网和省数据中心联通，并且均采用的是10M光纤连接。

2. 初步完成了省信访数据中心建设

一是机房装修，包括UPS电源、防雷、消防等。二是硬件采购，数据中心共采购了16台IBM服务器，其中满配的IBMx3850有4台，为信访综合业务和数据库服务双机，满配的IBMx346有6台，为分析预测、督察督办及专网网站的双机，IBMx306有6台，为网络管理及防病毒使用。三是采购了IBM DS4300磁盘阵列和IBM TS3582磁带库。四是采购了思科的高端网络设备。接入路由器采用的是Cisco的7206，核心交换采用的是Cisco6506，汇聚交换采用的是Cisco3750。五是部署安装了红旗Linux5.0、Windows Server 2003企业版、红旗HA软件、中软应用支撑平台、ORACLE10G数据库、交换数据库、BEA Webloggic应用中间件、Veritas Netbackup 6.0备份软件、TRS全文检索软件、法律法规库、防病毒软件等软件。六是铺设了带宽为100M的政府专网和10M互联网。

3. 完成了信访信息系统的安装部署工作。

省局于3月18日完成信访业务初始化及部署工作后，分三批对全省18个省辖市进行了初始化及系统部署技术培训。目前，18个省辖市信访局和全省164个县（市、区）信访局已完成系统安装部署。

4. 完成了客户端电脑更新工作。

由于信访局老办公电脑大多为2001年采购的TCL电脑，CPU为P41.4G，内存为128M，不能满足新信息系统最低客户端要求。遂分两批采购了90台联想启天6300商用电脑。

5. 基本完成了信访历史数据迁移工作。

通过老信息系统开发单位伟盟公司和新信息系统开发单位中软公司通力合作,基本完成了从1999年至2007年4月计397 771条历史数据迁移工作。

6. 完成部分信访干部培训工作。

我们于2007年1月初与清华万博网络服务有限公司签订了培训合同。2007年1月7日至1月28日,租用高校电教室,分三批对省、市、县三级有关信访干部进行了业务培训,省辖市信访局派出5名业务骨干和技术人员,每个县(市、区)信访局派出两名业务骨干和技术人员参加培训。全省共431名信访干部参加了培训工作。

(二)项目应用情况

省信访数据中心于2006年12月31日建成,并与国家信访局数据中心互联互通,完成国家信访局第一阶段目标。省信访局已于2007年5月20日正式启用了新的信访信息系统。18个省辖市信访局也已于2007年6月1日正式启用了新的信访信息系统,164个县(市、区)信访局系统已完成系统初始化并部署完毕,2007年7月1日正式启用。初步达到预期目标。

全国信访信息系统软件由国家局开发,全省所有信访事项的处理都要在系统中进行,目前实现了:

1. 信访部门内部及部门之间的协同办公,规范工作行为;

2. 信访数据共享,大量减少信访事项重复登记,重复办理,提高工作效率和质量;

3. 对重点案件实行全程跟踪,推动信访问题得到解决;

4. 分析预测系统充分利用信访信息资源,开展综合分析,为各级领导同志科学决策提供参考。

(三)项目建设效果

项目建设将直接产生以下社会效益:

1. 进一步畅通河南省信访渠道,加快各级信访工作信息流的传递周期,为群众在当地提出信访事项,查询信访事项处理情况提供快捷、便利的信息化手段;

2. 为河南省各级党委、政府和领导同志及时掌握信访情况、解决信访问题、指导信访工作提供服务;

3. 进一步促进信访工作的公开透明,接受群众监督,强化行政机关和信访工作机构的责任;

4. 有利于对信访业务流程和管理方式进行调整和再造,促进信访工作规范化、统一化、科学化,提高信访工作的质量和效率。

项目建设将直接产生以下经济效益:

近几年来群众信访总量持续上升。2005年,河南省县以上党政信访部门共受理群众来信来访约24万件(批次),其中,受理群众来信8.5万多件,接待个人上访约10万批、14万多人,接待集体上访约2.4万批、4万多人,受理电子信访事项约3万件,河南省各地各部门在接访中投入了大量的人力、物力、财力。河南省信访信息系统建成后,可以在一定程度上减少群众越级上访量,减少群众上访的旅途成本。按照信息流转由6小时缩短为

1 小时的预期效率计算，可以节约群众及受理机构的时间为 5/6，大大提高了各级信访受理机构的工作效率。

【项目建设主要存在的问题】

项目建设中主要存在三个方面问题：一是个别地方项目投入不足。由于对项目建设的重要性和意义认识不足，个别地方不能去积极主动争取资金，工作被动，或降低项目建设标准，造成项目投入不足，影响了项目在全省的进展；二是技术人员不足，缺少一支既懂信息技术、又懂信访业务工作的技术骨干队伍；三是培训工作还没有完全跟上。目前信访工作机构的工作人员操作计算机及办公设备的技能还不高，计算机基本知识还不完全了解，计算机基本操作还不能完全掌握。

【2007 年重点任务及远期发展规划】

（一）2007 年重点任务

1. 继续深化全国信访信息系统应用。

信访信息系统建设是信访工作管理方式的一场变革，是信访工作理念、手段、方式的一次创新，是一项复杂的系统工程，涉及面广、要求标准高，因此，在 2007 年重点任务是抓推广、抓深化、抓应用。一是健全信访信息系统建设领导小组和专门的工作机构。二是做好资金保障，确保资金投入，满足信息化建设需要。要预留部分资金，在信访信息系统后期工程中使用。三是做好硬件保障。要严格按照《信访信息系统一期工程市、县两级信访部门软硬件配置指南》文件中要求，淘汰不合格硬件配置，根据自己资金、网络环境等条件，购置较高配置硬件。

在应用中完善信访信息系统。信访信息系统软件经国家信访局紧张开发、测试、完善，时间紧、任务重，使应用软件本身不够完善，出现了功能不够完善、流程繁琐、不能灵活配置功能等缺陷。要做好以下三个方面工作：一是明确应用重点，保证领导能用、群众会用、工作人员用好。二是健全和完善符合应用系统要求的业务工作机制，推动业务工作的整合和优化，借助系统的功能作用，破解信访工作难题。三是抓应用促完善。使用中，要注意发挥好人的主观能动性，通过人工辅助的方式，弥补应用软件个别功能的不到位，要注意收集意见，及时向上级信访部门反馈，以促进软件的完善。

2. 进一步推动互联互通。

根据全国信访信息系统二期工程规划，河南省 2008 年要实现各级信访工作机构和有权处理信访问题的行政机关的互联互通，其中，省级要在 2007 年底实现联通，市级要在 2008 年 6 月前实现联通，县级要在 2008 年底实现联通。

3. 完善监权服务、加密解密系统、电子签章等功能。

（二）项目远期发展规划

按照国家信访局统一规划要求，在全国信访信息系统一期工程结束后将转入二期工程中。在二期工程中将进一步扩大、深化信访信息系统的应用，深入挖掘信访数据利用潜力，使信访信息系统能够充分地提高工作效率，方便群众信访活动，畅通信访渠道，为领导科学决策、指导信访工作提供服务。

（河南省信访局　陶成军）

四、产业发展篇

河南省软件产业发展现状

在省委、省政府的正确领导下，在信息产业部的部署和指导下，河南省软件产业作为信息产业的重要组成部分，得到较快的发展，其销售收入自2000年起，已连续6年实现了50%以上的增长速度，保持了较快的发展态势。在贯彻省委、省政府的指导思想，实现中原崛起，促进河南省经济增长方式的根本性转变过程中，软件产业发挥了积极的作用。

【概述】

截至2006年底，河南省共认定软件企业247家，登记软件产品685件；系统集成企业74家。其中，国家重点软件企业2家、国家火炬计划软件企业4家。

全省共有4个软件园：一个国家级火炬计划软件产业基地（中部软件园，包括国家863中部软件孵化器）、两个省级火炬计划软件产业基地（河南省软件园和洛阳软件园），以及正在扩建中的郑州软件园（河南科技市场）。

全省软件从业人员达2多万人。其中，软件企业从业人员超过1 000人的1家、超过300人的7家、超过100人的28家。

（一）软件产业已成为河南省发展最快的产业之一

2006年，省信息产业厅对163家进入信息产业部统计范围（销售收入大于50万元/年）的软件企业的年报统计显示：全省软件销售收入为76.2亿元，比上年增长51%，居中部六省第二位。其中，纯软件销售收入32亿元，系统集成销售收入31亿元，技术服务及咨询培训收入13亿元。河南省软件企业销售收入连续6年以50%以上的速度增长（见表1）。

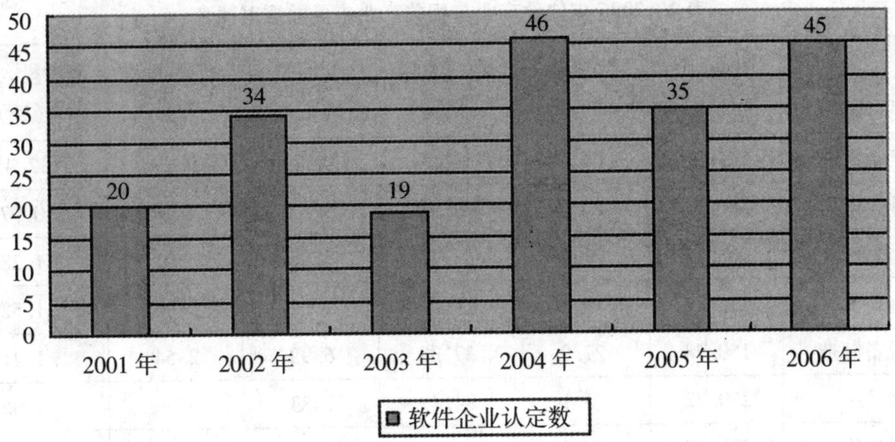

河南省软件企业认定情况

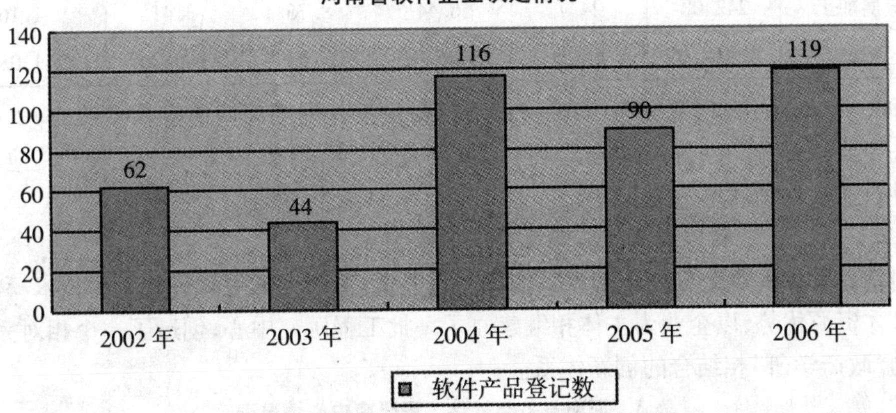

河南省软件产品登记情况

表 1 2001—2006 年河南软件销售收入情况表

年份	软件销售收入(亿元)	增长率(%)
2001	6.8	209.1
2002	12.6	85.3
2003	20.2	60.3
2004	30.8	52.5
2005	50.3	63.3
2006	76.2	50.5

(二)软件产业已走出一条高研发投入、高经济回报的技术产业发展之路

通过对 163 家软件企业的统计数据和河南省经济普查数据进行比较,可以看出软件产业的研发投入力度大,经济效益好,已率先成为河南省高研发投入、高经济回报的高新技术产业。从 2004 年起软件产业对河南省 GDP 的贡献率逐步大幅增加,对 GDP 贡献率的增幅高于其他支柱产业,已实际上成为河南省发展较快产业。

表2 2006年软件产业与相关产业主要数据对照表

产业	增加值（亿元）	增长率（%）	利润总额（亿元）	利润率（%）	研发投入（亿元）	研发投入强度（%）
软件产业	40.42	51.5	14.55	19.09	9.49	12.45
煤炭业	380.71	20.6	126.02	9.82	4.08	0.97
电、热力业	368.11	21.4	51.23	8.98	5.02	1.28
有色金属业	298.88	18.2	137.12	9.35	6.96	1.52
通用设备制造	150.78	27.9	37.38	6.92	2.54	1.21
农副食品	270.72	25.1	84.49	7.83	3.36	1.06
非金属矿物业	391.45	26.9	107.19	8.36	4.66	0.87
黑色金属加工	242.08	24.7	56.44	8.76	3.41	1.16
全省经济	12 464.09	14.1	1 145.31	8.03	148.00	1.08

2006年省统计公报数据表明，软件产业的研发投入强度高达销售总收入的12.45%，远远高于其他产业。软件产业创造利润14.55亿元，利润率19.09%，远高于其他产业，为7种行业平均利润率的2.25倍。

（三）依托资源，相继成立了各类软件工程研究中心

河南省软件行业充分利用解放军信息工程大学、郑州大学等科研院所的技术、科研成果和人才资源优势，以企业为主体相继建立了一批工程研究中心，创造了一个相对完整和开放的“政产学研”相结合的创新体系。

表3 河南省各类软件工程研究中心情况表

序号	项目名称	时间	承担单位	建设地点
1	国家数字交换工程研究中心	1993	信息工程大学	信息工程大学
2	河南省软件工程技术研究中心	2000	省计算中心	省计算中心
3	河南省信息安全工程研究中心	2000	信息工程大学、河南豫能高科	中部软件园
4	河南省电子商务工程研究中心	2001	信息工程大学	中部软件园
5	河南省3S工程研究中心	2002	信息工程大学、南阳金冠集团	中部软件园
6	河南省宽频网络工程研究中心	2002	郑州威科姆	中部软件园
7	河南省数字认证中心 河南省密钥管理中心	2002	省信息产业厅、中华粮网	中部软件园
8	河南微软技术中心	2005	微软公司、省软协、高新区	中部软件园
9	河南省卫星定位应用工程技术研究中心	2005	郑州威科姆、信息工程大学	中部软件园
10	红旗linux技术中心	2006	中科红旗公司、省软协、省软件总公司	省软件总公司

（四）部分软件企业及产品已在全国形成突出特色

2006年，税务信息、地理信息、信息安全、电子商务、电力、电信、铁路行业的软件应用

成为河南省的特色产业，在国内同行业呈现出较为突出的优势。涌现出一批具有自主知识产权、具有国内领先水平、享誉海内外的软件品。如：

1. 信息安全。

河南在信息安全方面拥有国内一流的科技资源和人才资源。几年来，河南省相继推出了"Ipv6核心路由器、移动安全认证交换系统、CA认证系统、第二代居民身份证系统、杀毒软件、反黄专家系统、VPN安全网桥、网络防火墙、安全计算机、安全代理服务器、电子密码机、路由保密机、信息网安全保密系统"等一系列在国内处于领先水平的产品，市场前景广阔。目前，郑州国家级信息安全产品研发生产基地正在建设之中，这将对河南乃至全国信息安全产业的发展产生十分重要的影响。

2. 地理信息。

河南省地理信息产业近年来取得了一系列高科技成果。如郑州威科姆软件有限公司的"应急地理信息系统"、"北斗网络服务器系统"，郑州时代之星的"数字地图智能化"，河南恒通信息技术有限公司应用于省级输配电网的"HIT—PGS2000应用软件"等产品均处于国内先进水平。信息工程大学和南阳金冠集团组建河南省3S工程研究中心，致力于GIS、GPS和RS领域研究开发和成果产业化工作。

3. 税务信息。

河南是全国税务改革试点省份，其税务信息化工作一直走在全国的前列。河南省郑州新易电子科技有限公司、河南航天金穗电子有限公司、河南亚达软件有限公司、河南捷创软件有限公司、郑州中信昊元、新飞科技等一批企业多年从事税务软件及税务电子申报、网络安全税控收款机系统开发生产，在国内税务系统具有较高知名度。

4. 电力领域。

河南省电力、电信行业应用软件起步较早。许继软件公司、郑州威科姆电子科技有限公司、河南雪城软件有限公司、河南思达软件工程有限公司、郑州信源信息系统有限公司、洛阳高新斯瑞埃尔等一批企业已经初具规模，发展势头良好。

5. 铁路行业。

河南辉煌科技股份公司、河南思维自动化有限公司在铁路行业应用软件领域占有较大市场份额。其中思维公司是河南省唯一的一家国家规划布局内重点软件企业，其"LKJ系列列车运行监控记录装置"、"机务运用安全管理信息系统"以及辉煌公司的"铁路运输调度指挥管理信息系统"、"WJC型无线车次号校核系统"等产品都是我国铁路运输安全的重要关键技术与装备。

6. 电子商务。

河南省电子商务起步于1995年中国郑州粮食批发市场创建的集诚现货网，该网于2000年更名为中华粮网。目前，中华粮网已成为全国粮食行业最大的门户网站。河南富立达电子商务公司的BtoB模式，河南绿网电子商务有限公司的BtoC、河南鑫山科技的建筑装饰物流配送系统等，为河南电子商务的发展提供了强有力的支持。

7. 嵌入式软件。

在河南信息产业当中，嵌入式软件产品值得关注，在全国具有较高的知名度。如郑州威科姆电子科技有限公司的"VC—2000动力环境图像集中监控系统"、"NC—3000快速以太网光收发器”、“基于宽带城域网的VOD视频点播系统”，河南思达高科技股份有限公司的“分布式变电站综合自动化系统”、“实时、多任务、多功能电力调度自动化系统”、“多功能电能表校验装置”等，河南雪城科技股份有限公司的“轮胎防爆系统”及汽车电子产品，郑州新开普电子有限公司的IC卡读卡器及系列产品。

8. 其他领域软件。

其他软件领域河南在国内某些软件产品中占据一席之地。如郑州威科姆软件公司开发的“全国农村党员远程教育综合管理系统”、洛阳高新鸿业公司开发的“市政道路及管线设计软件”、河南长城信息开发的“企业资源架构平台系统”、郑州小樱桃开发的卡通系列、美和公司开发的“短信王”、郑州新益华开发的“医院信息网络管理系统”等软件产品。

【产业结构概况】

按照软件产业应用分类，主要可以分为基础软件和应用软件。基础软件主要是指操作系统软件和数据库系统软件；应用软件可以细分为行业应用软件、信息安全软件和嵌入式软件以及软件服务。

（一）软件企业结构

在基础软件方面，河南省没有数据库软件企业。中安科技公司在可信操作系统研发方面取得一定进展，“河南省安全操作系统工程研究中心”已获省发改委批准立项，并承担信息产业部“可信计算机系统研发与标准制定”电子信息产业发展基金招标项目。

在应用软件方面，河南省有行业应用软件企业共153家，信息安全软件企业共15家，嵌入式软件企业10家以及软件服务企业46家。

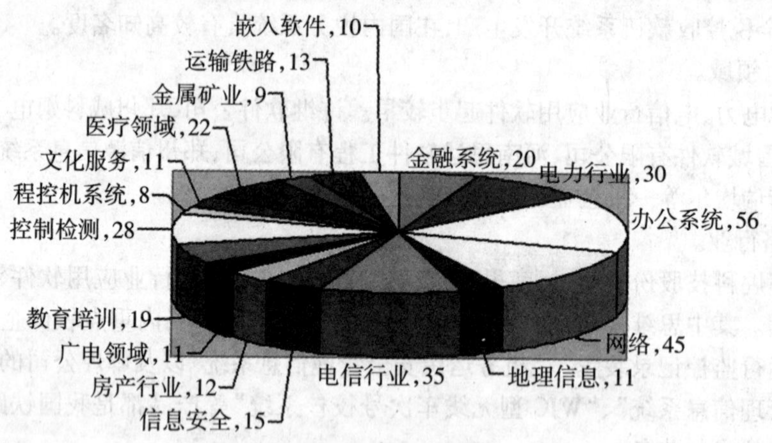

软件企业分类示意图

（二）软件产品结构

在河南省认定的软件产品中，绝大部分为应用类软件，其中又以行业应用软件为主，将近认定产品的3/5，占58%。主要应用于电信、金融、铁路运输、医疗、办公、教育、文化服务、广电等行业。其中，河南省技术优势突出的信息安全产品在软件产品数量上仅20件。

（三）软件企业收入结构

据信息产业厅2006年软件行业统计年报表明，11家超亿元企业的销售收入占全部

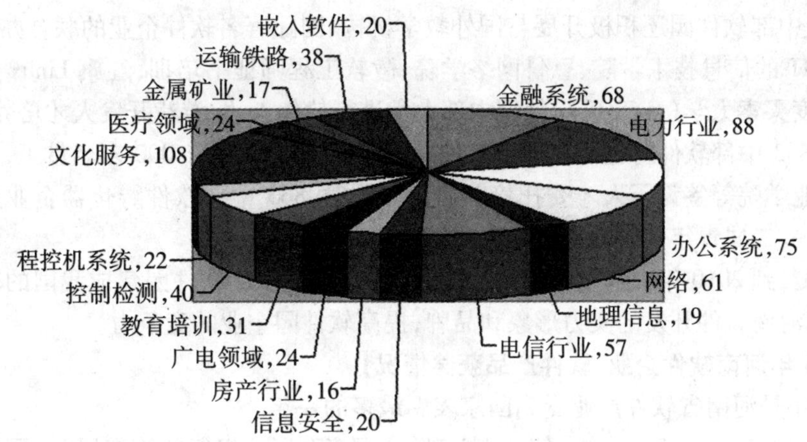

软件产品分类示意图

统计企业销售收入的 43.8%,而收入在 100 万元以下的企业达 127 家,占企业总数的 51.42%,软件收入的集中度进一步提高。

表4　2006 年报的 247 家软件企业销售收入分类

企业销售收入	企业数(家)	占全部企业比例(%)	占总收入比例(%)
超过 1 亿元	11	4.45	43.8
5 000 万元—1 亿元	22	8.91	19.1
1 000 万元—5 000 万元	66	26.72	21.2
500 万元—1 000 万元	21	8.50	2.2
100 万元以下	127	51.42	13.7

【软件园区建设】

(一)概况

截至 2006 年,全省软件园的总面积已超过 49.6 万平方米,入住软件企业 600 余家,软件收入 40 多亿元,企业从业人员接近 1.5 万人。其中,国家重点软件企业两家、国家火炬计划软件企业四家。

软件园为河南软件产业发展提供了一个强大的创业孵化基地和发展平台,成为河南省重要的软件产品研发、软件企业孵化、软件产品出口、软件人才培训和国家软件技术合作服务园区。

2006 年中部软件园软件销售总额近 35 亿元,信息服务总销售收入 10.2 亿元。

(二)软件园环境逐步优化改善

河南省各软件园成立以来,软件园建设已从初期注重完成土地开发、利用、相关基础设施建设等硬环境建设为主,向注重核心能力建设、注重公共支持体系建设转变。各软件园纷纷建立软件人才培训体系,多模式、多渠道培养软件人才。

如中部软件园分别与郑州大学、河南轻工业学院、河南工业大学以及南阳职业技术学院签署了软件专业学生实习基地协议。同时与信息工程大学就信息安全产品研发平台的建设建立了密切的合作。

同时,中部软件园还积极开展与国外教学机构、国际著名软件企业的联合办学。积极开展了NIIT的信息技术学院、思科网络学院、微软工程师证书培训、红旗Linux工程师认证。与印度买索大学(MYSOE)、韩国中部大学进行软件人才、游戏开发人才培养。

国家863中部软件孵化器在中部软件园,该孵化器已拥有1 000多名员工,并分别与河南轻工业学院等签订了人才委托培养协议。同时,863中部软件孵化器企业连续主办河南省第一、二届青年创新软件设计大赛活动。

据预测,到2010年中部软件园将达两万人,力争把中部软件园建成我国的软件产业基地,形成河南软件开发的实力形象和品牌,提高软件园企业的竞争力。

【2006年河南软件企业、软件产品获奖情况】

2006年是河南省软件产业受到国家表彰最多的一年。

——2006年在共青团中央、信息产业部、全国青联联合组织的第三届"中国软件行业杰出青年"评选活动中,河南省的黄永忠荣获第三届"中国软件行业杰出青年"称号(获称号的全国共10名);河南思维自动化设备有限公司总经理范新、郑州威科姆电子科技有限公司研发副总裁兼IPTV事业部总经理张永强获得第三届"中国软件行业杰出青年"提名奖(获提名奖的全国共30名)。

——在国家发改委、信息产业部、商务部、国家税务总局组织的"国家规划布局内重点软件企业"评选中,河南省的许继软件公司、河南思维自动化设备有限公司连续两年被确定为"规划布局内国家重点软件企业"。

——郑州时代之星信息技术有限公司的"时代之星数字地图智能化编辑和印前工作站软件"获得国家技术发明奖二等奖。2006年1月9日,胡锦涛等党和国家领导人为其颁发了奖励证书。

——2006年河南4家软件企业、5人被信息产业部表彰为信息产业科技创新先进企业和个人。(其中,全国被信息产业部表彰的各省、市、区共81个集体中河南省占4家;全国被信息产业部表彰的各省、市、区共142个先进个人中河南省有5人。)

——河南思维自动化设备公司跻身中国IT业100强之列,并通过了省级工程技术中心鉴定。

——郑州威科姆电子科技公司的北斗网络服务器获河南省科学进步一等奖,获得郑州市科技三项经费90万元。

——河南辉煌科技公司的铁路技改项目被认定为省重大科技攻关项目,公司被省发改委、省科技厅评为河南省50家高科技成长企业。

——郑州信源信息技术公司与省财政厅联合开发了电子化政府采购管理系统,已获财政部确定为试点,并将在全国推广。

——郑州信大捷安公司获得了300万元国家信息安全专项资助。

【对外合作交流】

河南省积极宣传软件企业,加强对外合作交流,扩大影响,提高品牌知名度。目前,一些跨国软件企业已经进入河南,以此为研发基地,开拓国内应用、外包和服务市场,并向全国辐射。

2005年,微软公司与省软件行业协会、中部软件园等单位联合投资,在河南省创建

“河南微软技术中心”，通过对河南省信息化建设提供技术支持、人员培训及管理经验，带动和提升了河南省软件企业技术的开发水平。

省信息产业厅与英特尔（中国）有限公司签署了为期五年的合作备忘录，强有力地带动了河南省嵌入式软件的发展。

河南省软件行业协会、河南省软件技术总公司与中科红旗公司于2006年联合成立了“河南红旗 linux 技术中心”，推动了优秀国产核心操作系统在河南省的应用。

在信息产业厅的协调下，思科公司与河南省大中专院校携手共建“思科网络学院”，两年时间已经发展到17所。

同时，河南省的软件企业与国内外的一些软件提供商、设备商、IP 和设计服务公司及芯片厂等多家国际知名企业、机构建立了相应的合作机构，确立了紧密的合作关系。

2004年和2006年，李成玉省长和张大卫副省长分别率团访问印度，和印度软件企业就合作问题进行了交流与探讨，加强了河南省对外合作交流。

【与全国软件产业发展之比较】

随着经济一体化、信息化、数字化进程加快，我国软件产业对国民经济的贡献程度正在逐步增强，有效地促进了经济增长方式的转变和产业结构的优化。

2006年，全国软件业销售收入完成4 800亿元，增长23%；产品出口46.67亿美元，增长30%。

我国软件产业在国内生产总值中的比例已经从2000年的0.7%提升到了2.23%。软件产业保持了较高的增长速度，年增长速度超过30%。软件出口规模不断扩大，从2000年到2006年我国软件出口增长近12倍。

骨干软件企业综合竞争力进一步提高，销售收入超过10亿元的企业有27家，其中超过100亿元的有2家。

2006年，全国有9个省市软件收入超过200亿元，这9个省市多分布在东部沿海一带的长三角、珠三角和环渤海区域，包括北京、广东、上海、江苏、浙江、山东、辽宁、陕西、福建，9省市软件收入合计达到3 400亿元，占全国软件收入的70.8%，其他20个省市的软件收入占29.2%，软件产业的区域集中度进一步提高。

（一）软件销售收入比较

从软件销售收入来看，虽然河南省软件产业发展速度高于全国平均发展速度，占比也是连年不断提高，但是，仅为全国的1.59%，反映出与河南省国民经济发展不相适应。

表5 河南省与全国软件销售收入比较

年份	软件销售收入（亿元）		
	河南	全国	所占比重（%）
2004年	30.8	2 300	1.34
2005年	50.3	3 900	1.29
2006年	76.2	4 800	1.59

（二）软件产业规模比较

与同在中部的各省相比，2006年河南省在软件产值上暂处第二位。但是，与相近的湖北相比，软件企业数量和软件产品数量都有不少差距。

表 6　中部六省 2006 年软件产业规模比较

	湖南	湖北	河南	安徽	江西	山西
产值(亿元)	99.9	67.8	76.2	37.1	35.7	5.8
出口(万美元)	9 860	8 475	620	821	300	0
认定企业(家)	404	302	247	235	102	55
从业人员(万人)	2.69	2.26	2.21	1.24	0.79	0.35
认定产品(件)	1 042	735	685	764	225	202

（三）软件企业规模比较

2006 年，河南省软件企业与信息产业部公布的“软件产业百强”无缘。第一名华为技术有限公司，297 亿元；第一百名江苏金智科技股份有限公司，3.2 亿元。

而河南省第一名许继软件公司仅 2.5 亿元。培育河南省软件企业集团任重而道远。

【河南省软件业存在的问题】

尽管河南省软件产业已取得很多成绩，但是与河南省国民经济发展的地位和要求有很大差距。河南省软件产业发展中现存主要问题是：

（一）软件企业规模小

目前，河南省企业数量增长较快，但绝大多数的企业规模都很小。由于河南省软件企业在融资和通过资本市场实现企业重组和结构优化时存在许多障碍，因此，河南省软件企业难以形成具有较强竞争力的、带领产业发展的龙头企业，而是呈现“小而散”的“手工作坊式”产业分布状态，导致产业发展缺乏后劲。

（二）缺乏外向型软件企业，软件和服务出口规模小

河南省拥有良好的软件外包条件，但缺少外向型、出口型知识和人才，严重制约了河南省软件出口规模的增长。

目前河南省仅有郑州华和得易信息技术发展有限公司一家专业从事对日软件外包业务。从其发展过程来看，2006 年 6 月注册成立，当年完成 20 万美元，一年内人员由十几人发展到 120 人。按照公司发展战略，计划用 3 年的时间建立 500 人的对日软件开发的技术和管理体制，从而使公司成为河南地区日本外包软件开发中心和对日软件出口基地。

省信息产业厅、中部软件园和郑州华和得易信息技术发展有限公司正在筹备发起“河南软件外包联盟”，计划联合 30 家以上软件企业参与软件外包的业务。

（三）软件人才结构不合理，供给与市场实际需求脱节

目前，河南省软件人才结构呈现“橄榄状”，出现高端和低端两头缺乏的局面。（高端人才指高级技术和管理人才、国际化软件人才和复合型人才等，低端人才指编程熟练的基础程序员。）软件人才的主要来源是高校和科研机构，从高校和科研机构出来的人才主要集中在中端，无法快速胜任系统分析和项目管理工作，做一般的程序员却又是浪费。而企业自身对软件人员的日常培训重视程度不够，使得一线技术人员无法适应迅速发展的专业需要。当前河南省软件人才培养模式与企业市场实际需求之间的矛盾正逐渐加深，这个矛盾已经成为制约河南省软件产业发展的因素。

(四)研发资金投入不足,制约可持续发展

由于软件研发投入较大,很多企业缺乏原始创新信心,无力从事自主核心技术研发,只是注重跟踪和模仿,无法涉足高投入、高风险、长周期的高端产品。缺乏拥有自主知识产权的关键技术和核心技术。

【"十一五"软件产业发展展望】

(一)指导思想

以政策为引导,以企业为主体,以市场需求为导向,坚持全面、协调和可持续发展观,优化软件产业发展环境,加大软件人才培养力度,做好保护软件产品的知识产权工作,利用国内外两种资源、两个市场,不断提高软件产业的技术水平和市场竞争力,打造优势品牌,培育软件集团企业,努力满足河南省国民经济各行业的发展需求,促使软件产业成为河南省信息产业中的重要支柱,为中原崛起服务。

(二)总体目标

到2010年,把软件产业建设成河南省信息产业中的重要支柱产业,实现软件销售额200亿元,软件出口额超过1亿美元,促进国民经济信息化,带动河南省经济结构的调整;发展壮大4至5个年销售收入10亿元以上的大型软件企业,培育5到10个软件知名品牌;软件骨干企业在实现工程化管理方面取得突破性进展,鼓励大型软件企业通过CMM认证。

(三)主要任务

要把软件产业的发展与国民经济发展密切联系起来,促进传统产业的调整升级,增强竞争能力。

1. 以软件技术带动传统农业升级。

(1)改造升级农业信息网。

(2)推动农产品电子商务的开发。

2. 抓好软件技术,改造传统工业。

对采用软件技术为代表的电子信息技术行业进行改造,提高产品设计水平和生产效率,稳定生产工艺,提高产品质量,增强企业竞争力。

3. 抓好重大信息系统工程。

坚持为推进国民经济信息化和社会经济发展服务,实施以重大工程带动软件产业发展的策略,着重抓好信息化基础设施建设和重大应用工程中的关键软件开发,如电子政务系统、智能交通系统、铁路管理信息系统、税控管理信息系统、网络信息系统等。

4. 抓好物流信息平台的建设。

引导省内5家以上大型物流企业与软件企业的结合,发挥河南省在嵌入式技术开发、GIS技术应用、网络建设等方面的优势,在政府协调组织下形成企业联盟,逐步建立行业软件标准,形成自主产业链,带动相关软件和物流产业发展。

【发展建议】

(一)继续执行好优惠政策,努力培育大型企业

国务院18号文件对于"十五"期间河南省软件产业的发展起到了决定性的作用,推动了河南省软件产业持续高速增长。建议河南省"十一五"期间,在总结文件执行过程中

的经验和问题的基础上，出台更有效的推进政策，进一步切实有效地推动河南软件产业持续稳定发展。同时，努力培育河南省知名软件企业和知名软件产品，缩短河南省软件产业与软件发达省市之间的差距。

（二）建立研发体系，提高创新力和科研成果产业化能力

信息技术的创新性突出地表现在软件的自主研发能力上，而且在一定程度上也影响着国民经济发展的自主能力。

1. 在软件产业的重要应用和关键技术领域，建设一批技术创新基地；

2. 建设一批高水平的公共技术服务中心；建设集成的科技信息资源共享平台。

3. 在企业设立与软件技术相关的重点实验室。

4. 对各类企业（特别是中小企业）的技术创新成果给予基金和风险投资等政策方面的扶持。

（三）加大政府采购支持力度，创造更好的环境

政府采购是促进河南省软件发展的重要因素，要加大对优先采购河南省软件的宣传，加大《政府采购法》的执法力度，要制定和发布河南省政府采购软件产品目录及标准，为河南省软件创造更多的应用机会。

以政府财政支出为主的信息化建设工程，包括电子政务工程和各类大型国有企业的信息化工程等，要优先采用河南省软件产品，为河南省软件企业提供尽可能多的市场机会，通过应用，促进河南省软件产业加快发展。

（四）充分发挥产业聚集效应，办好软件园区

软件园是软件产业发展的重要条件。要按照软件企业成长规律，充分发挥各地产业、技术、市场和人才优势，突出各个软件园的特色，把徐光春书记“加大开发创新力度，把产业园建设搞好，为中原崛起作贡献”的批示精神落到实处。各软件园在产业上实现互补，在功能上要做到协调，在合作上要保证互通，使之真正成为软件企业成长的摇篮。

（五）营造良好环境，扶持出口龙头企业发展外包业务

河南省是人力资源丰富的省份，具有很大的智力优势。软件出口对河南省软件产业增长的空间还很大，除能够满足省内市场需求外，还可以发展软件输出，服务国内外。要借鉴发达省份的软件发展模式，尽快探索出一条河南特色的软件输出模式。

要着力营造有利于河南省软件输出的良好环境，打造河南省软件出口品牌，积极为河南省软件企业到海内外建立分支机构和承接海内外工程创造条件，形成河南省软件企业的跨省公司，提高市场竞争力。

（河南省信息产业厅）

河南省电信行业发展统计公报

2006年,河南省电信业在省委、省政府和信息产业部的正确领导下,以"三个代表"重要思想和党的十六大以及十六届五中、六中全会精神为指导,坚持科学发展观,努力提高服务质量,有序竞争,和谐共赢,保持了持续、稳定的发展态势。

【2006年河南省电信业发展基本情况】

全年电信业务总量完成686.2亿元,比上年同期增长29.6%;业务收入完成268.4亿元,比上年同期增长15.5%。增加值完成171.6亿元,同比增长20.8%。固定资产投资84.6亿元,同比增长7.1%。

新增固定电话用户163.7万户,总数达到2 027.2万户。其中:新增无线市话用户87.1万户,总数达到446.3万户;新增公用电话22.9万部,总数达到181.7万部。新增移动电话用户536.2万户,总数达到2 351.2万户。新增移动分组数据用户236.0万户,总数达到513.6万户。固定电话主线普及率和移动电话普及率分别达到20.8部/百人和24.1部/百人。新增互联网用户52.4万户,总数达到327.4万户。其中,拨号用户124.0万户,同比减少11.8万户;专线用户达到1 724户,同比增加545户;宽带接入用户达到203.2万户,同比增加64.1万户,宽带接入用户中XDSL用户166.6万户,LAN用户36.7万户,WLAN用户69户。

全年固定电话本地网内区间通话量9.4亿次,同比减少10.1%;区内通话量286.1亿次,同比减少1.0%;固定电话国内长途通话时长41.8亿分钟,增长16.4%;国际去话通话时长459万分钟,减少10.3%;港澳台去话通话时长164万分钟,减少8.5%。移动电话本地通话时长835.3亿分钟,增长36.2%;移动电话国内长途通话时长52.3亿分钟,增长45.8%;移动国际通话时长190万分钟,减少36.8%;移动港澳台通话时长305万分钟,增长133%。IP电话国内通话时长24.0亿分钟,增长9.2%;IP国际通话时长585万分钟,减少12.2%;IP港澳台通话时长127万分钟,减少45.7%。

全省光缆线路长度新增2.9万公里,达到24.0万公里。固定长途电话交换机容量新增1.8万路端,达到74.8万路端;局用交换机容量新增25.7万门,达到1 375.3万门,接入网设备容量新增208.2万门,达到1 207.2万门。移动电话交换机容量新增847.0万户,达到2 936.3万户。固定电话和移动电话的实装率分别达到78.5%和80.1%。互联网宽带接入端口新增78.8万个,达到259.7万个。

【2006 年河南省电信业发展主要特点】

(一)业务总量平稳增长,业务收入增速趋缓

2006 年全省电信业务总量增长平稳,各月同比增长保持在 29% 左右。业务收入增长速度放缓,主要有以下原因:一是电话用户增长放缓,以投入为手段、以规模扩张为特征的粗放型增长模式还没有根本转变,企业创新能力不足,当用户增量规模下降时,电信业务收入增长速度也随之出现下降。二是资费水平不断下降,也对业务收入有一定影响,2006 年电信资费总体水平比上年下降 11.7%。

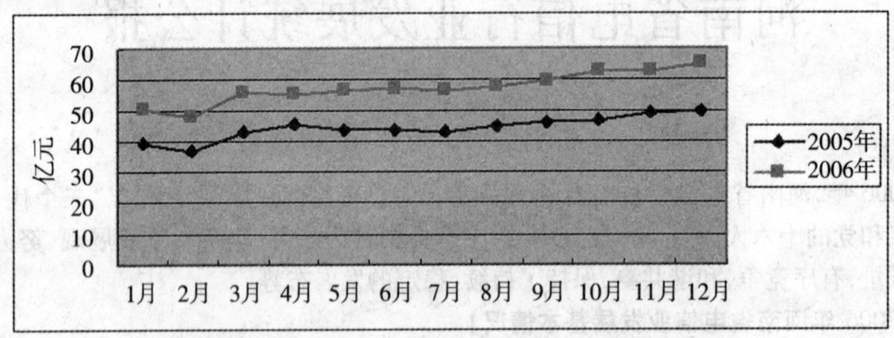

图 1 业务总量完成情况

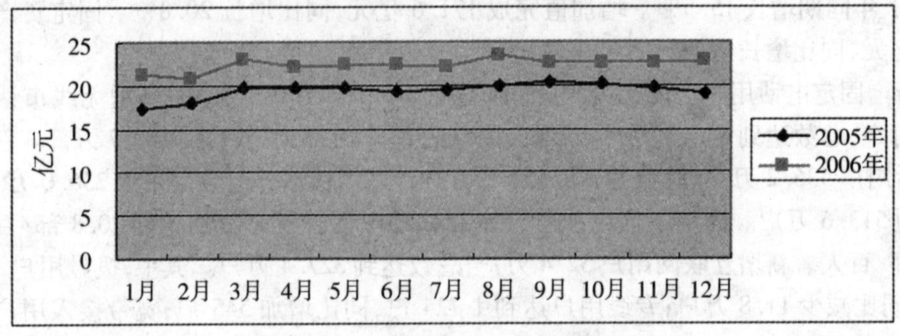

图 2 业务收入完成情况

(二)电话用户继续平稳增长,移动电话的增长速度明显高于固定电话

2006 年,全省电话用户新增 699.9 万户,比上年底增长 19%,达到 4 378.4 万户。电话用户增长量比上年同期(661.1 万户)增长 38.8 万户,增长率低于上年同期(22%)。固定电话用户新增 163.7 万户,比上年底增长 9%,受小灵通用户发展减慢的影响,固定电话增长速度明显下降,低于上年同期(15%)6 个百分点。移动电话用户新增 536.2 万户,比上年底增长 30%,增长速度与上年(31%)基本持平。移动电话的快速增长成为拉动电话增长的主力,移动电话总数从 5 月份赶上固定电话用户后,到年底已超出 324.0 万户。

(三)互联网宽带接入用户发展加快,拨号上网用户开始减少,网络宽带化趋势明显

互联网宽带接入技术及业务的发展,使得拨号接入用户向宽带接入用户的更迭加快。2006 年,互联网拨号接入用户减少了 11.8 万户,而宽带接入用户新增 64.1 万户,宽带用户总数由 2004 年、2005 年的 85.6 万户、139.2 万户发展到 2006 年的 203.2 万户,增长率达到 46%,远高于互联网用户增长率(19%)。宽带接入用户占互联网用户总数由 2004

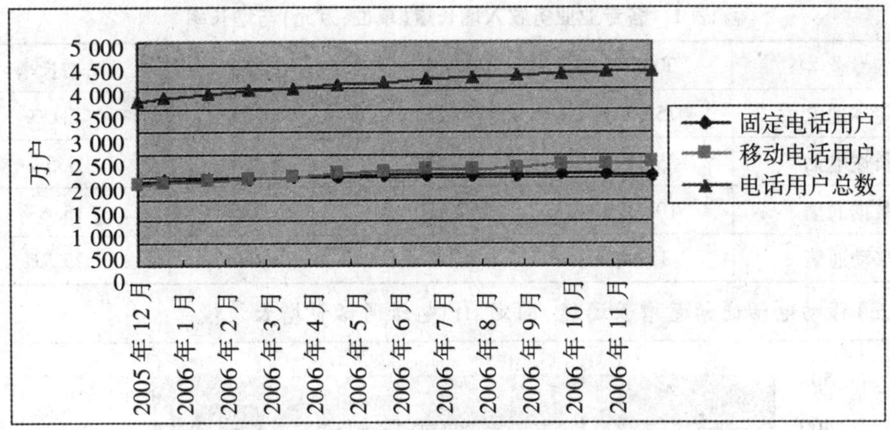

图3　电话用户发展情况

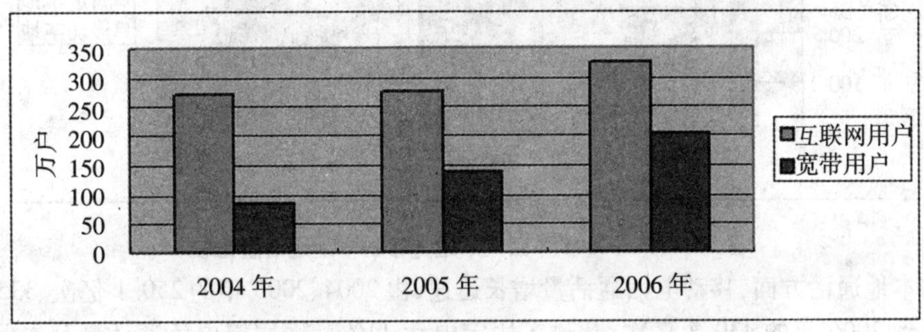

图4　2004—2006年互联网用户、宽带用户发展情况

年、2005年的31%、51%上升到62%，呈快速上升趋势。

(四)收入结构相对稳定，移动通信网收入增长优势明显

移动通信网、固定本地电话网、长途电话网、数据通信网占总收入的比例由大到小的次序没有变化，业务收入结构总体保持稳定。固定本地电话网、长途电话网收入所占比例继续下降，分别减少了3个百分点、1个百分点；数据通信网收入比例维持不变；移动通信业务收入所占比例增长较快，比上年增长了4个百分点。在移动通信领域，移动数据业务发展迅速，其业务收入占移动通信业务收入的20.4%。

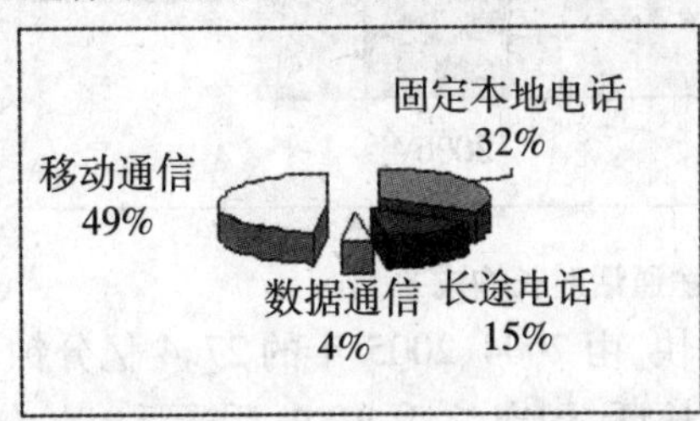

图5　2005年各专业收入比例

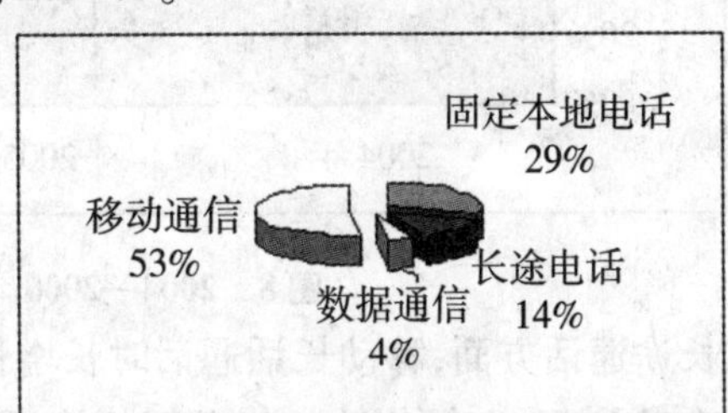

图6　2006年各专业收入比例

从各专业收入的增长情况看，移动通信和数据通信业务收入分别增长25.7%和15.6%，呈较快增长趋势，固定本地电话和长途电话业务收入分别增长5.0%和5.5%，增长速度较慢。

表 1　各专业业务收入增长量(单位:万元)与增长率

专业	2005 年	2006 年	增长量	增长率
固定本地电话	752 501	790 254	37 753	5.0%
长途电话	353 194	372 448	19 254	5.5%
数据通信	101 325	117 160	15 835	15.6%
移动通信	1 117 121	1 403 766	286 645	25.7%

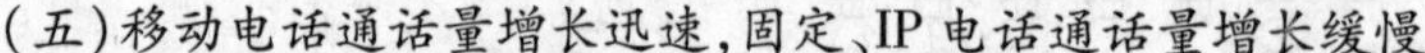

(五)移动电话通话量增长迅速,固定、IP 电话通话量增长缓慢

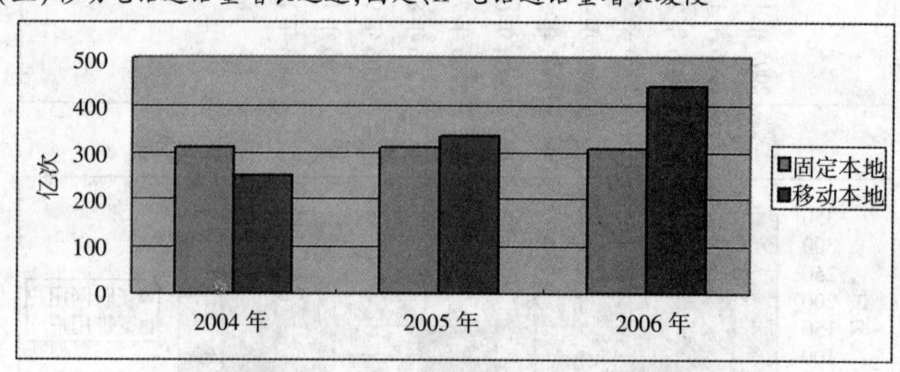

图 7　2004—2006 年固定本地与移动本地通话量比较

在本地通话方面,移动电话通话量增长迅速,由 2004、2005 年的 250.1 亿次、335.9 亿次上升到 2006 年的 439.7 亿次,超过了固定电话 44%。而固定电话通话量基本保持在 300 亿次左右,占本地通话量的比重持续减少,从 2004、2005 年的 55%、48% 下降到 2006 年的 41%,而移动电话占本地通话量的比例持续增大,从 2004、2005 年的 45%、52% 上升到 2006 年的 59%。移动电话对固定电话的异质竞争的优势更加明显。

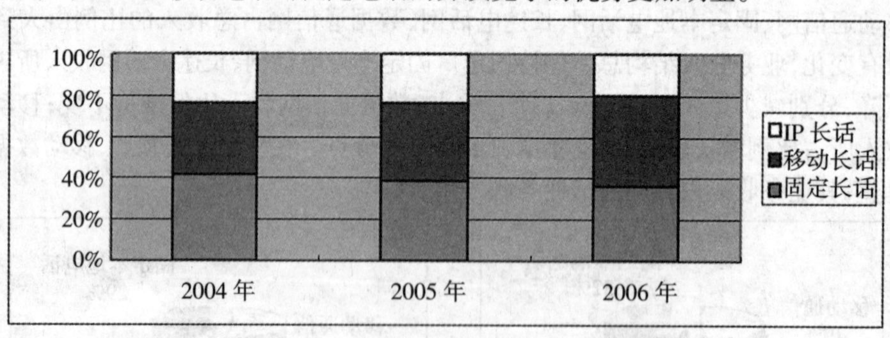

图 8　2004—2006 年长途通话时长构成

在长途通话方面,移动长话通话时长增长较快,由 2004、2005 年的 27.4 亿分钟、35.9 亿分钟上升到 52.3 亿分钟。与上年相比,移动长话、固定长话、IP 电话通话时长分别增长 46%、16%、9%。移动长话通话时长占长途通话总时长的比例由 2004、2005 年的 35%、38% 上升到 44%。与上年相比,固定、IP 长话通话时长所占比例分别下降 2.9 和 3.2 个百分点。由于移动、固定长话资费总体下降,IP 电话的优势逐渐减弱,IP 电话通话时长增长速度下降。

（六）固定资产投资平稳，经济效益稳步提高

全年固定资产投资额完成84.6亿元，比上年增加7.1%。全年实现净利润40.2亿元，比上年增长16.3%，高于收入增长。各电信运营企业在竞争和资本市场的双重压力下，采取了优化成本结构、集中采购以及深挖企业内部潜力、合理配置各种资源等多种措施，使各项业务成本支出得到有效控制，效益逐步提升。但是各运营商的实力依然悬殊，移动企业较快增长，固定企业发展缓慢，赢利能力差异较大。

（七）农村电话发展依然缓慢，地区差异明显

2006年，村村通工作顺利完成，实现了全省行政村村村通电话的目标，但农村通信发展任务依然艰巨。全年新增城市固定电话用户172.2万户，农村固定电话用户减少8.5万户，城乡固定电话的比例由上年的154:100扩大到179:100。

全省各市发展不平衡，农业大市电话普及率较低。郑州、三门峡、鹤壁、安阳、驻马店5市电话用户增长高于全省平均水平，其余12个市用户增长率均低于全省平均水平。濮阳、南阳、商丘、信阳、周口、驻马店6个农业大市电话普及率与全省平均水平差距明显。

表2 2006年各地市电话用户增长情况及普及率

	用户数(万户)	同比增长	普及率
全省	4 378.4	19.0%	44.8%
郑州市	836.4	24.1%	128.1%
洛阳市	368.2	18.7%	57.4%
焦作市	233.7	16.3%	57.3%
三门峡市	126.0	26.2%	56.8%
新乡市	291.1	15.9%	52.7%
鹤壁市	74.7	24.7%	51.8%
安阳市	246.9	20.0%	46.2%
许昌市	204.5	14.2%	45.3%
平顶山市	220.3	18.9%	44.7%
漯河市	111.3	18.8%	44.0%
开封市	193.5	17.0%	40.6%
濮阳市	140.5	9.6%	39.3%
南阳市	369.8	17.1%	34.4%
商丘市	246.4	18.9%	30.2%
驻马店市	236.5	22.8%	28.3%
信阳市	221.3	15.4%	28.1%
周口市	257.3	18.7%	24.0%

注：济源市的数据包含在焦作市中。

(八)企业发展不平衡,有效竞争尚未形成

相对于移动通信企业的较快增长,固定通信企业发展缓慢,河南移动的业务收入呈现较大增长,所占份额超过网通公司 13.2 个百分点,位居第一。从收入和用户看,移动公司和网通公司仍分别占据移动和固话市场的主导地位,电信市场有效竞争尚未形成。

2006 年,河南省电信行业运行秩序明显改善,取得了一定的成绩。但目前河南省的人均通信水平、企业管理、创新和效益水平距先进省份仍有较大差距,一些不规范竞争以及电信服务质量问题依然存在,全省电信业发展任重道远。

注:

1. 本公报为初步统计数。
2. 各项统计数据来源于六家基础运营企业汇总。
3. 电信业务总量按 2000 年不变单价计算。
4. 电话用户不含接入用户交换机的话机数。
5. 各市电话普及率以 2005 年末人口数计算。

(河南省通信管理局)

河南省邮政信息化发展概况

河南邮政不断加快推进信息化建设和基础设施建设，极大地增强了河南邮政的发展后劲。在邮政信息化建设过程中始终坚持业务先行、技术支撑的原则，统筹规划、分步实施，2006年在全国邮政系统率先编制了“十一五”信息化发展规划，并顺利通过了国家邮政局科技委组织的专家评审。完成了邮政储蓄省处理中心扩容改造和储蓄主机的更换工作，主机处理能力大大提高。完成了银联2.0统一版本改造、中国邮政金融客户管理系统试点上线、电子稽查系统上线、智能令牌系统上线、国际金融业务上线工作。按时建成了邮政报刊发行信息系统、集邮信息系统，提前完成了邮政速递综合信息处理平台生产作业子系统的上线推广任务。自主开发了河南省邮政金融经营分析系统和智能化邮资明信片门禁系统。建成了邮政综合办公自动化系统、视频会议系统。银联交易成功率、系统无故障运行两方面指标居全国前列。

【编制完成《河南邮政“十一五”信息化发展规划》】

为适应邮政业务发展需要，全面促进技术进步，提高河南邮政的市场竞争力和服务水平，在全国邮政系统率先编制完成《河南邮政“十一五”信息化发展规划》，并通过国家邮政局科技委会审，为在“十一五”期间提高全省邮政信息化水平，实现河南邮政信息技术先进的战略目标，提供了具有先进性、前瞻性、可操作性的科学依据，并为全国邮政信息化建设起到了积极的促进作用。

【完成河南省邮政储蓄省处理中心扩容改造和储蓄主机的更换工作】

自2005年9月份起，河南省邮政储蓄业务主机明显呈现处理能力不足的现象，主机的处理能力已经远不能满足业务发展的需求。为了提升河南邮政储蓄业务的市场竞争力和服务水平，2006年6月16日凌晨，成功地进行了邮政储蓄系统新主机的切换上线运行。邮政储蓄系统新主机的切换上线，标志着河南省邮政金融信息化工作上了一个新台阶，为快速发展的邮政储蓄业务提供了强有力的技术保障。

【完成邮政网络改造工作，增强通信生产能力】

河南省邮政金融灾难备份系统丁2006年10月18日顺利切换上线，不但缓解了邮政信息综合网带宽压力，提高了网络可靠性，实现了邮政综合网业务传输的线路备份，还为下一步灾备数据系统和新型业务上线构建了坚实基础，积累了宝贵的工程实施和业务无缝割接经验。

【建成河南省邮政视频会议系统】

2006年12月,河南省邮政视频会议系统投入使用,邮政视频会议系统共涉及河南省18个地市邮政局、113个县邮政局,技术复杂程度高、对网络的要求更高。经过多次全省性和国家邮政局电视会议召开的验证,基本达到了预期的效果,提高了办公效率。

【逐步完成邮政电子化支局系统建设工作】

截至2006年底,河南省共建设邮政电子化支局所1 300多处,使得河南省的邮政电子化支局网点拓展到全省大部分乡镇,提高了邮政服务能力。

【邮政储蓄小额质押贷款系统成功上线】

2006年9月13日,河南省邮政储蓄小额质押贷款系统上线成功,结束了河南省邮政储蓄持续20余年的"只存不贷"的历史,迈出了邮政金融信息化建设的新步伐。开展邮政储蓄小额质押贷款业务,标志着河南邮政积极进入农村信贷市场,响应中央和省委号召,开辟了邮储资金返还农村、支持"三农"的新途径,完善了农村投融资体制,解决了农村地区信贷资金紧张和农民贷款难的问题,为河南社会主义新农村建设增加了新的资金渠道。

【邮政综合办公自动化系统成功上线运行】

2006年4月,河南省邮政综合办公自动化系统成功上线运行,开通了河南邮政局与国家邮政局正式公文电子传输,实现了国家邮政局和河南邮政局电子印章的使用。目前,邮政综合办公自动化系统公文流转已经在国家邮政局和省邮政局、地市邮政局之间实现电子化、无纸化办公。

【河南省邮政部门开发的智能化邮资明信片门禁系统得到广泛使用】

河南省邮政局自主开发的智能化邮资明信片门禁系统,2006年先后在洛阳龙门石窟景区、南阳鹳河漂流景区、南阳武侯祠和郑州世纪欢乐园上线运行,社会效益和经济效益显著,既展示了邮政向社会提供的优质良好服务,也拉动了邮政业务快速发展。该项目的研发成功,填补了河南省智能化邮资明信片门禁系统软件开发的空白。

（河南省邮政公司　崔永剑）

河南省广播影视发展概况

广播影视坚持以科学发展观为统领，认真贯彻落实省八次党代会精神，牢牢把握正确舆论导向，坚持深化改革，事业、产业两手抓、两加强，制定并实施了广播影视2006—2007年新跨越新优势战略，着力在重点突破上下工夫，发挥优势，突出特色，广播影视各项工作都上了一个新台阶，呈现出跨越式发展态势。

2006年，广播影视整体收入达到11.5亿元，同比增长42%，缴税近亿元。省电台综合实力进入全国前5强。省电视台全省市场份额突破45%，全台经营创收和卫星频道收视率、覆盖率进入全国前10强，卫星频道广告创收进入全国前8强。

【新闻宣传方面】

坚持唱响科学发展主旋律，打好正面宣传主动仗，不断提高宣传质量和舆论引导水平，为河南省经济社会发展提供了良好舆论环境和强大精神动力，在全社会营造了干事创业的浓厚氛围。认真组织了"谁不说俺家乡好"大型系列宣传活动和"精彩河南—亚太地区电视记者采访"等异地采访活动。坚持"两个频率、两个屏幕"一起抓，广播新闻上中央台实现九连冠，电视新闻上中央台位居全国前三位，充分展示了客观真实、充满活力、正在崛起的新河南。特别是省八次党代会宣传报道出新出彩，有深度，有力度，有规模，有声势，有亮点，有创新，丰富多彩，生动活泼，为省八次党代会营造了团结奋进、昂扬向上的浓厚舆论氛围。

【影视精品生产方面】

戏曲电影艺术片《村官李天成》发行拷贝507个，实现河南电影拷贝发行的历史性突破，在全国放映90 000多场次，观众达1 200万人次，获得国家广电总局电影资助奖。24集电视连续剧《红旗渠的儿女们》和22集电视连续剧《清官能断家务事》在中央电视台八套黄金时段播出，引起较大反响。省电视台《梨园春》栏目在澳大利亚悉尼歌剧院成功举办"梨园飞歌——大型戏曲交响音乐会"，开创了电视戏曲栏目跨国、跨洋直播的先河，澳大利亚总理霍华德致信表示祝贺。广播、电视节目全年荣获全国及省级奖项155个。

【事业建设方面】

一是加强主频率、主频道建设，使省电台新闻频率、省电视台卫星频道成为正面宣传河南的主阵地。二是以广播电视村村通工程为重点，加强农村公共服务体系建设。经核定，"十一五"期间"村村通"建设总任务为11 937个村，覆盖58.02万户，232.08万人，共需要建设补助资金 11 937 万元。2006 年，采取有线、无线、卫星等多种切实可行的技术手段，圆满完成了省扶贫开发工作重点县和城乡一体化试点市 1 131 个村“村村通”建设任务，使 38 万农民群众收听到了 4 套以上广播节目，收看到了 8 套以上电视节目。三是以广播电视发射塔迁建为重点，大力推进广播电视强播强传强覆盖。2006 年，投入近亿元，新增、更新、调整广播电视发射机 98 部 853 千瓦，建设、改造了局 102 台等 6 个骨干发射台。全省“十一五”重点工程广播电视发射塔正式开工建设。工程占地 141 亩，发射塔净高为 388 米，建成后将成为世界最高全钢结构发射塔，总建筑面积为 5.8 万平方米，总概算为 6.23 亿元，塔内设有展现河南人文风物的世界最大规模的全景画馆，可发射 36 套广播电视节目，将有效解决中原城市群 3 000 多万农民群众收听收看广播电视问题。2006 年覆盖工作实现了历史性突破，全省广播、电视人口综合覆盖率分别达到 96.51% 和 96.42% 以上，从单一节目无线覆盖发展到多套节目无线覆盖，实现了全省广大地区农民群众从收听到收看到广播电视向收听好收看好广播电视的转变。四是进一步提高广告经营效益。大胆推进广告经营管理体制改革，不断创新经营方式，优化广告结构，广告收入以高于 30% 的速度递增。2006 年，广告收入达到 8.5 亿元，同比增长超过 30%。

【产业开发方面】

一是有线电视网络整合和数字化改造进展顺利。2006 年，完成了 10 个省辖市有线电视网络整合，组建了 11 个分公司。数字有线电视节目成功试播，郑州、鹤壁数字平移试点工作进展顺利。二是积极开发新媒体。移动电视成功覆盖 10 个省辖市区及城间大部分高速公路，网内播出 3 套节目。先后在 7 个省辖市建设开播了大屏幕电视，省会郑州市大屏幕电视的规模建设全面铺开。三是加大跨媒体、跨行业经营。精品演艺秀以“来河南必看”为目标，高起点、高品位策划创意节目内容和形态，多功能全钢结构演艺剧场主体工程已完工。《东方今报》坚持正面宣传为主，形成了彰显真善美，引导读者以积极的心态看生活的独特的办报风格，整体经营步入良好发展态势。省政府重点建设项目广电数字化产业基地精心施工，严格管理，主体工程已经结顶。

【体制机制改革方面】

努力打造省影视制作集团和省有线网络集团两个大型企业集团。省影视制作集团完成了公司制改造，2006 年生产电影 6 部、电视剧 7 部 188 集，实现了一定规模的精品影视剧生产。省有线网络集团引入中信集团 7.25 亿元资金，完成了股份制改造，使经营管理步入了科学规范化轨道，正在着手培育一个多媒体上市公司。进一步降低门槛，放宽准入，给予民营制作企业与国有制作机构同等待遇，使民营影视制作企业在广播影视制作业的比重不断提高，现已达到 85% 以上，民营影视制作企业生产的电视剧已占全省电视剧生产总量的 92.5%，为河南省广播影视制作业带来了强大活力。

（河南省广播电影电视局　梁　莉）

五、发展规划篇

河南省国民经济和社会信息化“十一五”规划

“十一五”期间是河南省经济社会发展承前启后的重要历史时期，也是河南省全面建设小康社会、奋力实现中原崛起的关键时期。加快推进国民经济和社会信息化，是在新的历史起点上创新发展模式、提高发展质量、走新型工业化道路的重大战略举措，也是全面贯彻落实科学发展观，切实把经济社会发展转入全面、协调、可持续发展轨道，构建和谐社会的必然选择。为进一步加快河南省国民经济和社会信息化建设，按照省委、省政府关于国民经济和社会信息化建设的要求，特编制本规划。

【“十五”期间信息化发展回顾】

（一）主要成绩

“十五”以来，河南省紧紧围绕河南省信息化“十五”规划提出的目标、任务，大力推进国民经济和社会信息化，取得了显著成效。

1. 信息产业规模不断扩大，对经济增长的贡献度稳步上升。

2005年全省电子信息产品制造业销售收入、工业增加值分别达到316亿元、79亿元，“十五”期间年均增长35%、26.7%。电信业务总量、业务收入分别达到530亿元、232.5亿元，“十五”期间年均增长24.8%、12.5%。全省已有软件企业400多家，通过国家认证的软件企业和产品分别达到202家和566个，销售收入达到50.3亿元，是“九五”末的24倍。软件产业正在成为河南省的新兴产业。

2. 信息网络快速发展，服务水平不断提高。

2005年末全省公用电信网光缆长度达到21.1万公里，比2000年末增加11.9万公里；长途交换机容量达到69.8万路端，比2000年末增加47万路端；局用交换机（含接入网设备）容量、移动交换机容量分别达到1 910.5万门、2 089.2万户，分别比2000年末增加940.6万门和1 473.2万户。数据通信网总端口达到198.56万个，比2000年增加17

倍,99.8%以上的行政村通电话,所有的乡镇通网络。电话用户总数达到3 678.5万户,比2000年末增加2 454.2万户;互联网用户达到275万户,比2000年末翻了两番多。有线电视用户达到476万户,电视综合人口覆盖率达到96.2%。

3. 信息化稳步推进,经济和社会效益日益显著。

工业信息化不断深入。"十五"期间,通过实施制造业信息化、企业信息化示范工程和企业信息化示范基地建设,制造业设计、装备、生产和管理水平进一步提高,企业核心竞争力得到增强。

农业信息化快速发展。在国家级和省级农业信息化试点市、县(市、区)带动下,建立了小麦、玉米等主要农作物农业专家系统,建成了省辖市和县(市、区)农业信息网站,形成了初具规模的农业信息服务体系,促进了农业结构调整,带动了农业产业化。

全省电子政务工程稳步推进。编制了全省电子政务建设规划,陆续启动了网络平台、宏观经济数据库、金盾工程等项目。18个省辖市均建立了政务门户网站,政府信息公开程度和服务公众能力明显提高。

教育、卫生、文化等领域信息化取得了明显成绩。教育信息化实施了高校校园数字化示范工程,现代远程教育已设立124个校外学习中心和631个接收点;卫生领域实施了数字化医院工程。文学、艺术、交通、旅游、新闻出版等领域都加快了信息技术的应用。

传统服务业信息化步伐加快。信息技术应用促进了传统服务业的转型,催生了一批新型服务业。电子商务发展迅速,推动了各类产业的融合,提高了经济运行质量。

城市信息化水平进一步提高。信息技术在城市公共事业领域和基层社区广泛应用,提升了城市综合竞争能力和集聚、辐射能力。

4. 信息安全建设步伐加快,信息安全水平逐步提高。

出台了《省委办公厅省政府办公厅转发河南省网络与信息安全协调小组关于加强信息安全保障工作的意见的通知》(豫办〔2004〕12号),落实了各相关部门的安全责任。信息安全基础设施建设取得进展,建立了河南省数字证书认证中心及独立的密钥管理中心,到2005年底已发放数字证书35万余张。信息内容安全管理进一步加强,网络环境逐步改善。

(二)存在的问题

在信息化推进过程中还存在着不少问题。一是一些地方和部门信息化意识仍比较淡薄,对信息资源重视不够,信息资源尚没有同物质资源、能量资源一样受重视;二是信息资源的开发利用滞后于经济社会发展的要求,开发利用程度低,信息共享差;三是信息化投入不足,特别是社会资金投入少;四是信息化环境建设不完善,法律、法规、标准、信用体系建设难以满足信息化发展形势需要;五是信息化人才缺乏,信息服务体系不健全,信息技术应用的广度和深度不够,创新能力明显不足;六是信息安全存在隐患,系统抗侵害能力较差;七是信息产业总体规模偏小,对信息化的支撑作用不强。

【信息化发展面临的形势】

"十一五"时期是河南省加快国民经济和社会信息化发展的战略机遇期。一是经济全球化和全球信息化相互带动、相互推进,正在进一步深化全球产业结构调整和国际分工,重塑世界政治、经济、社会的新格局。发达国家信息产业向发展中国家的转移力度加大，并且由梯次转移向直接投资转变，由整机转移向元器件转移转变，都为信息化发展提供了有利环境和机遇。二是我国已明确将信息化作为覆盖现代化建设全局的战略举措，信息化经过“十五”时期的初步发展，已经进入全方位、多层次推进的新阶段，江苏、广东等沿海发达地区以信息化手段提升区域综合竞争力的先进经验为河南省信息化建设提供了有益借鉴。三是河南省工业经济总量和增幅在中部地区均居前茅，已拥有一批在全国有一定优势的高等院校和科研机构，培养了一批优秀的信息技术人才，拥有技术水平居全国前列的网络计算机、高端路由器、警务通等多种优势产品，初步具备加快信息化的条件。

但在另一方面，还应看到河南省信息化发展仍然面临许多挑战。一是信息产业的竞争日趋激烈。发达国家以知识产权、贸易壁垒等为手段，力保先进信息技术的全球垄断地位；越来越多的发展中国家和地区力求通过发挥日益显现的资源、成本等方面的优势，在国际信息产业转移中占据有利位置，承接产业转移的争夺更加激烈。二是信息技术正面临重大技术突破和产业转型，加快向数字化、网络化、智能化发展，技术的不确定性和更新速度的加快对信息化建设提出新的挑战。三是信息化区域竞争越来越激烈。沿海地区凭借其人才、资金和自主知识产权的优势，技术转化快，市场占有率高，信息化发展速度明显高于中西部地区，对河南省信息化发展形成压力。

总之，“十一五”期间河南省信息化建设既面临国内外的严峻挑战，又面临着良好的发展机遇。必须充分认识国内外信息化发展形势，准确把握河南省经济社会发展的特征，坚持科学发展观，求真务实，坚定信心，利用信息技术提升传统产业，武装国民经济各个部门，提高社会生产力水平，推进各项事业快速发展，促进经济和社会协调发展。

【“十一五”规划指导思想、原则、目标】

（一）指导思想

坚持以科学发展观统领信息化工作全局，坚持以信息化带动工业化，以工业化促进信息化，坚持以改革开放和科技创新为动力，大力推进信息化，充分发挥信息化在促进经济、政治、文化和社会等方面发展的重要作用，不断提高信息化水平，促进河南省经济社会更快更好发展，加快实现中原崛起。

（二）基本原则

讲求实效与适度超前相结合。信息化建设要根据需求，突出应用，发挥效益，防止重硬轻软，重建轻用。要立足本地的经济社会发展实际，因地制宜，既要有一定的前瞻性，又要经济适用，杜绝重复建设。

政府引导与市场运作相结合。既要发挥政府在发展规划、政策环境、市场秩序和行业标准等方面的导向作用，调动各方面的积极性，又要发挥市场配置资源的基础性作用，提高信息化建设的经济效益和社会效益。

产业信息化与信息产业化相结合。既要加快信息技术向传统产业的渗透与融合，提升传统产业的信息化水平，又要促进信息资源的深度开发和社会化应用，加快发展电子商务、电子政务、远程教育、远程医疗、系统集成、管理咨询等信息服务业。

信息化与工业化、城镇化、农业现代化相结合。信息化要服务于经济社会发展的总体目标，要与工业化、城镇化、农业现代化相结合，以信息化带动工业化，促进城镇化，推进农业现代化。

(三)发展目标

力争到“十一五”末,河南省全民信息化意识普遍提高,信息化发展水平再上一个新台阶,成为推动河南省工业化、城镇化和农业现代化的重要手段。

信息化发展环境明显改善,普及应用水平明显提高。法规政策体系不断健全,体制创新不断深化,市场服务体系趋于完善,安全保障能力明显提升,国民信息化素质普遍提高,信息化人才明显增加。

经济领域信息化取得突破性进展,经济结构和增长方式更加合理。信息技术在农业领域进一步推广,工业信息化总体水平接近中等发达国家本世纪初平均水平,服务业信息化迈上新台阶。

社会领域信息化蓬勃发展,公共服务质量明显提高。信息技术在教育、科技、医疗、社会保障、文化建设等方面普遍应用,数字信息资源比重明显增加,信息化在扶持农村和社会弱势群体方面的作用得到进一步发挥。

电子信息制造业和信息基础设施不断发展,信息化发展的支撑能力明显增强。到2010年,电子信息制造业销售收入在2005年的基础上翻两番,成为河南省的新兴先导产业,走在中部前列。电信业继续保持高速增长,电信业务收入“十一五”期间年均增长12%左右;实现村村通电话、乡乡通宽带;电话用户总数达到6 500万户,互联网用户达到1 300万户。

【发展重点】

(一)紧紧围绕调整经济结构和转变经济增长方式,推进国民经济信息化

“十一五”期间,要深入推动农业、工业、服务业等各行业信息化,促进产业优化升级,提高市场运行效率,以信息化推动经济健康、快速、协调、可持续发展。

1. 以信息化改造传统农业,推进农业现代化。用信息技术改造农业,用现代科学方法经营农业,提高农业现代化水平。建立和完善省、市、县乡镇四级农业信息服务平台,推进互联网、电视、广播、报刊、电话等多种方式的有机组合,扩大农业信息网络覆盖面,提高农业信息“落地入户”水平,改善农村生产、生活条件和整体面貌。发展数字农业,加强信息技术在农业上的研究、开发和应用,逐步建立市、县级农业资源信息系统;加强和完善农业信息发布系统,建立信息发布制度;建立起比较完善的农产品及农业生产资料市场监测预警信息体系和农业区划、种子质量监测认证、植物保护监测、土壤肥料监测、动物防疫监测、气象灾害监测、农业科技教育、专家咨询和农业法律法规执行检查等信息体系,基本实现农业信息传播的数字化,农业信息的采集、分析、决策和发布网络化,推动农产品的网上交易。建立重点农产品生产质量安全数码防伪追溯系统,推进条形码技术应用,保障食品安全。基本建成农村卫生知识服务网,发展农村远程教育,推动社会主义新农村建设。实施网通万村百万户农民上网工程、农业市场信息综合服务工程、金牧阳光工程、联通信息富农工程、移动电话村村通工程、广播电视村村通工程等。

2. 以信息化带动工业化,推进工业化向纵深方向发展。充分利用信息技术改造和提升传统产业。促进信息技术与传统工业技术的融合,推进工业设计智能化、生产装备数字化、生产过程自控化、经营管理网络化,推动软件技术、集成技术、网络技术及信息产品与传统工业的衔接,形成信息技术、工业产品、系统装备等相结合的应用环境,重点改造和提

升装备制造、工艺流程、商贸流通和资源开采等领域信息化水平,提升传统工业企业的创新能力。用信息技术提升高物耗、高能耗和高污染行业的监测监控水平,发展循环经济,逐步形成节约型经济增长方式,实现可持续发展。实施安全生产信息化工程、制造业信息化拓展工程、循环经济信息化示范工程、中小企业信息化示范工程等。

3. 以信息化改造、提升服务业,加快现代服务业发展。大力推进交通信息化,以构建"智能交通"为目标,重点建设覆盖全省的各级交通信息传输平台和多媒体网络平台。建设高速公路网络管理信息系统和道路客运信息服务、货运信息服务、维修服务、运政管理信息网络系统,实施全省公路收费"一卡通"工程等。

继续推进金融信息化,重点建立金融信息共享平台,及时交流和发布各类经济金融信息,提高金融机构信息披露的及时性、准确性和完整性。进一步发展和完善网上银行、电话银行、手机银行,建设完善支付体系和用户系统,实现金融部门之间互联互通。实施中原城市群金融票据直接交换和同城结算工程等。

加大信息资源的开发、应用及产业化,培育信息服务业。挖掘、开发、整合各种信息资源,建设农业、林业、水利、工业、交通、能源、通信、环境等基础信息资源数据库,政府决策、法律法规、人力资源、财税贸易、金融证券、外资外汇、科技教育、生态环境、城市规划等宏观信息资源库,社会生活、历史文化、城市设施、交通信息、卫生医疗、劳动就业、气象服务等公共资源信息数据库。实施信息资源数据库工程。

积极培育信息市场,促进信息服务的社会化和市场化。建设以公益数据库为基础,以提供普及服务、取得普及效应为目标的社会公用信息服务系统;鼓励有条件的企业和中介组织紧密结合业务应用,投资建立多渠道、多形式、多层次的信息窗口,研发市场运营商业性信息产品;推进投资咨询、法律顾问、财会服务、金融服务、市场调查、会议展览、交通运输、技术咨询和各类中介等服务行业的信息化进程,加快信息资源的数字化和商品化进程。加快建设网络信用体系、认证体系、标准体系,提升信息服务水平和能力。

重点发展专业性电子商务平台。鼓励大型企业集团开展电子商务,带动产业链上下游企业信息化水平的提高。充分发挥中原地区商贸集散地的区位优势,依托现有网络基础,搭建和完善粮食、特色农副产品、农资、建材、电器等商品领域的专业性电子商务交易平台,服务中原、辐射周边、网络全国,降低买卖双方的交易成本,提高相关企业的快速反应能力,促进省内物流、资金流的合理流动,提高经济运行效率。实施电子商务工程、物流信息化工程等。

(二)紧紧围绕构建和谐社会,推进社会信息化

"十一五"期间,要加快与人民群众生活密切相关的城市服务、教育、卫生、文化等社会事业领域的信息化步伐,提高社会公共服务的自动化、网络化、智能化水平。

1. 加快城市信息化建设,增强城市的服务功能。建设涵盖医疗、社保、公积金等业务的便捷有效的社会保障信息系统,人口、户籍、交通、治安等各个专业系统互通共享的公共安全保障信息系统,包括城市规划管理信息系统、城市智能交通管理系统、城市应急指挥系统、城市环境动态检测系统等在内的城市管理应用系统,煤、水、气、电等城市生活基础条件的信息系统等,提高城市的管理水平和运行效率。选择基础设施较为完备的社区,完善社会保障、医疗保健、就业指导和生活救助服务体系,开展数字社区的试点,通过信息网

络有效、便捷、低成本地提供社区公益性服务和便民服务，并逐步推广。充分利用移动信息技术加强城市的现代化管理，发挥城市信息化的带动作用，增强城市的服务功能。实施数字城市工程。

2. 推进教育信息化，服务学习型社会建设。建设覆盖全省高校、技术先进、功能齐全的计算机信息网络系统，推进中小学“校校通”试点单位加快接入省教育科研网；整理、分类、加工、充实各种数字化资源，建设数字图书馆，形成交流便捷、优质、高效的教育资源共享体系，为教师、学生和社会公众提供优质、实用、可靠的教学信息及咨询服务；构建多层次、多渠道的自主网络学习平台，开展网上科普和远程教育，为建立学习型社会提供信息化手段。实施校校通信息化工程等。

3. 加快公共卫生信息化，提高医疗服务水平。重点建设和完善覆盖广泛、反应灵敏、高效通畅的公共卫生应急指挥系统，加强传染病和疫情的监测、分析、防控和救治；建立包括基础卫生资源综合数据库等在内的公共卫生综合管理平台，建设大中型医院信息管理系统、医学影像系统，实现医院数字化；开展社区医疗和农村远程医疗试点，提高医疗服务水平。实施突发公共卫生应急指挥及医疗救治信息系统、公共卫生管理数据库、数字医院工程以及社区、农村卫生院医疗信息化工程等。

4. 加快文化领域信息化建设，丰富人民群众的精神生活。加快广电传媒、出版、演艺、旅游等文化产业和图书馆、博物馆、档案馆等文化事业的数字化、网络化，满足人民群众日益增长的文化需要。加快动漫、数字音频与视频、移动通信内容服务等新兴文化产业的发展。发展先进网络文化，弘扬河南文化价值观，重视互联网对文化创作传播的重大作用，加快文化信息资源的开发，促进文化产业发展。加快旅游信息资源的开发，打造精品，促进文化与旅游的融合，做大做强旅游文化产业。实施“金版”工程、“数字图书馆”工程、“数字博物馆”工程、旅游综合信息服务平台工程等。

（三）紧紧围绕提高执政能力，积极稳步推进电子政务建设

“十一五”期间，要以政府的核心业务流程为主线，以政府业务流程改造和优化为重点，以提高政府工作效率为目标，加强公共服务、社会管理、综合监管和宏观调控信息化建设，提高各级党委、政府部门的决策能力、管理能力、应急处理能力、公共服务能力。

1. 建设全省统一的电子政务传输网络。重点建设全省统一的省、市、县三级传输网络平台，构建省电子政务内网、外网系统；建设内、外网网络管理中心及相应的安全保障体系。

2. 建设全省电子政务内外网应用系统。建设信息交换、综合业务管理应用支撑系统；建设政府综合门户网站、机关业务管理系统、公众综合信息服务系统、政府应急指挥系统、信用系统、审批服务系统等外网应用系统，实现政务公开、信息发布、业务管理等职能；建设包括各级机关办公自动化系统、公文交换系统、涉密机关业务管理系统、内部审核办理系统等内网应用系统。

3. 建设全省基础性重点信息资源数据库。建设全省基础性重点信息资源数据库，充分发挥信息资源的作用。重点编制全省党政机关及企事业单位信息目录和信息交换体系，建设综合文档库、人口、法人单位、自然资源和空间地理、宏观经济等一批基础性重点数据库，集聚和丰富政务信息资源，为政务内、外网的正常运行提供支撑和服务。

4. 建设国家统一规划的重要业务系统。建设金盾、金保、金宏、金土、金质等国家统一规划的“金字”业务系统和其他重要业务系统。

(四)紧紧围绕满足国民经济和社会信息化需求,推进基础网络设施建设

“十一五”期间,要继续优化完善基础网络设施,扩大网络规模和容量,建成广泛覆盖城乡并向社区、居民住宅和乡镇延伸的宽带化、数字化、综合化的中部区域性现代通信网络,实现各省辖市之间及与中部其他省中心城市间的高速互联,提高农村、居民家庭计算机拥有率和城市居民宽带网络接入率,缩小不同社会群体间的“数字鸿沟”。

1. 建设中原城市群高速传输环网。在完善郑州市通信枢纽的同时,逐步把洛阳市建设成为河南省第二个通信枢纽,保障中原城市群与区域外、省外信息渠道的通畅;借助国家省际传输干线和省内已有骨干传输环网,搭建中原城市群9市传输环网、区域内重点县(市、区)传输环网,保障区域内各市间信息的高速传递;进一步完善区域内县—乡接入网和城域网,提高网络覆盖能力。

2. 不断优化完善通信网络,提高网络安全和通信能力。充分利用现有通信网络资源,优化完善通信网络,推动固定通信网、移动通信网内部及其相互之间的无缝连接和互为备份,增强通信网络的安全和通信能力;以突破“带宽”瓶颈制约为重点,加快宽带接入网建设,逐步建成覆盖城乡、能够满足数据和多媒体通信需要的宽带化、数字化和综合化接入网络,大力发展无线接入宽带,为移动化、综合化、个性化、全方位的信息服务奠定基础。

3. 建设数字化、多功能的广播电视网络。建设、改造连通各省辖市和市到县(市、区)、县(市、区)到乡镇的有线电视覆盖网,开展数字电视和交互式数字电视的应用以及高速互联网接入服务、多媒体传输业务、视频点播等网络业务。重点实施数字电视工程。

4. 加强技术进步,推动网络向下一代发展。加快“三网”(电信网、广播网、计算机网)融合,发展具有开放的分布式架构,支持语音、数据、多媒体等综合业务的下一代网络。重点推进以软交换为核心的下一代交换网、以3G为代表的下一代移动通信网、以IPv6为基础的下一代互联网的多元化宽带接入网的发展。

(五)紧紧围绕加强自主创新,大力发展电子信息制造业

“十一五”期间,要立足比较优势,加强集成创新和消化吸收再创新,加快产业化步伐;分类指导现有开发区和信息产业园区,提高产业聚集能力;大力引进外来企业,着力培育、壮大电子信息产业。集中目标、形成合力、整合资源、重点突破,不断提升“两个优势产业”,做强“两大产业链”,培育“四类优势产品”,建成玻壳、锂离子电池、硅半导体材料、新型平板显示材料等四个全国竞争力最强的生产基地。

1. 加快调整产品结构,提升电子元器件和新型电源两大优势产业。重点发展扁、平、轻型玻壳,微型、低耗、多功能汽车电子和新型网络通信器件,迅速实现电子元器件产品转型;加快发展锂离子、镍氢和燃料电池及材料,提高新型电源产业技术水平,培育自主品牌。

2. 提高精深加工水平,做强硅半导体材料及太阳能电池、新型显示材料及精深加工两大产业链。扩大多晶硅生产规模,夯实精深加工基础,加强原料招商,发展单晶硅太阳能电池、半导体照明器件、移动存储器、集成电路芯片等,实现硅半导体材料及太阳能电池

产业链上下游配套;按照国际标准,高起点发展液晶电视、等离子电视、手机用玻璃基板等上游产品,扩大导电玻璃等深加工产品规模,吸引沿海地区整机生产企业向河南省转移,加快实现液晶显示屏等产品的规模化生产。

3. 承接产业转移,培育数字视听、网络及通信、计算机、软件四类优势产品。抢占数字电视市场先机,发展以液晶、精显高清数字背投为主的数字电视、机顶盒、数码摄录设备等数字视听产品;加强设备制造企业与网络主营商、文化传媒的合作,形成良性互动,充分发挥骨干企业优势,引进战略投资,发展与下一代互联网和第三代移动通信配套的无线宽带通信设备、网络视频点播系统、安全服务器、高性能路由器等网络及通信产品;利用省内市场,强力扶持本地计算机企业,发展以税控收款机、网络计算机、涉密计算机、笔记本电脑为主的计算机产品,做大自主品牌;承接软件分包,发展以信息安全、电子商务、企业信息化应用系统等为主的软件产品,扩大产业规模。

【保障措施】

(一)加强信息化法规政策体系建设,优化信息化发展环境,加强领导,统筹规划

各级政府要高度重视信息化建设工作,在认真贯彻执行国家有关法律、法规的基础上,依据河南省实际情况,制定实施细则和地方法规,形成有利于河南省信息化发展的法规政策环境和信用体系。

加强信息化法制工作。在信息化重点发展领域、信息市场规范、信息安全保密、安全产品检测、知识产权保护、信息化技术标准、人才培养等方面,制定和完善相关条例、规章制度、管理办法、统计指标体系等。大力宣传国家和河南省信息化法律、法规;加大行政执法力度,坚决查处和制裁各种违法行为;依法打击危害社会安全的信息犯罪活动;加强网络道德建设,规范网络行为,严格网吧管理。

制定适度倾斜信息产业发展的政策。研究制定促进河南省信息化快速发展的政策措施,营造良好的信息化发展政策环境。对从事信息技术研发、信息产业和信息服务的企业,可通过申报高新技术企业享受有关优惠政策。在信息系统建设中坚持同等优先的政府采购政策,积极采购河南省生产的电子信息产品和软件,促进河南省信息产业发展。

健全完善信息化标准化体系。宣传贯彻国家标准、行业标准;密切关注国际信息化标准的发展现状与趋势,积极与国际标准接轨;根据河南省信息化发展实际需求,有针对性地制定河南省地方性标准规范和标准体系,作为对使用标准不足的补充。加强信息化标准的交流与合作,积极参与标准制定工作,引导企业积极参与标准化活动。

(二)鼓励创新,激励创新,激发信息化建设活力

要从文化、制度、理念等各方面创造一个好的氛围,鼓励、激励产品创新、技术创新、制度创新、机制创新,坚持自主创新、集成创新和引进、消化、吸收创新相结合,提高河南省信息化水平,让创新成为河南省信息化发展的重要推动力,实现河南省信息化建设的跨越式发展。大力支持河南省信息化建设中出现的新思路、新技术、新产品、新设计等创新活动,并对在信息化建设中作出突出贡献的人员予以表彰和奖励。

(三)加强信息化人才的培养和人才队伍建设

着眼于当前和未来河南省信息化建设需要,制定信息人才培养和人才队伍建设的有效政策措施。加大信息化人才引进力度,通过国内、国外合作交流,重点引进和培养造就

一批走在技术发展前沿、在各自研究领域处于领先水平的信息化建设人才。加快建设河南省信息化人才培训基地,依托在豫大专院校、科研院所和骨干企业,建立信息化高级人才和复合型人才的教育、培训机构。充分利用学校教育、继续教育、社会教育等多种途径和手段,形成不同层次、学科齐全、结构合理的信息化技术人才培养教育体系。建立在职培训机制,强化领导干部的信息化培训,普及政府公务人员和社会从业人员的信息技术应用技能。在中小学普及信息技术教育,提高全民信息化素质。

(四)拓宽资金渠道,增加信息化投入,加强引导,广泛吸纳民间资本和外资参与信息化建设

各级政府要加大对信息化发展的扶持力度,积极探索建立信息化发展专项资金,引导和带动全社会增加信息化投入。要明确政府投资范围,区分和界定必须由政府投资和市场化运作的信息化领域,按照投融资体制改革的新要求,加快投资主体多元化、投资方式多样化,建立和完善适应信息化发展的多渠道投融资体制。制定优惠政策,鼓励企业自身信息化建设和参与社会信息化建设;支持有条件的企业通过发行股票、债券等方式利用资本市场筹集信息化资金;建立风险投资机制,完善资本市场,鼓励民间资本和外资进入信息化建设领域。

(五)扩大开放,加大招商引资力度

扩大开放,积极引进国内外技术、人才和管理经验,充分利用国内外资源推进河南省信息化建设。坚持对内开放和对外开放并举,积极采用多种方式,吸引跨国公司和境外投资机构投资河南省信息化建设。发挥河南省劳动力、市场、资源、区位等优势,引导东部地区信息企业通过联合、兼并、租赁、参股等多种形式参与河南省企业改革与重组。引导和促进省内大型企业加强对核心信息技术的研究开发,积极与国际跨国公司、国内大企业集团、大专院校等进行合作,加强交流,吸引国内外信息企业来河南省建立信息产品生产和研发基地。

(六)加强信息安全体系建设,保障信息安全

建立健全信息安全保障体系,理顺管理体制,制定信息安全政策法规和标准,研发具有自主知识产权的信息安全技术,培养信息安全人才,研究制定信息安全目标与策略等。抓好重点领域和部门的安全示范工程。开展信息安全法制教育,提高全民信息安全意识,防范、打击计算机与网络犯罪。

河南省国土资源信息化“十一五”规划

国土资源信息化建设是河南省国土资源工作的一项重要任务。经过多年的建设和发展，国土资源信息化已成为提高全省国土资源行政监管效率、促进国土资源管理科学化和服务社会化的重要途径与有力措施。为了规划和明确“十一五”时期河南省国土资源信息化发展战略、目标与工作重点，使国土资源信息化更好地为河南省经济社会发展服务，为国土资源规划、管理、保护和合理利用服务，根据国家和河南省有关国土资源工作与信息化建设的规划及部署，制定《河南省国土资源信息化“十一五”规划》（有关测绘管理信息化“十一五”规划另行编制）。

本规划以 2005 年为基期，规划至 2010 年。

【现状与形势】

（一）“十五”时期国土资源信息化建设回顾

“十五”时期，河南省国土资源信息化工作认真贯彻落实国家和省、部关于国土资源信息化发展与建设的指示精神和工作部署，扎实开展国土资源信息化各项建设工作，积极主动为国土资源管理提供信息技术支撑和为社会提供信息服务，初步建立了全省国土资源信息化体系。

1. 信息化组织和建设机构相继成立，建设框架基本形成。

省国土资源厅成立了厅信息化领导小组，作为全省国土资源信息化工作的最高领导决策机构，成立了信息办（挂靠信息中心），作为厅信息化工作的行政归口管理部门，组建了厅信息中心，作为信息化建设专门机构。多数市级和部分县级国土资源管理部门也相继成立了本级信息化组织机构和专门的建设机构。全省信息化组织体系基本建立，信息化建设专业队伍初具规模。经过实践和不断总结，国土资源信息化建设框架基本形成。先后制定的《河南省国土资源信息化“十五”规划和 2010 年远景目标（纲要）》、《河南省国土资源信息化建设总体方案》、《河南省国土资源政务管理系统建设总体方案》、《河南省国土资源数据中心建设方案》等一系列信息化工作的指导性与规范性文件，加强了对全省国土资源信息化建设与发展的统筹规划。

2. 网络体系发展迅速，信息服务能力不断提高。

省厅与各省辖市级国土资源管理部门及厅直属各事业单位之间网络已经连通，与省政府专网也已连接。省厅与市级国土资源局之间的视频会议系统初步建成。省级国土资源门户网站建设已经启动,“河南省地质环境信息网”、“河南省土地市场动态监测网”等一批省、市、县三级专业网站相继建成并投入运行。全省有13个市级国土资源局完成了与当地政府的专网连接,大部分市级国土资源局建立了局域网,市级国土资源对外服务网站全部建立,县级国土资源局外网网站建设普及率也达到30%。国土资源政务信息网上公开愈加普及,信息服务资源不断丰富,信息社会化服务水平不断提高。在2004年和2005年度国土资源部网上政务信息公开评比中,河南省国土资源厅与部分市局对外网站评比成绩名列前茅,分别被授予“国土资源政务信息网上公开示范单位”荣誉称号。

3. 国土资源数据库建设成效显著。

一大批基础数据库和管理数据库相继建成并投入使用。如先后完成了全省1:50万土地利用规划与农用地分等定级数据库,完成了部分省辖市1:10万至1:25万土地利用规划数据库,全省85%以上的县级1:1万土地利用现状数据库建设工作已经完成或正在进行。建设并完善以全省1:50万矿产资源规划数据库及采矿权、探矿权、矿产资源储量空间数据库等为代表的一批矿政数据库。建设并完善了勘查资质、地质资料查询、地质灾害防治工程资质等地质调查评价数据库。省级国土资源数据中心一期工程建设已经完成,全省国土资源数据信息远程传输与交换共享能力得到明显提高,信息化的基础支撑和示范作用初显成效。

4. 国土资源管理重要业务系统建设与应用取得进展。

开展了市、县级城镇地籍管理、省级土地利用动态遥感监测、省级矿业权管理与机关办公自动化管理系统等项目研究。开发了河南省汛期突发性地质灾害预警预报等应用系统。开展了审批项目窗口办文的试点,一批业务系统在厅机关政务内网上开通运行,探矿权、采矿权登记信息系统实现全国联网,这些系统的建设与应用为日后国土资源电子政务建设积累了经验。

在全省各级国土资源信息化建设取得显著成效的同时,也应该清醒地看到还存在的问题与不足:一些地方和部门对信息化认识尚不到位,信息化在国土资源管理中仍未得到广泛深入的应用,信息技术还没有成为国土资源管理工作中不可缺少的重要手段;数字化信息积累还不能完全满足国土资源管理需求,信息化基础设施建设状况依旧薄弱;多头部署、推广单一应用系统的现象还不同程度地存在,应用系统之间的互联互通以及信息共享程度不够;地区间发展差异较大,信息化组织与建设机构发展不平衡。

(二)国土资源信息化面临的形势

“十一五”时期,是全面建设小康社会的关键时期,国民经济和社会发展对河南省国土资源的需求将持续保持较大规模与较快的增长,全省国土资源供给的有限性及经济社会发展对国土资源需求不断扩大的矛盾将日益突出。人口增长的惯性作用,将使河南省的人均耕地占有量可能达到历史最低点,耕地保护工作面临着城市化进程加快、小城镇建设、基础设施建设、中原崛起战略和农业内部结构调整的五重压力。随着国内外低成本矿产品、能源、原材料产品的进入,也使得全省矿产资源的有效保护与合理开发及与其他自然资源、生态环境等相关产业的协调发展面临新的挑战。经济和社会活动的不断增强还可能引发河南省日益严重的地质灾害,这些都使得河南省国土资源管理工作在“十一五”时期面临的形势发生重大变化。同时,国务院有关国土资源管理工作决定的执行和国土资源参与宏观调控职能的确立，也为“十一五”时期国土资源工作带来了良好的发展机遇。

面对新时期国土资源管理工作的新形势和新要求，需要通过新机制、新方式，以提高国土资源信息的预见性、科学性和准确性，保障国土资源对全省经济社会发展持续、可靠的供应，减少地质灾害对河南省国民经济和人民生命财产的威胁和破坏。推进信息化建设不仅是国家信息化发展战略的要求，更是新形势下河南省做好国土资源管理工作的必然选择。“十一五”期间，全省国土资源信息化建设要以实施金土工程为契机，以全面提高国土资源管理行政效能和监管能力，降低国土资源管理成本为着力点，把信息技术全面、深入地应用到国土资源调查评价、规划、管理、保护与合理利用等各个工作环节，形成“天上看、地上查、网上管”的国土资源管理运行体系，为国土资源规范有序的开发、持续有效的利用提供有力的技术支持和信息保障，为全社会提供充分的国土资源信息共享服务。

【指导思想、建设原则与发展目标】

（一）指导思想

以邓小平理论和“三个代表”重要思想为指导，全面贯彻落实科学发展观，按照全国国土资源信息化建设和河南省信息化建设总体部署，紧密围绕河南省国土资源管理目标，遵循“统一领导、统筹规划、整合资源、强化应用”的指导方针，坚持量力而行、适度跨越的发展模式，以金土工程等重要项目为依托，不断完善国土资源信息化体系，为国土资源管理提供技术支持和信息保障，促进河南省国土资源管理与服务水平的全面提升。

（二）建设原则

“十一五”时期，河南省国土资源信息化建设原则是：

1. 明确职责，加强协调。

国土资源信息化是一项庞大的系统工程，各级国土资源管理部门要明确各自信息化建设职责，建立信息化建设目标责任制，把信息化工作真正落到实处。在信息化建设中要加强综合协调，理顺关系，处理好下级与上级、局部与全局的关系，确保信息化建设上下协调一致，形成全省上下联动一体化的国土资源信息化体系。

2. 全面推进，突出重点。

国土资源信息化建设要合理部署、全面推进，保证信息化建设的整体性和协调性。要突出重点，着重解决国土资源管理工作中的难点问题和关键问题，统筹规划、分步实施。通过试点示范，以点带面，达到建设一片，应用一片，成熟一片，逐步形成符合本地区本部门特点的发展思路和建设模式。要立足现状，考虑长远，统筹考虑急需应用系统的开发与基础设施建设。

3. 因地制宜，强化标准。

在统筹规划的前提下，各级国土资源管理部门可结合本地信息化建设特点、技术水平和资金状况，因地制宜地开展本地信息化建设。在信息化建设过程中，要严格执行有关信息化标准、规范或技术指导性文件，并根据实际需要，结合当地情况，进一步细化、补充制定相应的实施规范。

4. 扩大服务,保障安全。

各级国土资源管理部门要大力推进信息资源共享,向社会提供形式多样、内容丰富的信息服务,满足社会大众的需要。要增强安全意识,严格执行国家和河南省颁布的信息安全和保密规定,建立严格的信息公开审查制度,保证系统和信息的安全。在保证信息安全的前提下,开放和扩大信息服务。

(三)发展目标

"十一五"时期,河南省国土资源信息化建设总体目标是:基本建立起结构合理、功能完整、安全稳定、监管有效、服务全面、覆盖全省的国土资源信息化体系。基本实现国土资源政务管理的网络化运行,增强国土资源行政管理效能。形成网上双向互动式的国土资源公众信息服务体系。稳定和加强国土资源信息化工作队伍。具体目标如下:

1. 基本形成全省国土资源网络体系。

建设和完善省、市、县三级国土资源管理机关局域网,利用河南省的政府办公业务资源网,建立覆盖全部省辖市级国土资源局和2/3以上县级国土资源局的国土资源网络;省、市级国土资源网络基本满足数据远程交换需要,网络成为全省国土资源信息传输和交换的主要渠道,网络安全得到进一步加强。

2. 政务管理业务实现网上运行。

完成河南省国土资源电子政务平台建设,基本实现省、市、县三级国土资源政务管理一体化网上运行,基本形成上下联动的网络化国土资源管理模式和贯穿国土资源主要业务的政务信息化体系,逐步实现国土资源管理业务网上审批。

3. 国土资源调查评价数字化程度明显提高。

应用全球卫星定位系统(GPS)、遥感技术(RS)、地理信息系统(GIS)(3S)等现代信息技术,基本实现包括野外数据采集、数据处理分析等国土资源调查评价全过程的数字化和网络化,国土资源调查评价科技水平明显提高。

4. 数据库建设基本满足管理和决策支持需要。

建设省、市两级国土资源数据中心,逐步完成和更新一批影响全局、支撑全省国土资源主要业务的基础性、战略性数据库,数字化信息的积累取得明显进展,数据库更新机制基本形成,数据库体系进一步完善,对国土资源管理和决策支持作用明显增强。

5. 信息资源基本实现共享,信息服务体系初步形成。

全省县级以上国土资源管理部门对外网站全面建立。河南省国土资源门户网站开通运行,与市级和县级国土资源管理部门的对外网站互相链接。省、市、县三级国土资源政务信息实现网上公开,信息共享程度明显提高。网上双向互动式的国土资源信息社会化服务体系初步形成。

6. 信息化组织和建设机构更加健全。

市级国土资源信息化组织和建设机构全部建立,1/3以上县级信息化组织和建设机构确定。一支相对稳定、结构合理、专业性强的信息化建设队伍基本形成,国土资源信息化技术体系和信息化管理体制进一步完善。

【主要任务】

(一)国土资源调查评价与监测信息化

应用3S等现代信息技术,继续开展国土资源数字化信息采集与处理技术的研究与推广应用,进一步完善国土资源野外数据采集系统和监测信息系统。

1. 完善与推广数字化信息采集与处理技术。

围绕国土资源数据采集、数据处理、数据分析等调查评价工作,运用各种现代化的观测、探测和计算机辅助等技术,积极推广和应用3S等多种数据获取技术,建立并完善土地资源调查、矿产资源调查、地质灾害监测和地下水资源调查等数据采集、分析与评价系统,形成以数据流为主线的国土资源调查评价工作体系。

健全和完善国土资源基础信息获取和更新的技术管理机制,确保国土资源调查评价信息及时汇总、处理和分析。

2. 完善数据更新技术,建立国土资源动态监测信息化体系。

利用影像处理和影像解译技术,进一步完善集遥感数据和地理信息系统数据为一体的数据更新体系。

以高分辨率卫星遥感数据、航空遥感数据为数据源,建立并完善土地利用遥感动态监测信息系统和资源环境遥感监测与评估信息系统,及时掌握重点城市、重点基本农田保护区、开发区等监测区域的土地利用动态变化信息。利用定点监测、数据处理和传输等技术,建立全省完善的建设用地供应和土地市场交易信息动态监测系统。

利用先进的信息获取技术和信息快速传输技术,进一步完善矿山开发利用、地下水资源、地质环境与灾害等动态监测信息系统。充分挖掘现有各种数据资源,开展关键指标分析、重大事件分析和风险评估,开发风险预警功能,建立以综合数据库系统为基础的地质环境、地质灾害区域动态评价及综合预警平台。

(二)国土资源政务管理信息化

要按照统一的电子政务平台建设要求,把以部门为建设单元的政务管理信息系统整合为以业务为主线、在网络环境下运行、跨部门协同的政务管理信息系统。在统一的电子政务平台上,开发新的业务系统,完善已有业务系统。加强系统应用的深度和广度,逐步建立并完善以网上互动为特点的政务办公体系。进一步强化国土资源“网上管”的技术体系,配合“天上看、地上查”的国土资源数据采集与监测机制,利用国土资源信息网络平台,建立省、市、县三级国土资源政务监管信息化体系。

1. 依托电子政务平台,整合各类政务管理信息系统。

打破原有针对某一业务领域需求独立建设应用系统的模式,推广基于搭建、配置要求的电子政务平台建设模式,把独立的业务应用系统及数据库系统集成到一个可管理的统一环境中。在面向单个业务流程的信息系统建设中,依照统一标准建设数据库和政务管理信息系统,提供规范的数据接口,以满足各级国土资源管理部门和不同业务系统之间的数据共享与交换。建立全省统一的国土资源电子政务建设技术框架、运行环境,规范系统开发和维护的标准。

对于不适应现行政务管理要求、改造和维护又困难的政务信息系统,按照现行的业务规则在电子政务平台上进行重新构建;对于还能发挥作用的政务管理信息系统,要保护已有投资,避免重复建设,可以继续单独运行,可根据实际情况,对该类系统按照省国土资源电子政务平台制定的数据共享和接口标准进行部分改造,纳入全省统一的数据资源管理框架,进行数据集成,实现政务信息的互联互通。

县级业务信息系统和数据库可由上一级国土资源部门统一集中建设,通过网络登录上一级系统,与上一级国土资源部门实现数据共享与交换,并运行本级业务信息系统和对本级数据进行管理。

在地政管理方面,以土地利用现状数据库、城镇地籍数据库、土地利用规划数据库、基本农田数据库等为支撑,整合各级土地资源规划与计划管理、建设用地审批管理、土地登记管理、土地供应管理、土地市场管理执法监察、土地开发整理等相关管理信息系统,形成统一的地政管理信息系统。

在矿政管理方面,以矿业权管理为主线,整合矿业权管理、储量管理、矿产资源规划计划管理、矿产资源执法监察、地质环境与灾害管理等相关管理信息系统和数据库,构建统一的矿政管理信息系统。

在国土资源管理宏观决策支持方面,以国土资源相关数据库为基础,开展数据综合分析,建立预测模型,形成国土资源宏观决策支持信息系统。

2. 建立三级业务网络化运行体系,实现数据交换共享和主要业务系统上下联动。

整合省、市、县三级国土资源管理主要业务系统,规范业务关系和数据逻辑结构,建立上下级业务系统的数据共享和系统交互机制,形成三级业务网络化运行体系,并与国土资源部相关业务系统联结,实现各级业务数据间的交换共享和主要业务系统间的协同运行。三级业务网络化运行体系主要包括:

以耕地保护为目标,通过数据共享和系统交互机制,集成省建设用地审批、市(县)建设用地申报和土地供应等各级业务系统,与地政基础数据库和相关地政业务系统联通,形成集建设用地申报、审查、审批、供地于一体的三级网络运行体系,上下级数据互动响应,随时掌握新增建设用地、耕地占补和土地供应信息。

以矿产资源可持续供给保障为目标,通过数据共享和系统交互机制,集成省级探矿权审批系统,省、市、县三级采矿权审批系统和储量登记系统,形成贯穿省、市、县三级的网络化矿政管理运行体系,实现对矿产资源勘查、开发的有效监管和调控。

以地质灾害预警预报和应急指挥为目标,依托覆盖全省重点地区的群测群防监测网络,建设和完善灾害综合区域分析与预警、野外应急调查数据传输、全省地质灾害联合监测与发布等信息系统,基本形成地质灾害预警预报及应急指挥系统,提高处理突发事件能力。

推广应用执法监察管理信息系统,依托全省国土资源网络体系,快速掌握违法用地和违法采矿事件。

推广应用省、市、县三级国土资源综合统计网上直报系统,全面、准确、及时获取国土资源综合信息,并与国土资源部相连接。

(三)国土资源信息开发利用

建设和完善一批重要的国土资源数据库,建立数据库更新和管理机制,提高为政务管理信息系统支撑的能力,加强信息资源的开发和共享,提高信息社会化服务能力和水平。

1. 加快国土资源数据库建设。

完成矿产资源规划、开发利用和储量管理等数据库建设。完成与土地利用现状、土地利用规划、基本农田保护、土地开发整理等相关的数据库建设。开展省级、市级城镇地籍数据库建设。开展与完善国土资源政务管理各类业务和综合统计数据的采集与数据库建设。

建设与完善矿产、地质调查评价数据库。根据实际需求和应用价值,对地质调查评价取得的已有纸质地质资料和各类地质报告进行数字化并建立相应数据库。开展土地分等定级评价数据库、坡耕地和耕地后备资源调查评价数据库等土地调查评价数据库建设。

开展国土资源元数据库建设。建设与国土资源管理相关的文献数据库,逐步形成省、市、县各级国土资源文献数据库体系,为政府和社会提供国土资源文献检索服务。

2. 加强国土资源信息整合与开发。

建立国土资源信息共享机制,构建面向决策管理和社会公众的信息共享服务平台,加强与相关行业部门的信息共享和交换。应用影像和矢量数据存储、索引、提取、处理和解译等技术,集成高分辨率遥感数据和其他国土资源基础数据,建立统一的数据发布平台,开展国土资源空间数据的共享服务。利用元数据、目录服务、Web 服务和信息搜索等技术,构建分布式国土资源信息服务系统。建立反映国土资源管理和运行状况的重要指标体系,定期向社会公众发布国土资源核心指标及相关信息。

加强各类国土资源信息的整理和分析。制作和生产内容丰富、形式多样的各类数据产品,为社会提供各种增值服务,满足社会对国土资源信息的需要。

3. 推进政务信息公开,增强信息服务能力。

建立健全信息公开与发布制度,加快推进政务信息公开。充分利用现代信息技术手段和多元化的服务方式,向社会和决策管理部门提供形式多样、实时快捷的信息服务。

建立与完善省级、市级和部分县级国土资源管理部门对外服务网站,并实现三级对外网站的链接。建立并完善全省统一的国土资源门户网站,积极推行“窗口式”办公和“一站式”服务。设立网上政务公开、信访举报、办事与交易等栏目。建立以建设用地申请、土地登记、矿业权申请为主要内容的网上受理系统,建立以土地招拍挂、矿权流转等为主要内容的网上交易系统,实现互动式网上办事和网上交易。建立国土资源违法、违纪网上举报系统和电子信访系统,接受社会监督。

利用国土资源网站体系推进政务信息公开。建立健全政府信息公开制度,加快推进政府信息公开。以国土资源网站体系为平台,增加政务信息公开查询和网上办事功能,充实网上信息内容,为社会公众提供信息查询、网上申报、电子信访等形式多样的信息服务。

逐步建立和完善国土资源行业网站或专业服务网站。加强对国土资源法律法规的宣传教育,普及国土资源科学知识,增强全社会资源开发利用与保护意识。

推进多元化的国土资源信息服务。采取有效措施,以多种渠道、多种方式、多种终端,满足社会对国土资源信息多元化的信息需求。逐步开展国土资源信息广播电视点播服务、手机短信定制服务、国土资源信息报刊定期发布服务。因地制宜地建立触摸屏、大屏幕、电子阅览室、网络视频会议,提供国土资源信息查询服务、演示服务和远程会商服务。

(四)国土资源信息化基础设施

1. 建设与完善国土资源网络体系。

建设和完善统一、规范的国土资源网络体系,国土资源厅对上链接国土资源部、河南省政府,对下链接市级、县级国土资源局及厅属事业单位,增强和完善国土资源网络管理功能。

扩大网络覆盖范围,完善网络平台。根据数据中心建设和业务应用系统建设需要,省国土资源厅负责规划和建设省国土资源厅到各市级国土资源局的广域网,各市级国土资源局负责规划和建设其到所辖县级国土资源局的广域网。网络系统建设要遵守国家有关电子政务网络系统建设规范和要求,网络拓扑结构在每一级都采用星形结构和 IP 方式组网,建设统一规范的省、市、县三级国土资源网络系统。

建立全省综合网管系统,加强对全省网络系统的整体性能与资源管理。采用分布式技术建立国土资源综合网管系统,实行分级管理。在省国土资源厅建立全省系统的网络管理中心,在市级节点建立网络管理系统。实现从服务器、网络设备、应用系统的各个层次、各个方面对网络进行全方位监控与管理,实时监测网络运行状态,全面把握网络运行状况,有效解决网络管理问题,预防网络故障。

根据发展需要,统筹建立全省有关国土资源业务专网。

2. 建设国土资源数据中心。

建设统一标准的省、市级国土资源数据中心。河南省国土资源数据中心为全省国土资源电子政务系统提供数据支持,是全省国土资源数据存储、管理、运行和维护中心,也是全省国土资源信息共享交换及服务中心。市级国土资源数据中心负责本辖区国土资源数据的存储、管理、交换和服务。数据中心建设要统一标准、统筹安排,要以数据为核心,依托成熟的数据库管理、网络和信息交换技术。要根据数据属性、流量、服务功能等特点建立数据运行环境和运行平台。

开展国土资源信息交换体系建设。遵循国家通用的数据交换标准,建立省、市级信息交换平台,形成省、市级国土资源数据中心之间数据交换与共享机制。

建立国土资源数据管理模式。建立集中与分布式管理相结合、多级备份、相互印证、相对独立的数据管理机制,实现数据的统一管理、维护和服务。确立数据在线和离线服务方式,针对不同的数据服务方式采用相应的数据存储、管理模式。

建立健全包括系统管理、数据汇交、数据接收、数据安全、设备管理、文档资料管理等一系列内容的数据中心管理制度,逐步形成统一的国土资源数据接收和发布机制。

3. 建立国土资源信息安全系统。

建立省级国土资源信息安全与灾备中心。把信息安全与防护纳入正常管理监控范围,市级要加强网络系统建设,完善网络攻防安全子系统,如防火墙系统、入侵检测系统、网络防病毒系统、主机保护系统等。实施物理隔离技术,部署物理隔离安全产品,将涉密网络和非涉密网络物理隔断。有需求和有条件的地方,可建立桌面安全管理系统,对客户端计算机进行统一管理,提高客户端的信息安全性。

在合适的地方建立省级信息系统灾备中心。各市级灾备中心要根据自身条件建立灾难恢复中心或灾难恢复子系统。灾备中心的建设要遵循相关法规和标准,统一规划和部署，从实际出发，资源共享、互为备份，各地不要盲目建设和发展。

制定和完善应急处置预案，提高应急响应能力和业务系统恢复能力。

4. 建立健全信息化规范与制度。

制定省、市级国土资源信息化建设指南，规范信息化建设工作，根据实际情况，对国土资源信息化的国家标准和行业标准按照标准扩充原则进行适当的扩充，以满足本地信息化建设实际需要，形成符合河南省实际的国土资源信息化标准体系。加强对国土资源信息化标准的指导培训和推广应用。

【市县级信息化建设】

（一）建设目标

以实施“金土工程”为契机，初步建立河南省市、县级国土资源信息化体系，在国土资源主流程的重要环节实现信息化，使国土资源信息化建设基本适应本级国土资源管理和经济发展的需要。

1. 在土地、矿产资源和地质环境等领域建设和完善一批基础数据库，使数字化信息的积累较“十五”有较大进展，初步满足本级国土资源政务管理、信息服务需求。

2. 国土资源政务管理信息系统建设初具规模，初步实现市级国土资源部门机关办公、业务管理自动化、信息化；基本形成国土资源信息服务体系。

3. 省辖市级国土资源部门信息化组织和建设机构（信息中心）全部建立，有条件的县级信息化组织和建设机构确定。同时，各级均要配备一定数量的专业技术人员，初步形成一支结构合理、相对稳定的国土资源信息化专业队伍。

4. 广泛普及信息技术知识，使各级国土资源部门工作人员具备基本的信息技术知识，适应信息化工作的需要。

（二）具体建设任务

1. 加快全省各省辖市级国土资源数据分中心建设。

省辖市级国土资源数据分中心作为国家整个国土资源数据中心体系的一个节点，是国土资源电子政务建设的基础构架与核心，各类与国土资源管理决策有关的基础数据、管理数据与成果数据实行统一集中管理。

数据中心的建设按照集中与分布相结合的模式进行。即直接用于行政审批和决策支持的数据，要统一集中到市级数据分中心，并制定数据汇总、更新、发布的管理制度和办法；对于向社会提供服务的公益性基础数据，则采用分布式管理模式，由数据采集部门自行管理维护，负责日常更新。技术上要求省辖市级国土资源数据分中心建设不仅要满足接收和管理本级数据与所辖县级汇交的各类国土资源数据，保证各类数据的安全存储与有效共享，并能按要求保证省厅对辖区内相关数据的实时调用。

2. 建设和完善市、县级国土资源网络基础平台。

建立和完善省辖市级国土资源政务网络基础平台与县级国土资源部门内部局域网，充分依托各级政府部门的办公业务资源网初步形成市、县两级国土资源虚拟专网的互联互通，并与国家、省厅国土资源主干网连接，形成纵向连接国土资源系统，横向连接市政府及其他部门的国土资源网络体系。同时，要加强综合网络管理，建立和完善网络安全防御系统，实现网上信息畅通传输和交换，保证网上政务的安全运行。

3. 加强各类基础数据库建设与整合，使数字化信息的积累取得明显进展。

土地方面：要全面完成市、县级 1∶10 000 土地利用现状及更新数据库和 1∶10 000 土地利用规划数据库建设，完成城镇地籍数据库建设，完成土地开发整理规划（包括预备项目、备选项目等）数据库、新增耕地储备数据库的建设。进行基本农田数据库、土地供应备案数据库、基准地价数据库、土地市场数据库、农用土地分等定级数据库及土地资源执法监察数据库等的建库工作。市级还需进行建设用地项目数据库与土地利用遥感监测数据库的建设。

矿产资源和地质环境方面：要完成市级矿产资源规划数据库并启动县级矿产资源规划数据库建库工作。开展矿产资源执法监察数据库建设。继续完善矿业权管理数据库、矿产资源储量登记统计数据库。配合省厅建设市、县级地质环境调查和地质灾害防治区划数据库。

4. 加快国土资源电子政务系统建设步伐。

针对国土资源政务系统建设内容与建设目标具有多样性的特点，打破原有针对某一业务领域需求独立建设应用系统的模式，省辖市级要建设统一标准的国土资源电子政务平台，把独立的业务应用及数据库等建立和集成到一个可管理的环境中。按照电子政务平台的建设思想，紧紧围绕“金土工程”业务系统要求内容，开展耕地保护管理相关应用系统、矿产资源管理相关应用系统、地质灾害预警预报及应急指挥系统和信息服务系统建设。

5. 加强国土资源信息服务能力建设，形成市、县级国土资源网站与信息社会化服务体系。

不断完善国土资源信息服务网站，推进网上信息服务应用系统建设，建立统一、权威的国土资源对外信息服务窗口，并实现各级对外网站的有效链接。同时，充分挖掘、整合与利用已有的土地、矿产资源、地质环境等信息资源，开放信息服务，建立国土资源信息公开查询系统，向全社会提供方便快捷、形式多样的国土资源信息服务。

【重点工程（“金土工程”）】

河南省“金土工程”作为国家“金土工程”的重要组成部分，是河南省“十一五”时期国土资源信息化建设的大抓手。工程的实施主要面向资源监管、调控与服务目标，建立覆盖国土资源管理主要业务领域并贯穿上下的政务信息化体系，增强河南省国土资源监管和服务能力。

河南省“金土工程”建设分两期实施，计划用五年时间（2006—2010 年）完成。工程重点建设：

1. 河南省耕地保护监管系统。

建设省级土地利用规划计划管理、基本农田保护、建设用地审批管理、土地开发整理、土地执法监察等业务应用系统。建设市、县级土地登记发证、土地市场管理、建设用地报批等业务应用系统。

2. 河南省矿产资源安全保障系统。

建设省级矿产资源规划、矿产资源储量管理、采矿权管理、探矿权管理、矿产资源执法监察等业务应用系统。建设市、县级矿产资源规划、矿产资源储量管理、采矿权管理和矿产资源执法监察等业务应用系统。

3. 河南省地质灾害预警预报及应急指挥系统。

建立地质灾害综合区域分析与预警、远程会商与应急指挥、野外应急调查数据传输、地质灾害信息一体化管理等业务应用系统;建设与国土资源部和河南省政府相连接的重大灾害点信息网络平台和视频多媒体平台。

4. 河南省国土资源信息综合统计分析与决策支持系统。

建立省、市、县三级国土资源管理部门的综合统计数据网上直报系统,并与国土资源部相连接,直接、快速获取国土资源综合统计数据。以国土资源各类数据库为基础,建立河南省土地与矿产资源管理决策支持信息系统。

5. 河南省国土资源信息服务系统。

利用门户网站技术,集成信息发布、查询、网上申报、网上举报、元数据服务、数据下载等功能,建设国土资源信息服务系统,向企业、公众及其他政府部门提供信息服务。

6. 河南省国土资源重要基础性数据库。

建设与整合土地利用现状、土地利用规划、土地利用遥感监测、基本农田、各类土地的等级价等土地基础数据库。建设和整合矿产资源储量、矿产资源规划、探矿权、采矿权等矿政类数据库。建立覆盖重点地质灾害区的地质灾害调查、地质灾害防治区划、地质灾害监测、防灾预案、区域环境地质等地质灾害防治类数据库。

【保障措施】

(一)加强领导,扩大宣传

全省各级国土资源管理部门领导要高度重视信息化建设,切实把信息化建设作为转变政府职能的一项重要工作来抓,以信息化建设带动国土资源管理方式的根本转变。制定计划,明确任务、职责和分工,建立年度考核制度。做好宣传,扩大信息化工作的影响,提高对国土资源信息化重要性的认识。

(二)健全体制,完善制度

国土资源信息化建设必须有组织机构和工作队伍作保障。全省国土资源信息化建设由省国土资源厅信息化领导小组统一领导,厅信息化领导小组办公室组织协调,行政管理部门提出需求,信息中心具体实施。市级国土资源管理部门都要建立信息化组织机构和工作队伍,配备一定数量的专业技术人员,有条件的县级国土资源部门也要建立信息化专门机构。进一步完善和健全信息化管理制度,建立和健全数据汇交、信息公开与发布、网络安全、信息化管理与监督等相关制度,使信息化建设有法可依,有章可循,保证信息化建设的质量和顺利实施。

(三)广开渠道,稳定投入

积极开辟资金渠道,扩大资金来源,确保稳定可靠的信息化资金投入。合理划分省厅与市局、县局的建设任务,建立资金来源多样化、责权利明确的信息化建设投融资体制。积极争取各级地方财政支持,依据国家有关文件精神,可从新增建设用地有偿使用费、矿产资源补偿费等经费中明确提取一定比例,专款用于信息化建设。要保护已有投资,确保投资建设有成效。

(四)培养人才,提高能力

加强对人才培养与队伍建设的组织和指导,为信息化人才培养与队伍建设创造良好的环境。建立和完善人才队伍建设的政策和制度,并在实际工作中贯彻落实。吸收高素质信息化人才加入国土资源信息化建设行列,支持高层次专业技术人员参与和承担重大信息化建设项目。发挥市场配置资源的基础性作用,充分利用社会人才资源,增强信息化建设队伍的活力。

(河南省国土资源厅)

河南省“十一五”人口和计划生育信息化建设发展规划

“十一五”是转变人口和计划生育工作思路和工作方法、建立人口和计划生育工作新机制、统筹解决人口问题的重要时期，也是加快人口和计划生育信息化建设的关键时期。为全面加强全省人口和计划生育信息化建设，建立适应人口和计划生育工作需要的信息化支撑体系，实现人口和计划生育管理服务方式的转变，提高整体工作水平，根据《河南省国民经济和社会发展第十一个五年规划纲要》和《全国“十一五”人口和计划生育信息化建设纲要》等文件精神，特制定本规划。

【“十五”成效与问题】

“十五”期间，河南省的人口和计划生育信息化建设工作，在各级党委、政府的高度重视下，全省各级人口计生部门努力工作，强力推进信息化建设，提升管理与服务水平，实现跨越式发展，全省已初步形成了以计算机网络为依托的现代化管理与服务体系，人口和计划生育信息化建设成效明显：

（一）建成了人口和计划生育专网

建成了省到省辖市，市到县（市、区）的人口和计划生育系统广域网，所有乡镇（办事处）建立了 WIS 系统，省市两级基本实现办公自动化，信息传输网络化，大部分县（市、区）实现了上述目标。

（二）促进了人口与计划生育管理水平和服务质量的提高

通过建立和应用育龄妇女信息系统，既起到指导工作和服务群众的作用，又提高了管理水平和服务质量；通过将育龄妇女信息系统用于平时专题调研和年度目标考核，简化了工作程序，增强了计划生育工作的针对性和有效性。

（三）提高了办公效率和决策质量

全省计划生育系统信息专网的建成，使省、市、县级之间的通信更加快捷便利。上级的重要文件和工作安排，在第一时间通过网络传输，为各级超前安排工作争得了主动权。各级计生工作人员逐步摆脱了传统的工作方式，政务信息、业务信息和统计信息等基本实现网络传输。随着“三网一库”的建立，各级计生部门用于决策的信息日益丰富，各级领导的决策质量也在不断提高，利用信息资源指导工作的作用日益增强。

(四)拓展了对外宣传的空间,初步实现了人口与计划生育信息资源的社会共享

随着国际互联网、公众信息网的开通,宣传教育的覆盖面进一步扩大,人口与计划生育工作的基本政策、基本知识、基本动态,伴随着信息网络传向社会各个领域,为加强与社会公众的联系,更好地接受社会监督建立了新的渠道。人口和计划生育信息系统已由过去单一的育龄妇女信息管理,逐步发展成为融政务信息、育龄妇女信息、计划统计信息、流动人口信息、财务管理信息、计生协会信息为一体的综合性信息资源,能够为社会有关部门提供婚姻、生育、节育、就业、老龄化等信息,实现资源共享。一方面树立了人口和计划生育部门的良好形象,提高了网络的社会效益和经济效益;另一方面,促进了与公安、统计、民政等部门的信息交流与共享,计生部门与其他部门的互通互联得到加强,为社会经济的发展做出了一定的贡献。

(五)构筑了省级人口数据中心网络应用平台

2005 年,我们抓住国家建设人口宏观管理与决策信息系统的有利时机,主动申请,争取到发改委的支持,成为全国六个项目省之一,并以信息化国家立项为契机,推进人口和计划生育信息化的健康发展。

同时,应当看到,河南省的人口和计划生育信息化建设还存在一定问题。一是计生业务应用系统建设滞后于人口计生信息化建设的发展速度,不适应新时期人口和计划生育工作发展的需要。二是市县人口计生信息化发展不平衡,应用深度和应用广度不够。特别是近几年,差距拉大更为明显。三是对信息化建设的投入偏低,网络应用效率不高。四是信息员队伍知识层次偏低,滞后于工作的发展。全省现有专职计算机技术员、操作员配备比例很高,但计算机专业毕业的人少,不能适应信息化发展的需要。

【指导思想、基本原则、发展目标】

(一)指导思想

人口和计划生育信息化工作要紧紧围绕新时期人口计生工作的主线和职能,以建立人口和计划生育工作新机制为核心,以建设应用系统为主导,以开发信息资源为目标,以信息化国家立项为契机,坚持"以需求为导向,以应用促发展,统一规划,协调建设,资源共享,安全保密"的原则,优化管理流程,规范工作程序,突出重点,分步实施,全面提升人口和计划生育信息化应用水平。要坚持开创性和继承性的有机统一,整合和利用现有的网络基础设施、业务应用系统和人口计生信息资源,发挥全省人口计生系统专网优势,以信息化手段带动人口计生工作的改革和发展,带动体制创新和机制创新。

(二)基本原则

1. 统一管理,分步实施。

要树立全省"一盘棋"的思想,统一领导、整体规划、归口管理、分步实施、协调推进。信息化是一项涉及面广、技术和资金密集的系统工程。涉及全系统的基础应用项目以及跨地区的项目,要由省人口计生委统一规划、统一规范、统筹推广应用。

2. 突出应用,促进改革。

把推进信息化与促进改革发展结合起来。要紧紧围绕新时期人口和计划生育工作的主线开展信息化建设,抓住信息化建设的契机,全面理清各项管理业务,优化管理流程,规范工作程序,提高行政效能和管理服务水平。坚持以人为本,把信息化建设融入管理与服

务，不断增强为广大育龄群众服务的能力。以信息化手段带动人口和计划生育工作的改革和发展，推动体制创新和机制创新。

3. 加强协调，资源共享。

进一步加强同相关部门间、地区间的网络互联互通，注重综合协调，提高网络资源和信息资源的共享程度。

4. 提高效益，保证安全。

把握好速度、效益、质量、安全之间的关系。使用成熟、稳定的信息技术，优先采用集中建库的技术路线，降低建设和维护的成本。防止重复建设和资源浪费。

（三）总体目标

依托全省人口计生专网，加大信息技术推广应用力度；依托政府专网，推进电子政务建设，提高信息共享程度；大力开发信息资源，发展信息服务业；建成以人口宏观信息和育龄妇女个案信息为主体的省级人口数据中心，人口宏观管理与决策信息系统等业务应用系统建设取得显著成效；基本形成比较健全的信息安全体系和信息管理工作制度；人口和计划生育工作人员信息化知识水平和操作运用能力大幅度提高。"十一五"末，全省信息化应用水平高于全国平均水平，进入全国信息化先进行列。

（四）具体目标

1. 机构设置和人员配置。

省辖市人口计生委、县级人口计生委设立人口信息中心。省辖市人口信息中心，承担起本市的软件维护任务和计算机网络管理、维护及相关人员的培训等。

县级人口计生委或信息中心至少配备 2 名计算机专业技术人员，其中 1 名网络管理员、1 名信息技术员。乡级计生办要配备信息技术员。专业技术人员要具有计算机相关专业学历。市级要求具备大学本科以上学历，县级具备大学专科以上学历，乡级要求中专以上学历。

各级人口计生系统信息技术人员每人每年不少于两次专业技术培训，培训时间不少于48 小时。

县级及县级以上的网络管理员取得信息产业部及劳动和社会保障部颁发的"高级计算机网络管理员"证书和"数据库管理员（DBA）证书"。

2. 基础建设。

2006 年，按照《河南省人口和计划生育信息化建设规范》的要求，加强基础建设、网络环境、人员配备、数据库质量整顿，巩固和提高育龄妇女基础信息在基层经常性工作中的应用，增强市、县两级育龄妇女综合数据的分析、运用能力；各省辖市建立人口信息网站，各县在本市人口信息网上实现链接；市、县两级机房建设要达到规范化要求；建成设施配套完备及安全稳定的省、市、县、乡四级网络，建立全省人口和计划生育技术服务网络平台；省辖市和部分县建立数字化服务站；人口和计划生育业务信息系统在全省得到普及应用。

2007 年，全省达到网络通信方式的统一化管理，结合软件系统的要求对全省人口计生专网和网络设备进行整体改造，省、市、县带宽升级；结合省政府对电子政务网的要求，利用政府电子政务网逐步实现全系统的内网建设；实现省、市、县三级的内外网隔离；所有县建立数字化服务站;充分利用人口和计划生育业务应用系统开展工作。

2008、2009 年,逐步建立省、市、县三级远程双向视频会议室;优化网络环境,拓展服务领域,开发实用性、针对性强的应用软件,实现与政府其他部门信息互联共享。

2010 年,建成以省级人口数据库为中心,以人才资源为保障,集网络环境安全稳定、软件系统功能完备、信息纵向交流畅通、横向共享便捷为一体的人口和计划生育网络管理服务平台;人口和计划生育业务信息应用系统在村级普及推广;信息化建设进入全国先进行列。

3. 软件开发及应用效果。

2006 年,河南省人口和计划生育管理信息系统、河南省流动人口管理信息系统及河南省人口和计划生育技术服务管理系统等软件在全省得到普及,所有县(市、区)数据纳入省级人口数据库集中管理;按照国家人口计生委要求初步实现全国人口宏观管理与决策信息系统(PADIS)软件有关功能的开发和应用工作。

2007 年,开发河南省人口和计划生育宣传政调评估系统、河南省人口和计划生育信访法规管理系统、OA 办公系统、河南省人口和计划生育科技报表管理系统等业务软件;全省人口计生专网作用发挥良好,公文、信息、值班、会议、督查等主要办公业务实现数字化和网络化。

2008、2009 年,根据业务需要开发新的业务系统,实现政府部门间的信息交流与共享,信息共享程度明显提高,基本形成比较健全的信息安全体系和信息管理工作制度。

2010 年,实现全省人口预测、统计分析信息和综合决策信息一体化。

4. 资金投入。

各级人口计生部门要将信息化建设经费纳入年度计划生育事业费预算,专款专用。按照建设与维护并重的原则,在规划项目建设资金时,要落实项目建成后的维护经费,建立科学、合理的维护机制。要加大对经济落后地区的支持,促进信息化建设的均衡发展。

【保障措施】

(一)加强对人口和计划生育信息化建设工作的领导

各级政府要将人口和计划生育信息化纳入政府信息化建设体系中,要把信息化工作摆到事关人口发展的重要战略位置,列入议事日程。要充分发挥人口计生信息化领导小组统筹、规划、调度、协调、督办的作用,及时发现和解决信息化建设中出现的新情况、新问题。要加大对信息化建设考核评估的力度,逐步将信息化建设纳入各级党政、人口计生部门工作目标责任制考核范围,严格奖惩。

(二)建立稳定的信息化建设财政投入机制

财政是人口和计划生育信息化建设投入的主渠道,各级政府要将人口信息化建设日常经费和项目经费纳入本地财政预算,并随着事业费投入的增加而增加,以保证信息化建设的需要。要严格按照有关法律法规进行政府采购和项目招标,使有限的资金发挥最大的效益。积极探索开展社会服务,建立投资的社会补偿机制。

(三)抓好各级信息技术机构和队伍建设

各级人口计生部门要稳定现有技术队伍,加强信息技术机构建设和人才队伍建设,积极培养和引进专业人才,建立切实可行的政策措施,鼓励信息化人才的稳定和引进。要加强信息化知识和技术的培训,把信息化知识和技术培训作为信息化建设的一个重要环节,常抓不懈。加强岗位练兵和继续教育,建立分层次、分类别、重实效的信息化技术培训制度,对各级领导、工作人员和信息化专业人员进行不同类型、不同层次的信息技术培训。争取用5年时间,使人人都能熟练操作计算机,培养一支掌握信息应用、熟悉业务工作的复合型人才队伍。

(四)健全制度,加强信息网络安全管理

各级人口计生部门要十分重视信息安全工作,建立健全信息安全组织机构和各项规章制度。牢固树立信息安全观念,严格执行国家信息安全的法律法规,建立安全策略、安全管理和安全技术三位一体的信息安全体系,做到信息安全与规划、建设和发展"三同步"。要对现有的信息系统安全情况进行测评,做好信息安全等级保护、信息安全风险评估、网络信任体系建设、信息安全产品测评论证和重要信息系统灾难备份与应急建设等工作。要制定有利于信息化建设和发展的政策、规范,统一信息化建设的技术标准。逐步推广应用网络资源安全证书认证系统工程,保证政府信息网络的信息安全和保密。同时,切实抓好各级人员的信息网络安全保密教育,增强信息网络安全防护意识,提高安全防护的技术水平。

(五)加强对信息化建设的统筹规划和综合评估

各级人口计生部门要把信息化建设列入"十一五"人口和计划生育事业发展的总体规划,制定本地区的"十一五"信息化建设规划,将信息化建设纳入人口和计划生育目标管理责任制考核范围。要定期对信息化规划实施情况进行督查、通报,总结推广先进经验,解决建设中存在的问题,确保信息化建设任务的完成。

(河南省人口和计划生育委员会)

附件:

河南省人口和计划生育信息化管理规范

(试 行)

第一章 总 则

第一条 为全面加强对人口和计划生育信息化工作的管理,推动信息化工作走向规范化、制度化,提高整体工作水平,根据国家、省信息化工作的相关规定,结合本省实情,制定本规范。

第二条 人口和计划生育信息化是指以信息技术广泛应用为主导,信息资源为核心,信息网络为基础,信息人才为依托,有关信息法规、政策、标准、管理为保障的综合体系,实现人口和计划生育管理服务信息化、全系统办公自动化,以及流动人口信息、优质服务信息交换的网络化,建成以人口宏观信息和育龄妇女个案信息为主体的人口和计划生育数据库。

第三条 人口和计划生育信息化管理工作实行统一领导,总体规划,分级负责,归口管理的原则。

第四条 本规范适用于全省各级人口和计划生育行政管理部门。

第二章 机构与职责

第五条 县级以上人口和计划生育部门成立人口和计划生育信息指导小组(以下简称“指导小组”),指导小组是本级信息化工作的领导机构。其职责是:全面负责协调人口和计划生育信息系统建设、运行的领导和组织工作,对重大问题进行研究并作出决策,协调各处室、各级各部门的信息化建设工作。指导小组下设办公室,办公室设在本级发展规划(信息管理)(以下简称“发展规划”)部门。

第六条 各级人口和计划生育发展规划部门是信息化工作的归口管理部门。其职责是:具体指导人口和计划生育信息化行政管理和业务工作;组织实施人口和计划生育信息化中长期发展规划和年度计划;提出信息化建设目标、任务和要求;组织制定人口和计划生育信息化工作管理及应用规范;指导和协调本级及基层信息化工作;督促各相关业务主管单位提出信息化需求方案和建立部门间信息交换制度;组织推广应用人口和计划生育信息系统软件和业务运行管理规范;做好本级电子政务工作;负责信息化队伍建设和人才培养;督促本级机关及基层落实信息化工作规范;督促、指导基层做好信息采集,提高数据质量;利用数据库信息进行人口分析及预测、预警、预报;及时收集、整理、发布人口和计划生育信息,为领导提供决策依据。

第七条 各级人口和计划生育业务职能部门是信息化工作的业务主管单位。其职责是:根据业务管理职能转变的要求,适时提出业务应用系统建设的意见;积极配合技术实施单位开展业务需求调研,制定本系统业务运行管理规范,全程参与应用系统建设;建立本部门信息与其他相关部门信息的共享、交换制度;组织本部门(单位)信息人员的知识、技能培训;明确专人负责本部门信息化的日常管理工作;参与测试、评估、验收相关应用系统;监控本部门信息系统的运行,指导本系统的信息化工作。

第八条 各级人口信息中心是本级信息化建设具体实施、技术支持和服务机构。其职责是:接受本级发展规划部门的业务指导,根据发展规划部门要求,收集、汇总、发布相关人口和计划生育信息;开发、应用人口和计划生育信息系统;制定信息化有关网络、硬件、软件等技术方案,为各级人口计划生育部门提供技术服务指导和人员培训;建设和维护本级网络,维护和管理本级人口和计划生育门户网站;管理本级相关信息产业。

第九条 人口信息工作站负责乡级技术服务中心信息化业务;按时收集、录入、核对、变更、反馈各种工作信息;加强对行政村(社区)计划生育管理员的培训与指导,督促行政村(社区)及时、准确上报信息,并对上报或录入的数据进行跟踪、核对;及时向本级和上级人口和计划生育部门提供信息数据;加强机房各种设备的日常管理和维护,保证网络畅通和网络安全。

第三章 需求与应用

第十条 各级应严格按照总体规划进行建设,各级要将业务流程稳定、信息密集、适时性强、社会效益明显的人口和计划生育核心业务纳入建设内容,不得盲目投资和重复建设。凡属于统一规划的应用系统,由省人口信息中心负责研发,各单位不得另行开发。开发项目应遵循“实用、可靠、先进”的原则,坚持标准化、通用化、系列化。

第十一条 各类人口和计划生育业务信息系统的开发和应用,由业务主管单位根据工作需要提出业务需求方案,组织推广应用。业务需求方案要细致、清晰、规范,要详细描述业务范围与工作目标、使用对象及其权限管理要求,业务流程、信息变更和使用频度,信息资源共享与交换需求,统计报表、数据保密要求,用户界面、人员培训等。

信息中心在研发软件系统前,应从业务流程优化需求和技术可实现的角度,充分梳理和整合各业务需求,分解并明确各系统间的关系,形成业务架构和信息架构,撰写出书面业务需求分析报告,提交相关业务主管单位书面确认后,报归口管理部门审核、审批。

第十二条 各业务主管单位的需求分工是:

(一)办公室负责提出行政运行、公文流转、电子政务、信息发布及共享等办公业务需求。

(二)流动人口管理部门负责提出流动人口计划生育信息化管理需求,提出流动人口信息交换平台的升级和改造方案。

(三)发展规划部门负责提出人口基本信息、育龄妇女基本信息,人口快速调查与监测业务,人口宏观管理与决策支持需求。

(四)科学技术管理部门负责提出人口和计划生育科技管理和技术服务的业务需求。

(五)人事管理部门负责提出人口和计划生育工作人员管理系统的业务需求。

(六)财务管理部门负责提出财务报表统计、资产管理等业务需求。

(七)政策法规管理部门负责提出计划生育家庭奖励扶助、小康工程等业务需求。

(八)宣传教育管理部门以及各直属单位也应结合本部门本单位业务,提出业务应用需求,积极利用信息化手段管理本部门本单位工作。

(九)人口信息中心负责提出数据中心建设,以及用于集成各业务应用系统的软硬件支持平台、技术标准、门户网站、信息资源管理业务需求,并组织实施。

第十三条 各业务应用系统的建设应符合信息化发展规划的建设内容和要求,保持相关业务之间的彼此协调,保证信息资源的充分共享与交换,符合国家电子政务建设相关标准。应充分借鉴相关部门已建的和各地在用的相关业务应用系统建设及应用经验。

第十四条 各业务应用系统建设过程中如出现重大业务变更或重大技术变更,由变更方提出书面报告。其间要充分征求研发单位和业务归口管理部门的意见,经指导小组审定后实施。

第十五条 各业务主管部门应在系统正式投入使用前制定业务系统运行管理规范,按照业务管理规范及相关规定和权限使用系统,监控业务运行情况,管理本项业务数据资源,保证源头数据质量。

第四章 管理与制度

第十六条 各级要定期组织召开各业务主管单位和信息中心工作交流会，及时沟通情况，研究信息化工作，对发现的重大问题、隐患要及时处置解决。

第十七条 各级各单位使用的硬件、软件应统一纳入固定资产管理，建立软件管理、硬件管理、技术资料管理、信息资源管理等日常管理制度。

第十八条 各级应按照《河南省人口和计划生育信息化建设规范》的要求，建立并严格执行机房管理制度、网络管理维护制度、信息安全保密制度、病毒防范管理制度、数据备份制度、人员培训制度、数据质量保障制度等。

第十九条 各级应建立信息化管理工作监督评估制度。每年应组织对信息化工作的评估与验收，重点评估网络和硬件等基础设施建设、信息技术和信息资源应用、信息化队伍能力、规章制度和标准规范等落实情况，评估结果要作为评选信息化建设先进县等活动的重要条件。

第五章 奖励与处罚

第二十条 各级人口和计划生育部门对开展信息化建设、应用效果明显的单位，给予通报表扬和奖励；对于在信息化工作中作出突出贡献的单位和个人，应给予表彰；对不能认真履行职责，未按期实现信息化建设目标或工作落后的单位，应给予通报批评并责令限期整改；对造成重大损失和责任事故的，要追究有关责任人的责任。

第二十一条 信息化建设的设施和设备购置应按照国家和省有关规定，实行政府采购，预防商业贿赂等腐败行为发生。各级财务部门应对信息化建设资金和资产进行业务监督，保证专款专用，提高资金使用效益。

第二十二条 各级纪检监察部门应对信息化工作进行行政监督。

第二十三条 各级保密机构应根据国家《保密法》及国家电子政务信息安全等级划分与保护的相关规定，对安全体系建设和网络运行安全措施进行监管。信息化工作所有参与方应对建设过程中的有关事项负有保密责任，凡出现因泄漏工作秘密、商业秘密、技术秘密和个人隐私而造成损失的，按照有关规定追究相关单位和人员的责任。

第六章 附 则

第二十四条 本规范由河南省人口和计划生育委员会负责解释。

第二十五条 本规范自发布之日起执行。

河南省水利信息化“十一五”规划简述

【建设现状】

“九五”、“十五”期间，由于信息技术发展水平的限制，水利信息化的服务和保障功能相对较弱，水利信息化的建设和发展没有列入全省水利发展规划。

进入21世纪以来，以网络和计算机技术为代表的信息技术高速发展，为水利信息化的建设和发展提供了技术保障，也为河南省水利信息化的建设和发展注入了新的活力。随着水利信息化一期工程的建设，河南省水利信息化建设有了较大发展，以水利信息化一期工程建设为中心，以防汛和办公应用为重点，初步建立了宽带骨干水利信息传输网络，建设和开发了一部分业务应用系统，水利信息化逐渐成为河南省水利现代化的基础和重要标志。

【框架体系】

河南省水利信息化框架体系由水利信息基础设施、业务应用和信息化保障环境三部

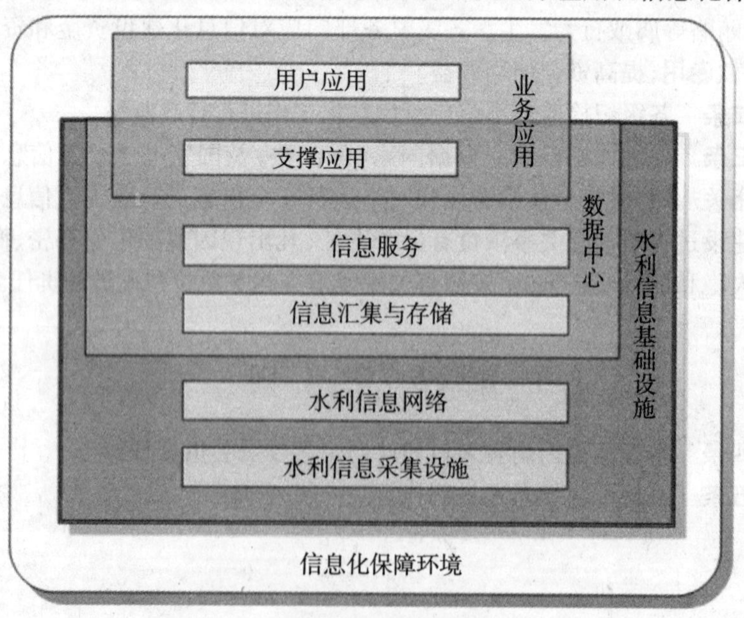

水利信息化框架体系

分构成(如图)。

水利信息基础设施是业务应用的支撑平台,是水利信息化综合体系的基石,业务应用是信息技术在水利业务中的具体表现。

水利基础设施主要包括水利信息采集设施、水利信息网和水利数据中心,其中水利数据中心完成对水利信息的汇集与存储,提供数据访问服务,以及通用业务应用逻辑的管理与服务。

业务应用由支撑应用和用户应用两部分组成,支撑应用指公用业务处理逻辑,以公共服务的方式由数据中心统一管理,用户应用完成非公用业务处理和实现应用的系统表示。

信息化保障环境由水利信息化标准体系、安全体系、建设及运行管理、政策法规制定与实施、落实建设与运行维护资金和人才队伍培养等要素构成。

【建设目标】

河南省水利信息化"十一五"建设目标是:基本建成覆盖全省水利系统的骨干信息网络,逐步建设完善水利基础数据库,建设省级水利数据中心,加强信息化标准和安全体系建设,全方位构建水利信息基础设施。全面推进重点业务应用系统建设,全面提升水利工作的管理效率和服务水平,在有条件的区域或部门率先建成与国民经济和社会发展相适应的水利信息化体系。

【建设任务】

(一)完善延伸河南省水利计算机网络系统

完善延伸省到市、县、厅属单位和大型水库之间安全可靠的宽带计算机网络,建设各级网络管理中心和完善的各部门网,建设应急通信系统,确保全省水利数据、语音和视频信息的互连互通。

(二)建设省级水利数据中心

水利数据中心建设是开发利用水利信息资源、规范基础信息建设、有效实现信息共享、改造传统工作模式、降低业务成本、提高工作效率的重要措施。省水利数据中心由数据库系统、数据应用服务平台、数据中心机房环境、数据存储和备份中心四部分组成。

(三)建设河南省水利信息安全体系

建设省、市和厅属单位计算机网络的信息安全体系。包括防火墙系统、入侵检测系统、病毒防护系统、漏洞扫描系统、省网络中心安全系统。

(四)建设完善河南省防汛抗旱指挥系统

在建设完成河南省防汛指挥系统一期工程的基础上,适时启动二期工程建设,全面建设完善全省防汛抗旱信息采集系统、计算机网络系统、应急通信系统和决策支持系统。

(五)建设河南省水政水资源监测管理信息系统

河南省水政水资源监测管理信息系统是利用现代信息技术,对水政水资源信息进行采集、传输、处理、分析和查询,从而实现河南省水资源统一管理,优化配置,全面提高水政水资源的管理效率和服务水平。主要包括省、市两级水政水资源专业数据库系统、水政管理信息系统、水资源信息监测查询系统、取水许可管理信息系统、水资源费征收管理信息系统、地下水监测管理信息系统、水资源年报与公报管理系统、水资源保护信息系统、节约用水管理信息系统等。

(六)建设河南省水利电子政务系统

建设省、市和厅属单位的水利电子政务系统,推进水利政务公开、提高办公效率和管理水平,为水利系统各部门和社会公众提供综合信息网络服务。系统由办公自动化系统、电子公文交换系统、视频点播系统、电子档案管理系统、网络内容与知识采集系统、内部资源搜索系统、单点登录系统、网上审批系统、电子政务短信平台等构成。

(七)建设河南省水利信息公众服务系统

建设省、市和厅属单位的政务外网综合门户网站,开发安全可靠、功能完善、业务集成、便于管理的网站内容管理系统,实现网络受理审批,反馈处理结果,为公众提供网上信息服务,实现政府与公众的网络动态交互。

(八)建设河南省水土保持监测与管理信息系统

充分利用地理信息系统、遥感和全球卫星定位技术,对流域及各行政区域的水土流失现状进行多时相动态监测,对水土保持信息进行管理,对水土流失情况和水土保持效益进行评价。建立相应的数学模型,为水土保持区域治理和小流域治理的工程设计、经济评价和效益分析服务,提高水土保持监测、设计、管理和决策的科学化水平。

(九)完善河南省水利工程建设与管理信息系统

建设省、市水利工程建设与管理信息系统,对在建和已建水利工程进行动态科学管理,提高水利工程建设管理水平。

(十)建设水利信息化政策保障体系

政策保障体系主要由建设与运行管理机制、政策法规、科学研究和人才队伍建设等要素构成。完善制度、强化管理,加强信息化建设与运行管理制度建设,建立一套切合实际、科学合理的建设管理机制和相应的规章制度。研究、制定和落实与信息化发展相适应的各类政策。鼓励对水利信息化发展的思路、模式、机制以及核心技术等重要问题进行科学研究。建立人才激励机制,培养一批既精通水利业务又掌握信息技术的复合型人才,促进河南省水利信息化的健康可持续发展。

(河南省水利厅信息中心)

南阳市国民经济和社会信息化“十一五”发展规划

“十一五”期间是南阳工业化、城镇化进程的加速发展时期。加快推进国民经济和社会信息化，是在新的历史起点上创新发展模式、提高发展质量、走新型工业化道路的重大战略举措，也是全面贯彻落实科学发展观，切实把经济社会发展转入全面、协调、可持续发展轨道，构建和谐社会的必然选择。按照南阳市关于制定“十一五”规划的总体部署，为了充分发挥信息化的带动作用，促进经济社会跨越式发展，特编制本规划。

【“十五”信息化发展回顾】

（一）电子政务建设和应用初见成效

电子政务网络建设初具规模，37个市直单位建立了局域网络，金融、国税、地税、海关等部门，建立了较为完善的纵向传输系统；国家组织建设的“十二金”工程进展较快，大部分实现了省、市、县三级联网，国税、地税、公安、金融等系统实现了省、市、县、乡三级四层联网。市政府、13个县（市、区）政府以及27个市直单位建立了门户网站，政务信息公开程度和服务公众能力明显提高。

（二）信息技术应用得到加强，经济效益日益显著

企业信息化建设发展势头良好，运用信息技术改造传统产业逐步深化，电力、冶金、建材、机电、医药、化工和纺织等行业的一批大型制造企业将信息技术应用于研发、设计、生产、销售、管理各个环节，企业核心竞争力得到增强。信息化新农村建设启动，南阳农业信息网向县乡延伸，网络建设及数据库、应用软件开发取得一定成效。建成较为完善的金融电子渠道，自助终端、网上银行已投入使用。

（三）公共服务信息化稳步推进

市、县两级疾病监测网络不断完善，重点医疗机构基本实现法定传染病及突发公共卫生事件网络直报。高等教育招生实现网上咨询、远程网上录取等服务。中小学校相继开设了信息技术课，配备了专职教师，计算机基础知识在中小学生群体中逐步普及，计算机辅助教学得到应用。互联网新闻、数字图书馆等信息资源的发布和开发发展较快，行业基础数据库和公益性数据库启动建设。科技、文化、体育、环境保护、劳动和社会保障等领域的信息化建设稳步推进。

（四）信息基础设施建设加快

电信网络规模继续扩大，综合通信能力增强。2005年底，全市电话用户达297万户，其中，固定电话170万户，移动电话127万户，基本实现了全部行政村通电话。互联网上网用户50万户，其中，宽带用户达10万户。全市电视人口覆盖率达96%，有线电视用户累计达55万户，通信网络规模、网上交换机总容量、业务收入等多项指标居全省前列。

（五）信息产业快速发展

信息制造业规模不断扩大，对经济增长的贡献度稳步上升。在光学引擎、光学镀膜、太阳能多晶硅、激光检测仪器、计算机直接制版技术等现代光电产品的技术开发和生产方面的优势越来越突出。到2005年底，全市光电生产企业达60余家，拥有10大类160余种产品，主要产品有现代光学元件、光学薄膜、光电仪器、光电辅助材料、光学装备、多晶硅、激光印刷设备、激光测距测速设备等，2005年实现销售收入15亿元，从业人员近万人。

南阳市信息化发展仍存在一些主要问题，具体表现在：对信息化建设重要性、紧迫性认识还有差距；信息化管理体制和调控力度有待进一步理顺和加强；信息技术应用水平和融合度不高，基础网络和信息系统存在重复建设现象，信息资源开发利用不够，部门间互联互通、信息共享亟待加强；信息化投入不足，融资渠道不畅；信息制造业底子较薄，自主创新能力较弱，产业核心竞争力不强，配套能力有待提高；公共信息服务形式与内容比较单一，与社会需求还有较大差距；信息安全保障工作亟须加强，信息化规章、标准和人才体系尚不完善，公众信息应用能力有待提高。

信息化是推动国民经济和社会发展的重要力量，信息化发展水平已经成为衡量一个地区综合竞争力的重要标志。当前，我国信息化发展已经进入全方位、多层次加快推进的新阶段，面临良好机遇和严峻挑战，必须贯彻落实科学发展观，坚持以改革开放和科技创新为动力，调动一切资源，大力推进国民经济和社会信息化。

【指导思想、原则和目标】

（一）指导思想

以科学发展观统领信息化工作全局，紧紧围绕南阳市“十一五”国民经济和社会发展的总体目标，坚持信息化与农业现代化、新型工业化、新型城镇化相互促进和协调发展，以体制机制创新和科技创新为动力，以发展光电产业和电子政务建设为核心，大力推动信息技术在国民经济和社会的广泛应用。

（二）发展原则

1. 统筹规划，协调发展。

坚持规划先行、统筹安排，确保网络互通、资源共享，防止各自为政、重复建设。充分调动和发挥各方面的积极性和主动性，加强协调配合，努力形成全社会推动信息化的合力。

2. 突出重点，以点带面。

紧紧抓住信息化建设的重点领域和重大工程，发挥示范工程的带动作用，推进信息技术和产业技术的融合，逐步提高经济社会各领域信息化水平。

3. 强化应用，注重实效。

以需求为导向，大力推广信息技术应用，营造良好的信息化发展环境，不断引进开发经济实用的信息化产品和服务，使信息化建设成果真正惠及广大人民群众。

4. 整合资源，信息共享。

加强组织协调，整合已有和新建的网络基础设施、业务应用系统和信息资源，充分发挥信息化资源的综合效益。

5. 自主创新，产用结合。

切实增强信息技术自主创新能力，大力促进原始创新、集成创新和消化吸收引进再创新，鼓励体制创新和管理创新，优化产业链条，鼓励集群发展，增强信息制造业核心竞争力。

6. 统一规范，保障安全。

落实国家信息化法律法规和标准规范，强化组织，制定政策，落实责任，加强监管。正确处理安全与发展之间的关系，以安全保发展，在发展中求安全。

（三）发展目标

1. 信息化发展环境明显改善，普及应用水平稳步提高。

政策导向力度进一步增强，体制创新不断深化；市场服务体系趋于完善，安全保障能力明显增强；信息化人才培养机制更加完善，公众信息化素养普遍提高。2010 年，全市固定电话用户达 280 万户，有线电视用户达到 100 万户，广播电视人口覆盖率达 98%。

2. 电子政务体系框架基本形成，宏观调控和社会服务能力显著增强。

市、县两级党政机关业务实现网络化，政务信息资源公开和共享机制基本建立，100% 的政府非涉密文件通过网络查询，50% 的政府审批事项通过网络办理。

3. 经济领域信息化取得突破性进展，经济结构和增长方式更加合理。

基本建立起适应农业经济发展要求的信息化服务体系，信息技术在农业生产、农村管理、农民服务等方面得到较为普遍的应用；工业信息化总体水平达到全省平均水平；商贸流通业、文化产业、旅游业的信息技术应用达到省内领先水平。

4. 社会领域信息化蓬勃发展，公共服务能力和质量显著提高。

信息技术在文化建设、劳动就业、社会保障、社区服务、医疗卫生、交通旅游、教育科技等社会事业中得到广泛应用，公众获取公共信息服务更加便捷，大部分农村能够通过远程医疗、远程教育，享受到高水准的服务。

5. 信息基础设施趋于完善，对经济社会发展的支撑能力明显增强。

现有网络资源得到高效利用，下一代互联网和移动通信网络的试点与建设稳步开展。农村地区信息网络覆盖面明显提高，使用成本显著降低。

6. 信息制造业加快发展，对经济增长的贡献率更加突出。

到 2010 年，光电产业实现销售收入 420 亿元，成为南阳市新兴先导产业和新的经济增长点。

【主要任务】

（一）加快推进电子政务建设

按照统筹规划、统一标准、整合资源、保障安全的要求，以提高依法行政能力、降低行政成本、转变政府职能为目标,以服务人民群众为宗旨,以政务应用为核心,加快推进电子政务建设。

1. 加快建设以“一个中心、三个网络”为基础的统一电子政务网络系统。

统筹规划,统一标准,建成“一个中心、三个网络”(电子政务网控中心、政务内网、政务外网、政府门户网站)。依托全市电子政务统一网络平台,建设共享数据中心、数据交换中心、网上服务中心、安全管理中心和灾难备份中心,实现全市党政部门信息交换共享、网上协同办公和公共信息服务。

整合资源,突出重点,加快建设全市电子政务内、外网应用系统。政务内网由市委、人大、政府、政协、法院、检察院的业务网络互联互通形成,主要满足各级政务部门内部办公、管理、协调、监督和决策的需要。改造和完善政府专网,使其成为党政部门的办公内网,实现与互联网物理隔离。完善政务公文传输系统,实现政务部门非涉密公文网上传输。政务外网主要满足各级政务部门社会管理公共服务等面向社会服务的需要。建设网上联合行政许可系统,实现政府各主要部门网上联合行政许可,做到一门受理、联合办理、限时办结,切实方便企业和社会。建设市政府应急指挥信息系统,加快建设公安、卫生、安全监督、质监、气象、水利、地震、地质灾害、交通、通信、动植物防疫等突发事件应急指挥子系统,实现统一、快速调度指挥。建设社会信用信息系统,实现企业基础信息、信用信息交换共享。

2. 健全政府门户网站体系。

政府门户网站是对外宣传、政务公开、网上办事、与公众互动交流的重要途径和窗口。完善南阳市政府公众信息网,全面建成各县(市、区)和市直部门网站,形成信息互通的网站集群,及时向公众公开政务信息、政策法规、发展规划、统计报告、财政报告、部门工作、重点工程、招商引资、公告公示、招标采购等内容。基本实现能在网上开展的办事项目的文件下载、表格下载、在线申报、办理状态查询,逐步实现网上行政许可、网上招商引资、网上交费、网上纳税、网上办证等,为企业和社会公众提供“零距离”、全天候网上办事服务。以政府门户网站为沟通渠道,及时了解社情民意,为人民群众排忧解难,促进和谐社会建设。进一步畅通信访信息网络等方便群众诉求和快捷处理群众诉求的渠道,落实相关责任部门和人员受理群众意见和建议。

3. 建设和完善重点业务系统和基础数据库。

继续完善办公业务资源系统、金宏、金财、金卡、金税、金审、金关、金盾、金保、金质、金农、金水等国家统一规划的“十二金”业务系统和其他重要业务系统。建设和完善宏观经济、人口管理、法人单位、空间地理与自然资源、法律法规、政府文件等一批基础性数据库,把数据库建设与业务应用紧密结合起来,为政务内、外网的正常运行提供支撑,为管理部门和社会公众提供信息服务。

(二)大力推进企业信息化

1. 以信息化带动工业化,加快工业化进程。

通过信息系统集成,将研发、设计、制造、经营管理的全过程与信息技术、自动化技术有机结合,带动企业业务流程、产品研发模式和企业管理机制的创新,实现研发、制造、管理和过程控制信息化,发展数字化、网络化和集成化的新型制造业企业。重点推动光电、电力、纺织、油碱化工、生物能源等五大支柱产业重点骨干企业的信息化建设和实施应用。积极推动应用信息技术对高能耗和高污染行业的改造,降低资源消耗水平,建设资源节约型、环境友好型生产模式。加快推进大中型企业信息化,力争100%的大型企业和50%以上的中型企业实现设计研发信息化、生产装备数字化、生产过程自动化和经营管理网络化。开展中小企业信息化重点示范工程建设,全面带动中小企业提高信息化水平。

2. 以信息化改造提升服务业。

加快现代服务业发展,大力发展网络增值服务、电子金融、现代物流、连锁经营、专业信息服务、咨询中介等新型服务业。加强交通运输业信息化建设,推动第三方物流信息服务,进一步加快商务信息化的进程。建设旅游信息网络,整合旅游信息资源,提高旅游业的经营管理水平。整合商业信息网络,开发市场信息资源,提高对市场的监管和应急反应能力。

3. 积极发展电子商务,提高经济运行效率。

以企业信息化为基础,以南阳防爆集团、金冠集团等重点企业为龙头,引导中小企业积极参与,形成完整的电子商务价值链。依托现有网络基础,搭建和完善粮食、玉雕、香菇、辣椒、花卉、蔬菜等特色农副产品和农资、建材等领域的专业性电子商务交易平台,扶持电子商务应用典型,培育一批有代表性的电子商务应用企业。大力推广网上招投标、网上采购、网上交易和网上支付,降低商务成本。

(三)积极推进农村信息化建设

按照整合资源、多方共建、协调发展、优势互补的原则,以完善农村信息基础设施为支撑,以建立农村综合信息服务平台为重点,以提高农民信息应用能力为着力点,全面提高农村信息化水平,促进全市社会主义新农村建设。

鼓励各通信运营商及广电系统继续实施电话、广播电视、宽带网“村村通”工程,采取“有线和无线相结合”的技术手段,实现自然村通电话、通电视,行政村通宽带。

整合资源,建立南阳市农村综合信息服务平台,扩大信息网络的覆盖面,提高农业信息“落地入户”水平。建设若干个全国知名农产品网站,推进互联网、电视、广播、报刊、电话等多种方式的有机结合,为农民提供即时丰富的信息资讯。加快整合南阳市农业、林业、气象、计生等涉农部门有关信息资源,实现信息资源的综合开发利用和共享,发展公益性和市场化的信息中介服务,为广大农民提供生产、市场、科技、教育、医疗卫生、气象、灾情预报等适用的信息服务,实现真正的“信息村村通”。建立数字农业推广中心,实施数字农业试点示范工程。建设全市农业信息数据库及涉农决策支持系统,完善提高乡镇级信息服务点、县级农业信息服务平台和市农业信息网站。建立重点农产品生产质量安全数码防伪追溯系统,推进条形码技术应用,保障食品安全。积极推进农村信息化知识普及和信息化人才培养,形成一支业务精干的农村信息员队伍。

(四)有序推进公共服务信息化

以信息技术广泛普及和深入应用为目标,切实抓好一批关联度高、带动性强、覆盖面广、经济和社会效益好的信息化应用重点工程项目,有序推进社会信息化。

1. 城市和社区信息化。

加快城市信息化建设,增强城市的服务功能。加强宽带城域网、接入网等城市信息基础设施建设。建立城市空间地理信息系统，实现数据交换与共享，提高城市综合管理能力。加快构建全面覆盖、高效灵敏的城市管理统一信息平台，建设应急指挥、空间地理、城市规划、社会治安、公共卫生、公共安全、智能交通、环境监控等信息系统。

推进社区信息化，提升社区管理和服务水平。建设统一的社区信息平台，建设社会保障、医疗卫生、就业指导、生活救助、计划生育、户籍管理、社会治安等信息系统，提供科技、气象、教育、医疗、商务、旅游、家政、娱乐等信息服务。稳步推进各级政府的电子政务、网上办事和社会公共服务进入社区和家庭。选择基础设施较为完备的社区，建设社区便民工程，建成社区智能呼叫中心，利用智能声讯、移动短讯及互联网技术构建社区多功能综合服务平台。

2. 教育科技信息化。

积极推进"校校通"工程，促进校园信息化建设。加强教育、教学信息资源开发，形成交流便捷、优质高效的教育资源共享体系，为教师、学生和社会公众提供优质实用的教学信息和咨询服务。大力发展农村现代远程教育，为农村初中配备计算机教室，农村小学配备卫星远程教育接收系统，促进城乡教育均衡发展。提升高等教育和职业技术教育信息化水平，满足高等教育和职业技术教育发展需求。建立教育与科研基础网络平台，提高教育与科研设备网络化利用水平，推动教育与科研资源共享。建设全市科技成果、计划、企业、人才、招商等公共数据采集体系、数据加工体系、共享服务体系，建成面向全社会提供一站式服务的科技数据共享服务平台。

3. 医疗卫生信息化。

建设和完善覆盖全市、快捷高效的公共卫生信息系统，加强疾病监测、卫生监督、医疗救治基础信息系统建设，建立突发公共卫生事件的统一调度、协调与指挥中心，提高公共卫生的防疫监控、应急处置和救治能力。建设大中型医院信息管理系统、医学影像系统，提高医疗服务水平。加强药品监管信息化建设，确保药品质量，降低医药费用。

4. 文化旅游信息化。

加快文化信息资源整合，加强公益性文化信息基础设施建设，构建公共文化信息服务体系，丰富基层群众文化生活。利用公共通信网及已建成的远程教育网，大力提高农村文化服务能力。加强文化资源数字化建设，整合电子图书，充分利用信息网络传播文艺演出、专题知识讲座、实用技术视频等信息。发展先进网络文化，加快文化信息资源开发，促进文化产业发展。建立健全旅游资讯网，为市内外游客提供全方位的信息服务。

5. 环境保护信息化。

建立环境安全监控及应急指挥平台，建设12369环保投诉举报与接警、污染源监控、环境质量监测、应急指挥等四大系统。重点建设城市环境空气质量自动监测网络，白河、唐河、南水北调中线工程水源地和重要饮用水源地等水质自动监测网络。

（五）发展壮大信息制造业

1. 加快调整产品结构，促进产业优化升级。

重点围绕色轮组件、合色组件、光学引擎、投影镜头、投影机、数字微显电视、CTP版材、数字化接收材料等产品进行设计开发和集成，实现技术工艺上的突破升级和规模化生产，形成品牌效应，完成企业裂变式增长。到2010年，光学引擎和整机产量达150万台，数字高清晰 MD 电视机 50 万台，光学元件（含薄膜）近 6 000 万件，太阳能多晶硅16 000 吨，光敏 CTP 版材 1 500 万平方米，数字化接收材料 8 000 万平方米，激光 CTP 制版机及软件 200 台（套）。

2. 着力发展光电企业集团，增强对工业经济的支撑和带动作用。

依托现有重点企业，通过跨区域、跨行业、跨所有制的资源整合，采取借用名牌、产权连接、资产重组等形式，打造一批拥有自主知识产权和较强核心竞争力的大企业、大集团。充分发挥企业集团资金、技术、品牌和管理的优势，开发生产光电系列产品，拉长产业链条，做好与中小企业的配套协作，形成具有较强竞争力的产业集群。

3. 全力打造光电高新技术产业园区，形成国家级光电产业基地。

以中光学集团、迅天宇科技开发公司、乐凯集团第二胶片厂等的主导产品产业化发展为基础，积极争取国家支持，整合社会资源，推进关键技术研发，引进战略合作伙伴，逐步形成以光电显示、光电转换、光电设备信息记录材料三大系列产品为主，集科研、生产为一体的国家级光电高新技术产业园区。

（六）加强信息基础设施建设

充分利用现有通信网络资源，推动固定通信网、移动通信网内部及其相互之间的无缝连接和互为备份，增强通信网络的安全和通信能力；以突破"带宽"瓶颈制约为重点，加快宽带接入网建设，逐步建成覆盖城乡、能够满足数据和多憬体通信需要的宽带化、数字化和综合化接入网络，大力发展无线接入宽带，为移动化、综合化、个性化、全方位的信息服务奠定基础。建设、改造连通各县（市、区）到乡镇的有线电视覆盖网，开展数字电视和交互式数字电视的应用以及高速互联网接入服务、多媒体传输业务、视频点播等网络业务。加快"三网"（电信网、广播网、计算机网）融合，发展能够支持语音、数据、多媒体等综合业务的下一代网络。重点推进以软交换为核心的下一代交换网、以 3G 为代表的下一代移动通信网、以 IPv6 为基础的下一代互联网的多元化宽带接入网的发展。

【保障措施】

（一）建立健全信息化推进机制

建立健全市、县（市、区）两级信息化工作领导机构和信息化建设协调推进机制，统筹规划，有序推进，防止各自为政、多头管理和重复建设。按照"统一组织领导、统一规划实施、统一标准规范、统一网络平台、统一安全管理"的原则，积极有序地推进电子政务建设。发挥政府的引导作用，在有条件的企业逐步推行首席信息官制度，促进企业信息化和电子商务发展。广泛动员社会各种力量，调动和发挥各方面积极性，形成整体合力，推进社会信息化建设。

建立和完善信息化重大项目的预审核、立项、招投标、工程监理、验收、评估、审计等工作机制，按照"先规划后立项、先评估后建设"的要求，稳步推进重大信息化建设项目。加强信息化建设项日资金的审计和监督，实行投资失误问责制，从项目立项审批、招投标、政府采购、监理、验收、评估入手，建立信息化项目建设管理责任制。

（二）加强信息化规章制度和标准体系建设

加强和完善信息化规章制度建设，在电子政务、电子商务、信息安全、个人信息、商业秘密保护、信息资源开发利用和管理等方面，制定和完善相关规章制度、管理办法，适时出台有关政务信息公开、电子商务安全交易、个人信息和商业秘密保护等政策。根据南阳信息化发展实际,有针对性地制定地方性标准规范和标准体系。建立信息基础设施建设和管理、信息资源开发利用和管理、信息技术应用、信息安全保障等方面的标准和规范,保障信息化建设和应用中的互联互通、资源共享、业务协同和安全管理。

(三)加快信息化知识普及和人才培养

普及中小学信息技术基础知识教育。继续开展机关和事业单位电子政务和计算机基本操作技能培训。广泛开展社区和农村计算机扫盲教育活动,营造全社会重视信息化、应用信息技术的良好环境。加快全市大中专学校信息技术相关专业的发展,培养信息化发展的实用人才。依托高等院校及社会培训机构,发挥中介组织作用,普及项目管理、网络维护、系统集成、计算机应用技术和信息安全等培训,培养一批素质高、业务精的信息化复合型人才和专业人才。制定对各行业、各部门信息化建设核心技术人员的分类管理制度,采取灵活的用人机制,确保信息化人才引得进、留得住、用得上。加大信息化人才引进力度,鼓励市外信息化高级人才参与南阳市信息化建设。

(四)拓宽资金渠道,增加信息化投入

推进信息化投融资体制创新,形成以政府投入为引导、企业投入为主体、社会投入和外资投入为重要来源的多元化、多渠道投资体系。加大政府对信息化的引导性投入,设立信息化专项资金,支持公益性、基础性、战略性的重大信息化工程项目的建设,支持电子政务网络建设、公益性信息资源开发、规范和标准制定、对外交流以及高新信息产品的开发。在确保国家安全的前提下,按照“谁投资、谁受益”的原则,广泛吸收外资和民间资本,发展多元投资主体,拓展银行、证券、风险投资等多种投融资渠道,加快南阳市信息化和信息产业发展。

(五)提高信息产业对外开放与合作水平

支持大型企业建立研发中心和重点实验室,加强对信息核心技术的研究开发,积极与国际跨国公司、国内大企业集团、大专院校等进行合作,吸引国内外信息企业来宛建立信息产品生产和研发基地。采用多种方式,引导一批国内外有较大影响的信息企业,通过联合、兼并、租赁、参股等多种形式参与南阳市企业改革与重组。引进市外资金、先进技术和管理,增强南阳市信息企业的创新研发能力、规模经营能力、系统集成能力、综合服务能力和市场竞争能力。

(六)加强信息安全保障体系建设

建立健全信息安全保障体系,理顺管理体制,制定信息安全政策和标准,培养信息安全人才,研究制定信息安全目标与策略。抓好重点领域和部门的安全示范工程。开展信息安全法制教育,提高全民信息安全意识,防范、打击计算机与网络犯罪。

(南阳市信息中心　王中英　王同旭)

安阳市国民经济和社会信息化“十一五”发展规划

2006—2010年,是安阳市国民经济和社会发展规划第十一个五年规划时期。这一时期是本世纪头二十年承前启后的重要战略机遇期,是安阳市全面建设小康社会、加快豫北区域性中心强市建设、构建和谐安阳的关键时期。为了推进安阳市国民经济和社会发展信息化建设,安阳市信息中心编制了《安阳市国民经济和社会发展信息化第十一个五年规划》。该规划是以信息网络为基础,以信息资源开发利用为核心,以信息产业为支撑,以信息人才为依托,以信息技术应用为主导,以法规、政策、标准为保障的综合体系。

【“十五”回顾】

(一)主要成绩

1. 基础设施建设日益完善。

“十五”末通信光缆线路总长1.6万公里,长途光缆线路总长6 342公里。市出口带宽5G,传输网利用率75%,计算机拥有量约10万台,互联网网民数19万。全市固定电话用户数112.8万,较“九五”增长35.3万。移动电话用户数90万,移动网已经覆盖了所有的县及绝大部分乡镇,覆盖率为98%。

到2005年年底,全市广播电视传输网光缆线路总长2 064公里,有线电视和数字电视网共2万公里。有线电视用户数达32.5万户,广电业务收入3 024万元。

彩色玻壳“十五”末安阳地区实现销售收入40亿元,比“九五”增长43%;工业增加值达到13.5亿元;利税达到7.3亿元;出口创汇1.48亿美元,比“九五”增长117%。安彩信益二期工程进展顺利,以“安彩”为龙头融合20家高新技术企业的国家级安阳市显示器件产业园区已经国家信息产业部批准挂牌,信息产品制造业品种数量有所增加,经营规模进一步扩大。信息产品服务业不断发展,“十五”末直接从事信息工作人员达1.2万人,直接和间接与信息工作有关的从业人员25万人。

2. 信息技术广泛应用。

信息技术在各领域逐渐得到应用。全市电子政务工程积极稳妥向前推进。电子政务内外网核心信息平台已建设完成。全市56个政府部门在电子政务外网上建立了网站。

安阳市电子政务外网日平均访问量600人次,共设置8个频道,30个栏目,日平均动态更新信息50多条。

工商、税务、公安、统计、电力、水利、社保、教育等专用信息网络功能不断延伸。

在教育方面，全市大专院校和重点中学都建立了校园网与多媒体教室，计算机远程教育已经开始起步。

"金保"工程进展顺利，市医保中心和市区 62 家定点医院药店实现了 SDH 线路连接，累计发放社会保障卡 15 万张，实现了实时刷卡。社会保险业务、再就业、职介、人事代理、劳务输出等业务系统的广泛应用，有力促进了各项劳动保障业务的开展，改进了服务手段，提高了管理水平。

市农业局在进一步完善红旗渠农网的基础上积极推动信息网络逐步向基层延伸，建成乡镇农村经济信息服务站 62 个，全力做好农业信息资源的采集、分析、整理，利用农业信息网络，促进农产品网上流通与销售。

市财政局大力推进"金财"工程建设，以财政业务应用为目标，高标准构建技术平台，国库支付中心采用办公自动化网络系统，项目管理、报账、审批采用微机管理，提高了行政效率。

市水利局认真落实"金水"工程，建成了连接省水利厅及其他市地水利局的多媒体宽带信息网，开通了 IP 电话，建立了水利局内部办公业务网、安阳市防汛信息查询系统、安阳市防汛地理信息系统，提高了办公自动化水平和工作效率。

市国税局的 CTAIS 正式上线，通过扩展信息应用，促进税务管理水平的提高。实现了总局、省局、市局、县局和中心税务所五级联通，依托网络运行公文处理系统、内部网站、外部网站、多元化申报系统、金税工程系统、出口退税系统、税收征管系统等多个大型软件，便捷高效的网络资源为搭建办公新平台提供了可靠保障。

市地税局安装了 IP 电话实现了全省系统内通信，组建了内外部网站，实现了 OA 无纸化公文处理，依托网络资源开发了财税库横向联网及与国税局信息共享。

人行安阳中心支行协同财政、税务共同开发的财税库横向联网系统实现了各部门之间的数据共享，加快了国库资金的收纳和报解速度，加强了国库资金监督。各专业银行的金融网络实现了同城或全省的通存通兑和不同区域的资金结算，电子化网点覆盖率达 90% 以上。安阳市工行、农行、中行、建行、广发等 5 家发卡机构，已安装的自动取款机有 91 台，共发展银联商户 247 家，发放信用卡 126.4 万张，实现了各类银行卡的联网运行和跨地区使用。改造升级后的"天地对接"系统，改用全国统一程序，进一步服务好各清算网点，方便客户资金结算，使同城和异地手续更为便捷。

市公安局大力实施"金盾"工程，顺利完成全市公安综合信息通信三、四级网建设和电视电话会议系统建设，实现了各县局到各乡（镇）派出所以上单位的接入网建设，全面实现了语音、数据、图像、110、电视电话会议"五通"，达到了所有县乡开通公安专线电话。开通移动警务通，改善一线实战民警利用网络的条件，为全市 3 000 多名公安民警办理了移动警务通，实现了全天候、全方位、全地域的人口、车辆、在逃人员等信息查询。

市审计局依托"河南省审计信息系统"实现了省、市、县三级联通，建立了审计法规数据库，应用基建投资、财政预决算、企业计算机辅助审计系统，大幅度提高了审计效率和工作质量，从单一的静态审计到动态审计和静态审计相结合，从单一现场审计到远程审计和现场审计相结合。

国有大中型企业利用信息技术提升产业升级改造成效显著。计算机辅助设计(CAD)和辅助制造技术(CAM)应用广泛,企业资源规划(ERP)系统在企业得到逐步推广,信息资源库建设进一步加强,电子商务初步应用。

(二)存在的问题

在信息化推进过程中,还存在不少问题。一是信息化意识比较淡薄,信息资源尚没有同物质资源、能量资源一样受重视,信息资源开发利用程度低,信息共享较差;二是重建设、轻应用,重硬件、轻软件,重新建、轻整合等现象在一些行业和领域还存在;三是信息处理环境建设滞后,包括信息系统行业标准、管理办法等跟不上信息化发展形势需要以及各单位的数据库混乱状况与其先进的计算机环境和网络环境极不相称;四是信息化人才缺乏,信息技术应用部门人员沟通交流少;五是信息产业总体规模偏小,对信息化支撑作用不明显。

【“十一五”时期信息化指导思想和发展目标】

(一)指导思想

坚持“统筹规划,资源共享;政府引导,面向市场;经济适用,科学发展;安全可靠,务求实效”的信息化指导思想。树立科学发展观,使社会信息化与经济信息化协调发展,行业信息化与区域信息化共同发展,信息基础建设与应用同步发展。在网络基础设施建设、信息技术推广应用和信息资源开发利用方面,要“条块”结合;在信息技术和信息产业发展中,要“产学研用”结合;在领域、区域、企业信息化发展中,要“点面”结合;在信息化技术、资金方面,要“内外”结合。信息技术应用和资源开发利用要务求实效,提倡资源共享,避免重复建设,结合体制改革、机制创新、政府信息公开和网上业务的开展,充分体现政府公众服务职能。

(二)发展目标

力争到“十一五”末,安阳市信息化水平迈进全省先进行列;信息化成为推动安阳市工业化、城镇化、农业现代化的重要手段和力量,信息产业成为国民经济新的增长点。

1. 全力打造“数字安阳”。

围绕安阳市各县(市、区)的数字化,以计算机技术、多媒体技术和大容量存储技术为基础,以高速宽带多媒体信息网络为纽带,以多比例尺空间数据基础设施为框架,运用数字化、网络化、可视化等处理手段,整合和利用全市的自然环境、社会、人文、政治、经济有关信息并实现网络共享,建立以数字化为根本特征的政务、行业、社会、经济等领域运营、管理与服务的信息体系。重点实施包括电信高速宽带网扩容,有线电视网双向传输改造,计算机宽带城域网建设等公用信息平台项目,自然资源和空间地理信息数据库项目,建设城域网本地交换中心。

2. 电子信息产品制造业。

电子信息产品实现销售收入80亿元,比“十五”增长100%;工业增加值达到25亿元,比“十五”增长85%;利税达到15亿元,比“十五”增长105%;出口创汇3亿美元,比“十五”增长100%。以电子政务为龙头,带动电子商务、数字社区和个人信息化同步发展,全面推动安阳市的信息化发展。以安阳市国家级显示器件园区为依托,大力推进安阳市电子信息制造业前进步伐。

3. 通信电信业。

建成覆盖全市的大容量、高速率、安全可靠、接入灵活多样便利的信息基础传输网络，逐步实现通信、广播电视和计算机网络的业务相互开放和融合，到"十一五"末全市光缆线路总长达2万公里，市出口带宽20G，传输网利用率85%，移动电话用户数达162万，移动网络覆盖率达到99.90%；广播电视传输网光缆线路总长4 901公里，有线电视和数字电视网共4.4万公里，有线电视用户数达40.5万户，广电业务收入4 082万元。

【"十一五"发展重点】

（一）积极稳步推进电子政务建设

"十一五"期间基本形成统一的电子政务内外网络平台。以各部门局域网、接入网建设为重点，依托安阳市运营商传输网，建成连接县（市）的电子政务基础网络，并逐步向乡镇延伸。利用统一网络平台，统一标准，促进各个业务系统的互联互通、及时准确、资源共享。同时，在整合党委、人大、政府、政协等各党政系统网站的基础上，提高行政效率，改进政府管理，方便人民群众，实现对经济社会统筹管理，对公众提供"一站式"服务。

（二）国民经济信息化发展

1. 加强信息技术在经济领域的应用。

加强信息技术在经济领域的应用，促进经济结构的优化和增长方式的转变，不断增强和谐社会的物质基础。要积极推动企业信息化，研究开发一批具有自主知识产权的技术和工艺，研制一批重大技术成套装备和主导产品，为提升传统产业提供技术支持，使安阳市传统产业中重点骨干企业的技术装备、主要技术经济指标接近或达到20世纪90年代中期国际先进水平，部分产业达到或接近国际同期先进水平；建成以电子器件产业园区为龙头的高新技术产业化基地，建立完善的以企业为主体的技术创新体系和中小企业技术创新社会服务体系，形成适应改造提升传统产业发展的良好机制和环境。在政府各部门之间、政府与企业之间、企业与企业之间建立起跨行业的、基础性的信息网络，做到互联互通，为政府转变职能、加强和完善宏观调控，为企业转换机制、结构调整、适应市场竞争提供及时、准确的信息服务。实现全市企业联网，并开展对乡镇及以上企业的产品登记，建立产品数据库；建立和健全市技术改造和技术引进项目库，新产品和新技术库，经贸动态、市场商情及相关政策法规文件等数据库，实现通过通信网络系统进行联机事务查询和联机分析处理。提高经营效率和管理水平，引导发展电子商务等新业务，推动传统服务业向现代服务业转型，培育新的经济增长点，积极推动应用信息技术对高能耗、高功耗和高污染行业的改造，降低物质资源的消耗水平，减轻经济发展对自然资源的依赖和对环境的影响程度，创造人与自然和谐共存的发展环境。

2. 加强信息技术在社会领域的应用。

加强信息技术在社会领域的应用，促进社会事业的发展，创造和维护安定团结的社会秩序。首先，要促进社会管理领域的应用，改善城市服务功能，提高城市管理水平，方便群众工作和生活。其次，要提高各级医疗卫生机构的信息化水平，改善公共卫生管理水平，提升医疗服务质量。再次，要搞好"金保"工程建设，建立全市统一的劳动保障数据中心和应用系统，最终实现劳动和社会保障业务全过程的信息化管理，提高劳动保障信息化水平。最后，要充分利用教育科研领域的计算机网，实现全市网络互联，资源共享，提供覆盖全市高校、科研机构、学术机构、中小学的计算机网信息服务和辅助教学、远程教学、电子图书馆、在线查分等网络服务。

3. 加强信息技术在农业中的应用。

加强信息技术在农业、农村中的应用，逐步缩小城乡数字鸿沟，推动"三农"问题的解决。要通过应用信息技术提供普遍服务，加大农村信息基础设施建设，使农村地区、边远贫困地区的人们也同样能享受到国家的教育资源、科技资源、文化资源、医疗卫生资源和政府提供的各类公共资源和服务。要进一步整合各部门的网络系统、网站、信息资源和科技服务体系，形成一个比较完善的、综合的、系统的信息网络，实现信息进村入户，使农民及时、快捷、方便地获得所需要的农业生产信息、政策信息和市场信息，改变农民信息严重不对称的现状。同时建立农产品供求信息、农业致富信息等数据库。积极推进信息技术在农业生产、粮食存储加工以及农产品流通、农业管理、农村社会服务等方面的广泛应用。推动农业信息化基础设施建设和资源整合，将有限的财力、物力、人力有效地用于面向"三农"的信息技术服务和农业产业化。积极开展政策跟踪，搞好农产品市场预警工作。

【"十一五"重点建设工程】

(一)电子政务工程

统一规划局域网建设，对于已经建成或正在建设的部门局域网进行调研评估，不符合规范的要进行改造，使之符合规范，逐步为搭建统一的电子政务平台提供有力支撑。

接入网将采用统筹规划、统一标准、稳步推进的方式开展建设。统一政务平台的建设以"王"字形结构为总体框架，依托安阳市网络基础设施，建成标准统一、功能完善、安全可靠的市、县二级电子政务网络平台。

办公业务资源系统是在政务内网上运行内部办公业务的信息资源系统。分别建立符合保密要求、门类齐全、内容准确、更新及时的分布式数据库，形成支持办公业务、信息资源共享和各级领导决策的数据库群。根据国家的统一安排部署，"十一五"期间，要继续完善已取得初步成效的金关、金税(国税)和金融监管(含金卡)工程，促进业务协同、资源共享；启动和加快建设宏观经济管理、金税(地税)、金财、金盾、金审、金保、金农、金质、金水等业务系统工程。根据国家组织编制的政务信息资源建设专项规划，设计安阳市电子政务信息资源目录体系与交换体系。优先启动宏观经济数据库的建设，做好与省宏观经济数据库平台的衔接。做好人口基础信息库、法人单位基础信息库、自然资源和空间地理基础信息库建设的各项准备工作。

"十一五"期间，电子政务外网建设重点：一是整合现有各级政府机关、政党组织、群众组织以及相关事业单位的门户网站，努力建成标准统一、功能齐全、跨部门、综合的业务应用系统。二是加大信息公开的力度，以信息发布、信息共享为重点，对门户网站资源进行有力整合。三是以网上互动、网上事务办理为突破口，加强政府与企业、政府与公众之间的互动，切实发挥门户网站为公众服务的功能。

(二)数字电视工程

加快"三网"融合，在细分数字电视用户群的基础上，以计算机、电视机、手机等为接收终端，大力推广数字电视，为普通用户提供公众数字电视服务，为付费用户提供付费频道的数字电视服务，为网络用户提供交互式数字电视服务，为专业用户提供教育、远程医疗、拍卖和欣赏等服务。重点完成有线电视数字化的整体转换,建设全省无线数字化广播电视地面覆盖网,发展第三代移动通信,推进数字电视的小区接入。

(三)电子商务工程

依托电子政务外网的资源优势,围绕优势骨干企业的培育,大力推进“企业上网”工程,以骨干企业的信息化、共用信息网络平台促进企业信息化的发展。引导企业建设采购链、供应链、研发链、制造链等应用系统,开展电子商务,同时拉动处于产业链上下游配套企业的信息化。在有条件的骨干企业和工业园区,建立区域企业信息共享平台。

(四)数字社区工程

选择相对集中并且有条件的社区,以街道社区服务中心为基础、以社区居委会数字化服务站为连接点、以加盟企业为专业服务队伍,完善网络硬件设施,整合社区信息资源,开展“数字社区”试点,促进社区服务与信息技术应用相结合。建设用户宽带接入网,支撑住宅小区社区服务网和物业管理自动化系统的宽带网络服务系统。其中包括可视对讲系统、图像监控与周边防盗系统、电子巡更系统、社区公共设备监控系统等小区安全防范系统,非法入侵报警、火灾报警、煤气泄漏报警和紧急求助报警等家居防盗报警系统,以及支持管理费、水费、电费、气费网上管理和缴纳等物业管理自动化系统。以电子社区为基础,发展入户信息服务业,推动网上教育信息、电子医疗咨询、电子图书馆、电子商户服务、交互式电视广播和高清晰度电视等应用系统,接入电子社区户主终端,推进小区的数字化、智能化。

(五)企业信息化工程

围绕优势骨干企业的培育和安阳市特色经济的发展,推进“企业上网工程”,以骨干企业的信息化、共用信息网络平台促进企业信息化发展。重点是实施重点企业上网工程,引导重点企业建设采购链、供应链、研发链、制造链等应用系统,开展电子商务,推动企业商务信息化发展。

(六)金保工程

按照劳动和社会保障部“完整、正确、统一、及时、安全”的建设要求和部署,搞好“金保”工程建设,整体推进信息化工作。

1. 建立全市统一的信息数据中心。

建立全市劳动保障信息综合管理机构和统一的数据中心,逐步实现各项业务信息的集中统一管理,提高数据质量,整合各项应用,优化业务流程,实现各业务之间的协同办理,提高劳动社会保障工作的效率和质量。

2. 建立统一的劳动和社会保障广域网。

建立全市统一的劳动和社会保障广域网,实现省、市、县(市、区)、街道、社区、乡镇、各经办机构、定点医院、药店、部分企业、金融机构等相关部门的联网,进一步加强联网应用,实现对跨地区业务办理的支持,发挥系统应有的效益。

3. 建立统一的劳动和社会保障应用系统。

建立统一的劳动和社会保障应用系统,全面促进就业服务、职业培训、职业技能鉴定、社会保险、劳动关系、劳动监察等各项劳动保障业务领域信息化应用。加强公共服务系统建设,完善劳动保障网站,建立电话咨询服务中心,通过互联网、电话、短信、社区平台等多种方式为群众、企业、有关部门提供各项劳动保障业务查询服务，逐步实现网上办理劳动和社会保障业务，为企业和职工提供高效、便捷、全面的服务，提高劳动社会保障的服务水平。

4. 搞好社会保障卡的建设。

扩充社会保障卡的功能，在城镇用人单位和从业人员、离退休人员中分别发行社会保障单位卡和社会保障个人卡，逐步实行社会保障卡的一卡多用和全国通用，实现信息在最大范围内的共享和交换。借助信息技术完善劳动保障统计制度，建立劳动力就业监测预警体系、薪酬调查系统和社会基金监管应用系统，实现包括统计分析、监测预警等在内的多层次决策支持模式。通过加强信息化建设，使全市劳动保障工作逐步走向规范化、制度化、科学化、社会化。

【保障措施】

（一）加强组织领导，建立信息化建设的各项考核考评机制

加强领导，统筹规划。各级各部门要高度重视信息化工作，要成立一个专门的机构，明确职责，依据安阳市实际情况，制定相应的实施办法，强化信息化建设的各项考核考评机制，形成有利于安阳市信息化发展的政策环境和信用体系。

（二）加强信息人才的培养、激励和交流

着眼于当前和未来安阳市信息化建设需要，制定信息人才培养、激励和交流制度是必不可少的。首先要加强信息人才的培养，依托在安大专院校、科研院所和骨干企业，建立信息化高级人才和复合型人才的教育、培训机构和高效运行机制，充分利用学校教育、继续教育、社会教育、普及教育等多种途径和手段，形成不同层次的信息化技术人才培养教育体系。建立在职培训机制，强化领导干部的信息化培训，有效地开展公务员的电子政务知识与技能培训，普及政府公务人员和社会从业人员的信息技术应用技能。其次要加强信息人才的激励制度，要从文化、制度、物质等各方面，创造一个好的氛围，激励信息人才的创新，通过激励制度提高安阳市信息化建设的发展。再次要加强信息人才的交流，要制定相应制度定期召开例会（包括学习交流会和经验讨论会等），保证信息化工作人员的思路一致。

（三）加强信息化环境建设

完善社会政策法规环境、市场经济环境、运行环境、人文环境等四个环境建设。逐步制定电子政务、电子商务等各个领域、各个阶段所需的标准和规范。制定业务协同、信息资源共享与信息安全的标准，加快建立和健全标准实施机制。根据安阳市信息化发展实际需求，有针对性地制定安阳市的标准规范和标准体系。加强信息化标准化的交流与合作，积极参与标准制定工作，引导企业积极参与标准化活动。

（四）加强社会投融资体系建设

加强引导，广泛吸纳民间资本参与信息化建设。各级各部门要加大对信息化发展的投资、政策等扶持力度，引导和带动全社会增加信息化投入。要明确政府投资范围，区分和界定必须由政府投资的和可以市场化运作的信息化领域，凡是可以市场化运作的都要采用市场手段运作。按照投融资体制改革的新要求，加快投资主体多元化、投资方式多样化，建立和完善适应信息化发展的多渠道投融资体制。制定优惠政策，鼓励企业自身信息

化建设和参与社会信息化建设；支持有条件的企业通过发行股票、债券等方式利用资本市场筹集信息化资金；建立风险投资机制，积极吸引市内外风险投资投入安阳市信息化建设。完善资本市场，活跃、发展安阳市信息化建设投资市场，鼓励民间资本进入信息化建设领域，大力吸引外资，支持市外投资者来安阳市创办或重组企业。

（五）加强信息安全保障体系建设

建立健全信息安全保障体系，理顺管理体制，制定信息安全政策法规和标准，培养信息安全人才，研究制定信息安全目标与策略等。抓好重点领域和部门的安全示范工程。开展信息安全法制教育，提高全民信息安全意识，防范、打击计算机与网络犯罪。

（六）加强对外合作交流

扩大开放，积极引进国内外技术、人才和管理经验，充分利用国内外资源推进安阳市信息化建设。坚持对内开放和对外开放并举，积极采用多种方式，吸引跨国公司和境外投资机构投资安阳市信息化建设。发挥安阳市劳动力、市场、资源、区位等优势，引导发达地区信息企业通过联合、兼并、租赁、参股等多种形式参与安阳市企业改革与重组。引导和促进市内大型企业加强对信息核心技术的研究开发，积极地与国际跨国公司、国内大企业集团、大专院校等进行合作，加强交流，吸引国内外信息企业来安阳市建立信息产品生产和研发基地。

综上所述，安阳市"十一五"国民经济和社会信息化规划贯彻"以信息化带动工业化，工业化促进信息化，走新型工业化道路"的指导方针，坚持以人为本，在充分发挥信息化自身优势的基础上，为安阳市的经济社会发展作出更大的贡献。

（安阳市信息中心　杨建堂　孙建铎）

焦作市"十一五"信息化发展规划

当今世界,以信息技术为代表的高新技术突飞猛进,人类社会正由工业社会向信息社会迈进,信息产业的竞争已成为国际综合国力竞争的核心。未来五年将是运用信息技术改造、提升传统产业,以信息化带动工业化的关键时期,信息技术将进一步成为经济和社会发展的主导力量。

"十一五"期间,焦作市将以建成中原城市群"金三角"的战略支撑点和区域性中心城市、现代化工业城市、山水园林城市及全面建设小康社会为奋斗目标。与此同时,信息化建设应成为焦作市各项事业和改革的助推器,成为焦作市抓住发展战略机遇期、实现跨越式发展的有力工具,成为焦作市促进社会全面、协调、可持续发展,在省内城市群中率先建成全面小康社会、实现城市现代化的关键举措。我们必须从全局的、战略的高度,充分认识到加快信息化发展的重大意义,进一步增强危机感、紧迫感和责任感,切实把信息化工作摆上重要的战略位置,大力推进全市的信息化进程,将市委、市政府关于"两个率先,两个前列,一个作用"的要求落到实处。

【焦作市信息化建设的基本情况】

"十五"期间,焦作市在邮电通信、广播电视、计算机网络建设、信息资源开发利用、信息系统推广应用等方面取得了较快进展,为"十一五"焦作市信息化建设的全面展开奠定了良好的基础。

(一)信息化基础设施

截至2004年底,全市局用电话交换机总容量95.07万门,互联网用户接入网工程全面启动,光纤、无线、宽带接入等接入技术得到广泛的推广和应用。无线电基础设施建设稳步发展,全市已有无线电广播及电视发射塔9座,其中中波广播电台1座,设有调频发射和转播台7座。有市级电视台1座,县级电视台6座,共有9个播出频道。

(二)信息化发展水平

截至2004年底,全市固定电话用户达70.42万户,移动电话用户达到88.6万户,固定电话普及率为20.6部/百人,互联网注册用户达到8.23万户,全市广播人口覆盖率98.2%,电视综合人口覆盖率98.6%,有线电视用户14.8万户。全市已形成了交换程控化、传输光缆化、城乡一体化的现代化通信网络。

(三)信息产品制造业

焦作市信息产业起步较晚,工业基础较薄,近几年来,信息产业稳步发展,截至目前已涌现出一批初具规模的电子信息产品制造企业,主要产品有:高分子厚膜集成电路、矿用设备电控系统、通信电子器件、铁路数字传输光缆、热打印耗材等,产品销售状况良好。

(四)政务信息化

近年来,焦作市全面开展政务信息化建设。按照省内要求,焦作市建设统一的"一网制"电子政务网络传输平台,目前已完成工程的初步验收,正在进行各单位的平台接入,计划今年上半年正式投入使用;焦作市政务内网、外网和外网门户网站建设均有起色,内网网站建设和内网资源整合工作开展迅速,外网门户网站建设不断加强,网站实现了由宣传型向服务型的根本转变,在 2004 年全国政府网站绩效评估活动中,焦作市政府门户网站在全省地市级政府网站中排名第一;政务应用系统建设力度加大,已经建成一批机关业务管理系统以及公众综合信息服务系统,目前正在开发建设全市各级机关的办公自动化系统、公务邮件系统、内外网信息交换和管理系统等。

(五)农业信息化

焦作市农业信息化基础较好,焦作市在全省率先实现了村村开通有线电视、村村开通程控电话,全市农村程控电话装机总数占农户总数的 50% 以上。目前,市农业部门各科、室、站、校均已配备了微机,市县两级农业信息网络平台已经建成,市农科所等科研单位、博爱农场等农垦企业都已配备了农业信息网络硬件设备。焦作市农业服务体系健全,各乡镇都设有农技服务站,90% 以上的村设有各类农技服务组织。焦作市农业科技队伍素质较高,科技人员均具有从事农业科技研究和推广的能力;全市农业系统管理人员大部分已通过计算机网络知识培训,能够运用农业信息网络开展技术推广和信息服务。

(六)制造业信息化

为加速用高新技术改造传统产业的步伐,促进经济结构的调整,焦作市重点抓好一批省、市重点示范企业,以 ERP 为核心,在 CAD、CAM、CAPP、PDM、ERP、CRM 等多个层面上建立示范,带动和加快全市工业企业信息化进程,到目前为止,CAD/CIMS 示范企业已有 10 家市级单位,通过示范企业的示范带动作用,全市工业企业 CAD 技术应用逐渐普及,部分重点企业信息化建设更是走在了全市前列,中轴集团公司在全市较早建成并投用 CAM 系统,中内配公司建成投用 CAPP 系统,风神轮胎有限公司在全市率先建成并投入使用办公自动化系统(OA)和企业资源计划管理系统(ERP),平原光电有限公司在省内较早投入使用准柔性制造系统。此外,焦作市按照省内要求大力推进制造业信息化试点工作,加速推进制造业信息化。截至目前,全市已有 8 家省级制造业试点,14 家市级试点,试点单位建设情况良好。

(七)重点业务信息化

市内各部门的业务信息化建设取得了显著的成果。以"金财、金盾、金审"等重点工程为代表,焦作市各部门的重点业务系统建设均有较大进展。财政局在不断完善国库集中支付系统的同时,已实现了省、市、县、乡四级网络的光纤联网,财税库银的横向联网系统建设也进入了试运行阶段。公安局在 2004 年完成了市局和六个县(市)局、四个城区分局的电视会议系统以及市局综合查询系统、移动警务系统的建设,并实现了到全市各级科所队的计算机联网，在网络安全方面完成了“一机两用”监控系统建设，实现了对所有接入公安网计算机的有效监控。审计局继续完善审计办公系统应用平台，通过引进、吸收、消化、开发，完成了包括审计信息管理系统（B/S 架构）、审计综合管理系统的建设，建立了支撑系统运行的审计基础信息数据库群，同时在审计系统内推广计算机辅助审计系统，大大提高办公效率。此外，金卡工程顺利运行，焦作市银行卡联网通用步伐不断加快，银行卡跨行交易量迅速增长，2004 年末全市协议银行卡实际安装商户 165 家，全市金融机构中的工、农、中、建、商、邮储 6 家机构的 ATM 机均已联网通用，全市 POS 机联网已安装使用 288 台，POS 有效率达到 78.9%。铁路、电力、水利、交通等专用网络不断扩充能力，成为全市网络资源的重要组成部分。

从总体上看，焦作市信息化工作取得了一定成绩，但存在的问题依然比较突出，主要表现在：信息化的意识还不强；信息资源的开发利用滞后于网络建设；信息制造业比较薄弱；通信服务的整体水平有待提高；信息技术推广应用的广度和深度不够，对国民经济的带动和渗透能力不强；部门之间、地区之间信息化发展不平衡；信息化建设缺少资金和人才的有力支撑，缺少对全局起带动作用的重点示范工程。

【“十一五”信息化建设的指导思想和主要目标】

（一）“十一五”信息化建设的指导思想

认真贯彻落实党的十六大和十六届三、四中全会精神，围绕《焦作市国民经济和社会发展第十一个五年计划纲要》，以建设数字城市为目标，按照信息化建设“应用主导、面向市场、网络共建、资源共享、技术创新、竞争开放”的指导方针，着力发挥后发优势，加快信息基础设施建设，加强利用信息技术对传统产业的改造，大力发展信息产业，以信息化带动工业化，促进结构调整和产业升级，积极推进电子政务、电子公务和电子商务建设，大幅度提高国民经济和社会信息化水平。

（二）“十一五”信息化建设的主要目标

“十一五”期间，焦作市以政务信息化建设为主导，加快推进全社会各行业的信息化建设。到 2010 年，全市具备比较发达的信息通信设施，形成覆盖全市、连接全省和国内、通向世界的高速通信网络；信息资源得到深度开发，全面普及计算机在工作、生产、生活中的应用，实现各种信息资源的快速传递和共享，为政府、企业、公众提供准确、及时、便捷的信息服务；注重信息技术的开发与引进，实现信息技术在社会各个领域的广泛应用；具有一支高素质的信息化人才队伍；在信息化基础设施建设及信息资源开发利用等方面走在全省城市群前列。

【“十一五”信息化建设重点】

（一）大力发展信息化网络基础设施，为信息化建设奠定基础

重点加强网络宽带化、高水平信息平台和网络互联互通的建设，重点建立一个覆盖全市的宽带综合业务数字网，实现网络的宽带化、智能化和人性化，并与全国及国际通信网络接轨，为全市信息化发展提供一个技术先进、安全可靠、功能强大、性能完善的高速公用互联传输网。

1. 超常规建设发展因特网。

适应发展需要，采用新技术组建宽带多媒体通信网，初步形成融合多种业务及现有网

络的核心网络。积极发展 ATM 综合业务、计算机局域网接入、电话网宽带接入、光纤接入、无线接入等多种方式的宽带接入,推动话音、视频和数据三种业务在接入层上的融合。

2. 适度超前建设通信网。

努力提高全社会的主线普及率和住宅用户单机话务量,大力推广各种电话新业务,发展智能业务,激发用户需求,进一步提高电话普及率。积极发展采用 IP 分组方式的综合业务网,扩大 IP 电话业务量。加快移动通信网建设,逐步淘汰第一代模拟移动通信网,用足用好现有的第二代数字移动通信系统资源,适度发展第三代移动通信系统,扩大业务范围,提供话音、数据及多媒体业务。

3. 大力发展电视网络。

完成电视节目生产、播出、传输的数字化,实现节目采集数字化、制作网络化、播出硬盘化;加快有线电视网双向数字化改造,建立模拟和数据两个平台,2006 年前,模拟信号和数字信号并存,新增 24 套数字节目,推出 DVB 业务;2006 年至 2007 年,数字模拟混传,部分有条件的小区、单位、宾馆关断模拟信号,改送数字信号,新装用户直接接入数字信号;2008 年,进行全面的数字化改造,关闭模拟信号,实现全网数字化。

4. 加强信息网络安全建设。

贯彻落实国家关于加强信息安全保障工作的方针政策,提高信息安全保障能力。健全信息安全监管机制,倡导网络道德规范,创建文明健康的信息和网络环境。实行信息安全等级保护制度,加强信息安全技术开发应用,大力引进信息技术及产品的安全管理。建立、完善信息公开审查制度,增强对涉密系统的检查测评能力。

(二)建设骨干应用系统工程,推进信息化建设步伐

应用高速互联传输网,加快骨干应用系统工程建设,在政务、经济、金融、财税、商贸、农业、工业、交通、教育、科技、文化、社会治安、社会保障、公众服务等领域进行规范化的系统建设,逐步形成与省应用系统工程配套衔接的信息网络,为政府、企业和社会提供多种信息服务。

1. 政务内、外网应用系统建设。

到 2010 年,焦作市外网建设达到较高水平,综合门户网站建设水平处于省内前列;网上审批系统全面建成并投入使用;建成并投用一批为社会服务的机关业务管理系统,如工商、税务、文化、教育、卫生、技术监督等部门的业务应用系统;建成焦作市应急指挥系统。内网建设较为完善,建成并投用市县机关的办公自动化系统、市县机关之间的公文交换系统和公务邮件系统,市直机关内部综合信息网站较为完善,涉密或重要的机关业务管理系统,如组织、人事、公安、监察、纪检、政法、财政、计划等部门的业务系统得到深度开发与广泛使用。

2. 农业信息网应用系统建设。

建立完善的农业信息服务体系,建成投用市级、10 个县(市)区农业信息网站,开发农业专家系统、市场信息服务、农业数据库、网络自动化办公等软件系统。

3. 企业信息化应用系统建设。

以建立完整的企业内部管理信息系统和生产应用系统为重点,完善市内重点企业信息化应用系统,推进中小企业的信息化水平。在企业管理方面,实施以 ERP 为重点的示

范工程;在产品设计制造方面,实施以 CAD/CAPP/PDM 一体化为重点的示范工程;在市场营销方面,实施以 CRM、上网、电子商务等为内容的示范工程。要针对企业的不同情况和不同需求,分别加以引导。使无基础的企业从 CAD 起步,有基础的企业提高层次,与国际接轨,从而有效推进企业信息化工作。

4. 交通运输信息系统建设。

建成完善的交通运政管理系统,实现全市的运政管理联网,通过网络实现对各种申请的审批,各职能部门间的数据交换,异地车辆的稽查,各种统计报表的上报等。为运政管理及其他政府机构或部门提供与其相关的数据,作为其决策的依据,快速地传递及发布各类运输信息,服务于社会公众;建成全市 GPS 监控中心,实现对市内车辆的定位跟踪、监控管理、信息发布、区域控制、防盗防抢等功能。

5. 金融信息系统建设。

大力推进金融电子化进程。重点建设现代化支付系统和金融管理信息系统,完善各商业银行柜面处理系统,建设和完善银行卡信息交换系统,建设证券、期货信息系统。实现信用卡一卡通用,多卡共用。

6. 税务信息化系统建设。

建立集行政管理、税收业务、决策支持、外部信息应用等于一体,功能覆盖各级税务机关和征管一线的功能齐全、协调高效、信息共享、监控严密、安全稳定的税务管理信息系统。

7. 社会公众服务信息系统建设。

全面推进科技、档案、教育、气象、医疗、环保、市政、旅游、文化娱乐等社会公共部门信息化,增强公众领域的管理和服务功能。

(1)建设远程教育支持系统,不断扩大网络互联,开发远程教学、计算机辅助教学,并以此为途径扩宽焦作市广大学生接受教育的渠道,改善落后农村教育水平;在焦作市建立完善的教育城域网,实现 600 个学校的网络接入,信息发布和网上办事功能得到加强,电子公务得到广泛应用。

(2)建设数字档案馆信息系统,数字档案馆将是以一个数字化档案信息为主,包容各种文件、资料、语音、视频、图形、图像等广阔领域的各类动态数字信息资源库。开通后将方便各类利用者对档案信息的检索利用。

(3)建设社会保障信息系统,实现社会保险制度运作电子化,在养老、失业、医疗、工伤、生育等领域实现高效、便捷的服务。

(4)建设面向家庭用户的信息系统,向市民提供教育、娱乐、购物、旅游、医疗、水电、电话费用自动化管理等多种信息服务,方便人民生活。

(三)开发和利用信息资源,统筹有序地建设一批数据库

建立面向政府和公众的公益型数据库体系和面向微观经济活动的商用型数据库体系,形成系统完善的信息收集和发布机制,为政府和公众提供高质量的信息服务。由政府各职能部门组织开发宏观管理型数据库,各事业单位组织开发公益型数据库;鼓励社会各界开发各种商情数据库;同时广泛收集、深度开发焦作市经济与社会发展方面的信息资源。

1. 政府信息系统工程,重点建设人口、法人单位、自然资源和空间地理基础信息数据库及宏观经济数据库。

2. 社会公众信息系统工程,重点开发公共信息数据库,包括天气预警报、旅游项目、交通信息、邮电服务以及公共图书馆书目期刊数据库。

3. 工农业信息系统工程,重点开发工农业宏观调控及生产状况信息数据库,工农业市场信息数据库,工农业资源数据库,企业、产品名录及商情信息数据库,安全生产数据库,技术监督信息数据库,财税信息数据库。

4. 社会保障系统工程,重点开发公民数据库、社会保险动态信息数据库、医疗服务数据库、病历档案数据库。

5. 教育科技信息系统工程,重点开发教育系统信息数据库、科技信息数据库。

(四)以推进电子政务和电子商务为重点,加快推进社会信息化

1. 电子政务。

2005年至2009年,建立统一的"一网制"全市电子政务网络传输平台,重点建设市政务内网、政务外网和外网门户网站;完善重点业务系统;开发重要政务信息资源;建设人口、法人单位、自然资源和空间地理基础信息数据库及宏观经济数据库;加强政务公开,实现网上审批;建设完善信用体系;基本建立起电子政务安全保障体系。

到2010年,完成焦作市电子政务建设,届时,市、县各级机关局域网普及率达到100%;网上办公业务覆盖率超过80%;12个重点业务系统完成国家建设要求,并取得良好的应用效果;一批跨部门应用系统(公文交换、公务邮件、应急指挥等)和数据库建设取得明显效果;党政机关全部建立互联网网站,市、县各级政府公共服务上网率达到80%以上。

2. 电子商务。

(1)重点企业电子商务应用:支持基础条件好并在产业链中居于核心环节的骨干企业逐步开展企业间电子商务应用,通过成熟的电子商务技术,整合上下游关联企业,构成业务协同的全程供应链,实现业务流程和信息系统的融合与集成。

(2)第三方电子商务交易与服务:支持以第三方电子商务交易与服务平台为依托,以资源共享为重点,面向企业、行业或区域服务的电子商务试点工程,提高社会信息化及电子商务应用水平。

(3)电子商务支撑环境建设试点:鼓励依法设立的区域和行业认证机构之间的交叉认证,支持认证机构创新业务模式、拓展应用领域;支持金融企业和第三方机构开展网上银行、在线支付应用服务,带动金融企业信息化;探索信用信息资源的共享机制,选择基础比较好的在线信用信息服务平台,实现信用数据的动态采集、处理、交换。

【"十一五"信息化工作的主要措施】

(一)加强组织领导

建立由市政府领导、市各有关部门主要负责人参加的全市信息化工作联席会议制度,定期研究全市信息化建设问题,加强信息化工作的组织与协调。各有关部门按照各自职责分工,相互配合,加强沟通,共同推进信息化建设。

（二）加强法规建设

贯彻执行国家有关信息化建设和信息产业发展的政策和有关法规；同时，根据焦作市信息化发展的需要，制定地方性政策、规章，加快建立公平、公正、公开的市场竞争环境，形成有利于信息化发展的政策法规环境和标准体系。

（三）加大投入力度

建立健全信息化投入机制，形成以政府投入为引导、企业投入为主体、社会投入和外资投入为重要来源的多元化投融资体系。建立信息化引导资金，加强政府宏观导向，支持信息化建设。注意量力而行，突出重点，防止重复建设和盲目建设，努力提高投资效益。

（四）加强人才培养

大力引进、培养信息技术人才，努力造就高水平的信息科技人才和专业管理人才队伍；对科研院所、大专院校及在外资、民营企业的信息化人才进行有机组合，形成聚合优势，充分发挥现有人才的作用；普及和增强全民的信息化意识及信息化科学知识，加强信息化建设人员的继续教育和岗位培训。

（五）加强对外交流

充分发挥区位优势，加大招商引资力度，积极开展对外合作。跟踪信息技术发展态势，定期邀请专家讲学或者选派技术、管理人员到外地考察、培训、学习，引进、传播国外先进的信息技术和管理经验，推进全市的信息化进程。

（焦作市人民政府信息化工作办公室）

河南中烟工业公司“十一五”信息化建设发展规划

【河南中烟业务运营发展趋势】

当前，我国烟草行业在“深化改革，推动重组，走向联合，共同发展”的战略指引下，稳步推进各项改革。河南中烟工业公司一体化运行后，把完善体制机制、理顺内部关系、优化业务流程、促进制度创新、加快内部整合作为工作重点，积极有序地推进“营销中心、生产中心、技术中心、物资中心”四个中心建设，优化四类核心业务流程，实现资源整合。

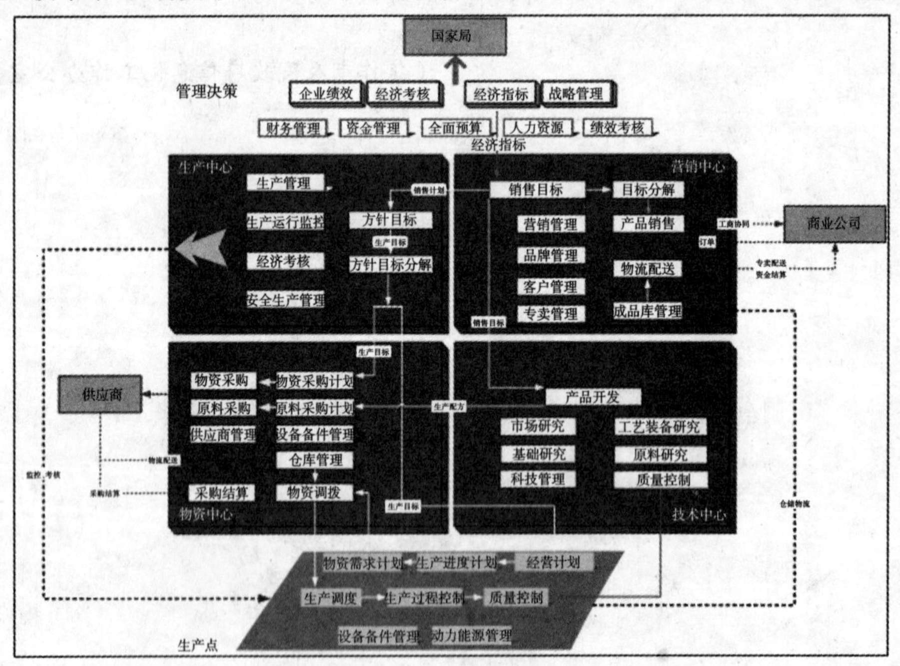

中烟业务运营趋势

“四个中心”的业务特点是：中烟总部是资源管理中心，负责资源管理和配置；各卷烟厂是生产制造、成本中心；营销中心统一销售合同、订单、配送、结算以及营销管理等；物资中心负责物资的统一采购、结算和调拨；生产中心统一管理生产计划和计划执行、生产运营分析等；技术中心统一卷烟品牌和技术研发等；规范一致的业务流程，保证各条业务线管理要求和规范能够切实执行。

【业务运营对信息化的需求】

(一)中烟公司管理层对信息化的需求

1. 建立辅助决策平台,提供准确、系统和动态的信息,以及科学的分析工具,为管理决策提供服务。

2. 实现跨系统、跨组织的流程协同和信息共享,为企业各级领导、相关专业部门以及上下级单位提供一个共享信息资源的平台,提高信息资源的时效性和准确性。

3. 深化核心业务系统应用,对集团统一后的物资中心、营销中心、技术中心、生产中心,建设和完善已有业务系统,进一步提高集团、工厂分级管理模式的管理水平和业务处理效率,并提供可靠的数据存储、准确的统计和科学的分析功能。

4. 调整、完善电子商务信息化,建立新型工商关系,完善相应的信息化系统,满足工商协同需求。

5. 规范企业信息资源,建设企业数据中心,为辅助决策和建立知识管理型企业打基础。

6. 网络及安全领域建设,实现更广域的网络通信平台和带宽需要,满足业务扩展所需的信息交流、沟通和共享,并保证信息安全。

(二)工厂层对信息化的需求

利用信息共享,提高生产执行能力和快速响应能力,实现计划、生产、调度、质量、资源分配等更加科学、准确。

【信息化建设指导思想】

河南中烟信息化建设遵循《数字烟草发展纲要》的指导方针,按照"统筹规划、分步实施"的原则,以应用集成为基础,以信息管理体系为保障,整合信息资源、搭建信息平台,完成收集、分析、决策、执行和反馈五个环节,有效提高信息资源的利用率,推进电子政务、电子商务和生产经营决策管理三大体系建设,实现河南卷烟工业数字烟草战略。

【河南中烟信息化建设目标】

从行业信息化建设总体情况看,目前烟草行业的信息化建设已经进入集成的数字化阶段。其主要表现在:一是"集成"上,即纵向的行业决策、管理、生产经营三个层次之间的信息集成,横向的农、工、商企业之间的信息集成;二是"数字化"上,即对业务、管理用数字加以量化,通过数字量化,实现管理从粗放型向精细化的转变。

(一)应用系统建设目标

1. 系统延伸扩展。

(1)搭建企业门户框架,统一用户权限和身份认证,同时,开始初步集成现有系统的应用,改善信息系统使用环境。

(2)一号工程的数据回传应用系统建设,实现数据中心外部数据源建设。

(3)在 ERP 内部供应链的基础上,扩展物资采购电子商务的应用,向供应商延伸。

(4)建设技术中心综合管理信息系统,以配方设计为核心,以产品为纽带,实现对产品相关的数据、过程、资源一体化集成管理。

(5)完善综合营销业务系统,满足营销中心在核心业务(合同、计划、调拨等)运行、客户管理、客户服务、营销分析等方面的应用需求，同时，以综合营销为平台，向工商协同扩展延伸。

（6）建设零售终端信息采集系统，及时掌握终端市场信息。

（7）建设河南中烟人力资源管理系统，实现人员信息管理、人员绩效考核、薪酬管理、合同管理等。

（8）完善河南中烟核心业务枢纽平台 ERP 系统，完善系统在财务、生产、原料、物资、设备、备件等业务的应用，满足河南中烟业务运作的需要。同时，向条件成熟的生产点延伸扩展。

（9）完善生产指挥调度系统，向条件成熟的生产点推广延伸。

（10）建立物流配送平台，满足在原料、物资、备件、成品等层面的配送管理。

（11）在目前河南中烟协同办公平台的基础上，结合企业信息资源规划，梳理企业信息分类标准和信息采集发布职责，扩展成一个知识管理型的协同办公系统，并结合门户系统建设整合成为企业非结构化信息仓库，为企业管理和决策提供信息服务。

2. 系统深度集成。

结合行业一号工程的数据回传应用以及工商协同平台的数据交互应用，整合企业内部的各种业务系统的数据，在此基础上按照国家局行业数据中心建设规范，建设河南中烟数据中心。

（二）基础设施建设目标

1. 建设统一的系统运行管理监控中心，集中建设、分级管理，实现网络、服务器运行的安全告警监控。

2. 在国家局统一部署下，建立中烟 RA 认证中心，统一所有应用系统安全认证，保证信息系统的访问安全。

3. 建设统一的数据存储中心，整合企业数据存储资源；建立大型备份系统，完善备份管理制度，对业务数据进行定期备份；建立统一桌面备份恢复系统，对重点岗位和人员的桌面数据和系统进行备份，保证数据安全，降低管理员系统维护成本。

（三）信息化管理建设目标

1. 进一步完善信息化管理制度，基于信息技术服务管理（ITSM）的思想，完善河南中烟 IT 服务体系，为业务部门与企业领导提供数据服务和技术服务。

2. 建立完善的信息资源规划和信息资源管理体系，按照《烟草行业信息化建设统一技术平台要求》、《行业标准化体系框架》、《烟草行业计算机网络建设与管理规范》、《烟草行业计算机网络和信息安全技术与管理规范》，加强企业信息资源和标准管理，梳理企业信息资源，建立企业信息分类和理顺企业信息来源，规范企业信息化相应技术标准。

3. 完善企业信息化培训体系，建立信息化培训机制，定期组织开展对各级业务人员的信息化知识培训工作和对信息化技术部门人员的技术培训工作。

4. 建立信息化评价体系，对信息化全过程进行全面的评价，彻底检查企业信息化的现状，确定信息化建设的阶段；根据项目建设前期所建立的可量化的项目建设的目标和成功标准，与项目建设后所取得的成效进行对比，并分析结果产生的原因，找到其中的不足，以便在持续改进的过程中“推广优点、弥补不足”。

【保障措施】

（一）建设具有数据容灾功能的基础网络平台

河南中烟IT基础设施平台部署首先要选择两个地点，其中1个作为生产中心，1个作为容灾中心。生产中心是直接用于生产运营的IT系统设备的放置地点，容灾中心则是用于对生产中心全部系统设备的备份地点。生产中心和容灾中心之间分别通过远程光纤连接实现高速以太网互联，通过远程光纤连接实现存储局域网SAN互联，并通过集团专网实现对下属各烟厂的互联。

容灾中心应该具备与生产中心完全一致的IT基础设施架构。只是容灾中心可以根据实际业务需求降低设备的性能。容灾中心也可用于生产，实现异地双中心模式。如果不用于生产，可以充分利用容灾中心的设备资源，用于数据备份，应用开发测试，统计分析，数据查询等功能。

（二）实现网管监控和主服务器实现双机热备和负载均衡功能

对网络安全和系统安全建立统一的安全监控系统，保证企业基础平台的运行安全，另外为保证应用系统的运行稳定性和负载均衡，对关键服务器应该配置双机集群软件，实现主机的高可用性，并支持主机的故障切换，支持两台或多台主机的应用负载分担或负载均衡运行。

（三）建设统一的SAN存储区域网和配置集中的存储、备份设备

存储区包括IT基础设施的SAN光纤交换机、磁盘阵列、磁带库等设备，并部署存储管理软件、数据备份与恢复软件等。因为考虑数据集中存储，不仅要求满足现有系统需求，要充分考虑容量的可扩展性。磁带库可放置在生产中心，也可放置在容灾中心。放置在容灾中心的好处是：数据异地备份有益于数据的安全存放，且可充分利用容灾中心的主机和存储资源，实现数据在线备份，不影响生产中心的主机性能。数据备份与恢复软件部署在备份服务器和各需要备份的其他服务器上，通过LAN或SAN实现数据库或文件系统的在线备份。

（四）建设完善的信息化管理制度

1. 建立健全信息化管理规章制度，内容包括：计算机设备管理、网络管理、安全管理、项目管理、应用系统管理、维护服务管理等。

2. 建立信息化培训体系，为信息化顺利实施打下基础。

3. 通过实施信息资源规划，梳理企业信息资源，建立企业信息化模型，包括业务模型、功能模型、数据模型，以及信息化管理标准等，提升信息资源管理水平。

4. 逐渐引入ITSM思想，实现IT服务管理流程规范化。形成对流程的可追溯、可控制，从而实现IT服务的量化考核。

（河南中烟工业公司　赵志正）

六、省辖市篇

郑州市电子政务发展概况

郑州市电子政务建设在市委、市政府的大力支持和各单位的高度重视下,已成为郑州市信息化建设的中心环节和深化行政管理体制改革的重要措施。通过各级、各部门的共同努力,以信息资源交换整合为突破,以开展为民服务为重点,郑州市的电子政务建设得到稳步发展,电子政务网络建设日趋完善,重点业务系统的应用进展顺利,基础信息数据库的建设开始起步,信息安全保障能力不断增强。

一、2007 年郑州市电子政务建设得到稳步推进

1. 加大政府门户网站建设。政府网站建设是电子政务建设的核心内容,因为电子政务的目标就是要提高政府行政效能和透明度,提高政府服务质量和水平,而政府网站的三大功能——“信息公开、在线办事、公众参与”正是这一目标的具体体现。2007 年,郑州市政府门户网站在这三方面得到了全面提升。一是进一步完善了信息公开专栏,制定了政府信息公开目录,在一级栏目中增加了财政公开、重大项目、行政性收费栏目,公布了2007 年度财政预决算执行情况,郑州市重大项目备案、审核情况,行政性收费单位和收费标准等信息。二是依托郑州市网上行政审批中心,进一步增强了政府门户网站在线办事功能。网上办事指南信息更加完善,网上申报、网上咨询、网上办事结果公布全面实施,方便了企业和群众办事,提高了办事大厅业务审批服务工作效率,有力促进了党风廉政建设。截至 12 月 12 日底,通过网上行政审批中心受理业务 25557 件,办结 22845 件,受理网上咨询 1477 件,回复 1370 件。三是主要依托《在线访谈》栏目,邀请各业务单位主要领导,就市民关心的热点问题,在网上和网民实时交流,听取民意,解答问题。2007 年共举办《在线访谈》10 期,由于准备充分,选题准确,每一期都得到了网民的热烈响应,同时也得到了省会主要新闻媒体的重点关注。

2. 建设市电子政务数据容灾备份中心。目前市电子政务中心机房承担了郑州市公文传输和交换、市内网和外网门户网站、市网上行政审批中心等核心业务的运行,数据的重要性、业务的关键性越来越重要。建设郑州市异地数据容灾备份中心,依托郑州市数据容灾备份中心实现市电子政务机房核心关键业务的数据异地备份,当一处系统因水灾、火灾、人为破坏或地震等停止工作时,核心关键业务的数据不被破坏,整个系统在短时间内迅速恢复运行。根据《郑州市人民政府关于印发郑州市电子政务2006年度建设任务书的通知》(郑政〔2006〕4号)要求,建设郑州市数据容灾备份中心列入了郑州市2006年电子政务建设计划,该项目2006年12月完成招标,2007年4月正式通过验收投入运行。

市电子政务异地数据容灾备份中心托管在网通IDC机房(位于郑州市北快速路北侧的郑州第二长途枢纽楼7层),市网通公司为市数据容灾备份中心在管理上划分一个独立专区。该机房是国家级重要长途枢纽楼。地板承重达到1.4吨/平方米的高标准,结构相当稳固,层高5.8米,抗震烈度8级,抗台风12级。系统分内外网两套系统,每套系统由数据备份服务器和磁带机组成,每天定时对指定的业务系统数据做自动备份。

3. 推广以企业注册登记为试点的网上联合审批和县区网上审批。2006年3月1日,郑州市网上审批系统正式开通运行。首批上网运行的审批事项为278项,其中许可类行政审批229项,非许可类行政审批49项,郑州市行政许可项目实现了全部网上办理,业务涵盖了44个委局。网上审批的实施,初步改善了郑州市政府的公共服务方式,全面提升了郑州市电子政务建设水平。

2007年9月1日,以企业注册登记为试点的网上联合审批工作正式开始,企业注册登记网上联合审批,是一种以工商行政管理部门企业注册登记为源头,以郑州市网上行政审批中心为依托,以前置审批部门为网络成员,以工商行政管理部门发照与前置审批部门同步发证为一体的企业注册登记审批方式。通过逻辑集中、业务协同、应用集成、信息共享的技术方式,按照工商受理、抄告相关、联合审批、限时完成的工作办法,统一在郑州市网上行政审批平台上进行联合审批。

为进一步扩大郑州市网上审批的应用效果,2007年我们要求郑州市网上行政审批中心的职能延伸到各县(市)、区行政审批办事大厅,即各县(市)、区的行政审批项目,要通过郑州市政务内网和政务外网,实现与郑州市网上行政审批中心的联网,使其办事大厅内的行政审批项目实现办事程序上网、审批结果上网和网上公示、网上咨询、网上监督等网上办理功能。截至11月底,上街区协同审批系统已经正式运行,新密市、登封市网上审批系统已完成项目招标,正在紧张实施中。

4. 建设郑州市税源经济信息共享系统,实现涉税信息共享。我国政府机构设置相对比较复杂,这造成了我国政府信息化,特别是在跨部门、跨系统、跨平台的信息整合上面临很多的困难和难题。政府相关部门在政府和社会信息化的发展建设上都存在不同程度的差异性、多样性以及不平衡性,特别是在网络平台、应用系统、系统软件、数据库、数据信息的建设和使用上更加突出。

针对这些情况,国信办和国家4部委出台了多个文件,要求开展企业基础信息共享工作。郑州市为了落实国信办和四部委有关企业基础信息共享的要求,在2006年的电子政务建设规划里已经明确了要建设郑州市企业基础信息共享资源平台。

郑州市企业基础信息共享资源平台和税源经济信息共享系统系合为一个系统建设,以信息化手段加强各部门间的联系和协作,实现部门间信息的交换和共享,充分利用各部门的涉税信息,加大税源的监控力度,保证税款征收,避免税源流失,增加财政收入。

2006年8月22日,郑州市召开了全市税源经济体系建设动员大会,并通过《郑州市人民政府关于加强税源经济体系建设严格依法治税有关问题的通知》(郑政〔2006〕17号)和《郑州市人民政府办公厅关于加强特殊行业税收征管和建立税源经济体系信息共享制度的通知》(郑政办文〔2006〕60号)两个文件,对工作进行了部署,制定了"市税源经济体系建设共享信息一览表",随后市政府办公厅牵头,开始了调研和制定技术方案等工作。

市税源经济共享信息系统建设分两期进行,第一期工程2007年4月份完成软件招标,10月份系统开始试运行,完成了以下31个市直部门涉税信息的数据共享:市工商局、技术监督局、国税局、地税局、财政局、房管局、国土局、建委、统计局、民政局、卫生局、科技局、药监局、教育局、商务局、司法局、发改委、水利局、市政局、公安局、交通局、国资委、煤炭局、旅游局、文化局、劳保局、物价局、规划局、经委、残联、农机局。

同时,建设了全市统一的电子政务数据中心,建设了统一的数据资源分类目录体系,对已有相关业务系统并且已经入库的信息实现了数据实时交换和数据报送,数据比对;对还没有相关业务系统,数据还没有入库的信息组织开发统一的业务系统平台,各单位依托统一的业务平台建立自已虚拟的业务系统,录入和管理本单位数据信息,各单位不再单独开发数据业务系统。通过数据比对,将完成全市企业基础信息整合,建设统一的企业法人(含个体工商户)数据库,为全市各部门提供数据应用服务。

截至11月底,系统已入库数据记录7482801条,市工商局、国税局、地税局、质监局、财政局已经开始使用系统为郑州市经济建设服务,10月为环保局进行的全国污染源数据普查提供了企业基础信息的数据支持服务。

二、2008年电子政务工作计划

2008年我市电子政务建设将以党的十七大精神为指导,紧紧围绕国家和省、市电子政务建设任务,进一步加强电子政务建设,推进资源整合、信息交换和共享,为郑州市经济发展服务;依托政府门户网站,进一步实施政务公开,通过完善在线办事功能提高政府网站方便老百姓办事能力;通过信息技术的广泛应用,提高机关的办公效率;推进资源整合和电子政务的社会化服务,节约财政资金,提高电子政务保障能力。

1. 继续做好市税源经济共享信息系统建设的推广应用工作。在2007年系统投入运行的基础上,我们将完善系统的比对统计功能,加大税源的监控力度,保证税款征收,避免税源流失,增加财政收入;实现新增企业信息在工商、国税、地税、质监共享协同,通过企业基础历史数据比对,建设全市统一的企业基础信息数据库。

2. 规划并实施"网上审批"二期工程。网上行政服务中心二期工程将在已横向连接市级所有具有行政许可权的部门的基础上,实现纵向连接各县(市、区)行政服务中心,通过数据共享与交换平台,实现办事用户信息、电子证照信息、反馈结果信息、投诉评议信息等的共享,实现市区两级平台受理审批无缝链接。通过建设在线客服系统,工作人员之间,工作人员与法人、自然人网上互动,向企事业单位和公众提供行政审批业务的信息发布、政策查询、业务查询、在线办理等网上行政服务,建立交互式、可视化、人性化的咨询办理平台。完善行政审批监督监察平台,对全市所有行政审批事项的办理进行实时监控,对每个审批部门和审批人员进行绩效评估和排名，评估结果定期向领导、相关人员和社会公布，实现行政审批的全程监督监察。在系统的安全性方面进一步加强，通过与 CA 认证单位的合作，实现工作人员和企业的 CA 数字身份认证，提供更为安全的网上操作和更方便的服务。

3. 规划并建设市政府门户网站群系统。目前郑州市各政府部门网站都是独立建设和维护的，各个部门网站具有不同的信息分类和展示风格，网站结构也是按照其内部职能来组织的，政府门户网站只是以链接的方式将这些内容松散地组织起来。因此，作为政府门户网站的用户——企业和社会公众，查找所需的信息和服务非常不便；另一方面，由于政府门户网站的信息大多是通过人工报送的方式采集，其及时性和准确性也难以保证。同时，一些政府网站由于缺乏资金和技术，安全性得不到保障，经常受到“黑客”攻击。

2008 年郑州市将建设基于统一标准和规范、统一部署和管理的政府门户网站群。以政府门户网站（主站）、部门网站及其应用为支撑的若干子站，形成统一规范的网站群体系，网站群按照服务对象的需要组织和规划信息及服务。网站群的内容管理平台为政府门户网站和部门网站共用，实现站内单点登录，统一网站群的界面设计和风格、标识，对部门信息公开情况进行绩效考核；实现多站点管理，信息多点同步发布；建立分布式网站架构，实现网站群的集中管理、统一维护，各单位不再需要更多的专业人员，节约财政资金。

4. 规划并建设第二套机关视频会议系统。郑州市机关视频会议系统 2005 年建成并投入使用，现已建成 21 个视频会议室。系统目前连接市委、市政府，12 个县市区，以及郑东新区、高新技术产业开发区、经济技术开发区、出口加工区，同时连接省和国家的视频会议系统。建成使用 3 年来，共召开电视电话会议开 252 场，每年可为全市节约会议经费约 200 万元，更为重要的是，视频会议节约了各级领导同志的宝贵时间，避免了参会、奔波之苦，增强了应对突发事件能力，取得了很好的社会和经济效益。目前，视频会议的高效便捷越来越受到各级领导和部门欢迎，会议次数也越来越多，经常出现会议冲突情况。为了解决这一问题，我们将建设第二套机关视频会议系统，利用信息化技术更好地为机关服务，提高政府机关工作效率。

5. 数字郑州地理空间框架正式启动。随着 3S 技术（地理信息系统、卫星定位系统、遥感技术）在各行各业中越来越广泛的应用，郑州市很多单位都在建设行业应用型的地理信息系统，由于这些系统的投资都比较高，往往需要市财政大量资金的支持，郑州市政府每年收到的建立各种应用型地理信息系统的立项申请也在逐年增多，在各项立项申请中大都包含基础地理信息的数据采集和加工费用，一般占项目总投资的 60% 以上。由于这类项目的专业性和复杂性都相当强，在审批这些项目的时候，往往难以将基础地理信息采集和处理部分的投资从项目中区分出来，如果对这些项目都予以批准，势必会造成在基础地理信息数据建设方面的重复投资。而且，由于各单位是按照自己行业的需求进行基础地理信息的采集和处理，难免会出现坐标系统不一致、数据标准不一致、数据采集范围不一致、数据精度不一致等一系列问题，导致数据不符合国家标准以及数据之间不能整合使用。另一方面，其他一些单位，如民政局、统计局、公安局等单位虽然也需要建立地名管理地理信息系统、统计地理信息系统和警用地理信息系统等，但由于基础地理信息数据方面的高昂投资成本和政府部门的利益等原因，这些各部门迫切需要建立的系统迟迟不能建立。

郑州市2007年年初在省测绘局的指导下向国家测绘局提出将数字郑州地理空间框架纳入到国家地理空间框架试点城市之列的申请，目前该申请已经得到国家测绘局的批准，2007年数字郑州地理空间框架将正式启动。

6. 推进资源整合和电子政务的社会化服务。2006年根据对郑州市61家党政机关的调查，其中，无专业机房的20家，有专业机房的41家。有机房的41家单位，大部分都是在原来办公用房的基础上进行改造做为机房使用，存在多种安全隐患。因此，整合资源，利用社会资源对机房进行集中统一托管，不仅可以节省运行维护费用、减少专业技术维护人员的数量，更重要的是可以最大幅度地减少各种安全隐患，确保郑州市电子政务系统的正常可靠运行。

2008年我们将启动机房的社会化托管和技术服务，托管费用由市财政统一解决，同时，市财政相应核减各单位的机房维护费用。

（郑州市电子政务中心　盛　铎）

开封市信息化发展概况

一、开封市信息化建设概况

近年来，开封市从应对入世挑战，增强城市管理功能，创新政府出发，把信息化建设作为城市发展新的动力和主题，依托科研和教育的优势，遵循“以需求为导向，以应用促发展，统一规划，协调建设，资源共享，安全保密”的建设原则，建管并举，狠抓应用，信息化建设取得了明显的成效。

（一）信息基础设施建设初具规模

开封市初步建成基于IP技术宽带城域网，宽带接入网络基本覆盖市区。

全市长途程控交换机总容量达17950路端，通达全国各地和世界200多个国家和地区，市话交换机总容量达200万门，固定电话用户99.85万部，移动电话用户99.64万户，互联网用户16.5万户。

全市共有广播电台5座，广播人口覆盖率100%；电视台7座，电视转播台5座，电视人口覆盖率100%。卫星收转台16座，为信息技术推广应用和信息产业发展奠定了较好的基础。

（二）电子政务建设成效显著

开封市面对国民经济和社会信息化的大课题，以电子政务建设为切入点，以应用求发展，以管理促提高，大力推进信息技术的普及与应用。目前，以“三网一库”为基本框架的全市电子政务系统初步形成，横向实现了市委、市人大、市政府、市政协四大班子机关办公局域网络与市计算机网控中心的互联，市政府各类会议通知网上传输，不再另行纸介质，不电话通知，不发传真，纵向实现了市四大班子机关办公决策服务系统与全市所有县区、市直部门、驻外机构及重点企事业单位的互联，构成了上下贯通、高速运转的全市广域网络系统，完成了对市级党政机关、县区和重点企事业单位的覆盖。

开封市在互联网上开通了“开封市人民政府公众信息网”、“开封电子政务网”、“开封经济信息网”等门户网站，县、区、市直部门大部分建立了自己的网站。市政府在“开封市人民政府公众信息网”开设“市长信箱”，接收国内外电子邮件，指定专门机构负责办理，受到广泛好评。这些网站已成为对外宣传的窗口，联系政府与人民群众、各界人士的桥梁。

政府部门的公文处理、办公事务管理已初步实现了网络化、电子化。相应数据库建设也正在逐步完善之中。

（三）社会管理、企业、社区等领域信息化水平迅速提高

金融、证券、公安、工商、税务、气象等部门纷纷结合自身实际建立信息管理应用系统，并已初步实现了主流业务电子化。劳动和社会保障、科技、教育等管理系统逐渐完善。

（四）企业信息化步伐加快

一大批企业在完成“企业上网”的同时，建立了企业信息化管理系统，增强了技术创新能力和产品的市场竞争力。机械制造、化工等主要行业运用信息技术改造提升传统产业取得可喜成绩，为进一步提高生产与管理的自动化、智能化、数字化水平奠定了基础。

（五）电子商务起步良好

“开封网信息服务广场”等对稳步推进电子商务的发展起到积极的促进作用。

科教领域信息化成效显著，高校均有校园网。

（六）信息服务业迅速发展，显示出良好的发展前景

网络、通信、传媒等信息服务业已经开始起步，发展势头强劲，成为最具活力和潜力的新兴产业。

二、开封市信息化发展存在的问题

伴随着开封市社会经济的高速发展，信息化建设的不断推进，开封市整体信息化水平已经大幅提升，但是从办公自动化到网络建设存在较为严重的重复建设问题；传统意义上的企业都面临着信息化的变革，面临如何运用信息技术来降低成本，改善服务，提升绩效，从而加强综合竞争力；信息原创者的价值及保护需要引起更多的关注。

开封市必须顺应世界信息技术发展潮流，紧紧把握现代信息技术发展所带来的历史机遇，大力推进国民经济和社会信息化，以信息化带动工业化，在完成工业化的进程中注重运用信息技术提高工业化的水平，在推进信息化的进程中实现传统产业的改造和升级，发挥后发优势，实现社会生产力跨越式发展，这也是开封市在新的历史阶段的必然选择。

三、信息化建设的基本思路与目标

开封市委、市政府一直高度重视信息化建设，2005 年年底，市政府组织编制《开封市国民经济和社会发展第十一个五年规划纲要》，明确了信息化建设的基本思路和目标。

（一）指导思想

抓住全球数字化的发展机遇，把推进国民经济和社会信息化作为事关开封市建设全局的战略出发点，以需求为动力，以应用为核心，统筹协调，强化特色，有效整合，重点突破；以信息化带动工业化，推进城市化，促进现代化，争创比较优势，推进现代信息技术在经济、社会、城市建设与管理中的应用，提升城市形象，提高人民生活质量，实现国民经济的跨越式发展和社会的优质运行。

（二）发展目标

通过努力，力争到“十一五”末，根据城市发展的实际需要，分阶段建设和完善城市管线网络的统一管理体系，初步建成城市信息化基础设施基本框架，大力促进信息技术在各个领域的应用，全市信息化总体水平进入全国同类城市先进水平。

四、2007年开封市信息化建设的主要任务

(一)完善信息化基础设施建设

加强信息产业基础设施建设,整合网络资源,构筑适应信息化建设的基础信息平台。要继续建设光纤主干网、市县二级干线网,完成市区接入网改造和县郊节点进村的建设任务,着力解决以智能光网络为核心的下一代互联网网络资源的整合和网络安全问题,提升信息服务业整体水平。

(二)打造电子政府

2007年,是电子政务建设由初级阶段向中高级应用阶段发展的关键时期,电子政务也是全市信息化建设的核心领域之一,必须坚持以电子政务建设作为推动全市信息化建设的突破口,政府先行,积极推动整个社会信息化建设的进程。全市电子政务工程以"三网一库"为基本框架,逐步形成与国家"金"字系统工程配套衔接的信息网络,促进政务公开、信息发布、公文传送、网上办事、网上审批等综合应用,利用信息化手段推动政府职能转变,促进政府决策的科学化,提升政府的管理和服务水平。

(三)推进社会事业领域信息化

1. 教育领域。以实施"科教兴市"战略为目标,进一步加强和提高中小学校的计算机教育水平。实现学校间的网络互联,充分利用各校的教育资源优势,实现教育的均衡化发展。大力发展网上远程教育,提高劳动者素质,优化劳动力结构。

2. 科技领域。适应经济和社会发展的需要,加强网上科技信息资源的收集、加工,建设好全市科技信息综合网络平台和科技信息库,在政策发布、成果转让、经验交流、信息互通等方面,提供网络化服务。

3. 城市公用事业。充分应用计算机和网络技术,实现资源管理、指挥调度、咨询服务、计量收费等的电子化、网络化,全面推进电力、交通、市政公用、物业管理等行业的智能化管理和服务。

4. 文化领域。加快文化信息网络建设,开展丰富多彩的网上文化娱乐活动,引导健康向上的网络文化氛围,利用信息技术手段为载体推进全社会精神文明建设。

5. 旅游信息系统。建设我市旅游行业信息网络,与全国旅游管理网络连接,实现旅游行业联网。开发旅游信息网站,开展旅行社网上组团业务,实现住宿、旅游线路、票务的网上预订。

6. 医疗卫生领域。重点加强公共卫生信息系统建设,加速推进信息技术在医疗服务、预防保健、卫生监督、科研教育等卫生领域的广泛应用,建立适应卫生发展和改革要求,服务于政府、社会和居民的卫生信息化体系。

7. 社区信息化。加快社区信息化步伐,促进城市生活现代化。进一步完善基础网络设施,使各种社会公共服务通过网络进入社区。建设社区信息化平台,扩大社区服务面,拓展服务内容,以满足居民高质量的生活需求。

(四)加强信息化法制建设

2007年,要迅速改变开封市信息化法制建设明显滞后于信息化建设实践的局面,着手研究起草信息化的法律、规章和制度,制定地方性信息化技术标准。从信息化建设规划的编制、信息产业的发展、信息工程的实施、信息资源的开发利用等方面制定明确的法律

规定,使开封市信息化建设做到有法可依。要学习先进地区的经验,与有关部门配合,做好地方性信息化技术标准制定的准备工作。

(五)加快信息化知识的宣传、普及和人才的培训与教育

一是不断提高机关公务员的计算机应用水平,逐步实施机关、事业单位人员计算机水平资质考试,努力办好各类计算机软硬件、应用能力等培训班。

二是大力宣传信息化知识,通过报刊征文活动、知识竞赛、娱乐大赛等多种形式,开展广泛深入的宣传,普及信息化基础知识,强化全民信息化意识,形成全社会关心、支持和参与信息化建设的良好氛围,吸引更多的社会人才投身到开封市的信息化建设中。

(开封市信息中心)

洛阳市信息化发展概况

【基础设施建设】

2006年,洛阳市的信息基础设施建设一直适度超前于经济社会发展。电信行业初步形成了具有一定规模的通信网络,广播电视网络已覆盖全市,计算机信息网络系统逐渐覆盖社会主要经济活动。

(一)电信行业快速发展,形成了以光缆为主,数字化传输、程控交换为一体,覆盖全市的高速通信网络

洛阳市加快信息基础设施建设及系统升级改造步伐,网络容量明显增强,综合通信能力显著提高。目前,全市的光缆网络市区已实现光缆到小区,部分区域实现光纤到大楼,并延伸至所有乡和部分村。2006年,洛阳市固定电话交换设备容量达到190余万门,长途交换容量达到16 000余路端,互联网出市带宽达20G,移动及无线市话用户达到190万户,宽带用户达到13万户,全市所有行政村通固定电话,移动电话覆盖全市所有县(市)、乡镇,数据通信网覆盖所有县(市),建成了集数字化交换网、高速传输网、宽带接入网、无线网、数据网为一体的现代化的通信网络。

(二)广播电视事业持续发展,网络覆盖全市

全市有线广播电视光纤综合信息网工程已建成了HFC传输平台,完成了广播电视光纤综合信息网工程、数字非线性编辑网络、网络管理系统和安全监控系统建设。实现了节目的双向传输,开展了电视会议等数字传输业务。全市已实现村村通广播电视,部分县实现乡乡通光纤和光纤到重点村。目前,洛阳市全年广播节目播出时间18 331小时,全年制作广播节目17 510小时;全年电视节目播出时间16 525小时,全年制作电视节目10 998小时;全市有线电视用户44万户。广播人口覆盖率为95.71%,电视人口覆盖率为96.17%;广播电视宽带综合信息网基本建成,数字电视推广顺利,数字用户达到18万户;双向网改造3万户。数据业务网核心平台已基本建成;建成了基于有线电视网的信息服务平台。

【电子信息技术推广应用】

洛阳市是河南省先进制造业基地,也是全国重要的重工业制造基地,针对洛阳的产业基础,市委、市政府提出了"工业强市"的发展战略,因此,用信息技术改造和提升传统产业就成为实施"工业强市"的一个重要手段和主要内容。

按照国家和河南省《"十五"期间地方实施制造业信息化工程的指导意见》,确立"以洛阳装备制造业基地为龙头,辐射带动全市制造企业信息化建设;通过培育 50 家重点示范企业作为制造业信息化示范企业,促进和带动全市 200 家制造企业信息化的推广应用;建立 4 个省级技术服务及培训中心,形成洛阳市制造业信息化技术的推广体系、技术培训体系和技术服务体系;重点示范企业取得显著效益,将洛阳市建成中西部先进装备制造业基地和制造业信息化基地"的发展目标。

根据建设目标,洛阳市在传统加工设备的数控化改造中,以河南科技大学为技术依托,着力抓了洛轴集团、洛硬工等企业的数控化装备改造。在机械设计与加工中,选择一拖集团公司、中信重机公司、北方易初作为机械制造行业重点企业,实施好 CAD/CAE/CAPP/CAM/PDM 等的应用。在 ERP 建设上抓机车工厂、洛铜集团和白马集团;在模具制造方面抓洛阳建园模具公司和环球模具公司等;石化总厂重点以 MES(生产执行系统)项目推进为中心,加大信息资源开发应用力度,全力推进企业信息化建设。截至 2006 年底,50 家企业完成了规定的信息化建设工程任务;培训各类人才10 000余人次;信息化网站建设及模具网络化制造技术平台建设已经完成,并发挥作用。通过以信息技术改造传统产业,使重点企业新产品的研发周期缩短了 30% 以上,新产品品种数量明显增加,其贡献率达到 30% 左右,技术进步贡献率提高了 10 个百分点。

【农业信息化稳步发展】

2006 年,洛阳市农业信息化健康发展。洛阳农业信息网共发布农业新闻 6 000 余条,农业信息 6 万条,供求信息 19 万条,年访问量突破 50 万人次,年促成农产品网上交易额 1.7 亿元,成为洛阳市农村经济发展和农民增收一条重要的渠道。洛阳移动、洛阳联通、洛阳网通、市委组织部、市委宣传部等多家单位通力合作,以信息化推进社会主义新农村建设,大力开展信息"扶农"、"助农"、"富农"活动,惠及全区所有农村地区。投资近 5 亿元,强力实施了农村信息化"五大工程"(即农村党员现代远程教育、村村通光缆、村村通宽带、信息村建设、农村综合信息服务平台建设工程),取得了丰硕的成果。新建农村综合接入网点近千个,新增农村电话交换能力近 20 万线,宽带装机能力近 4 万线,使全市通光缆、通宽带的行政村比率上升了 20 个百分点,达到 70%。累计开通行政村现代远程教育接收站点1 804个,行政村站点普及率达到 60%。在完成全市 99.2% 的行政村通电话的基础上,将通宽带作为主要标志积极推动"信息村"建设,全市建成信息村 800 余个,并向广大农民提供集视频、文字、声音等功能的综合信息交互式服务,使广大农民利用电视机即可实现上网。实施"信息富农"工程。开发推广了"农信通"业务,并为洛阳市近 50 万农村客户免费开通。开设了洛阳农事、致富就业信息、病虫害防治、种子行情、肥料行情、农产品信息等板块,让农民在易发病虫害时、农作物种植前、需要施肥时、收获季节等都能及时收到针对性强、准确可靠的致富信息。开通了"洛阳市新农村综合信息服务网站",建成乡镇新农村信息服务站 106 个,打造了具有洛阳特色的"三农"信息服务链,培训的农村信息员达1 900余人,完善农村信息体系建设,使"三农"信息在广大农村真正落了地。

【电子政务建设进展顺利】

近年来,为提高政府工作效率,提高政府办公透明度和科学决策水平,洛阳市加大电子政务的投资力度，建设市政务网控中心平台。2006 年，完成了县区、委局光纤接入政务专网的系统升级改造。政务专网、政务外网平台已经建成并投入使用，政务网络安全设施得到完善和加强。财政、税务、社保、公安、计生、民政、统计等部门也按照系统建设要求进行建设，并取得了成效。

2006 年，洛阳市大力推进业务应用系统建设，政务专网连通全市所有县区、市直委局，系统已经开始运行，政务外网接入政府办公大楼内 40 多个委局办，两个系统都开通了新闻中心、公文流转、工作信息、决策参考、政策法规数据库、资料中心、视频点播、政府邮件系统、文件传输、信息报送、政务短信等应用系统，实现了网络新闻实时更新，政府公文网络交换、工作信息网上报送，政策法规定期更换补充，资料中心及时充实。政府公文信息到县区实现网络传输，政府工作效率和信息资源共享率有了较大提高。

政府门户网站建设取得较大成效。2006 年，洛阳市紧密围绕建立服务政府、法治政府、阳光政府的目标，开展门户网站的信息资源组织、开发和利用工作，充分发挥门户网站的信息整合功能，为市民提供一站式办事通道，市政府网站逐渐成为市民和企业了解掌握政务信息、查询办事流程、反映民情民意的重要窗口。

为加大政府与广大群众的交流和沟通，切实维护群众的利益，新开通了以倾听民声、广纳民意、集中民智、促进政府部门改进工作为宗旨的《连线政府》栏目，市民可随时在网上提出问题及意见，然后由相关部门在网上及时给予答复。该栏目开通以后，受到了广大市民及各县市区、市直各部门的极大关注和支持。自 6 月开通，截至 2006 年底，共发帖 7 000多个。市民除了反映个人遇到的问题之外，越来越多地关心起了社会发展、政府工作等。《连线政府》栏目也越来越受到社会关注，新华网、新浪网、搜狐网等众多网络媒体作了报道，新华社、《河南日报》、《大河报》等多家新闻媒体进行了多次采访报道。

2006 年，洛阳市部门电子政务应用快速开展，取得显著成效。"金财系统"实现了省、市、县、乡四级联网，完成了部门预算系统、国库支付系统、非税监管系统、内外网站、FTP 系统等系统建设；金税工程不断加大信息的增值应用，更好地服务税收征管，完成了金税二期防伪税控系统的省级大集中，全面实现了纳税人的电子信息申报工作，开发了(征管)数据分析预警系统；建成了高标准的金税网络中心，地方税收业务管理信息系统全面应用，多元化纳税系统逐渐完善；"金盾工程"完成了省、市、县(区)三级信息网建设，人口信息系统、综合信息查询系统、公共信息网络安全监控系统等应用系统建设成效明显；"金保工程"完成了市区五险基础数据整理整合，系统平台建设已经完成。金信工程、人才信息系统、民政信息系统、统计信息系统、检察信息系统、计生系统等信息化应用系统建设取得了较大进展。市直大部分单位建立了规模不等的内部办公局域网，普遍采用计算机进行文字处理和信息管理。各县区基本上建立了门户网站，政府信息公开程度明显提高，政府电子政务已全面启动。

【信息资源开发利用】

2006 年以来，全市各部门通过应用带动，积极地整合现有资源，充分发挥现有资源的作用，为洛阳市信息化建设服务。一是农业信息网、教育科技网、金盾工程、金税工程、金保工程等基础信息的开发利用，取得了良好的社会效益。二是政府信息公开，为公众服务的信息资源得到了增加，公众上网点击率也在增加。三是充分利用移动、联通无线网资源为企业、农民提供各种有用的信息，为企业和农民解决实际问题。四是充分发挥现有网络数据库资源，各政府部门和大企业大都建立了自己的局域网。总之，信息资源的开发利用已经开始发挥作用，成效逐渐提高。

【信息化人才培养】

信息技术是高新技术，信息化建设的关键是高层次人才的培养。目前，洛阳市已初步形成了多层次、多渠道的计算机技术及应用人才培养格局。2006 年全市 6 000 多名机关公务员参加了电子政务培训。全市 50 家计算机技术培训部，培训、鉴定了 1 万余名计算机技能人才，为洛阳市信息化建设的顺利进行打下了坚实的人才基础。

（洛阳市信息中心）

焦作市信息化发展概况

【2006 年信息化基础环境】

1. 2006 年,焦作市以推进全市信息化建设,建设“数字焦作”为目标,以电子政务建设为重点,以应用项目的开发、推广为突破口,以工作保障体系的建立、完善为支撑点,推动了各项工作的全面开展。信息化建设方面,实现了强化工作机构、工作体系、工作制度建设及队伍素质提高;电子政务建设方面,以网络、网站建设和网上应用及应用拓展为工作重心,推进办公自动化建设;在网站建设方面,以政府门户网站建设为中心,推出了一系列便民服务栏目,架设了政府和市民沟通的桥梁。中心利用自己灵活的思路和工作人员的共同努力,灵活整合“八方”资源,用“小投入”,获得了“大产出”,走在了全省政府网站建设的前列。

表 1 焦作市信息化设施情况(截至 2006 年底)

指标	单位	数据
本地网络光缆总长度	公里	9 697.689
长途光缆总长度	公里	2 467.42
局用交换机容量	万户	44 791.4
移动通信交换机容量	万户	148
电话用户数	万户	186.84
移动电话用户总数	万户	150.35

2. 市财政局加强和完善“焦作数字财政统一政务平台”建设工作。建立并进一步完善了焦作数字财政平台(网站)的展现系统,建立了信息管理体系,包括栏目信息的科室负责制、网络信息员制、内部分工负责制,有效地加强了平台栏目管理,如宏观经济、焦作财经、财政预算、预算执行、财政收支、财政年鉴等核心栏目的信息采集、信息管理、信息发布工作,初步建立了焦作财经数据总库的雏形。建立了财政政务流、业务流和信息流为主的“焦作数字财政”新型管理模式。实现“一站式”管理简捷模式,进一步开创了全省数字财政建设的新领域。

3. 焦作移动公司同市烟草局合作,开发烟草 WAP 版“手机订货”系统,实现了商户电子化订烟、计算,烟草局电子化配货、统计等自动化运作,切入烟草商户经营环节,提高了烟草局的服务效率。

4. 市政府信息化工作办公室与市信访局联合举办焦作市《信访条例》有奖知识竞赛网上答题活动。

【电子政务建设】

(一)焦作市电子政务网络平台于2006年1月1日正式投入运行以来,网络运行稳定、可靠,达到了预期目标,各局委运行正常,为焦作市安全、高效地开展网上办公提供了先进、完善的网络基础设施。

(二)2006年11月,按照市电子政务领导小组办公室提出的"统筹规划、统一平台、集中建设、分步应用"原则,开始着手建设焦作市各级、各部门统一共用的办公自动化系统,该系统分为公文交换、协同办公(即网上办事)、网站管理等子系统,待系统正式运行后,即可替代目前使用的公文交换系统。系统建成后,将实现全市协同办公、公文交换、网站管理、公务邮件等各项应用,为提高机关工作效率,实现无纸化办公奠定了良好基础。

(三)组织编制《焦作市电子政务实用手册》。该手册将系统、完整地介绍焦作市近几年来的电子政务建设工作,手册的编制,将成为焦作市为电子政务建设提供实用性和指导性较强的资料,并能增加广大公务员的电子政务知识,提高公务员的政务信息化意识。

(四)加大开发办公业务资源网(即内网)的应用,即在原来12个栏目的基础上,又先后开发了"决策大参考"(含焦作经济、中经要报和高层瞭望等3个子栏目)、"政府工作信息"、"政务督察"和"焦作市政府会议通知"等栏目,为政府工作提供更加完整、便捷、安全的服务。根据在上海举行的亚太地区城市信息化论坛第六届年会发布的《2006中国电子政务发展水平测评报告》中,焦作市在国内60个重点城市中名列第八位,标志着焦作市电子政务发展水平已跻身全国重点城市前列。

【网站建设】

(一)2006年中国政府网站绩效评估焦作市连续三年位列全省第一

在2007年1月11日国务院信息化工作办公室举办的第五届(2006)中国政府网站绩效评估结果发布暨经验交流会上,继2004年、2005年之后,焦作市政府门户网站在全省地级市政府网站中继续领跑,连续三年位列全省第一。本届评估活动对全国72个部委网站、31个省级政府网站、333个地市级政府网站进行全面、细致的评估。焦作市政府网站在全国333个地市级(含计划单列市和省会城市)政府网站中排名第53位,较上年再次提升了9位,在河南省地级市政府网站中继续排名第一。全省地级市政府网站绩效排名前10名依次为:焦作市、新乡市、郑州市、平顶山市、鹤壁市、安阳市、洛阳市、濮阳市、许昌市、商丘市。

(二)加强网站政务公开管理水平

市政府和政府办公室先后下发了《关于做好焦作市人民政府网站内容保障工作的通知》、《关于进一步推行和规范政务公开的意见》和《焦作市政府门户网站信息报送办法》3个文件,明确了各部门的网站保障内容,并对政府各部门、各县市区人民政府利用网络实现政务公开内容保障工作和信息报送办法提出了明确要求。截至2006年12月,焦作市政府门户网站的7个一级栏目和65个辅助栏目,累计发布信息23万多条;实现了全市69个政府主要部门的700多项服务内容在网上公布,并集中公布了各部门办事流程;一些政府红头文件、政府工作信息、部门工作动态、政务督察等常规政务信息第一时间均在网上公布。

（三）整合行政资源，架设互动桥梁，构筑政民互动的平台

公众是政府网站服务的对象，也是网站最广泛和最直接的应用主体，政民互动是衡量政务网站效能的重要方面。为此，市政府网站陆续开辟了"政府在线"、"市长信箱"、"问计于民"等互动栏目，搭建政府与网民互动交流的平台。"政府在线"开通以来，共收到市民主题帖 6 434 篇，并且基本做到了投诉有结果、处理有时限、建言有回音。"市长信箱"已经成功处理了 5 000 余封来信，各位市长对大部分信件进行了批示，一批市民反映强烈的热点、难点问题得到了解决，许多建议和意见被采纳，初步形成了政府对公众诉求反应敏捷、渠道畅通、直接开放的回应机制，实现了政府和市民之间的互信、互动，拉近了双方的距离。"网上听政"栏目更是广泛地收集广大市民对政府工作的意见和建议，市政府先后将公共图书馆选址、《关于房屋权属登记中历史遗留问题的处理意见》等文件的修订、"十一五"规划的编制等重要工作在网上公布，其中市民就公共图书馆选址的投票就达到 162 771 票，为公共图书馆选址的最后确定提供了重要的决策依据。在此基础上，又先后增设了"政府在线法律援助"板块、"网站视窗"栏目、英文版网站，并于 2006 年 9 月 1 日首次开展了焦作市机关效能评估网上评议活动，树立了"阳光政府、透明政府"的形象。

（四）推进全市县（市）区政府、局委门户网站建设

中心于 2006 年 12 月中旬组织有关人员，制定了严格的评估指标体系，采用了公众参与、在线测评与专家评审相结合的方式，对全市 11 个县市区和 36 个市政府组成部门的互联网网站建设情况进行了首次综合评估。从评估总体情况看，焦作市 47 家县市区和政府组成部门网站拥有率为 89%。其中，11 个县市区全部建有政府网站，网站拥有率达 100%；36 个政府组成部门有 31 家建有门户网站，政府组成部门门户网站拥有率为 86%。此次网站评估更为明确了各单位网站需要增设的栏日，推进了全市网站建设的整体水平提高。

【信息化建设中存在的问题】

（一）信息化人才匮乏

随着全市信息化建设工作的全面开展，业务量日益繁重，相形之下，相关人才明显不足，直接导致个别工作的被动，不能及时地开展。

（二）增强主管部门协调力度

电子政务平台的建设与使用过程中，信息化主管部门协调全市各局委力度加大，尤其是平台应用系统的投用将使协调工作量进一步增加。

（三）网站整体水平亟待提高

与国内先进城市比，门户网站综合水平还有待进一步提高，网上办事功能、网上地图等还不够健全，网站的综合利用水平还没有完全挖掘出来，政府网站系统建设管理仍需完善。

（四）加大信息资源开发力度

信息资源开发不足、利用不够、效益不高，相对滞后于基础设施建设。行业信息化发展缺少项目支撑，工业、农业及重点业务信息化建设步伐还有待加快。

【2007年工作重点及政策取向】

(一)加快全市通用办公系统建设

2007年主要工作是新版电子公文交换系统测试和协同办公系统一期开发等第二阶段工作将陆续展开。

(二)推进政府网站群建设,整合有效资源

2007年,在市政府门户网站综合水平再上新台阶的前提下,积极推进政府网站群建设,为整合网站资源、信息资源共享做一系列工作。

(三)促进行业信息化建设

充分利用全市各大信息通信运营的客户、品牌、资金、网络、计费、渠道等方面的综合优势,深挖全市各单位、公司需求,推动办公自动化、宽带商务、电话导航等融合类业务的发展。

(四)建立全市企业基础信息交换系统

整合全市税收、财政、质量监督等有效资源,提高税收监管水平,增加财政收入,建设全市统一的企业基础信息交换系统。

(焦作市人民政府信息化工作办公室)

济源市信息化发展概况

【2006年信息化建设】

（一）基础设施建设

截至2006年底，济源市信息化建设累计投资4.57亿元，铺设光缆1 633皮长公里，架高有线电视网1 000公里，建设基站200多个，全市程控交换机容量40万门，94%以上的村通固定电话，电视综合人口覆盖率97.76%，广播综合人口覆盖率95.52%，城市每百户拥有接入有线电视电视机102台、移动电话192部、固定电话82部、接入互联网计算机42台，基本形成了以光缆传输为主，以卫星和数字微波传输为辅，覆盖全市、连通全国的邮电通信传输网络和以有线无线相结合，广播、电视、调频、微波、卫星地面接收站、MMDS有线网等组成的广播电视传输网络。

（二）电子政务

1. 资源整合。

（1）人员机构整合。

济源市委、市政府将原有的市信息中心和行政审批便民服务信息中心进行整合，成立济源市信息化工作办公室，理顺了信息化工作机构。

（2）信息资源整合。

坚持政府主导，社会各方面共同参与，协同推进的信息化发展思路，实现信息资源的有效整合。多渠道筹措建设和管理资金，建立了长效运行和维护机制。

（3）网络资源整合。

实现全市中心机房的统一维护与管理，对组织部、交通局、发改委等单位网络设备和应用服务进行托管，节约了人力、物力、财力。

2. 公共服务。

济源市以政府网站为载体，实施政务信息公开，大力开展政务公开和便民服务，公共服务水平不断提高。政府门户网站“济源之窗”建立了信息公开、市政府文件上网等一整套制度；全市90%的行政机关建立了部门网站，80多家市直各部门网站实现与“济源之窗”链接；市民可以通过电话、互联网、手机短信三种方式向济源市12345便民热线反映问题，至2006年底，12345便民热线共接到群众反映问题的有效电话40万余个，办结率达98.6%。“济源之窗”、12345便民热线已经成为政府对外宣传和为民服务的重要“窗口”,在提高政府公共服务质量方面发挥着十分重要的作用。

3. 农村信息化。

(1)构建三级信息服务网络。

济源市坚持“政府主导、企业参与、多方联动”的原则,由市信息化工作办公室牵头,联合市劳动和社会保障局、农业局、水利局、林业局、科技局、粮食局、气象局、畜牧局、农机局、农科所等十家单位和网通、移动两大通信公司,依托市委组织部农村党员干部现代远程教育站点,共同构筑“市有中心、乡镇有站、农村有点”的三级信息服务网络,免费为群众提供全方位的信息服务。截至2006年年底,共建成12个乡镇信息服务站、430个村级信息服务点,其中扩展型站点达72个。

(2)建立农村信息资源库。

建立涉农专家库,涉及畜牧养殖、蔬菜瓜果、职业指导等14个专业的30余名涉农专家可通过热线电话、手机短信、互联网等多种方式与农民互动交流。定期开展农民与专家面对面活动,为农民解惑答疑。截至2006年底,共举办3期专家面对面活动,惠及群众千余人次。

建立了涉及种植、养殖、农民经纪人等共2 000余人的农民信息库,实施短信富农工程,市信息办联合各涉农单位协同以手机短信方式定期向农民发送惠农信息。

(3)农村远程教育系统。

济源是河南省农村党员干部现代远程教育首批试点城市,截至2006年底,已建成村级终端接收站点430个,占行政村总数的88%;远程教育教学工作平台建设全面到位,实施了农村中小学现代远程教育工程,271所农村中小学全部开通了现代远程教育系统。

(三)信息化建设中的重大事件

2005年10月,济源市被国信办确定为“国家电子政务信息安全保障试点”,探索基于互联网建设电子政务的新途径和新方法。济源市按照“不拉专线、不建专网、保障安全”的要求,充分利用互联网接入方便、覆盖面广、费用低等特点,通过综合运用以密码技术为基础的信息安全技术,合理配置信息安全设备,加强管理,完全基于互联网构建了全市统一的电子政务网络传输平台,实现了全市网络的安全互联,保证了网上办公和移动办公的需要。开发了面向政务人员的内部办公系统和面向公众的信息服务系统,实现了内部办公和为公众服务的有机统一。

2006年8月27日试点工作通过国信办技术验收。10月16日至17日,国家“电子政务信息安全试点总结暨现场交流会”在济源召开,国信办常务副主任曲维枝、河南省副省长史济春出席会议并作重要讲话。来自全国17个省(区、市)和全省相关厅局委、18个省辖市的电子政务主管部门负责人共计260余人参加会议,全国十多家主流媒体纷纷对济源的经验和做法予以报道。

济源市利用互联网开展电子政务建设,不仅节约了资金,而且扩展了服务范围,实现了安全的移动办公,为我国市县级电子政务建设,特别是中西部地区开展电子政务提供了很好的借鉴。国信办、公安部、国家保密局、河南省信息办等各级领导对此都给予了高度评价,一致认为“济源模式”在节约成本、服务公众等方面开了很好的先河。河南省也将济源市电子政务确定为示范工程,并在全省12个市、县(区)推广。

（四）信息化人才培养

制订培训计划，分层次、多渠道开展培训。邀请国信办领导和专家来济源市作专题报告，对市级领导和各部门主要领导开展培训，提高领导的信息化意识；利用四大班子中心组学习时间，对市领导开展应用培训；将信息技术学习纳入公务员继续教育内容，至2006年底共举办各类培训班200多期，受训达9 500余人次，90%以上的公务人员达到了考核标准；强化系统管理员技能操作，让其能够承担起本单位的管理、维护和使用工作；加强对农村信息员培训工作，开展"信息直通车"下乡活动，在全市各乡村巡回宣讲，提高农民的信息化意识和利用现代化手段获取信息的能力。

【信息化建设中存在的问题】

存在重复建设现象；部分单位主要领导信息化意识不强；部分系统管理员能力差、责任心不强；个别部门的信息系统安全防护措施建设不到位、安全管理跟不上。

【2007年工作重点】

为了使济源市信息化工作再上新台阶，2007年重点做好以下几个方面工作：

（一）科学编制信息化发展规划

以《2006—2020年国家信息化发展战略》、《信息化"十一五"专项规划》等文件为指导，认真分析济源市信息化发展现状，围绕经济社会发展需求，深入研究信息化发展中的难点、热点问题，按照整体规划、分步实施的原则，科学编制信息化发展规划，全面指导全市信息化发展。

（二）扎实推进电子政务

1. 全面推广政务办公系统。

2. 探索基于互联网的电子政务办公服务平台与省电子政务外网的连通，实现数据共享。

3. 开发应用全市绩效考评系统，加强机关行政效能建设。

4. 协调国家重点工程金税、金审、金盾、金水、金农、金保等"十二金"工程全面推进和应用，进一步提高部门工作效率。

5. 加强培训工作，从领导、工作人员、系统管理员三个层面有针对性地开展培训，提高公务员实际应用能力。

（三）大力推进农村信息化

实施五大工程，推进城乡信息一体化建设。

1. 实施以提高农村信息网络普及率为主的"信息基础设施建设工程"。

2. 实施以信息资源开发利用为主的"资源共建共享工程"。

3. 实施以满足需求为目的的"应用系统开发工程"。

4. 实施以普及和应用为目的的"信息进村入户工程"。

5. 实施以完善农村信息化推进机制为主的"建设推广工程"。

（四）加快推进企业信息化

1. 加快研究制定符合济源市企业信息化发展需求的指导意见，为企业信息化发展提供政策支持。

2. 实施企业信息化示范工程，引导和推动企业信息化建设，促进企业发展壮大。

3. 鼓励企业积极申报国家、省项目,争取国家信息化建设配套资金,对列入国家、省项目计划的,给予奖励。

4. 完善企业信息化发展环境,促进电子商务发展。

(五)促进信息公开资源共享

1. 修改完善全市政务公开指导意见,使信息公开有据可依。

2. 完善"济源之窗"功能,建立网站内容保障体系,形成"主站+子站"的模式,实现政府门户网站与各部门子站信息同步,促进政府门户网站集约化发展。

3. 规范各部门网站建设,从内容和安全上保障公开信息的完整性。

(六)完善网络与信息安全保障体系

1. 贯彻落实国信办和省信息办有关加强信息安全保障与管理的部署与要求,实行信息安全等级保护,做好全市网络信息安全监管工作。

2. 加强风险评估。组织全市有条件的单位进行安全风险评估,增强信息安全防范意识,完善安全防范措施,提高抗风险能力。

3. 逐步扩大商用密码技术在全市电子政务、电子商务等领域的应用,加强网络信任体系建设。

4. 通过技术创新,加强网络攻击、病毒入侵、信息失窃防范工作,提高系统容抗灾能力。

5. 建立完善全市病毒预警体系和重大网络信息安全事件应急处理机制,提高网络信息安全防护能力。

(七)优化信息化发展环境

1. 加强信息化制度建设,建立健全政务信息资源开发利用、信息安全、信息基础设施等制度。

2. 拓宽信息化建设投融资渠道,初步建立以政府投资为主,租赁投资、市场化运作等多种投资方式共存的多元化投资体系。

3. 加大信息化宣传报道力度,努力营造浓厚的信息化工作氛围。

4. 加大督查力度,重点抓好国家信息化政策的贯彻落实、项目建设管理、应用效果的考评等三项工作,促进信息化工作健康持续发展。

(济源市信息化工作办公室 崔 敏 红 梅 薛郑行)

许昌市信息化发展概况

【许昌市信息化发展概况】

“十一五”是我国全面建设小康社会的关键阶段，也是十六大提出的走新型工业化道路，“优先发展信息产业”等精神贯彻落实的重要时期。许昌市信息化工作紧紧围绕以信息化带动工业化、促进经济社会协调发展这一中心，不断加大工作力度，全面服务于经济建设，促进了经济结构调整和产业升级，取得了明显的经济效益和社会效益。

（一）信息基础设施日臻完善，社会服务信息化惠及百姓生活

目前，全市公用电信光纤长度 17.8 万芯公里，固定电话用户 83 万户，移动电话用户 170 万户，无线覆盖率达到 99.99%。计算机互联网用户 7.7 万户，全市有线电视用户达到了 20 万户。广播、电视覆盖率均达到 100%，实现了全市村村通电话。在科技、教育、文化、卫生、新闻、广播电视等领域，信息化步伐加快，利用信息技术推动城市应急联动体系建设取得积极进展。信息技术的广泛应用改善了投资环境，提高了城市综合管理和服务水平，方便了人民生活。

（二）电子信息产业持续快速健康发展，成为拉动经济增长的重要支柱产业

目前，全市拥有电子信息生产企业 30 余家，2006 年实现销售收入 72 亿元，利润 6 亿元，分别比上年增长 14% 和 8.3%；软件业实现销售收入 2.5 亿元，利润 2 亿元，分别比上年增长 25% 和 33%；以通信业为主的信息服务业实现营业收入 12 亿元，利润 1.73 亿元，分别比上年增长 20% 和 33%。国家级电子信息产业园在许昌落户，为许昌信息产业的发展提供了广阔的平台，目前柔性输电项目、德里施尔 3000 单元环网柜项目、大功率电力电子技术在电力系统中的应用项目、特高压直流输变电装备关键技术项目正加快建设。一个以信息技术为支撑，以电力电子为核心，辐射智能型民用机电、信息化教学设备、软件开发、电子商务、环保等行业，从产品基础件到整机、从计算机硬件到软件的一系列完整的生产和配套产业链条正在形成，电子信息产业集群雏形已经显现，电子信息产业成为拉动许昌经济增长的重要支柱产业之一。

（三）农村信息化建设取得重要进展

在推进农村信息化工作中，全市各级政府、涉农部门和电信运营商根据“三农”的实际需求，采取灵活多样的形式为农民提供各种农业信息，并不断拓展信息技术在农业领域应用的广度和深度。

1. 构建现代农村信息服务网络,利用电脑网络开展全方位信息服务。

(1)以许昌农业信息网为骨干,把6个县(市、区)、市直涉农部门的专业网站链接到许昌农业信息网,成为全市农业信息收集、发布的主渠道。目前,许昌农业信息网上设置了农技推广、病虫害防治、劳务经济、农产品供求信息等32个板块,89个子栏目,拥有质量标准、农业专家、龙头企业等10个数据库。上与25个国家级、34个省级、359个市(县)级农业网站建立链接,下与6个县(市、区)、90个涉农乡镇、100多家龙头企业网站相连,实现了"一线登陆,多点响应,联动服务"。

(2)从全市筛选60名农业专家定期在线,对农民提出的问题及时给予答复,对农户需求的信息及时给予反馈。

(3)围绕许昌市重点发展的花卉苗木、蔬菜、中药材、小麦、大豆、烟叶、棉花、生猪等八大特色支柱产业,在许昌农业信息网上开辟供求信息发布专栏,扩大对外宣传力度。每天发布信息200多条,对外销售总量比以前增加60%以上。

(4)围绕农业生产的关键环节开展信息服务。如在农机信息服务方面,把全市665个农机大户的机械种类、数量、住址、联系电话全部上网,方便农民就近联系。全市有62万农户(占农户总数的64%)通过这种方式,与农机大户建立了长期固定作业关系,解决了小麦、玉米从种到收的全程机械化服务。

2. 利用广播电视开展普及式共性服务。

成立许昌农业信息电视台,开办"农业信息综合节目",并转播中央电视台7套部分农业节目。"农业信息综合节目"每天安排120分钟,有针对性地将广大农民最为关心的生产技术、市场动态、价格行情、供求信息等,制成专题节目,在电视台播放。同时,在许昌广播电台开办了《金色田园》节目,每周播出三组节目,帮助农民及时解决生产、致富、务工、生活、政策等方面的问题和困难。

3. 利用电话语音系统开展互动式个性服务。

建立了"9600157"语音电话热线服务系统、农信通手机短信平台和农业专家移动总机服务系统,为农民开展点对点的个性服务。

在推进农村信息技术应用,拓宽信息服务领域方面,一是探索落实惠农政策新方式。把近年来中央出台的"种粮补贴"、"良种补贴"、"农机补贴"等7项惠农补贴政策,全部在网上公开。把全市接受阳光工程培训的农民工培训补贴、培训专业、培训学校、输出转移等情况,全部采取实名制在网上公布,并公布举报电话,接受社会监督。目前已经完成今年省下达许昌市培训1.5万名农民工的任务,收到了良好效果。二是开辟信息技术在农业生产应用上的新途径。按照以需求促开发,以应用促建设的原则,建立了烟草信息管理系统,实现了烟叶生产、收购、调拨的规范化、程序化管理。三是创建农业龙头企业科技创新新渠道。河南众品食业股份有限公司全面应用企业资源整合细化系统(ERP),实行生产环节、管理决策、市场信息、物流配送、销售网点等全方位信息管理,2006年3月在美国纳斯达克成功上市。许昌湖雪面粉有限公司引进面粉生产计算机自动化控制系统后,实现了配料、配粉自动化,生产效率、面粉质量得到提高。四是积极发展农村电子政务。市畜牧局建立了"动物疫情调度指挥系统",利用地理信息技术,将行政村、禽类养殖场建立管理数据库,一旦疫情发生,该系统可迅速显示疫区的畜禽种类,按照要求划定疫区和控制区，开展对疫情防控的调度指挥。市水利局利用网络建立了防汛指挥调度系统，实现了防汛指挥的科学决策和自动化。五是大力开展电子商务服务。我们把全市1 139个农资经营大户的经营地址、经营农资品种、价格、信誉度等在网上公开，方便农民了解农业生产资料市场信息。鄢陵县花农王继军投资兴建了花木电子商务网，把2 300多个花木主要品种的种植资源、商品规格、动态供求价格上网发布，国内外客商通过网站了解许昌市的花木信息，通过电子交易促进花木销售，2006年该网站直接或间接销售花木2.7亿元。

在农村党员干部现代远程教育方面，市委组织部门坚持以强化组织领导为前提，以站(点)建设为重点，以队伍建设为关键，以搞好建、管、学、用为根本，探索出了一条农村党员干部现代远程教育的新路子。目前，全市已经有1 772个行政村建成接收站点，各项试点工作均取得了较好的成效，受到了省委组织部的表彰。

截至目前，全市农村拥有电脑4.2万台，电视机83万台，手机90万部，农村电话机61万门。广播有线电视交换台已经建成，有图像、文字、语音综合传输能力，实现了村村通有线电视，村村通有线电话，能够基本满足农村信息化快速发展的需要。2006年12月信息产业部批准许昌市为全国首批农村信息化综合信息服务试点市。

（四）信息技术改造提升传统产业取得明显成效

各行各业广泛应用信息技术，探索形成了一批信息化带动工业化的典型模式。生产过程中以信息技术为核心的控制系统在烟草、金刚石及其制品、粮食加工和造纸等行业得到了广泛应用，节能降耗、保护环境效果显著；电子安全监控系统在煤炭等采矿行业的推广应用，有效提高了生产安全水平；机械、轻工和纺织业利用信息技术改造工艺设备，提升了行业的技术水平，产业结构得到了升级。全市大中型企业100%使用了计算机辅助设计(CAD)，30%以上使用了计算机集成制造技术(CIMS)，70%以上使用了管理信息系统(MIS)，50%以上使用了企业资源管理系统(MRP—Ⅱ ERP)，传统产业开始涉足电子商务。为加快推进中小企业信息化，鼓励和支持中小企业更加广泛、深入地运用信息技术，根据国家发改委、信息产业部和国务院信息办启动实施的“中小企业信息化推进工程”，许昌市先后组织了300余家中小企业管理者和信息化管理人员参加信息化培训活动，借此提高中小企业的自主创新能力和市场竞争力，促进中小企业健康成长。

（五）电子政务建设步伐加快

许昌市电子政务建设在统一网络、政策规划、整合资源、构建平台、资源共享、开发应用等方面取得了明显成效，推动了廉洁政府、高效政府、服务政府的建设，促进了经济发展环境的改善，带动了社会各领域信息化的发展，为“十一五”加快发展奠定了良好的基础。一是政策环境初步完善。市委、市政府先后出台了一系列加快推进电子政务工作的政策文件，有关部门正在抓紧编制和完善《许昌市电子政务建设规划》。二是电子政务网络加快建设。以市委、市政府办公室为中心的电子政务内网已实现与省电子政务内网和100多个市直单位、6个县(市、区)政府的联通。三是应用开发有序跟进。内网网站、公文交换、公务邮件、信息简报上报和城市应急指挥等系统已经投入运行，政府门户网站已开通运行，目前有部分市直单位已经在国际互联网上开设了自己的网站。四是县(市、区)电子政务建设取得了一定成绩。六个县(市、区)都已经建立了政府门户网站。

【发展中存在的问题】

一是全民信息化意识有待进一步增强。二是机构不健全，管理不到位。三是信息化建设投入不足。四是信息化专业人才缺乏，信息技术应用和创新能力不强。

【2007年工作打算】

（一）做好国家农村信息化综合信息服务试点实施方案的落实工作

（二）加大工作力度，加快信息产业园建设步伐

完善产业园用地手续，加快基础设施建设；加快产业园在建项目建设，尽快形成产业集聚；加大招商引资力度，吸引更多的电子信息项目入住产业园；推动形成以产业园企业为主体的技术创新体系，提高产业的自主创新能力。力争到年末，全市电子信息产业实现销售收入85亿元，利税同比增长20%以上。

（三）加快信息技术的普及应用，提升国民经济和社会发展的信息化水平

继续稳步推进电子政务建设，建成全市统一的电子政务传输网络；加快应用信息技术改造传统产业的步伐，推动企业信息化、农业信息化和社会服务业信息化的发展；加快城市信息化建设，增强城市的服务功能。

（四）加强信息化人才培养和信息化队伍建设

加大信息化人才培养和引进力度，加快建设许昌市信息化人才培训基地。建立在职培训机制，强化领导干部的信息化培训，普及政府公务人员和社会从业人员的信息技术应用技能，提高全民信息化素质。

（五）拓宽投融资渠道，加大信息化投入

充分利用国内外两种资源、两个市场推进许昌市信息化建设。积极吸纳国外资本和国内民间资本参与信息化建设，制定优惠政策，建立和完善多元化投融资体制。

（许昌市发展和改革委员会）

漯河市信息化发展概况

漯河市委、市政府一直高度重视信息化工作，把信息化作为提升城市竞争力的战略重点统筹规划，把信息技术的全面渗透和广泛应用作为贯彻落实科学发展观的重要手段，认为信息化是加速推进和谐社会建设的有效途径。近两年来，在国家信息产业部和省委、省政府的大力支持下，漯河市信息化建设在重点领域获得突破性进展，整体工作取得突出成就，树立了新的里程碑。

【基本情况】

一、工作机构健全

2002 年漯河市在河南省率先成立了以市委副书记、市长为组长的漯河市信息化领导小组，领导小组下设正处级规格的信息化办公室，并在 2003 年设置了以常务副市长为指挥长的漯河市电子政务建设指挥部，统筹协调漯河市信息化和电子政务建设工作。目前，漯河市各县区都成立了信息化办公室，各部门都明确了信息化工作机构和责任人。

二、基础设施完善

漯河市已成为国家一级通信干线和全国、河南省电子政务网和有线电视光缆传输干线的重要接点，是豫南地区电信和有线电视传输交换中心，光纤已经覆盖到市、县（区）、乡（镇）三级各部门和部分重点村。固定电话普及率达 54.31%（户/百人），移动电话普及率达 35.43%（人/百人），互联网普及率达 15.97%（户/百人）。

三、国家级农村信息化试点工作成效明显

1. 以试点为契机，加速农村信息化进程。2007 年 4 月，国家级农村信息化试点启动仪式在漯河市举行，信息产业部、河南省政府领导和微软、因特等知名企业总裁亲临现场，争取到了信息大篷车、电脑终端、农用信息机、农村信息化培训基地、村级综合信息服务中心（站）以及卫星电视接收系统等硬件 355 万元和软件 200 多万元，多方筹集各种资金近 500 万元，重点实施了“电脑入户”工程、“村村通宽带”工程、“金牧阳光”工程、“新农村综合信息服务站”工程、“村村通电话”延伸工程，开展了特色“手机村”创建活动、“邮政连锁到万家”活动等。

2. 创新性地建成了漯河市统一的既有政府推动又有商业运作模式的涉农综合信息服务平台，有效解决了信息源的及时、准确、标准等一系列问题。

3. 在全国首家实施了“电脑入户”工程，向农村和农民个人投放电脑 1120 台。2007

年上半年，漯河市在河南省率先实现“村村通宽带”目标，在此基础上，按照每台电脑财政补贴1000元的标准，向45个重点示范村投放电脑900台，并全部接入互联网。

4. 争取信息产业部直接投资，建成了河南省唯一的“新一代农村卫星电视接收系统”。现在，漯河市舞阳县莲花镇半李村农民永久免费收看30多套高质量的卫星电视节目，告别了收看电视“看风向转天线”的历史。

5. 在河南省率先开展了农村医疗信息化试点。选择部分乡镇卫生院和村卫生室，实现与区级医院医疗业务系统的共享。

6. 建成了一个装备80台电脑的农村党员干部远程教育培训中心。另外，动员有关方面捐献电脑近200台，把原有党员干部远程教育站（点）由“基本型”改造为“扩展型”。

7. 加强对广大农民信息化知识的培训。以信息大篷车、信息化培训基地和综合信息服务中心（站）为载体，培训农民近万人次。

漯河市国家农村信息化综合信息服务试点工作取得了不少创新成果，完成了年度目标，摸索出了一套符合漯河市市情和试点要求的科学推进模式和方法，培养了一支高素质的信息化工作队伍，初步实现了出成果、出经验、出模式的要求，得到了信息产业部的认可。

四、电子政务建设步伐加快

漯河市始终把积极推动电子政务作为引领信息化发展的中心环节，要求围绕构建和谐社会的总体要求，大力开发和利用信息资源，深入推行电子政务，强化社会管理和公共服务，促进政府职能转变和行政管理创新，全面提升社会事业和各领域信息化水平。

1. 基础设施完善，应用成效明显。漯河市已在河南省率先建成了统一的电子政务内、外网平台，投资2000多万元，接入单位200多家，财政国库支付系统、市委公文传输系统、公安视频监控及电子警察系统等近20项并网运行，漯河市委、市政府各部门100%地普及了互联网，充分发挥了信息化工程的整体效益，大大节省了财政支出。

2. 电子政务规划管理工作有效开展。近两年来，按照“统一规划、资源共享”的原则，统筹规划实施了“金盾工程”、“金审工程”、“市委公文传输系统”等30多个工程，在达到“互联互通、资源共享”的同时，节约财政资金600多万元。根据工作实践，创新性地制定了《漯河市信息化建设管理暂行办法》，于2006年9月以政府规范性文件的形式在河南省率先出台，使漯河市信息化建设走上了科学规划、规范管理的轨道。

3. 发展速度较快，水平较高。“金盾”、“金审”、“金保”等“金”字工程和重点领域电子政务工程相继启动实施；按照漯河市平安城市建设纲要，一期投资2000多万元建成了城市治安视频监控系统，对犯罪分子起到了极大的震慑作用，治安形势显著改善，老百姓安全感明显上升；圆满完成了省辖市级企业基础信息共享试点工作；统一规划应对突发事件系统和“12345”便民服务系统，实现“平战结合”；漯河市委、市政府公文流转实现了网络化传输，政府门户网站建设得到加强。近5年来电子政务建设资金累计投入1.1亿元。

4. 政务信息资源开发进度加快。目前，漯河市市直53%的单位建有业务数据库，部门内部和部门之间数据交换、共享需求日趋强烈。

五、国民经济和社会各领域信息化亮点纷呈

以漯河市双汇集团为代表的企业信息化在全市乃至全省、全国树立了一面旗帜，为漯河市广大中小企业提供了样本和成功范例。

教育信息化应用的深度和广度得到进一步提升:推动了农村中小学现代远程教育工程,提前全面实现"校校通"目标,农村学校班级多媒体装备率达到10%以上,农村中学教师人均配备率达到15%以上,农村小学开始建立电子备课中心,初步实现城乡教育资源共享。

农业、气象、工商、土地、房产、城管等领域信息化不断得到加强。

【存在问题】

漯河市信息化建设与经济发达地区相比,还存在信息产业落后、信息化水平仍有待提高、信息技术和信息资源的开发利用程度仍较低、社会公众对信息化认识还比较模糊等问题。

【工作重点】

一、工作思路及目标

下一步漯河市信息化建设的思路是:以政务办公一体化、公共服务高效化、社会管理规范化为目标,强力整合各类信息资源,建设以政府门户网站群为展示层,以电子政务网络平台为传输层,以人口、企业法人、空间地理、宏观经济等基础数据库为支撑层,以政务、农业、城建、交通、社保、公安、医疗卫生等领域重点信息化工程为应用层的跨部门、跨行业综合信息服务系统。

主要目标是:通过以一个平台(电子政务网络及共享应用系统平台)、两个中心(数据中心和安全保障中心)、两大应用体系(政务应用体系和公共管理服务体系)为构架的综合信息服务平台建设(简称"122"工程),有效突破资源整合瓶颈和消除"信息孤岛",加快协同应用步伐,实现人才、资金、网络、设备、数据资源的充分共享,以此推动漯河市信息化全面发展,建设"数字漯河"。

二、工作原则及重点

(一)工作原则

1. 统筹规划、资源共享原则。统筹规划漯河市各类信息化项目的建设和应用,打破条块分割,整合网络资源,促进互联互通和资源共享。

2. 需求主导、实用高效原则。从解决漯河市当前经济社会发展的迫切问题入手,有计划、有步骤地推进信息化建设,避免盲目、重复建设和铺张浪费。

(二)工作重点

1. 继续做好农村信息化工作,确保取得新成效。拓展农村信息化综合信息服务平台的建设应用,进一步加强农村信息化基础设施建设,加速农村医疗卫生信息化进程,开展大规模、深层次的农村信息化培训。

2. 加大网络资源整合力度。以统一的电子政务网络平台为依托,强力整合现有各类业务应用网络。规划中将要实施的公共服务系统、应急管理系统、数字化城管系统等,一并以电子政务网络为基础部署,最大限度地节约投资,实现资源共享,从网络层消除"信息孤岛"。

3. 加快协同应用步伐。加快纵向、横向信息化协同应用,打造漯河市统一的"综合信息服务平台",把应对突发事件系统、公安视频监控系统、"12345"便民服务系统、城市管理系统等统一整合到“综合信息服务平台”上来，发挥信息化工程的整体效益。

4. 加强信息资源的开发利用。统一规划，建设和完善人口、法人单位、自然资源和空间地理、宏观经济等基础数据库，加速农业、教育、文化、卫生、社保、就业等领域信息资源的公益性开发利用，支持数字图书馆、数字档案馆等信息资源建设，加快漯河市传统文化的数字化工作。

5. 统筹规划社会管理和公共服务信息化工程建设。重点实施漯河市公共卫生管理信息系统、市政管理信息系统、食品药品监督信息系统、土地资源监管及利用信息系统、企业信用管理信息系统、城市一卡通工程等全局性、公共性重大信息化工程。

6. 促进信息化与工业化融合。发挥示范作用，支持漯河市双汇集团进一步加强信息技术的开发应用，致力打造以食品加工业为支撑的电子商务平台和公共物流信息平台，促进漯河市食品企业不断提高信息化应用水平。

（漯河市信息化办公室　赵广辉）

平顶山市信息化发展概况

2006年,平顶山市全面贯彻落实国家有关信息化建设的方针政策,脚踏实地,开拓进取,在领导机构、规划建设、政府网站建设、信息资源开发、信息化队伍建设、信息基础设施建设等方面做了大量工作,使平顶山市信息化建设迈上了一个新台阶。

一、信息基础设施逐步完善,极大地方便了人民生活

2006年,全年完成邮电业务总量35亿元,比上年增长24.8%。年末全市局用电话交换机总容量达126.1万门,比上年增长12.2%,固定电话及小灵通用户81.5万户,其中城市电话用户46.9万户,乡村电话用户34.6万户。计算机互联网络用户11.8万户,比上年增长3.1%。广播、电视覆盖率均达到100%,实现了全市村村通电话。在科技、教育、文化、卫生、新闻、广播电视等领域,信息化步伐加快,信息技术的广泛应用改善了投资环境,提高了城市综合管理和服务水平,方便了人民生活。

二、加强信息化规划,推进电子政务网络建设

2006年,根据中办发[2002]17号文、豫办[2004]8号文的精神和要求,结合平顶山市实际,制订了本年度平顶山市电子政务网络建设的总体目标与实施方案。建设规划包括:建设覆盖全市各级党政部门的网络传输平台,实现各级政府部门的互连互通、数据共享和业务互动;加大业务应用系统的建设,实现无纸化电子公文传输、交换;对市政府门户网站进行升级改版,进一步充实和完善内容,加强互动、双向交流栏目的建设;加快推进各县(市)区、局委办外网、内部办公网建设,实现与垂直部门的网络对接。

截至9月,全市政务网络核心传输平台已基本建设完毕,向上实现了与省政务专网的对接,向下网络延伸到了市直各局委办及各县(市)区。全市10个县(市)区的政府OA办公系统大部分已投入运行,全部完成了与政府内网、专网的光纤对接,实现了各县(市)区和上级政府的业务衔接,在网络传输平台上实施的普发性公文传输交换、应急明传短信等业务应用系统运行情况良好。在各级领导的关怀与支持下,市党务网一期工程与平顶山市12345市长热线系统在2006年上半年相继建设完毕并投入使用。目前,全市的政府外网网站基群建设已初具规模,通过不断加强政务公开宣传的力度,改造和添置硬、软件设施,全市各县(市)区、市直部门已有近30家在互联网上建立了自己的网站。2006年度,市政府门户网站通过对网站的功能和性能进行深化改进,新设置了透视政府、信息化与电子政务、政务公开等5大板块20个一级栏目、180个二级栏目和多个宣传专题,开发了行政审批办事项目查询、百姓问答服务业务应用系统，进一步完善和保障了市政府门户网站的高质量、高效能的服务内容与能力，在2005至2006年国务院信息化办公室举办的全国市级政府网站绩效评估中，平顶山市政府网站位列全省第2位，全国第65位。

三、推行政务公开，进一步完善政府网站建设

推进政务公开，简化办事程序，促进政民互动，一直是我国电子政务发展的宗旨，也是平顶山市政府网站建设的最终目的。

政府网站是政务公开信息发布的重要载体。在推行政务公开工作的过程中，市政府网站积极配合市政务公开领导小组办公室及有关部门，贯彻落实《政务公开暂行办法》，坚持政务公开，积极宣传政务公开的意义，承担政务公开的职责，利用网站资源，以信息发布和双向沟通为主要工作内容，着力拓宽、发挥市政府网站的主渠道作用，推动政务公开工作深入的发展。

1. 及时公布公示政策性、管理性文件、规章、规定。市政府网站按照《政务公开暂行办法》的规定要求，对政府机构、领导介绍、地方法规、公告公示、政府文件、人事任免、招标公告、政务动态等各类政务信息进行分类，充实和完善政府网站内容。迄今，收集已发布正在施行的地方法规38篇、公告公示56篇、市委市政府文件477篇；发布《政府公报》21期(自2001年起)；新增《政务动态》、《部门动态》、《每周治安播报》、《权威发布》栏目，让群众定期了解市政府及各部门工作动态；通过《政务公开条例》栏目，向市民公布政务公开的领导机构、工作规定和规程及相关知识。

2. 提供网上办事、咨询。市政府网站设立了《办事指南》栏目，将市政府“窗口”部门提供服务的事项按用户需要进行分类整合，直接列出，方便用户进行查询。同时，市政府网站将全市各部门网站能够面向社会提供的网上办事、咨询的服务进行页面整合和链接，提供行政许可审批指南及表格下载、咨询问答服务，市民可以方便地进入67个政府部门(单位)的网站和主页，了解更详细的部门及办事信息；为加强与市民的双向联系，市政府网站设立了《百姓问答》栏目，将社会普遍关心的问题以便民问答的形式向社会发布，取得了良好的效果。

3. 倾听群众呼声，反映社情民意，接收群众监督。充分发挥政府网站作为政府与公众联系的纽带和桥梁作用，在这方面，市政府网站做出了卓有成效的努力：在政府网站上建立《政务公开信箱》、《公众监督》、《绩效评估》栏目，方便群众对政务公开工作的监督，对监督政府各部门依法行政起到了积极作用；同时市政府网站设置了《市长热线》、《信访指南》等栏目，市民可以直接向市长、信访部门反映情况，建立起公众直接向政府反映问题的网上渠道，树立了政府亲民爱民、执政为民的良好形象。

同时，为认真落实好《河南省人民政府办公厅关于做好河南省政府门户网站内容保障工作的意见》文件精神，就平顶山市有效实现信息报道、网上抓取、栏目链接、网站链接内容制定了切实可行的保障措施，将进一步促进网站内容的及时有效和真实可靠。

四、合理开发信息资源，加强信息交流与合作

1. 为了全面系统地展示平顶山市“十五”时期的辉煌成就，展望“十一五”时期的美好蓝图，进一步提高平顶山市的知名度和影响力，促进信息资源的开发和共享，我们编辑、制作了《中原名城平顶山》多媒体光盘与《平顶山市“十五”回顾“十一五”展望》宣传画册。

2. 开发建设“平顶山市信息资源库”。根据国务院办公厅和省政府办公厅关于加强“三网一库”建设的有关通知,为了全方位展示平顶山市改革开放的成就,我们开发建设了“平顶山市信息资源库”。目前,入库单位已有500多家。通过对这些信息资源的整理、制作、发布,宣传了平顶山市企事业单位的良好形象,有力地推动了平顶山市招商引资工作的开展。

3. 联合市委组织部和市人事局,积极组织全市公务员信息化与电子政务培训工作,取得了圆满成功,极大地提高了全市广大干部职工的信息技术水平和信息化意识。

五、目前存在的主要问题

1. 信息化建设资金及专业人才不足,相关工作考核机制与制度不完善;

2. 平顶山市电子政务外网建设项目还未批准立项,工程尚未全面启动;

3. 全市缺乏统一规划,政府部门之间、行业之间、企业之间的内部信息网自我封闭、各自为政、重复建设,缺乏一个统一的网络平台,大量的政府信息、经济信息、市场信息和产品数据成为一个个“信息孤岛”,造成信息流通渠道不畅。信息资源缺乏统一整合,开发利用不够。

4. 环保、轻型、技术密集度高的信息制造、软件开发企业仍没有实现零的突破;信息化软环境的支撑体系尚待进一步加强和完善。

六、2007年的主要任务

2007年,将在原有的信息化建设基础上,吸取和借鉴先进地市的经验和做法,结合本地实际,优化资源配置,在信息资源设施建设、信息资源开发应用、信息安全应用保障方面加大实施力度,进一步推进全市信息化建设向深层次发展。主要任务包括:

1. 完成国务院办公厅、省政府办公厅部署的电子政务建设任务;调整和启动《平顶山市电子政务外网建设》一期工程。

2. 通过对政务内网传输平台的维护和扩容,增强安全保障措施,完善业务应用系统,加大应用范围层次,提高人员应用水平。

3. 在现有部门互联网站基础上,加强对企业、公众、机关工作人员的服务力度,实施政府网站信息保障制度,实现12345市长热线系统与政府门户网站的业务衔接,强化服务,拓宽渠道,丰富内容。

4. 通过政务绩效考核和评议制度,促进全市各级政府和部门的电子政务建设,全市各县(市)区、市直部门在2007年必须执行国家深化政务公开的政策,完成在互联网站上建立外网网站的硬指标。

5. 规划和建设“平顶山市网上行政审批服务系统”及其安全保障系统,开发网上审批与各单位现有业务系统、政府门户网站的接口,实现与各单位现有业务系统数据和业务的交流整合。

(平顶山市信息中心)

濮阳市信息化发展概况

【2006年信息化发展的基本情况】

(一)全市信息化基础设施发展迅速

2006年是濮阳市信息化基础设施发展的重要一年,通信网络、电话、广播电视等在原来较好的基础上不断发展,通信业务总量和业务收入也突破了往年实现了新高,信息技术和产品的认识和利用程度均得到提高。2006年全市通信光缆总长度达到9 391.668公里,比2005年增加了1 432.45公里,增长了18%,其中长途光缆总长度达到675.041公里,比2005年增加了147.21公里,增长了28%。2006年全市上网用户达到6.69万户,其中82%的用户使用宽带上网。2006年全市电话用户总数达到143.3万户,比2005年增加了23.25万户,增长了19%,移动电话用户增长了20万户,占总增长量的86%。2006年电话普及率达到40%,实现了村村通电话工程,广播电视覆盖率达到95.73%。

表1　濮阳市信息网络设施情况

指标	单位	数据	增长率
全市通信光缆总长度	公里	9 391.668	18%
长途光缆总长度	公里	675.041	28%
全市上网用户	万户	143.3	19%
移动电话用户	万户	86.09	29%
通话行政村比重		100%	

(二)信息产业逐步壮大形成规模

濮阳市围绕天然气资源,抓住东部沿海地区产业向中西部转移的机遇,通过制定优惠政策、采取招商引资等措施,大力发展特种玻璃及电光源产业,濮阳特种玻璃及电光源产业发展迅猛,规模增长较快,总量迅速扩大,产品层次切实提高,经济效益大幅提升,成为濮阳经济发展新的增长点。自2002年以来,特种玻璃及电光源产业规模以上企业工业增加值、销售收入、利税、固定资产等指标年均增幅均在30%以上。截至2006年底,濮阳市特种玻璃及电光源生产企业达120家,规模以上特种玻璃及电光源产业企业46家,其中投资超亿元的企业6家,超千万元的企业40家。从业人数超过2万人,实现销售收入64.3亿元,完成工业增加值27.6亿元(占全市规模以上工业增加值的8.6%),利税11.6

亿元,资产总额达到37.0亿元,已经成为濮阳经济发展中的第三大支柱产业。年产量达到电光源玻管40万吨、圣诞灯泡850亿粒、装饰灯泡260亿粒、节能灯及节能灯毛管5.5亿只、灯芯柱40亿支、特种灯泡1.1亿只的生产规模。产品主要出口到德国、美国、朝鲜、意大利等10多个国家和地区,在国内多个城市及欧美、东南亚建有长期的营销机构和代理机构,圣诞灯泡市场份额占国内市场的80%、国际市场的70%,其中欧洲市场的50%和美国市场的60%以上,已经发展成为世界最大的圣诞灯泡生产基地。高硼硅玻管也稳居国内市场龙头地位,占国内市场份额的56%以上。

(三)电子政务建设平稳进行

至2006年底,全市已建成投入应用的电子政务网络有市电子政务内网、市财政专网、市公安专网、市兴农网、市地税专网、市国税专网、市工商专网等12个政务网络。其中2006年开通运行的市电子政务内网实现了上与省政府,下与县区政府的互联互通。全市第一批97个单位接入内网,实现了公文交换、信息交流上报等功能。濮阳市政府门户网站2006年进行了全面的改版,增加了为民服务的项目,增大了政务信息量,查询便捷,信息丰富,访问量不断增加,应用效果逐步显现。在2006年5月份,我们委托北京北大软件公司做了《濮阳市电子政务外网建设工程(一期)初步设计方案》,于2006年7月份由省电子政务办组织专家对方案进行评审,省电子政务办以豫电办〔2006〕17号文予以批复。后来根据济源试点的经验,结合濮阳市的实际情况,濮阳市电子政务办对濮阳市电子政务外网专网方案进行了部分修改,形成了基于互联网开展电子政务的开放型模式,经市政府同意后,以市长办公会议纪要〔2006〕137号予以批准。

(四)政府门户网站便民高效

濮阳市政府门户网站1999年经市政府批准正式开通,到目前已经稳定运行了八年,先后经过几次重大改版,及时更新内容,已成为栏目合理、内容丰富、查询便捷、反响良好的综合政府门户网站。一是整合行政资源,做好政务信息发布。至目前,濮阳市政府门户网站对外发布的政务信息已达十几类,如,全市概况信息、政府机构信息、法规公文、政务要闻、人事任免、公告公示、计划规划等等。群众通过这些栏目内容可以及时了解全市发展方向、方针政策内容、部门工作重点和与群众关系密切的一些公共信息,政府告诉群众在干什么事,群众监督政府该干些什么事,使政府工作公开透明,使群众监督真实有效。二是开展网上服务,做好群众服务工作。网站上集中公布了行政服务审批大厅、行政审批分中心、行政审批工作站46个办公电话,方便群众咨询;提供17大类174种办事表格,方便群众下载;提供多种查询服务,如公积金、电费、水费、车辆违章、毕业生档案等12种查询功能。三是架设沟通桥梁,做好交流平台。2003年11月份开通了市长信箱,至2007年8月底共收到群众来信4 757封,一些群众反映强烈的热点、难点问题得到了解决,许多建议和意见被采纳;开设了领导访谈栏目,将市直52家政府职能部门和窗口行业负责人在电台直播室,现场解答群众问题的内容上网公布,接受社会监督,这些渠道的开通,实现了政府和市民之间的互信、互动,已初步形成了政府对公众诉求反应敏捷、渠道畅通、直接开放的回应机制。

【信息化建设中存在的问题】

(一)信息化与工业化结合得不紧密

信息化主导着新时期工业化的方向,使工业朝着高附加值化发展;工业化是信息化的基础,为信息化的发展提供物资、能源、资金、人才以及市场,只有用信息化武装起来的自主和完整的工业体系,才能为信息化提供坚实的物质基础。濮阳市企业多数为中小企业,摆在中小企业面前的两个课题需要研究解决:一是如何利用现代化的信息技术、设备来带动企业的发展;二是如何在新的形势下,改变传统思维模式和传统营销方式,抓住互联网带来的发展机遇,使企业做大做强。这些问题没有引起足够的重视。

(二)信息资源的开发和利用滞后

全市缺乏统一规划,政府部门之间、行业之间、企业之间的内部信息网自我封闭、各自为政、重复建设,缺乏一个统一的网络平台,大量的政府信息、经济信息、市场信息和产品数据成为一个个信息孤岛,造成信息流通渠道不畅。信息资源缺乏统一整合,开发利用不够。

(三)信息化人才匮乏,创新乏力

信息化意识和劳动者素质远远不适应信息化发展要求,较高层次智力资源严重不足,现有的教育和培训体系不能满足信息化建设的需要,缺乏同信息化建设相适应的正规教育和培训学校。软件业还处于散兵游勇阶段,形不成产业,形不成气候。

【2007年工作重点】

(一)集中精力和时间做好市电子政务外网建设工作

经过前期调研,濮阳市电子政务外网工程在省电子政务办的指导下,已经进入了招投标阶段,马上将进入实施工作阶段。电子政务外网是濮阳市信息化发展进程中的一项重要工程,它的建成投用将大大提高全市行政机关办事效率和信息资源共享程度,有效解决与群众利益关系紧密的一些实际问题,还是监督政府、部门、个人的方式和渠道,意义重大。濮阳市的电子政务外网初步设计了四个大的系统。

(二)市政府门户网站建设要再上一个新台阶

经过近几年的工作,濮阳市政府门户网站成效显著,但与先进地市相比,差距还很大,通过这次政务外网建设,要把政府门户网站重新整合,特别是在应用开发上、便民服务上、信息互动上下大工夫,不断增加便民栏目,及时添加网站信息,加强网站后台管理,争取濮阳市政府门户网站建设工作再上一个新台阶。

(三)健全信息化工作机制,完善电子政务的地方法规,增加政策的支持力度

(四)做好电子政务培训工作

特别是随着电子政务外网的建设,开发应用的培训工作量很大。不仅要对濮阳市信息中心的工作人员进行培训,还要对全市行政机关工作人员轮番培训,工作任务繁重,我们将下力做好。

(濮阳市信息中心　范国兰　林仙丹)

安阳市信息化发展概况

【2006年安阳市信息化建设的主要工作及发展状况】

(一)以科学发展观为指导,顺利完成了"十一五"信息化专项规划的编制工作

根据河南省信息产业厅和《安阳市发展和改革委员会关于专项规划编制和"十五"回顾宣传活动有关问题的通知》的要求,安阳市信息中心承担安阳市国民经济和社会发展信息化规划的编制工作。安阳市"十一五"信息化规划主要是以邓小平理论和"三个代表"重要思想为指导,坚持以人为本,落实全面、协调、可持续发展的科学发展观,按照市委、市政府提出的"三产富市"的要求,紧紧围绕国民经济和社会发展目标,推广应用信息技术、促进信息资源开发利用、发展信息产业、大力推行电子政务、加强信息安全保障,夯实安阳市信息化基础,努力缩短与先进地市信息化发展与建设的差距。

为了保证信息化规划的指导性、科学性和可操作性,我们召开了"十一五"信息化规划专家论证会,与会专家、领导们对《安阳市"十一五"国民经济和社会发展信息化规划》展开了详尽的讨论。对信息化"十一五"规划的指导思想、发展目标、发展重点给予了充分肯定。同时在论证中各位专家、领导对安阳市信息化"十一五"规划也提出了许多宝贵建议和意见。会后我们针对这些宝贵的建议和意见进行了修改,再次将修改后的规划征求了各位专家的意见后,上报了市发改委,得到了市发改委领导的一致好评。

(二)认真开展"数字安阳"前期工作

根据市政府领导的批示,已将"数字安阳"、诚信网建设列入了"十一五"规划。在上半年,市发改委、市信息中心已召集相关技术人员对"数字安阳"、诚信网编制工作进行了前期的需求分析。经过摸底调查、网络查找、电话查询、邀请信息化系统集成商来安阳作实际调研等多种形式对安阳市信息化现状进行了了解分析。"数字安阳"、诚信网存在规划涉及面广、涉及的技术问题较复杂、实施协调任务重等客观因素。但这些问题也是在"十一五"期间及今后相当长时间需要解决的问题,我们只有紧紧抓住"数字安阳"、诚信网建设这个机遇和挑战,加强资源的整合力度,促进电子政务、电子商务、企业信息化、农业信息化的发展,推进安阳市信息化更好地向前迈进。经过上半年的紧张工作,"数字安阳"规划草案已经完稿。

(三)继续做好安阳市电子政务外网建设

1. 积极调动各方面因素,丰富和及时更新电子政务外网的信息。

在上半年,为了做好安阳市门户网站内容保障工作,向各县(市、区)人民政府、市人民政府各部门及有关单位传达了国家和省里的保障门户网站内容的指导思想和基本原则,并制定出了《关于做好安阳市电子政务外网门户网站内容保障工作的意见》。规定了门户网站的内容保障方式、门户网站的审核管理办法、门户网站内容的管理措施、门户网站的监督考评机制。这一措施的执行统一规划了各部门网站,使各单位的资源能够共享;提供出更权威、全面、及时准确、透明的政务动态、政策公示渠道;整合了信息资源,使先进的网络信息技术为公众提供更高效、便捷、方便的电子政务服务成为现实。

2. 适时改版,丰富和更新电子政务外网的内容。

今年7、8月份,我们汲取了以往的经验和各部门及老百姓反馈的信息,对安阳市电子政务外网门户网站进行了第15次全新改版。增设了公共服务、网上办事、交流互动等栏目。例如便民服务,这个栏目中设置了邮政编码、火车时刻、央视预告、常用电话、学历查询等小栏目。在页面上,我们在原有基础上增加了200像素的版面,页面色彩更清新、版面更整齐、图片新闻更多、内容更丰富,整个页面看起来庄重、威严、图文并茂,体现了政府的权威和政府工作的严肃性,但同时还具有一定的活泼性。

3. 积极开展了首届安阳市电子政务外网网站绩效评估工作。

为了推进政务公开,提高行政效率,不断丰富网络信息资源,进一步做好安阳市电子政务外网的建设工作,充分发挥门户网站的窗口和桥梁作用,更好地为安阳市经济和社会发展服务,于今年9—10月份,市政府在全市范围内开展了门户网站绩效评估工作。在本次评比活动中林州市人民政府、殷都区人民政府、滑县人民政府、文峰区人民政府、北关区人民政府在县(市、区)网站中脱颖而出;市检察院、市委组织部、规划局、市直工委、环保局、农开办、商务局、工商局、发改委、行政便民服务中心在市政府及有关单位网站中名列前茅。本次网站绩效评估活动在安阳市乃至全省地级市中首次开展,此项活动对推动全市电子政务的发展起到了十分重要的作用。

4. 开通了“人民网河南视窗安阳频道”。

为更直接、快捷、全面地宣传安阳,提高安阳知名度,在市政府的大力支持下,安阳市信息中心积极配合市外宣办开通了“人民网河南视窗安阳频道”。该频道自开通以来,就受到了市民的广泛关注和好评,成为快捷、全面宣传安阳,提高安阳知名度的网站之一。该网站是人民网河南视窗的一部分,在内容上以发布安阳的新闻、信息为主,其中安阳信息由市信息中心提供,由市信息中心提供技术平台和支持。

(四)重点单位和部门的信息化工程进展顺利、成效显著

1. 五县四区、高新技术开发区信息化建设情况。

2006年五县四区政府、高新技术开发区管委会将信息化建设工作作为提高服务质量、转变政府职能、促进全县(区)经济发展的一项重要任务来抓,条件成熟的县(市、区)成立了专门的信息化协调管理机构。目前林州市、安阳县、内黄县、滑县、殷都区、高新技术开发区均已成立了信息中心,具体负责本区域的信息化建设日常工作。从组织机构和业务上与市信息中心建立了很好的联系和沟通。

林州市信息中心在林州市委、市政府的正确领导下,信息化工作取得了长足发展。在加强网络实际应用的同时,增强了网站的趣味性和实用性,架起了林州走向世界的桥梁。截至目前,网站访问总量达到150余万人次。在安阳市电子政务外网绩效评估工作中荣获安阳市第一名,同时又被评为安阳市第二届"网通杯"十佳政府网站之一。抓住安阳市网站绩效评估活动的契机,加强了以政府服务公众的轴心转向以政府服务公众、公众支持政府、公众双向交互的服务平台建设,同时实行信息审核"谁审核,谁负责"的机制,确保了网站所采集的信息真实、准确、完整和及时,网站上信息健康、内容丰富,实现了网站的安全运行。在今年陆续组织开发了政协网、党建网、纪检监察网、农业信息网等7个单位公众信息网站,并全部正式开通。

滑县信息中心以把滑县政府网站建设成豫北一流县级政府门户网站为目标,不断完善网站功能,及时更新网页内容,积极推动全县信息化建设,取得了明显成效。一年来,通过政府网站共发布各类信息2 000多条,图片300多张,发布县委、县政府文件300余份。其中各单位信息员共报送1 000余条,网站自采信息100余条,通过栏目共建发布信息900余条,同时,通过与县委办公室、县政府办公室结合,共发布县委、县政府文件300余件,为全县各行政事业单位建站47个,在2006年度"安阳市电子政务外网绩效评估"活动中取得第三名,在宣传滑县形象、推行政务公开、进行网上招商、促进滑县经济和社会事业发展中起到了积极的作用。

内黄县信息中心自成立以来,一直就面对人员少、任务重的局面。但他们努力克服了人员少、信息渠道不畅通的困难,通过自主采集、部门报送、网上采集等各种渠道收集信息。一年来,枣乡内黄网共采集发布各类信息15 400余条。其中,枣乡新闻800余条,招商引资信息180余条,便民服务信息近1 000条,公布政府文件60余个。结合全县的重大活动及时推出了"两会"、"祭祖节"、"枣乡文化节"等专题专栏,对活动全过程进行全方位的系统报道,受到多方好评。

高新技术产业开发区信息研究中心围绕开发区管委会的中心工作,利用管委会网站和开发快报两个信息平台,全方位多层次地宣传了开发区的经济建设成果和社会事业发展状况。同时把充实完善网站工作作为工作的重中之重,集中精力、智力,增加网站栏目,更新栏目内容,全年共更新动态信息140余条。随着信息研究中心的信息来源不断拓展,信息中心紧紧围绕管委会中心工作,服务开发区工作大局,对各单位报送的动态信息及时编发,精心修改,认真校对,全年共编发快报190余期。

2. 市直各委局信息化建设情况。

市直各委局进一步加大了信息化建设工作力度,完善软硬件配套设施建设,在思想上高度重视,不断加强软、硬件建设。充分重视人员培训,各委局都先后参加市委组织部、市人事局、市信息中心组织的全市电子政务知识培训班,部分单位还进行了办公自动化、人事管理、财务管理培训,目前,市直各委局在信息化应用方面已经上了新台阶。

市教育局深入开展了农村现代远程教育资源的应用和研究工作。现代远程教育工程覆盖全市农村2 172所中小学,使各个学校的教师都能够受到"现代教育技术"培训,使每个农村学生都能享受到很好的教育;落实了"十一五"现代教育技术课题研究的启动和实施工作。围绕信息技术应用、网络环境下教学模式、教学方法,开展信息技术与学科教学整合的研究;结合"名师工程",开展了"安阳市教育系统教学技能竞赛'中小学电教课件制作与应用项目'比赛"活动;认真组织了第七届安阳市中小学电脑制作活动。活动的开展,对各个学校的信息技术教育给予了极大的促进;围绕教师教育技术培训,认真组织实施了"第十届多媒体教育软件大奖赛"的各项赛事;成功举办了"安阳市第二届中小学信息技术活动周"。通过一系列活动的开展,以活动促应用、以应用促发展,加大了开展各项工作的力度,圆满完成全年的工作任务。

市科技局在年内完成了与政府内网的对接,实现了办公内网与外网物理隔离,与市委、市政府和市直部门联网;完成了在安阳市政务内网上的资料上传和更新。建成了多功能视频会议室,建立健全了一整套远程视频会议系统,实现了与县(市)区的网络可视化对话。投资开发了科技成果网上申报系统,实现了成果申报无纸化办公。除了每天及时收集整理国内外科技动态以外还定期上传科技领域最新的技术与信息,给领导决策和科研人员应用提供了方便。在此基础上,还对网站进行了部分改版,更换上一些实用性较强的栏目,并根据用户需要开设了一些专题,大大增强了网站的实用性,完善和优化了网页结构和服务内容,点击率大幅上升,基本满足了科技信息化发展的需要。

2006 年市农业局为全面推进农业信息化建设步伐,提高农业信息服务水平,制定了"145 工程"规划。即:建立一个主体网络、搭建四个服务平台、开发应用五个服务系统,构成多层次、全方位,系统完善、服务一流的农业信息服务体系。同时不断健全以农业专家数据库系统和农业技术为主体的"安阳市农业科技信息网"和以无公害农产品推广,介绍无公害、绿色、有机食品为主体的"安阳市农产品质量安全网"两个子网,并筹划建设"安阳农业产业化信息网",为农业龙头企业搭建网络宣传平台。

市林业局为了服务型政府建设需要,不断提高工作效率,首先加强了对信息化工作的领导。邀请电脑公司的技术人员,对全局人员进行了计算机操作和办公自动化系统培训,使全局干部职工电脑操作水平有了大的提高。其次,为每一位局领导和机关、局属所有单位设定了统一的电子政务邮箱,实行了网上办公、网上传输。利用短信群发平台,向社会发布涉及森林防火、全民义务植树的信息。2006 年通过电子政务和邮箱传输接收各类材料 4 000 余件,网上完成行政审批 600 多件。再次,通过林业网向社会提供大量的实用信息。通过"致富金点子"栏目向涉林农户和社会各界提供了数十条涉及林业生态、产业等方面的致富信息,通过招商信息平台向域外境外发布了安阳林业产业的投资优势项目。

市审计局在全体同志的辛勤努力下,在全省首家部署了 OA 系统。在审计准备阶段,将项目计划、项目信息、人员信息从 OA 系统下载到 AO 系统中;审计实施阶段,定期将 AO 系统中的相关内容打包上传至 OA 系统供领导查阅。目前,已经实现了远程登录 OA 系统,只要能接入互联网的地方就可以登录 OA 系统,保证了两个系统的即时交互。

市统计局在建好机房的基础上,构建了安阳市统计系统局域网框架,进行了局域网建设,主服务器采用 HP 服务器,安装 NT 系统,交换机采用 Cisco 设备,通过多模光纤联至局域网内近 300 个终端。采取先进的光纤复用技术和路由交换技术,采用一点对多点建设方案,购置 1 台 Cisco3550—24—EMI 带路由功能的三层交换机,县区局端配备 4E1 光端机 1 台,通过光缆进行连接,使安阳市统计信息网络系统整体加入国家统计信息网络,上可联省局、国家局,下可联全部县区,外能联 Internet。

市环保局在过去的一年里，除进一步做好对国际互联网、安阳市政府网环保网站、局机关内部计算机局域网的软硬件维护工作外，还对安阳环保信息网站进行了改版，收集大量文字资料，不断更新内容、增加新内容，网站开辟了环保信息动态、环保法律法规查询、环保常识、空气质量日报等新栏目。截至目前，共发布环境信息886条，其他环保动态环境信息500余条；制作完成了“转变工作作风促进环保工作落实”、“政务公开”等专题栏目，完成了该网站从“宣传型”向“服务功能型”的转化，并在全市88家政府网站绩效评估中荣获第五名的好成绩。

市中小企业局在原有基础上，进一步推进政府外网建设，建立了全市非公有制经济发展信息网络库，开通了中国中小企业安阳网。目前“安阳企业在线”网站注册用户已达6.38万人，其中企业用户6 400家，个人用户46 000人，网站总访问量已达130万人次，日均访问2 268人次，在综合类（工商、娱乐）网站中原排名系统排名第58位，各县（市）区局也都建立起自己的网站，自上而下形成了信息网络化服务体系。

市国资委为了加快网站建设的步伐，对原来的老网站进行了改造，重新设计和建设了新的信息网站。新网站采用正规、标准的三级分类方式，可以根据需要增设类别。在栏目设置上，突出了国资系统工作的特色。设置有政务公开、政策法规、国资监管、信息中心等九个大类主体栏目；另外还开设了本站公告、国资委领导、领导讲话、主任信箱、国企改革专题等12个栏目。并且在网站上定期公布企业产权交易、国企改革、工业振兴的情况和进度，提高了社会各界对国企改革、资产评估的知晓度。

市房管局针对不同行业、部门和社会群体的信息需求，及时更新和调整网站网页设计，一是制作了“东方今典”宣传网页，公布了项目建设情况及购房电话；二是为进一步扩大物业管理宣传面，制作了安阳市物业管理行业协会网页；三是完成了中介公司和置业担保公司网页改版工作；四是增加了“访谈视频”、“物业管理”等栏目，使房管局网站内容更加丰富，实用性更强；五是充实网站内容，提高信息宣传覆盖面和宣传层次：全年共发布房产动态信息80余起；编印局房产信息24期；解答市民群众关心、关注的房产问题380余起；每季度定期发布商品房市场信息。

市地震局充分发挥主观能动性，一方面开展科研攻关，建立和完善了防震减灾信息软件平台。开发出“安阳市前兆数据汇集系统”、“公文传输管理系统”，对“安阳市虚拟专网数据传输系统”进行升级，完成了“安阳市防震减灾决策系统”项目的软件开发工作，初步建立起基于地理信息系统的数据信息库。另一方面开发、维护安阳市地震局内外网主页，服务防震减灾宣传工作。完成了“安阳市地震局网外网主页”的设计开发工作。做好市委、市政府电子政务内网和安阳市地震局内网网站的维护工作。

市共青团将信息化建设作为一个重要课题，大力加强基础性建设工作，以信息化促进共青团工作现代化，朝着建设“数字共青团”的目标迈进。一方面对安阳市共青团、市学联、青少年维权网、希望工程网、青年创业网、农村青年经纪人网等系统内网站都进行了结构性重组，对网站的版面进行多次改造，合理增设了特色栏目，不断丰富网站内容，强化网站功能，拓展信息来源渠道，增强时效性。另一方面加大了安阳市共青团工作信息库建设的广度和深度，今年网站发布工作信息近200条，将团市委文件、团内信息编辑上网，将安阳青年大事记等一大批有价值的共青团文献资料数字化，初步形成安阳市共青团的网上文件资料库,为各级共青团组织提供了有效的信息支持。

市质监局积极推进"金质工程"建设,加快安阳市质监系统信息化进程,用一年的时间,初步建立起了"一网、一库、两系统"为基础的全市质量技术监督信息化框架。覆盖市、县两级质量技术监督部门的信息网络系统,依托该网络建成市县两级广域办公自动化系统,实现公文处理、传递、交换的电子化和办公自动化、无纸化。

市人民检察院把推进电子检务特色应用作为全市检察系统的一项重点工作,在队伍建设、业务发展、机关管理等方面全面应用。为提高案件办理的效率和质量,设立了自侦案件网络管理中心、民行业务信息系统、网络化监督管理。为内部信息发布交换、队伍建设、绩效管理、工作宣传,在内部网站和互联网站的建设上,更新了 UPS 电源,更换了杀毒软件,改造了 IP 地址,整顿了内部邮箱服务器,适时增加了新的板块和功能,使网络运行更加流畅、平稳、安全。

3. 大中型企业信息化建设情况。

国有大中型企业利用信息技术提升改造传统产业成效显著。计算机辅助设计(CAD)和辅助制造技术(CAM)应用广泛,企业资源规划(ERP)系统在企业得到逐步推广,信息资源库建设进一步加强,电子商务初步应用。

安彩集团随着信息化宣传的不断深入,公司上下对信息化的认同也进一步提高,公司各个部门和单位基本上都能认识到信息化的重要作用。2006 年,安彩集团本部计算机网络建设覆盖面进一步扩展,网络性能进一步优化,OA 系统依靠自己的力量完成初步开发试用;独立完成了彩玻一厂生产计算机系统增加 C 良品判定、跨月报表出错和模具程序移植功能;独立完成彩玻二厂生产计算机系统模具程序移植,综合良品率计算功能;在信息系统方面完成网络扩容,OA 系统开发优化,信息系统在微机服务器上的移植,人事考勤系统失效考勤卡出入报警,请假备案,加班审批等。

2006 年新烟集团安阳卷烟厂积极响应国家烟草局提出的"落实科学发展观、全面推进'数字烟草'建设"的战略要求,紧密结合自己的实际情况,大力促进信息化工作的创新与发展!首先根据设备运行情况对计算机、打印机、服务器、UPS 电源、网络设备等建立运行卡,编制设备序号,给出机器详细配置及使用时间,评估设备运行状况。其次对有关人员进行了综合布线培训。克服工地施工现场的各种困难,安装了通信线路和网络,解决了通信的难题,辅助技改工作顺利进行。再次,对办公楼及红旗渠集团的计算机网络进行了改造,更换了 5 台 CISCO 交换机,使新厂和红旗渠集团的计算机网络交换速度有了极大的提高。

【安阳市信息化建设工作存在的主要问题】

由于信息化在安阳市启动及发展的时间不长,在有的领域、有的部门甚至还是"新生事物",所以在与安阳市经济、社会的全面融合中出现这样那样的一些问题也是在所难免的,是信息化推进中的正常情况。安阳市信息化建设在现阶段主要存在以下六个方面的问题。

(一)技术力量短缺

由于中国加入 WTO 后全社会信息化的推进,信息人才全面短缺,而全国正规高校每年毕业的信息人才仅为 4 万人,使得信息人才市场的争夺异常激烈。籍贯在安阳市的本科以上信息人才本来数量就少，且绝大部分没有回乡就业，只有少数留下来被大中专院校、骨干中学及条件优厚的机关单位所垄断。外面的中高级人才几乎引不进来。目前，全市在职的专业技术人员中50%以上要么只有中专、中技或高中学历，要么是半路出家，改行就职的。这造成了该行业的高科技性与从业者低水平之间的矛盾，难以出现像样的学科带头人或技术领军人物。人才的短缺，已经成为困扰安阳市信息化建设的瓶颈问题。

（二）推进信息化的产业领域存在"偏科"现象

近几年来，为了启动安阳市的信息化建设，我们选择了几个重点产业领域作为切入点和突破口，并以此为契机打造安阳市的信息化基础。目前，我们的通信、有线电视、玻壳、机床、水利、公安、财政、税务、金融、社保、邮政以至娱乐业（网吧）都已经出现了信息化巨变，已对我们的日常工作及生活产生了深刻的影响。但是，全面客观地分析安阳市信息化发展现状及展望前景，发现要进一步推进全民及全社会的信息化，正面临着产业领域的"偏科"问题。除了上述提到的几个产业取得了较好的信息化成绩以外，安阳市的大部分工业、农业、商业领域的信息化建设刚刚起步。安阳市广大农村，生活着占全市69%的人口，目前，他们还没有享受到多少信息化带来的高效与便捷。实现国民经济各个领域的信息化和包括广大农村在内的全社会的信息化，是安阳市信息化建设需要解决的基础性和根本性问题。

（三）资源浪费严重

安阳市的信息化建设与全省一样，存在着浪费的问题。安阳市用于信息化建设的投资可谓不少。但是除了通信企业及有线电视以外，其他领域的利用率都不高。目前全市已建和在建的政府机关单位局域网有近100个，网站已达88个，但因没有统一的电子政务外网网站调度中心，基本处于分散运行状态，信息孤岛现象严重，大多数网站内容比较简单，内容更新迟缓，知名度和点击率不高。市直及区（县）机关装上电脑的单位超过80%，但其中大部分利用率不高，用于办公学习的时间少于玩游戏、看电影的时间。

（四）收集上报信息意识差

没有看到我们工作中发生的事，以及身边群众所反映问题的价值，让很多好的信息白白流失，因此造成无信息收集、无信息上报的局面。因此，不少单位网上信息少，更新慢，不能满足人民群众和社会的需要。

【推进安阳市信息化建设应采取的对策】

（一）进一步搞好统筹规划

把信息化带动战略作为推动安阳市经济发展、全面建设小康社会的重大战略举措来抓。应进一步强化市信息中心的职能，明确各职能部门负责人抓信息化工作的职责，加强统筹规划，协调解决相关问题。尽快制定实施全市近期信息化发展规划，制定出台相应的政策和标准，尽量避免重复建设，打破条块分割和各自为战的混乱局面；协调指导部门、企业和区县的信息化应用建设，协调重大信息工程建设。促进资源共享和重大信息化工程的联合共建，营造整体优势，保障信息化应用工作顺利进行，有效推动信息化应用水平的提高；加强对重大信息化工程的监督管理，保证信息化应用工程的安全、可靠和顺利实施。

（二）大力实施人才工程

从当前看，政府管理部门应该注意做到以下五点：一是对在信息化建设领域有所建树的人员,无论是本籍或外地,无论是国有或民营,都要给予表彰鼓励,树立典型,推介经验,使之发挥正面影响,产生辐射效应。二是采取必要的政策措施,尽可能留住本籍人才,使已经流失的人才回来发展,使没有流失的人才不再流失。三是加强人才软环境建设,营造洼地效应,努力吸纳外地人才,特别是中高级人才,让他们来安阳安居乐业,放心发展。四是鼓励机关企事业单位的信息人才下海,创办新的信息企业,消除他们下海发展的体制障碍和后顾之忧,让他们放开手脚,大展宏图,为安阳市信息化建设推波助澜。五是加快培养新型实用人才,特别要重视培养复合型信息化人才。提升现有大中专教育机构培养信息人才的质量,强化中小学计算机基础教育的力度,努力培养符合信息化建设需求的新型信息人才大军。加强对在职公务员的培训,不断提升其信息化素质。六是在信息化的关键领域设立 ico(信息主管)岗位,引进高级信息技术人才担任信息主管职务,明确其相应级别及福利待遇,统一规划本领域信息化建设,将信息化理念渗透到业务领域,最大程度地采用信息技术,提高工作效率。北京市在一些条件成熟的大型企业已经设立了信息主管职位,逐步探索走"一把手"+"信息主管"的信息化带动工业化发展的模式。

(三)加大资金扶持和引导力度

政府在信息基础设施建设、重大信息资源开发利用、政策法规制定、信息安全保障、信息化管理体系的完善、城市信息化和电子商务试点等重点工程方面要加大资金投入,重点支持信息技术的推广应用和信息化示范工程。政府优惠政策应向企业应用信息技术的创新项目和技术改造项目倾斜。引导企业加大开发应用信息技术的投入,提高用好信息技术开发经费,增强企业自我积累、自我发展能力。重点信息化示范企业的技术开发费要提高积累的比例。鼓励市内各商业银行优先考虑为工业企业及旅游业信息化项目提供贷款、投资担保。引导社会资金、民间资本投向信息产业及信息应用技术。

(四)发展完善电子政务

一是要根据全省电子政务建设的总体框架,按照党政核心网、电子政务专网、电子政务外网和基础数据库等"三网一库"进行规划和实施,尽快形成统一的电子政务内外网络平台,在运行中逐步完善。着力推进已取得初步成效的办公业务资源系统、金关、金税和金融监管(含金卡)四个工程的业务协同和资源整合,启动和加快宏观经济管理、金财、金盾、金审、社会保障、金农、金质、金水等八个业务系统工程建设。二是规划和开发重要政务信息资源,加速实施法人单位基础信息库、自然资源和空间地理基础信息库、宏观经济等基础数据库的建设。三是强化对电子政务工程建设项目的规划、指导力度,逐步规范信息化工程招投标及监理。四是尽快立项建设安阳市电子政务外网资源管理中心,充分利用安阳市电子政务外网统一基础平台,整合外网资源,统一门户,并成为推进全市信息化的技术服务和工作协调中心。五是继续加强对安阳市电子政务外网的建设,服务经济建设。拓展思路与大的新闻媒体合作,目前根据市领导的指示,我们正在和新华社开展专供政务信息合作项目,充分利用新华社庞大的新闻信息网络触角全方位地搜集全球每个角落发生的重大变化,将各类信息通过电子政务外网平台供应给安阳市四大班子领导。加大开发资源、整合资源的力度,制定《安阳市电子政务外网门户网站信息报送办法》,各部门政务信息采取电子邮件等方式直接报送。凡由市政府组织承办的或以市政府名义举办的重要会议、重大活动等,相关材料由市政府有关主管部门负责组稿、审核并及时通知市信息中心,确保网站在第一时间发布信息。

(五)全面推进企业信息化

第一,信息化主管部门要加大对企业负责人的信息化培训力度,不断强化企业决策层的信息化意识。第二,支持鼓励企业广泛应用信息技术,帮助指导企业建立符合本企业需要的计算机信息管理系统,并通过网络和计算机系统对企业内部资源进行整合。如通过对企业产、供、销和人、财、物进行资源的优化和集成,实现企业基础管理规范化和管理流程信息化。第三,要用信息技术提高产品的附加值,促进传统产业的深加工和技术创新。第四,要通过信息技术和网络服务系统促进传统产业提高信息采集、传输和利用的能力,通过企业与客户、市场、供应商等多方面的联系,及时掌握市场变化,确保企业效益的提高。第五,通过互联网开展电子商务,在企业内部信息资源整合的基础上,通过企业与企业、企业与政府、企业与市场、企业与社会之间的信息采集和沟通,有步骤、有计划地切入电子商务,并从信息平台向交易平台升级,使传统产业的网上采购、网上销售等电子商务得到广泛和有效的运行。第六,要根据整个信息化发展的进程,建立全方位的企业信息管理系统,形成一个安全、可靠、先进的计算机网络平台及信息通道,实现真正意义上的企业信息化。

近年来,随着信息技术日新月异的发展以及信息应用的推广普及,信息化建设已经覆盖到安阳市国民经济及社会生活的各个领域,为社会的进步和经济的发展带来实实在在的好处。为了巩固"十一五"开局之年的成果,打好"十一五"第二年的攻坚战,我们结合安阳市的实际情况,现提出2007年安阳市信息化工作的发展思路,具体内容如下:

【2007年安阳市信息化的发展思路】

(一)抓好信息网络基础设施建设

重点加强电信通信网、移动通信网、广播电视网和计算机网建设,为实现通信、电视和计算机"三网融合"和资源共享打好基础。从而为全市国民经济信息化建设提供大容量、高速率、高质量、低成本的基础信息传输平台。

安阳市网通公司2007年拟计划建设宽带接入网点1 650个,光缆1 500皮长公里。在传输方面,新增光缆1 500皮长公里,12 000芯公里,2007年底光缆总长度达到9 440皮长公里,96 000芯公里;在固网方面2007年拟计划投资1 580万元,新增宽带设备网点415个,容量26 560线,宽带用户覆盖全市80%。

安阳移动分公司2007年将依据安阳市基本情况,坚持网络工作提前规划,做好需求预测工作,继续有计划地加快通信能力建设步伐,为市场发展和客户需求提供更完善的网络支持。在传输线路方面,配合市政改造及修路,铺设信息管线,完善基站接入工作。加大网络优化力度,合理配置网络资源,改善城区和农村覆盖现状。在信息化推广方面,根据行业所需,深入开发更多低成本、高价值的信息化产品,树立更多信息化应用的典型,以点带面,加快全市信息化建设步伐,适应社会发展的需要。

(二)继续完善政府上网工程及企业上网工程,加强其服务功能和媒体功能

1. 继续做好安阳市电子政务外网建设。

2007年争取启动安阳市电子政务外网建设项目,在2006年的基础上采用稳步推进的方式开展建设。统一政务平台的建设以"王"字形结构为总体框架,依托安阳市网络基

础设施，建成标准统一、功能完善、安全可靠的市、县二级电子政务外网平台。继续展开第二届安阳市电子政务外网网站绩效评估工作，促进各单位网站的发展。继续做好内容保障工作，及时更新网站版次及网站内容。在此基础上，完善政府外网功能建设，进一步增加政府网站的便民功能及媒体功能。

2. 加强安阳市电子政务内网建设。

加强对已上网单位的信息资源管理，以“交流、探索、创新、提高”为基本原则，围绕政府的中心工作，定期、及时、全面地将本地区、本部门工作及经济、社会发展中的重要情况，通过网络相互传递和交流，使政府系统信息工作真正走上网络化、规范化、程序化的轨道，为实现电子政务的长期目标打好坚实的基础。

（三）加强农业信息化建设，尽快建成上下纵横、覆盖全市的农业信息服务网络

继续加强安阳市农业主体网络建设，构建一个以市、县、乡镇、村四级信息中心（站、点）为主体，链接龙头企业、专合组织、农产品生产经营大户、农产品批发销售市场，形成较为完善的农业信息服务网络。依托12316“三农”热线、“红旗渠农网”等平台，围绕“三电合一”，建立一个可以向农民群众提供及时科技服务的互动平台，更加方便于为“三农”服务。构建一个提供种子、肥料、农药等农资资源的配送平台，使得农民能够有一个值得信赖的渠道。

（四）加强企业信息化建设，提升安阳企业竞争力

利用信息技术，对安阳企业的资源进行深入开发和利用，实现企业生产过程的自动化、管理方式的网络化、决策支持的智能化和商务运营的电子化。通过对计算机、软件产品、信息技术和网络通信技术的系统集成，打造企业智能管理办公管理平台和项目级管理项目平台，从而让企业形成数据的信息化、流程的信息化和决策的信息化。使企业从进度、成本、人员、质量、安全、环境、物资、文件等各个方面对项目的实施过程都有很好的控制和调节能力。

（五）启动数字电视工程

加快“三网”融合，在细分数字电视用户群的基础上，以计算机、电视机、手机等为接收终端，大力推广数字电视，为普通用户提供公众数字电视服务，为付费用户提供付费频道的数字电视服务，为网络用户提供交互式数字电视服务，为专业用户提供教育、远程医疗、拍卖和欣赏等服务。重点是完成有线电视数字化的整体转换，建设全市无线数字化广播电视地面覆盖网，发展第三代移动通信，推进数字电视的小区接入。

（六）建立统一的劳动和社会保障应用系统

建立统一的劳动和社会保障应用系统，全面促进就业服务、职业培训、职业技能鉴定、社会保险、劳动关系、劳动监察等各项劳动保障业务领域信息化应用。加强公共服务系统建设，完善劳动保障网站，建立电话咨询服务中心，通过互联网、电话、短信、社区平台等多种方式为群众、企业、有关部门提供各项劳动保障业务查询服务，逐步实现网上办理劳动和社会保障业务，为企业和职工提供高效、便捷、全面的服务，提高劳动社会保障的服务水平。

（七）引导支持市重点单位的信息化建设

市人防办：继续做好市委、市政府专网的具体工作，加大对人防信息的宣传工作。结

合新办公楼建设,扩建并逐步完善机关办公自动化网络,实现信息共享、无纸化办公。组织做好信息化与电子政务的培训学习,推动办公自动化的进程。实现与省人防办的计算机联网通信,以加快部门公文、信息的快速传输。加强计算机网络安全保密。强化防范措施,内部网与互联网实行物理隔离,确保人防办计算机信息系统的安全。

市林业局:完成与省林业厅的政务专网、电子公文交换系统、视频会议系统的接入、设备安装、调试工作,确保2007年7月份以后以上3个系统的运用。确定相对固定的管理机构和人员,确保包括市委和市政府政务专网、公文交换系统、局域网和安阳林业网的正常运转。加强对所有工作人员的培训,确保从领导到科员都能熟练地运用各个系统,完成相应的工作。

市旅游局:加强旅游精品线路的信息化程度,进一步发挥旅游业在"三产富市"中的龙头带动产业作用,积极推进旅游产业快速发展。加大投入,完善旅游系统内网建设。充分利用安阳旅游资讯网络平台,开展网络促销活动。继续加强领导,提高每位机关干部对信息化的认识,把信息化工作纳入个人的目标考核任务,使之完全地融入个人的工作、生活中。

市畜牧局:积极宣传,加大投入,制定相关优惠政策,促进信息化与产业化的结合。加强队伍建设与培训,对现有人员进行培训,提高素质,使其适应工作的需要。加快畜牧信息网络延伸。一是努力向龙头企业、专业市场、专业合作组织延伸;二是向村组延伸,让信息网络尽快进村入户。加强网站建设与管理。重点抓好畜牧信息网络系统的纵向延伸,进一步规范信息采集、加工、发布等各环节,提升信息服务的质量。抓好资源的整合与应用。在网上建立重点畜产品的宣传窗口;做好市场预测分析、预警监测,有效化解小生产与大市场的矛盾;广泛开展网上招商,切实提高服务效果,增加养殖户收入。

市质监局:加强基础设施投入,配合省局建成覆盖全省三级机构并连接国家局的集数据、语音、视频为一体的网络交换平台,保障"金质工程"信息四级贯通;并逐步实现与政府部门及社会各界的互联互通。利用全系统业务信息资源,以质量、标准、计量、特种设备安全监察信息四大部分为重点建设数据库,将系统掌握的各类业务信息分别纳入这四大系统,形成完整的业务信息数据库,并协同建设法人单位基础信息库,为质监局及市政府系统的管理决策提供科学依据。

市环保局:围绕全市环境保护的中心工作,以网络建设为基础,以信息资源开发利用为核心,以信息应用技术为保障,继续巩固各项基础工作,做好技术支持,确保环境信息网络系统的安全和正常运行。建立并规范信息采编制度,做好环境信息的采集、加工、分析处理和决策支持工作,为环境管理和决策提供高效服务。加强环保局政府网站建设,补充完善相关栏目与内容,推进网站规范化建设与互动应用建设,增强网上办公与业务受理功能,制定网站信息发布管理办法,实施统一管理。加大科研力度,开发更新、更好的实用软件,为环境管理提供更有效的高科技技术支持。加强信息安全保障体系,提高计算机网络系统的安全防范功能,配合电子政务构建网络存储安全系统及网络防病毒安全系统。配合局办公自动化系统及内、外网站信息发布平台的建立,对局机关工作人员进行办公自动化软件及其他应用软件的相关培训,进一步提高工作人员计算机综合应用水平。

市房管局:全面启动商品房合同网上登记备案工作,做好各开发企业的培训及系统的正常运行工作。开发研制置业担保登记管理程序。做好网站的部分页面改版工作。

市农开办:抓好电子政务建设,改造和完善网站建设,加强信息资源开发和利用。利用网站宣传两大开发方针政策的同时,充实安阳市丰富的农业和农村经济资源,特别是贫困地区丰富的资源,为安阳市的经济和社会事业的发展服务。进一步完善电子政务公开,使之成为政府为民服务、了解民意、对外宣传的窗口。做好办公系统的内部运转工作。制定完善计算机知识培训、网络应用培训的计划,有计划地进行集中培训。

市国资委:继续开展适合市国资委工作实际的电子政务建设工作,重点做好机关办公自动化系统建设工作,并开展网上行政办公工作,通过政务信息化带动行业信息化和企业信息化,进一步推动全系统信息化建设工作,做好政府办公室与委机关的政务内网互联工作。结合各业务科室的职能和管理业务流程的转变,做好网络宣传工作。加强国资系统信息化培训工作,提高全委干部计算机应用水平。

团市委:在"十五"团市委工作的基础上,深化安阳青少年信息化知识普及宣传和教育引导工作。继续实施基层团组织上网工程,推进共青团组织网络化进程。加强和完善安阳共青团信息化工作平台的建设。实施信息资源开发利用工程,加强安阳共青团信息资源库建设。

市卫生局:加快电子政务基础设施建设。购置计算机信息仪器设备,建立计算机工作机房,建立起互联互通的办公网络系统。建设公共卫生信息系统。逐步建设传染性非典型肺炎和疫情网上直报系统、疫情和突发公共卫生事件监测信息系统、医疗救治信息系统、卫生监督执法信息系统、应急指挥和决策信息系统。开发集卫生系统办公自动化、突发公共卫生事件监测系统、疫情专报系统、公共卫生信息网络等工作内容于一体的办公软件。

市执法局:完成安阳市城市管理行政执法网升级改造,行政执法网再上新台阶。确定相对固定的管理机构和人员,确保包括市委和市政府政务专网、公文交换系统、局域网和安阳城管行政执法网的正常运转。加强对所有工作人员的培训,确保从领导到科员都能熟练地运用各个系统,完成相应的工作。

在过去的一年时间里,市信息中心在市委、市政府、市发改委的关怀支持下,圆满完成了年初确定的各项任务目标,而且在新的领域取得了一些突破,2007 年,我们将面临更多的机遇和挑战,我们将一如既往地在市委、市政府的领导下,以信息化建设工作为基础,以政府和企业上网工作为载体,紧紧围绕市委、市政府的各项中心工作,认真实践"三个代表"重要思想,全面贯彻落实市委"一强五前"的奋斗目标,坚持"四路并进、五力同驱",加强信息网络建设,实现网络资源共享,为市领导进行科学决策搞好服务,当好参谋,为安阳市国民经济和社会事业全面发展做出应有的贡献!

(安阳市信息中心　孙建铎)

鹤壁市信息化发展概况

鹤壁市处于豫北城市群的中心,1957年建市,辖浚县、淇县、淇滨区、山城区、鹤山区和经济开发区,总面积2 182平方公里,总人口近150万人。鹤壁是一座新兴的工业城市,产业发展势头良好,是全省重要的煤炭、电力基地,也是省“十一五”规划确定的煤化工、汽车零部件、食品工业基地和高新技术密集区、服装产业集群之一。鹤壁是一座美丽的宜居城市,是中国优秀旅游城市、中国人居环境范例奖城市。鹤壁还是河南省城乡一体化试点市,近年来城乡一体化和城镇化进程明显加快,2006年城镇化率达到44.2%。鹤壁是河南省最具发展活力的城市之一,近年来,鹤壁市保持了经济社会又好又快发展,2006年全市GDP、固定资产投资、人均收入等多项主要经济社会发展指标增速均居全省前列。目前,鹤壁是全国循环经济试点市、全国建筑节能示范市、全国城乡救助体系建设示范市、全国城乡统筹就业试点市。近年来,鹤壁市结合自身经济特点,把加快信息化带动工业化作为加速全市经济发展的一项战略举措来抓,强力推进国民经济和社会信息化进程,突出抓好信息基础设施建设、电子政务应用、农村信息中心建设等环节,促进了鹤壁信息化建设的快速发展。

【鹤壁市信息化建设基本情况】

(一)信息化推进方面

1. 积极开展企业基础信息共享工作。鹤壁市是省政府确定的数据比对工作试点市,2006年市政府组织国税局、地税局、工商局有关人员到杭州市进行了考察学习,目前国税局同工商局数据比对工作已完成,地税局与工商局比对软件正在完善之中,通过数据比对工作,为下一步开展企业基础信息共享工作打下了基础。

2. 完成了全市信息系统安全等级保护的备案、报送工作;完成了全市正版软件(操作系统、办公软件、杀毒软件)的招标工作,完成了全市正版软件的分发、安装、验收工作。

3. 服务企业信息化。2006—2007年鹤壁网通主动同中小企业加强沟通,促进中小企业信息化运用,充分利用网络、信息资源优势,积极主动与涉外大型宾馆、酒店业主沟通,合作打造全新数字化酒店,实现双赢。同时,在企业零投入的前提下实现了“公司—合作商—酒店”多方得益、长期合作的良好局面。

(二)电子政务建设方面

全市电子政务建设初具规模。近年来鹤壁市坚持以“创新和理顺政府管理体制,提高政府管理绩效,推进政府职能转变,构建高效透明务实为民的政府”为目标,围绕办公自动化、政务信息网、行政审批网和政府门户网站等信息系统,完善系统功能,强力推进应用工作,构建了比较完善的电子政务信息平台,形成了便捷高效的便民服务网络。对鹤壁市推进电子政务建设的有关经验和做法,2006 年省政府史济春副省长专门作了重要批示:“鹤壁市电子政务建设做得比较好,构建了比较完善的应用平台,方便了群众,提高了效率,转变了职能,收集了信息,节约了成本,望进一步完善,发挥更大的作用,树立更好的形象。你们的做法应给予充分的肯定。”

(三)建设农村信息中心,全面促进社会主义新农村建设

2006 年鹤壁市启动了农村党员干部现代远程教育工程,采用宽带网络 + 机顶盒 + 电视机的方式,建设了覆盖两县、三区的农村党员远程教育网络,建成了 723 个终端接收站点,并以农村党员干部远程教育系统为依托,充分利用村内党员活动室专职管理员这一现有资源,成立了新农村信息服务站,建成了相对完整的市、县、乡、村四级综合信息服务体系,实现信息本地化,为农民搭建了统一的农村信息资源共享平台,使广大农民足不出户,方便快捷地享受到信息服务的益处,解决农村信息服务中“瓶颈”和时效问题,有效地引导农民正确使用信息资源致富,免费培养信息化人才,在支持新农村建设中发挥了重要作用。2007 年农村党员干部现代远程教育二期工程已经启动,二期预计建设 182 个网点,建成后可实现对全部所有行政村的覆盖。

(四)信息资源开发利用基础设施建设打下了一定的基础

近年来,市委、市政府十分重视信息化建设,县、区及市直部分单位,如浚县、淇县、开发区、发改委、农业局、气象局、财政局、教育局、公安局等单位都建立了自己的网站,注册了域名的上网企业达到 300 多家,为信息资源开发提供了平台。网通通信网、移动通信网、广电网规模、容量、技术等方面均达到省先进地市水平。发改委、财政局、公安局、检察院、法院、统计局、电业局、国税局、地税局、医疗保险部门、部分大中型企业等一些单位都建立了内部局域网,实现了资源共享,其中部分单位实现了无纸化办公,为下一步电子政务、电子商务建设奠定了良好的基础。

(五)行业信息化有了长足进步

信息技术在金融、税收、财政、审计、劳动保险、电力、保险、教育、科研、统计、医疗等行业及政府部门得到了越来越多的应用,大大提高了工作效率,加快了国民经济和社会信息化进程。全市的税收征管网络系统、社会保障网络系统、全市公安综合信息系统、医疗保险系统、财政信息网、农业信息网、计划生育信息网、行政服务中心网络、国库支付中心网络等一大批应用系统相继建成并投入应用。为鹤壁市信息化建设注入了新的活力。比如:劳动局投入 500 多万元建设资金,建成了数据中心;检察院投入近 200 万元,完成了检察系统三级专项网建设,实现了与省二级专项网的互联互通;财政局投资近 500 万元对信息中心机房进行了建设,目前已完成机房装修、办公大楼综合在线工程;公安局投资 170 多万元对信息中心机房进行了建设等,一系列信息化项目的建设标志着鹤壁市信息化建设进入了新的起点。

【鹤壁市信息化建设中存在的问题】

鹤壁市信息化建设工作虽取得一定成绩,但是,离各级领导的要求相差尚远,与兄弟

市相比还有很大差距，主要表现在：财政底子薄，信息化建设投入力度小；信息产业中具有较强竞争力的龙头企业不多，缺乏拥有自主知识产权的关键技术；信息技术的应用还不够深入广泛，运用信息技术改造传统产业的力度还很不够；信息化法规建设滞后，信息化建设的环境有待改善；信息资源开发利用滞后于网络建设，信息资源开发利用相关专业人才缺乏；电子政务建设与政府职能转变及政府管理创新结合不够紧密；应用系统建设效益没有得到充分发挥；信息系统安全建设有待加强；信息共享机制尚未建立等。

【2008 年信息化工作的主要设想及工作安排】

2008 年信息化建设的指导思想：紧紧围绕鹤壁市经济发展的总体目标，突出重点，分步实施，以信息化带动工业化，工业化促进信息化，以网络建设为基础，以信息技术应用为重点，积极应用信息技术改造传统产业，加快信息技术在工业、农业等各个领域中的应用，加快电子政务和电子商务建设，加快信息资源开发利用，提高全市信息化水平。

工作重点：

（一）全力以赴搞好政府信息化，加快电子政务建设

力争用 2—4 年的时间，建成全市统一、功能完善、安全可靠的电子政务网络平台；各类业务应用系统建设取得显著成效；按照国家、省电子政务建设有关文件精神，全面规划鹤壁市的电子政务建设，做到网络、信息安全系统建设与电子政务总体建设同步规划、实施；加强规范的电子政务培训；改善和提高政府的管理、决策、应急和服务能力。通过电子政务建设，将使各县区、各部门的管理能力、决策能力、应急处理能力、公共服务能力得到加强，电子政务体系框架初步形成，为今后的电子政务更全面的发展奠定坚实的基础。

（二）逐步做大做强信息产品制造业

发挥鹤壁市区位优势，加大招商引资力度，吸引国内外更多高科技企业来鹤壁发展，逐步培育出一两个信息产品制造业龙头企业和拳头产品，努力做大做强鹤壁的电子信息产品制造业和软件业，提高信息产业增加值占 GDP 的比重。

（三）做好信息化推进工作

1. 做好电子政务、电子商务等信息建设领域的调查，到县区、市直各部门、大中型企业、金融系统了解情况，摸清全市信息化建设底数，给领导当好参谋助手。

2. 做好成立市政府数据交换中心的准备工作，为开展企业基础信息共享工作打好基础；在电子政务、企业信息化、教育信息化等行业信息化建设方面为市民、企业、投资者、旅游者等做好服务工作。

（四）加强对外合作，不断拓展新的业务领域

加强同省信息办、省中心的联系，并同河南省各地信息办、信息中心建立良好的协作关系，达到信息共享，资源互补，尤其在电子政务建设中，在项目设计上要互相借鉴，少走弯路。积极同省内外计算机设备、软件提供商建立良好的合作关系，了解信息行业发展的最新动态。

（鹤壁市信息中心　魏　东）

驻马店市信息化发展概况

2006年是“十一五”开局之年,驻马店市人民政府为进一步做好规划、指导和推动全市信息化发展的工作,于2006年1月20日以驻政文[2006]19号下发通知,成立了驻马店市信息化工作领导小组,并确定将驻马店市信息化工作领导小组办公室设在市发改委。2006年,驻马店市信息化工作在市委、市政府的正确领导和河南省信息化办的有力指导下,以科学发展观统揽全局,大力实施“信息化带动工业化”战略,大力实施广播电视“村村通”工程,抓好邮政服务“三农”网络体系建设,推进电子政务建设以及开发信息资源,加强信息技术推广应用,加快服务业信息化进程,积极推进“数字驻马店”进程。

【信息化基础环境】

(一)自然、经济条件

驻马店市位于河南省南部,属淮北平原,是河南省重要的粮、油、畜产区。全市土地总面积为15 095.3平方公里。下辖西平、遂平、上蔡、汝南、平舆、新蔡、确山、泌阳、正阳9县和驿城区,驿城区为驻马店市政治、经济和文化的中心。全市有178个乡镇,5个街道办事处、1个嵖岈山风景管理区。2005年底,全市人口为835.28万,其中农业人口743.25万。2005年全市CDP 496.25亿元,其中,第一产业171.17亿元,第二产业192.65亿元,第三产业133.43亿元。全市限额以上工业全年完成工业增加值76.1亿元,财政收入12.5亿元,城镇居民人均收入6 900元,农民人均纯收入2 486元,全社会商品零售总额162.9亿元,全社会固定资产167.4亿元。

(二)信息化基础设施

至2005年底(“十五”末),全市完成电信基础设施投资约16.1亿元(网通、联通、移动、电信提供),建成了可交流各种信息的大容量、高速率、覆盖全市城乡、功能齐全、技术先进、立体多元、漫游通畅的现代化通信网络。全市固定电话交换、中继传输全部数字化,建成了本地电话网、数字数据网、计算机互联网、公众多媒体通信网、宽带接入网、移动通信和无线市话网等,固定资产规模达20亿元(网通提供)。实现了村村通电话,户户能上互联网,宽带覆盖到乡镇。全市电信网本地光缆线路长度达到111 926.870皮长公里,通信电缆总长度达1 224 709皮长公里,管道长度达到152.487管程公里(以上三项网通提供)。架空线路4 000多公里,直埋线500公里,管道线路300多公里(以上三项移动提供)。本地电话交换容量达123.5万门(网通、电信提供),固定电话用户达到74.1万户

(网通、电信提供),行政村通电话率100%,自然村通电话率98%以上,固定电话普及率8.6%。无线市话容量18万门,小灵通网上用户达到13.8万户,小灵通信号实现县级以上城区100%覆盖。全市宽带上网端口容量扩容至5.6万线,宽带互联网用户3.6万户(网通提供),本地互联网出口达到5G。移动电话容量达到165万门(移动、联通提供)。GSM网无线接通率达到99.7%,与205个国家和地区的257个运营公司开通了GSM国际漫游业务。语言信道可用率达到99.6%,网运质量在全省同行业位居前列。截止到2005年年底,全市拥有市级电视台1座,市级广播电台1座,县级广播电视台9座,县级广播电台9座,广播电视人口综合覆盖分别达到97%和95%以上。全市有线广播电视网络已联通9县1区,城乡有线电视用户达到18万多户。

(三)存在的问题

1. 综合实力比较薄弱。

驻马店市经济基础薄弱,农业主导经济发展的格局没有大的改变,工业化、城镇化水平低,高技术含量、高附加值企业少,支撑市域经济能力弱,经济综合实力明显处于全省较后的位置。

2. 信息基础设施利用率较低,影响了经济的健康快速发展。

截至2004年底,驻马店市电话普及率为8%(全省平均为12%);互联网(含宽带)普及率为0.6%(全省平均为2.5%);移动通信普及率约为8.5%(全省平均约为11.5%),均落后于全省平均水平。有线电视在广大农村还处于推广的初级阶段,而宽带综合业务在一些乡镇还未能开展,致使信息流通速度慢,时效性差。这不仅反映了驻马店市信息产业存在着巨大的提升空间,更说明作为传统农业大市经济结构调整力度必须进一步加强。

3. 信息网络建设缺乏统一领导。

信息化建设上存在着信息资源利用滞后于网络和应用系统建设,“信息孤岛”式应用系统较多,各系统(部门)网络之间互相分割,自我发展,未能按统一规划、统一标准、统一领导进行整体考虑建设,去实现互联互通、资源共享,没有充分发挥信息化投资的综合效益。

4. 信息资源开发和利用水平非常低,多数部门尚属空白。

缺少面向社会服务的实用高效的大型数据库、信息查询系统。综合信息门户网站,服务质量不高,有些网站由于管理不善,出现“死网”、“空网”,有的信息网站开通后,因缺乏管理维护,不久又关闭。

5. 信息技术人才缺乏和人才浪费并存。

多数部门因缺乏信息技术人才,工作不能展开,信息技术水平较低,人才素质不高,尤其是具有计算机应用技术、信息管理和信息业务综合素质的人才更为匮乏。由于没有留住信息技术人才的优惠措施,一些专业技术人才因得不到重视严重外流。

6. 信息制造业、软件开发业尚属空白。

“十五”期间,环保、轻型、技术密集度高的信息制造、软件开发企业仍没有实现零的突破;信息化软环境的支撑体系尚待进一步加强和完善。

【信息网络基础设施建设】

2006年,是“十一五”开局之年,为落实打造“数字驻马店”的目标,全市加大了信息网络基础设施建设力度。

全年全市固定电话新增72 685户(网通、电信),小灵通净增37 600户(网通),宽带新增28 305户(网通、电信),移动用户新增491 740户(移动、联通)。

驻马店网通全年共下达投资计划23批,金额13 113万元;新增交换机端口16.17万门,ADSL宽带用户端口1.84万端口,光缆2.84万芯公里,电缆12.68万对公里,管道32孔公里,杆路500杆程公里;建成农村综合接入网点426个,农村党员干部现代远程教育终端接收站点1 190个,新农村信息服务站143个,小灵通网络优化基站10个;长途网络接通率达到99.05%,无线市话基站完好率达到98.57%,小灵通通话掉话率控制在0.39%,宽带IP网汇聚层设备上联中继电路合格率为99.6%,大客户业务响应及时率为100%。

驻马店移动共完成新建基站170个,扩容、改型、替换基站238个,基站总数达到652个,光缆3 000公里、杆路1 200公里、管道70公里,并开展了GSM网络10C、11A、11B工程建设及后期工程新建基站的规划工作,移动交换机容量达到150万门。

驻马店电信本地网新增接入网点15个,PSTN总容量32 872线、实装率83.06%(至2006年底累计数,下同),软交换总容量9 336线、实装率64.32%,ADSL端口总容量8 368个、实装率70.92%,话吧总量282个,IP专线共101条,出局主干对数61 500对,配线对数112 890对。市—县传输:已有光缆332.51公里,杆路299公里,在建光缆线路103公里,杆路87公里。

至2006年底,全市广播综合人口覆盖率达到97%以上。驻马店人民广播电台拥有两个专业频率(新闻综合频率、经济生活频率),自办各类广播节目10余个,平均每周播出时间达119小时。全市电视综合人口覆盖率达到95%以上。

驻马店电视台拥有三个专业频道(新闻综合频道、公共频道、科教频道),自办各类电视节目20余个,每周播出时间达112小时。

全市有线广播电视网络已联通9县1区城区,全市60%的乡镇及部分行政村、自然村已通有线电视,市、县城区的有线电视网络逐步进行了升级改造,增加了光网的覆盖面,城区网络带宽达到750M以上,其中2006年新增有线电视用户近2万户,城乡有线电视用户达到19万户。

驻马店广电信息网络公司完成了数字电视业务硬件平台搭建,实现有线电视网"一线三机"的功能,市区光节点总数达到82个,市城区用户达到5万多户。

市邮政局建成了以市、县邮政局为调配中心,以农村支局(所)为配送分中心,以"三农"服务站为终端配送点的服务网络。在全市2 767个行政村建成了2 486个"三农"服务网点(其中精品骨干网点417个),网点覆盖率达到90%以上。

【信息化重点建设项目】

2006年,围绕着建设国家统一规划的重要业务系统"金字工程",驻马店市工程建设单位按照统一的目标积极推进工程建设,应用系统开发或数据库建设等方面也在稳步推进,省、市、县三级信息网络已初步形成。

金质工程的技术监督专网、金盾工程的公安信息移动查询系统、重点工程教育城域网均于2006年建成投入运行。2006年加快了金审工程、重点工程教育应用系统、教育基础数据库、金保工程劳动社会保障信息系统、金水工程的防汛指挥系统的建设进度,预计将于2007年建成投入运行。

驻马店市公安局按照“金盾工程”建设的总体部署,从2003年下半年至2005年底,实施一期工程建设,基本完成公安信息通信三级和四级网、急需的重点应用系统(“金盾工程”一期共计23个应用系统建设项目)、八大公安信息资源库、安全保障体系、市局公安信息中心等五项重点建设任务,基本形成公安信息化框架体系。2006年开始了二期工程建设,计划利用两年的时间到2007年基本实现公安工作信息化。

市地税局按照“金税工程”征管数据大集中以及河南省地税管理信息系统推广应用的要求,于2006年将原来市局到县局的主干网络2M的网络带宽,通过调查研究后进行升级改造,将带宽扩充至8M,解决了市—县两级网的“瓶颈”问题。

“金土工程”从2006年开始启动,市国土资源局在技术保障、资源衔接和基础工作上做了充分准备和大量投入,目前“金土工程”正稳步推进。

驻马店网通完成了本地固网智能化改造工作,完成了公安局市、县网络升级,交警支队全市四级联网,地税局市、县网络升级,银监局DDN联网等74个大客户组网项目。

【电子政务】

2006年,全市各级政府机关围绕提高行政效率和服务公众能力,加大了构建、完善电子政务网络、推进政务信息化步伐。

(一)继续推进“三网”(即内网、专网、公网)建设

市政府政务专网由横向和纵向主干网络组成,横向基本联通全市各政务机关,纵向连接省政府和各县区,成为全市覆盖范围最广泛的政务系统专用互联网络。联网单位依托政务专网、手机短信提醒等技术开展多种业务系统的运用,政府机关的公文传输、信息报送、会议通知等主要办公业务部分实现了网上安全传输。

市直局委的办公专网也得到进一步开发。据初步统计,机关内部的办公业务网(内网)接入部门(包括连接市区县)较多的市直局委有:公安局驻马店市信息网(294个)、驻马店教育网(211个)、劳动局金保工程业务网(75个)、国税金税工程网(28个)、工商政务内网(27个)、质量技术监督专网(13)、地方税务内部办公网(13个)、河南省人口信息网(11个)、驻马店农业信息网(10个)、驻马店畜牧信息网(10个)、动物防疫网络系统(10个)。

(二)加强了办公应用系统及硬件建设

2006年底,市人事局已全面完成了机关内部局域网建设,利用政府公务网实现省、市人事部门机关局域网的互联,构建了人事系统的政务专网,建立健全人事部门的公众服务网络体系,98%的科室、二级机构实现了办公自动化,机关9个科室建立了相应的人事人才数据库管理应用系统。

公安信息移动查询系统于2006年7月建成并投入运行,该系统开通后,市内任何一个民警可以从任何一个接入点进入全网,输入姓名、警号、身份证号进行自动检索,可以实现对全局任意一个网络平台的操作和信息共享,通过局域网及时了解上级精神。

国土资源局按照建设全市统一的国土资源电子政务平台,把独立的业务应用及数据库等建立和集成到一个可管理的环境中的建设思想,紧紧围绕“金土工程”业务系统要求

内容，开展了耕地保护管理相关应用系统、矿产资源管理相关应用系统、地质灾害预警预报和应急指挥系统、信息服务系统及市局办公自动化系统的建设。在软件应用上，市局内网开发建设了 OA 办公系统、MAPGIS 基础地理信息系统，基本实现了网上公文流转和各种地理信息图件的网上管理。综合统计报盘系统、国土资源执法监察管理信息系统、变更调整数据汇总软件、国家投资土地开发整理项目申报软件、基本农田保护检查统计系统等已经在各业务科室广泛应用。

地税局软件应用收效明显。通过推广使用全省统一的征收管理软件、会计核算统计软件、稽查管理软件、发票管理软件，全市所有征收单位实现了微机征收。2006 年底纳入计算机管理的户数为 48 421 户，占总户数的 80%，75% 的税款通过微机征收，征管效率和征管质量明显提高。市局建成了较高标准的机房，并投入运行。所有县、区局均实现与市局网络的连接，实现了与全省地税网络和国际互联网的宽带连接。

市公安局的公文流转系统使每名民警都可以在直观、流畅的流程下完成公文呈报、传阅、审批的每个程序，从而加快了公安办公自动化应用的整体步伐。

上蔡县民政局建立了民政业务统计系统和民政灾情信息管理系统，民政业务统计实现了自动传输，核灾报灾工作的时效性进一步提高。

部分单位还开发了网上并联审批系统、政府采购及招标系统、省—市视频会议系统、公众信息服务等系统，全市办公网络化、信息化、无纸化程度有了明显改观。

（三）充分发挥政府门户网站信息发布和便民服务功能

为推进电子政务的开展，各县区政府、市直局委网站基本实现了网上政务信息公开、办事程序公开。网站可以提供网上备案、网上表格下载等便民业务，市长热线已实现了网上受理、查询、回复、办件等功能，行政成本大幅降低，行政效率明显提高。

【电子商务】

市联通公司重点推广集团业务叠加捆绑商务总机业务。截至年底虚拟总机累计发展在线用户 1 795 个，通过 VPN 业务捆绑商务总机的互通作用，带动了商务总机业务发展。

【信息资源开发利用】

2006 年，驻马店市通信、广电等部门按照科学发展观要求，以市场为导向，以客户为中心，在巩固和发展现有业务的基础上，主动满足客户个性化、多样化的综合信息服务，信息资源开发利用取得了新的进展。

市移动公司 1 月 12 日和驻马店火车站联合推出“铁信通”业务，该业务具有短信订票、查询车次、到站查询、货运信息、会议通知、短信投诉等多种功能。3 月 10 日成功为上蔡县电业局开发了集集团彩铃、移动总机、集团 V 网、移动办公室、互联网专线等为一体的信息化解决方案。4 月 1 日，利用 WAP 业务为驻马店市政府搭建了无线互联平台——“掌上天中”。其服务项目主要包括如下内容：一是便民服务，受理移动用户的投诉，及时解决各种热点问题；二是移动办公服务，处理社会公众从政府网站上提交的办事申请；三是信息查询服务；四是信息发布服务；五是意见箱服务。4 月 16 日在西平县电业公司成功推广“手机抄表”业务。11 月 18 日，成功为中原高速公路股份有限公司驻马店分公司搭建了路况信息预警查询发布系统。

市广电信息网络公司积极开发数字电视、互联网等网络增值业务，开通了全省机要、中行、保险、财政、市喜盈门超市、爱家量贩、医疗保险、中心血站等共47家数据专网。市联通公司年初推出点对点短信、联通在线、特色炫铃等增值业务,配合天眼寻线业务组建了驻马店电业局呼叫中心系统,完成了掌中宽带1 040户。上蔡县各类学校都充分利用电教设备和电教手段,积极开展现代教育技术研究。

【新农村信息化建设】

2006年是社会主义新农村建设实施的第一年,市直有关部门和通信企业在市委、市政府及省通信企业的统一部署下,以建设农村信息高速公路为突破口,以实施农村党员干部现代远程教育项目、"村村通宽带"、"信息村"和信息平台建设为内容,全方位、多形式地推进全市农村信息化进程。

2006年市网通公司共投资1.2亿元,建成了420多个综合光纤接入网,提高了光纤入村率,提供了18万线的固定电话装机能力,有效满足了广大农村群众装电话和宽带业务的需求。到8月底,全市试点6个县的1 190个终端站点已全部建成。到9月底,全市建成143个乡(镇)的"新农村信息服务站"和1 500个"新农村信息服务点"。全市共建成信息村300多个,为广大农民信息致富提供了良好的平台。

市移动公司4月21日召开新闻发布会郑重承诺:投资1亿元,正式启动"助力社会主义新农村建设"工程。一是确保提前完成"村村通"工程建设任务。将投资5 000万元在农村新建基站98个,铺设光缆1 400公里。二是在全市174个农村自建营业厅增设自助查询设备,使农民除了通过手机上网、短信查询的形式外,还可在各营业网点方便快捷地获得农业知识和信息。5月16日即"三夏"期间,市移动公司携手农机、气象等部门共同搭建了跨区作业的短信平台,无论本地和外地的移动客户,只要通过手机发短信至15903960000,即可获得小麦收割进度、全市交通状况、收割机维修网点、天气预报等适用信息。

市农业部门在全市175个乡镇全部建立了农业信息服务站,全面组织实施了农业信息入户工程。以"驻马店农业信息网"为平台,建立农业专家、分析预测、价格行情、供求发布等数据库,建立电子商务平台,建立农产品预警和市场监管信息系统。并组建农业专家服务热线,针对农业生产中出现的重大疑难问题,通过专家热线进行解答。同时,建立了手机短信群发平台,指导和解决用户重大疑难问题。一年来,共发手机短信500万条次,通过专家热线进行咨询1 000人次,组织专家现场咨询300多人次,受到广大农民的热烈欢迎。上蔡县已形成了一网(上蔡县农业信息网)、一台(电视台)、一报(上蔡农业信息简报)及农村信息员队伍相结合的多层次信息传输网络,在信息化服务新农村建设中充分发挥了作用。

市广电局积极推进农村有线、无线综合覆盖和农村广播电视公共服务体系建设,建成了数字MMDS系统。该系统采用数字微波多路传输方式,传输42套图像清晰的数字电视节目,可以覆盖全市80%的行政村,无线数字电视用户已发展到11 000多户。

【中小企业信息化建设】

2006年,市网通公司投入2 000多万元,整合各种资源,打造"宽带商务"平台,具备了为广大中小企业提供从宽带网络接入到各类系统应用的全方位、一站式的信息化专家服务能力。上蔡县电业局全年投入210万元安装了MIS系统,全县电力系统23个乡镇供电所实现了办公自动化，并为局东工业园至重阳宾馆到芦岗供电所敷设光纤 8 000 米。调度室利用信息化可以掌握全县 9 座变电站的运行情况。为了加强企业内部管理，财务部记账使用了会计电算化，达到了数据准确、管理科学。

【信息化人才培养】

为进一步做好信息化的应用和推广工作，2006 年全市加大了信息化培训的力度，各级政府及部门积极创建学习型机关，不断加强微机和网络技术应用技能的学习。

市人事局对系统内的人员，采取普及培训的方法，先后有多人次到省厅和外地接受了培训，一些科室还聘请专业人员讲解信息管理系统的应用，不断提高信息化应用管理水平。

市农业局利用每周一、五下午的学习日，系统地学习了日常办公软件的操作和网络应用技术，加强了对信息工作人员的信息采编、分析发布和网络管理等方面的业务培训，不断提高信息收集利用的数量和质量。

国土资源局信息化建设领导小组十分注重信息化技术队伍的建设，通过多次开办培训班学习和外出调研，已培养出一批既懂信息技术，又有国土资源专业知识的复合型人才，信息服务能力得到增强。

市地税局在抓硬件建设的同时，采用“三个结合”的方式，组织全市地税系统人员扎扎实实地开展计算机技能培训，采取市局组织培训与县（市、区）局组织培训相结合；集中培训与自我学习相结合；走出去学习与请专业人员授课相结合。市局先后举办了局长培训班、股所长培训班、机关人员培训班以及征管系统专管员培训班。在全市举行了计算机及网络基础知识达标考试，通过考试检验了全市地税干部的计算机水平，调动了工作人员学习的积极性。

11 月 17 日，百万中小企业信息化培训班驻马店开班仪式举行，来自全市的 300 多位中小企业代表参加了培训。驻马店网通公司技术人员介绍了网通公司百万中小企业信息化推荐方案和计算机网络基础知识，取得了良好的效果。

【信息化建设中存在的问题】

2006 年，全市信息化建设与应用取得了一定成绩，但从整体上看，还不适应信息化发展的要求，其主要问题是资金不足、技术人员匮乏、信息资源利用率低等，其具体表现在：

（一）资金投入不够，信息化基础设施薄弱

由于缺乏资金，尚有部分单位没有建立门户网站，部门的办公业务资源网建设尚处于初级阶段，网络系统缺乏专业服务器等软硬件配置，基础设施和网络平台还没有形成统一的体系。

（二）信息资源条块分割，难以共享

由于机构体制归属不同和缺乏技术支持，网站之间、地方工程与“金”字工程彼此独立，不能互联互通，不能共享资源。

（三）数据库建设滞缓，信息资源开发利用滞后

由于许多部门没建数据库，大量原始信息资源得不到有效利用，既不能提供相关的决策信息数据，也不能为市民提供便捷的信息服务。

（四）专网与政府门户网站隔离，安全认证体系没有建立

居民、企业办事的"前台"与政府职能部门业务办理的"后台"分离，形成了联合办公、并联审批等工作开展的瓶颈，无法真正实现为民、便民、利民的"一站式"服务。

（五）由于信息化刚起步，一些县和部门有关信息化建设的法规制度有待完善

（六）人才缺乏

缺乏系统开发和应用的专业人才，特别是缺乏既懂部门业务又掌握计算机知识的复合型人才，网络维护、系统安全无法保证。

（七）管理机构没有理顺

由于信息化发展是一个渐进过程，再加上体制原因，市信息化办公室、市电子政务办公室、市无线电管理委员会及四大通信运营企业分别隶属于不同部门，信息化管理各自为政，不能有效地统一协调、规划、指导全市信息化工作的开展。

【信息化建设中的重大举措或事件】

2006年1月20日，经市政府批准，驻马店市信息化工作领导小组正式成立，办公室设在市发改委。

2006年3月驻马店市国土资源局组织编制《驻马店市国土资源信息化"十一五"规划》。

2006年4月，市信息化办编制了《驻马店市国民经济和社会信息化"十一五"发展规划》（讨论稿）。

市政府与解放军信息工程大学、清华大学电子政务实验室等国家信息化权威部门和知名专家组织编制了"数字驻马店"建设方案。

2006年4月，市网通启动了第一批农村党员现代远程教育工程试点工作，7月4日，全市农村党员干部现代远程教育终端接收站点启动仪式在遂平县石寨铺乡黄庄庙村举行，8月底，全市第一批1 190个农村党员干部现代远程教育终端接收站点全部开通。

9月29日，市移动公司举行了闵庄基站开通仪式，结束了全市行政村不通移动电话的历史。

10月28日，全市第一个农业信息服务站——西平县宋集乡农业信息服务站开通。

2006年全市开展了对市直政府系统计算机办公软件使用情况检查，开展了互联网安全检查，开展了信息网络安全状况和计算机病毒疫情调查，开展了信息系统安全等级保护基础调查，开展了计算机信息系统保密检查。

【2007年工作重点】

（一）加强网站信息平台建设，增强网站的服务功能

市政府拟将原"驻马店之窗"改名为"驻马店电子政务网"，市发改委将对驻马店市发展和改革委员会网站进行改版，市人事局拟将原有的驻马店人事人才网、驻马店毕业生就业服务网等经过整合后重新构建驻马店人事人才网，使网站经改版升级后版面更清秀、栏目更实用、内容更丰富、功能更强大，真正成为发布信息、提供在线服务和实现交流互动的综合业务平台。

(二)依托市政务专网平台,实现全市政府机关电子公文交换与传输过程各个环节的控制与管理

(三)按照上级要求,做好外网工程建设的准备工作

(四)做好各部门的信息化建设

市地税局将完成省—市视频会议系统的联通,完成与公安系统的横向联网,争取完成与国土资源局、建设局、房管局的横向联网。

市人事局将重点推进全市机关事业单位人员信息、工资信息等基础数据库的建设,计划8月底完成人事部门的办公自动化系统安装调试和人员培训工作,在人事局内部实现公文管理、会议管理、档案管理等主要办公业务的网络化、流程化、无纸化。

市农业局将进一步抓好全市农业信息网络的纵向延伸,提升市县级信息服务的质量,切实解决农业信息服务"最后一公里"问题。

市国土资源局拟重点抓好市级国土资源视频会议系统、国土资源电子政务系统、国土资源数据交换体系、"金土工程"、国土资源基础数据库的建设以及国土资源政府网站的升级改版。

市网通公司计划到2007年底,使全市95%以上的行政村通宽带。市联通公司计划G网十二期96个基站最迟要在6月底投入使用。

上蔡县教育局准备利用国家资金,加紧实施农村中小学现代远程教育工程,加紧制订和完善信息化有关法规、制度。上蔡县民政局将加强地名公共服务工程建设。建立上蔡地名网站,设立地名触摸屏,开通地名声讯电话。

【信息化法规、制度建设】

为切实把信息化建设纳入制度化、规范化管理的轨道,各级政府及政府主管部门都加大了信息化法规制度建设。市政府、市发改委制定了《机关电子政务网络系统运行维护制度》。市地税局制定了《驻马店地方税务局机关计算机软件管理办法》、《驻马店市地方税务局机关计算机设备管理规定》、《计算机信息系统保密制度》、《计算机及网络设备使用管理暂行办法》。

(驻马店市信息化办　驻马店市信息中心)

南阳市信息化发展概况

【信息基础设施建设】

至2006年底,南阳市基本建成了以光缆为主,集交换程控化、传输数字化、网络智能化为一体的覆盖全市、通达市区乡镇(包括90%以上的村庄)的立体通信网络,实现了行政村村村通电话,市话用户达到154万户;移动电话发展到270万户;小灵通用户达20万户;宽带用户13万户。网络通信能力和技术水平已处于省内同类城市的前列。

2006年是南阳市有线电视数字化成功整体转换后的第一年,市区数字电视用户由原来的8.2万户增至近12万户,数字电视频道节目101套,极大地满足了用户的需求,并以每年5 000余户的幅度增长。目前全市有线网络光缆里程达1.8万芯公里;建成全省频带最宽、技术最先进的2.5G SDH市县网络。全市广播、电视覆盖率分别达到98%和97%;有线电视用户超过40万户,南阳市区已实现有线电视数字化,在开通54套基础频道的基础上,又开通了中数传媒等47个高清付费频道。通过数字电视这一平台,可以为百姓提供包括衣、食、住、行、政务、财经等多种信息,带动了信息服务业的发展。

目前农村主要是通过无线天线接收广播电视,节目套数少、内容单调、信号质量不稳定,这种状况远不能满足广大农村居民特别是经济上已经富裕起来的农民的精神文化和咨询信息要求,针对这一现状,广电公司在进行多方论证的基础上,实施农村数字电视"村村通"工程,利用数字多路微波进行数字电视传输,传输数字节目42套,截至目前已发展用户6 000余户。计划在三年内使农村20万户用上数字无线电视。

【信息产业发展】

南阳是我国三大光学冷加工基地之一。到2006年底,全市光电生产企业达100余家,累计完成投资40亿余元,从业人员1.6万人,拥有10大类160余种产品。主要产品有现代光学元件(透镜、棱镜、非球面)、光学组件(光学引擎、镜头)、光学薄膜、光电仪器、光电辅助材料、光学装备、多晶硅、激光印刷设备、激光测距测速设备、压敏电阻、热敏电阻、MD电视等。南阳光电产业已形成以科研院所为依托,以中光学集团、二胶厂、金冠集团、迅天宇公司为龙头,集合100余家中小企业共同发展的格局,初步形成了以光学元件、光学组件、光学薄膜、光学装备、多晶硅、激光印刷设备、MD电视等为中心的产业链,光电产业已初具规模。

2006年实现销售收入30亿元,其中:骨干企业中光学集团、二胶厂、金冠集团三家企业实现销售收入 21.9 亿元，占全市光电产业的 73%，龙头作用十分明显，光电产业已成为支撑南阳经济发展的重要产业。2007 年，在建和计划开工建设项目 19 个，预计总投资 61.8 亿元，项目投产后，预计新增销售收入 228 亿元。

以中光学集团、迅天宇科技开发公司、乐凯集团第二胶片厂等的主导产品产业化发展为基础，积极争取国家支持，整合社会资源，推进关键技术研发，引进战略合作伙伴，逐步形成以光电显示、光电转换、光电设备信息记录材料三大系列产品为主，集科研、生产为一体的国家级光电高新技术产业园区。其中，中光学集团 DLP 和 LCoS 光学引擎生产线计划投资 10 105 万元，已完成投资 4 100 万元，开始批量生产，2007 年 DLP 和 LCoS 光学引擎生产能力分别达到 24 万台和 10 万台。南阳金光数字显示有限公司计划总投资 23 500 万元，已建成单班 3 万台 MD 电视生产线，2007 年可生产 2 万台 MD 电视。迅天宇公司计划总投资 56 000 万元，已完成投资 9 000 万元，建成了 3 000 吨太阳能电池等级多晶硅生产线厂房及附属设施，一期 1 000 吨 2007 年建成，预计实现销售收入 7.5 亿元。金冠电器有限公司计划总投资 10 130 万元，建成 1 400 台特高压避雷器和 3 500 台互感器项目，已投资 3 100 万元，2007 年建成投产。二胶厂计划总投资 20 680 万元，建成年产 1 600 万平方米 CTP 印刷版材生产线项目，2007 年计划完成投资 7 500 万元。2006 年该公司总资产10.3亿元，销售收入 10.6 亿元，其印刷胶片和胶印版材的国内市场占有率分别达 40% 和 30%，均居国内第一。

【电子政务建设】

南阳电子政务网络建设初具规模，有 48 家单位已建立了局域网络，如市政府办、财政、公安、农业、科技、教育、规划、交通、卫生、统计等部门。几乎所有单位均以不同方式接入了因特网，一些部门如金融、国税、地税、财政、审计、海关、民政、教育、气象、水利、计生、广电等，已建立较为完善的纵向传输系统。特别是国家组织建设的“十二金”工程进展较快，绝大部分实现了省、市、县三级联网，其中国税、地税、公安、金融等系统已实现了省、市、县、乡四级四层联网。有 32 个单位建立性质不同的应用系统，其中大部分主要用于文件传输、财务、人事和档案等日常管理，也有一些单位实现了较为完善的网上办公业务，并取得了显著成效。市政府、13 个县市区政府以及 27 个市直单位建立了门户网站，政务信息公开程度和服务公众能力明显提高。

【企业信息化】

企业信息化建设发展势头良好，运用信息技术改造传统产业逐步深化，电力、冶金、建材、机电、医药、化工和纺织等行业的一批大型制造企业将信息技术应用于研发、设计、生产、销售、管理各个环节，企业核心竞争力得到增强。积极推进信息技术向传统产业全面渗透，一是硬件方面的投入加大；二是企业上网加速，全市有几百家企业已利用互联网收集发布产品信息，有上百家企业有独立域名网站，不少企业积极利用互联网拓展销售业务；三是信息技术应用逐步展开。在经营管理和办公自动化方面，除应用税控、财务软件和 OFFICE 办公软件外，企业正逐步通过计算机辅助管理实施企业管理的信息化，部分规模企业对计算机辅助管理日益重视，实现了生产智能化和流程自动化，取得了较好的经济效益和社会效益。如南阳防爆集团有限公司已建成千兆高速局域网系统，拥有网络节点 1 300 余个，网络辐射整个集团公司的各个业务网点。公司先后建成开通了外部网站系统和内部网站系统，外部网站在宣传企业文化、促进产品交流、提供网络服务方面发挥着重要作用。内部网站配合内部邮件系统基本实现了企业的无纸化办公，为企业内部方便、快捷的办公创造了良好的网络环境。公司重大新产品全部采用三维设计，并经过电磁CAE、结构CAE的优化分析，具备虚拟样机设计、制造的雏形，大大提升了公司的技术创新能力。

【信息资源开发利用】

2006年，南阳市的网络应用服务、信息内容服务业迅速崛起，发展很快，特别是网络应用服务已延伸到城乡各行业、各领域。建立的网络类型主要有：综合信息门户网站、行业网、专业网、个人网。如：南阳信息港、南阳分类信息网、南阳招聘网、南阳楼市网、南阳家装网、中华玉网、南阳辣椒网、金鱼网等。利用网络提供的服务主要有：信息分类、广告宣传、电子商务、建立网站、代理搜索引擎、代理网站域名空间、休闲娱乐、网络教育培训等。通信运营企业也积极开展从接入商向综合信息服务商的战略转型，建立融合语音、数据、内容为一体的综合管理与服务平台，协助大力推进社区信息化和农村党员干部远程教育系统的建设，为中小企业搭建信息化平台，降低中小企业信息化门槛。如南阳网通在农村党员远程教育工程中，共建站点3 881个，基本覆盖了全市85%以上的行政村。联通公司利用先进的“互联网+手机网+无线宽带网”技术，建立了“中原农业信息网”，为农民提供农产品购销服务。信息内容服务业即数据库产品也已覆盖党政机关、金融、教育、卫生、社保、交通、通信、电力等诸多领域。

【信息化工作存在的问题】

南阳市信息化工作仍存在一些主要问题，具体表现在：对信息化建设重要性、紧迫性认识还有差距；信息化管理体制和调控力度有待进一步理顺和加强；信息技术应用水平和融合度不高，基础网络和信息系统存在重复建设现象，信息资源开发利用不够，部门间互联互通、信息共享亟待加强；信息化投入不足，融资渠道不畅；信息制造业底子较薄，自主创新能力较弱，产业核心竞争力不强，配套能力有待提高；公共信息服务形式与内容比较单一，与社会需求还有较大差距；信息安全保障工作亟须加强，信息化规章、标准和人才体系尚不完善，公众信息应用能力有待提高。

（南阳市信息中心　王中英）

七、企业篇

保障网络安全 构建诚信社会

河南省数字证书有限责任公司是在国家“互联网电子身份认证示范工程”的基础上扩建而成，由信息产业部、国家密码管理局及河南省人民政府批准，于2003年1月成立的专门负责为政府、企业和个人提供网上身份认证和信任服务的机构。

自成立以来，河南省数字证书有限责任公司遵循国际标准，建立了基于公钥基础设施(Public Key Infrastructure)技术的数字证书认证体系，建设完成了一个固定资产1 200多万元、完全符合国家密码管理局要求的标准化省级数字证书认证中心和一个密钥管理中心，包括一个能承担1 000万发证量的标准化数字证书认证系统和一个标准化密钥管理系统及其他相关硬件基础设施。河南省数字证书有限责任公司分别于2005年5月20日及2006年5月24日获得了国家密码管理局颁发的电子认证服务使用密码许可证和信息产业部颁发的电子认证服务许可证，成为全国第18家、河南省唯一一家合法的电子认证服务机构。河南省数字证书有限责任公司还被国家发展和改革委员会评为国家“互联网电子身份认证示范工程”试点单位，并通过河南省信息产业厅软件企业认定、软件产品登记认定和河南省科学技术厅高新技术企业认定。如今，河南省数字证书有限责任公司已成长为一个基础设施完善、技术手段先进的，能够为河南省乃至周边地区提供权威、公正的第三方电子认证服务的现代高科技型企业。

经过几年的不断探索，河南省数字证书有限责任公司将自己定位于开发和利用社会公共资源的公共服务型企业，现阶段主要任务是为政府电子政务、企业电子商务和个人信息安全提供身份认证，主要业务是为客户提供数字证书的申请、审核、签发、注销、更新、查询等服务。数字证书提供了一种在互联网上身份验证的方式，是用来标志和证明网络通信双方身份的数据文件。简单地说数字证书就是“网络身份证”，它能代表网络实体在网络这个“虚拟社会”中的真实身份，类似于现实生活中的居民身份证。将数字证书与密码技术相结合，还能确保用户网络数据的机密性、完整性及网络行为的不可抵赖性。在发展中，河南省数字证书有限责任公司坚持以“需求主导，应用先行，边应用边发展，以应用促发展”为导向，狠抓创新，着力增强核心竞争力，创新业务发展模式，实现了从小到大、从弱到强的跨越式发展，迅速提高数字证书认证服务能力。截至2007年6月底，河南省数字证书有限责任公司共开发和实施数字证书应用项目18个，发放数字证书427 886套，其中个人证书347 948套，企业及代码签名证书74 150套，服务器证书5 788套。证书类型包括企业证书、个人证书、服务器证书等，应用领域涉及公安网络监管、网上纳税申报、组织机构代码卡年检、网上政务审批、社保业务网上申报、工商年检、网上粮食交易等，初步形成了“一户一证，一证多用”的良好局面，在一定程度上保障了河南省信息化建设中的信息安全。

河南省数字证书有限责任公司自成立以来，一直以国家及省关于电子政务、电子商务的发展规划为指导，致力于构建以“身份认证、授权管理、责任认定和密码保护”为主要内容的网络信任体系，所做的工作逐渐被市场及广大用户接受和认可，同时也得到了国家及省各级政府部门领导的关怀和肯定，先后有国家信息化领导小组、信息产业部、国家密码管理局、公安部、河南省信息产业厅、河南省国家密码管理委员会办公室等相关部门的领导莅临河南省数字证书有限责任公司视察指导工作，对公司目前取得的成绩给予了充分肯定，并对公司今后的发展寄予了殷切的期望。一直以来河南省数字证书有限责任公司也正是以这种肩负的责任和使命为动力，励精图治，潜心发展。目前，初步形成了“基础建设稳固、业务发展迅速、技术保障有力、管理体系完善”的良好发展局面。

在国家政策的指导下，顺应网络信息社会快速发展的时代要求，河南省数字证书有限责任公司将一如既往地致力于构建服务河南、辐射周边的电子政务、电子商务及网络应用公共安全电子认证基础平台，推动全省乃至全国电子身份认证事业的发展，为电子政务和电子商务保驾护航，以“保障网络安全，构建诚信社会”为事业的终极目标而努力拼搏！

（河南省数字证书有限责任公司）

郑州新力电力有限公司信息化建设概况

郑州新力电力有限公司(简称“郑新公司”)位于郑州市秦岭路1号,创立于1992年1月,由香港诚利有限公司、河南豫能控股股份有限公司共同投资建设(股权结构各占50%),公司总投资为34亿元,注册资本为73 379万元。目前,公司在职员工2 626人,离退休职工1 298人,总装机容量为5×200MW机组,是目前全国最大的城市供热电站,年供热量650万吉焦,担负着郑州市西部740万平方米供热任务,是目前省会城市中最大的热电联产企业。截至2007年7月底,公司累计实现安全生产2 150天,创下了全国同类发电企业最高安全纪录。

郑新公司自成立以来,在各级政府和董事会的正确领导下,认真贯彻落实董事会精神和上级领导部门的要求,秉承“安全、高效、提供优质电热,诚信、创新、构建和谐企业”的企业核心理念,按照现代企业制度,以经济效益为中心,深入实践“爬坡精神”,以精心、用心、细心、负有责任心的精神为导向,兢兢业业干工作,一心一意谋发展,科学管理,规范运作,抓细节、抓规范、抓落实,努力拼搏,开拓创新,共累计完成发电量约428亿千瓦时;供热量5 780万吉焦;累计销售收入86亿元,为郑州市的地方经济发展做出了突出贡献。

郑新公司十分重视信息化建设,投入大量资金开发和利用信息技术和设备,信息技术已广泛应用到生产、管理的各个方面,办公电脑已配备到班组,实现了无纸化办公。MIS网络初建时采用的是思科网络设备,2006年网络升级改造,全部更换成华为网络设备。内外网之间采用的是天融信3000和4000防火墙。内网部署了趋势网络防病毒软件。生产DCS系统和MIS通信采用了横向隔离装置。MIS采用的是ORACLE数据库,运行在两台SUN小型机上,双机热备。办公自动化系统采用Domino数据库,其版本已由原来的4.6升级为6.5,运行模式也改为B/S。MIS软件包含20多个子系统,运行情况良好。目前,计划采用JUSTEP业务基础平台对现有系统进行整合。MIS软件的开发原先大多采用PB,近两年也部分采用了NET开发工具,软件的运行模式也逐渐采用B/S,有些系统也采用了J2EE。公司内部网站主要用ASP开发,后台采用ACCESS和SQLSERVER数据库。备份系统采用BAKBONE备份软件,介质使用了虚拟带库。信息化的应用与发展在郑新公司的生产、管理、经营工作中发挥着越来越重要的作用。

信息化的应用保障并促进了公司健康、快速的发展,为了适应电力市场的发展要求,郑新公司制定了“主营发电、供热，运行、检修并举，兼顾关联公司”的战略目标，逐步形成“主营业务突出、多种经营良性发展”的格局，努力打造安全郑新、效益郑新、和谐郑新。

中国大唐集团公司河南分公司信息化建设情况

中国大唐集团公司河南分公司是中国大唐集团公司在河南设立的分支机构，受权依法经营管理中国大唐集团公司在豫国有资产，于2005年1月26日在郑州注册成立。截至2006年底，受权管理10家发电企业，拥有职工9 396名，总资产195.31亿元，在役装机容量574.5万千瓦，是河南省最大的发电公司。

分公司自2005年初成立以来，十分重视信息化建设，提出了“统一规划，分步实施”的信息化建设思路。目前分公司内部已经建设了局域网，同时开通了与外部连接的Internet网络、集团公司和信息专网，建立了视频会议系统、OA系统、远光财务管理系统和燃料管理系统等应用系统，正在规划建设与所管理企业进行信息共享交换的广域网。

为加大信息化建设工作力度，经过认真调研和论证，制定了《分公司信息化建设规划》，按照规划在近期内将应用先进的管理理念和信息技术，全面推动企业的“网络化办公，数据化描述，流程化管理，精确化控制”，用信息技术整合、优化企业资源，提高管理水平，增强企业核心竞争力，打造国内一流的数字化发电企业，实现四项具体目标：

一是配合集团公司信息化建设，建设好分公司与所管理各企业之间平稳畅通、满足需求的网络支撑平台，实现各企业与分公司、集团公司三网合一的通信。

二是建设好分公司数据共享平台，实现生产与经营数据的集中统一。

三是建立安全生产、燃料管理、设备物资、财务、人事、绩效等管理方面的统一应用平台，加强分公司对所管理企业生产与经营的监控力度。

四是采用统一的企业综合信息平台，实现各企业信息资源的共享，在分公司系统内实现统一的数字化管理。

天津药业集团新郑股份有限公司信息化建设情况

天津药业集团新郑股份有限公司是一家以生产中西药制剂为主的现代中型制药企业。公司前身是当地驻军家属办的集体小厂,1997 年改制成为股份有限公司。2000 年和天津药业集团联合,更名为天津药业集团新郑股份有限公司。企业总资产 1.6 亿元,占地总面积 300 多亩,现有员工 1 560 人(其中科技人员 226 人),年销售收入 2.6 亿元,创利税1 300多万元。成为河南省高新技术企业和高成长型民营企业。

公司拥有水针剂、胶囊剂、片剂、膏剂、颗粒等 13 个剂型 150 多个品种,其中有 36 个针剂品种出口国际市场,是目前国内较大的水针剂生产基地,年产量可达 30 亿支。

2005 年,在郑州市科技局的支持下,以公司新药研究所为依托,组建了郑州市医药工程技术研究中心,使企业的自主创新能力不断增强。企业每年投入科研资金 500 多万元,开展技术创新、管理创新、产品创新、节能降耗等活动。近几年来,共研制开发出 100 多个新品种,其中替硝唑胶囊获郑州市优秀科技(项目)金奖、第七届中国专利博览会金奖,韩都牌地塞米松磷酸钠注射液、利巴韦林注射液被评为质量信得过产品,癃闭舒片、乳核内消颗粒、阿奇霉素分散片、克拉霉素胶囊被评为 2006 年高新技术产品,韩都牌商标被评为河南省著名商标。

2003 年,公司投资 60 多万元,构建了企业局域网和企业网站,实现了办公自动化,科室、车间、生产联网化,信息资源共享,提高了工作效率和质量。同时,利用互联网站,在全国开展了电子商务、网上招商等项业务,打造了企业品牌,树立了企业形象。

公司先后获得全国“五一”劳动奖状、2005 年河南省技术创新诚信企业(十佳单位)称号,2006 年被授予河南省高成长型企业、河南省百佳诚信企业、河南省企业信用四星级单位、郑州市创新型民营企业、郑州市最佳文化影响力十大企业、郑州市科技创新工程先进单位、新郑市跨越式发展先进单位等荣誉称号。

许继集团:以技术创新和信息化建设支撑企业稳步发展

【企业概况】

许继集团是国家电力装备行业大型骨干和主导企业;国家 520 家重点企业和国家重大技术装备国产化基地;河南省首批高新技术企业;2000 年 7 月被科技部认定为“国家火炬计划重点高新技术企业”;荣获首届“中国机械十大杰出企业”和“机械工业管理示范企业”。拥有国家级企业技术中心和企业博士后工作站,在同行业中率先通过 ISO－9001 国际质量体系认证。

目前,许继集团已发展成为涵盖电力装备、民用机电、电子商务、环保工程、金融资产管理等五大领域,拥有两家行业归口研究所、两家国家级产品检测中心、两家金融机构、8 家中外合资公司等 26 家子(分)公司的集科、工、贸、金(融)为一体的大型高科技企业集团。

许继集团多年来在国家、省、市各级党委、政府领导的关怀和指导下实现了快速成长和持续发展。面对计划经济体制束缚国有企业发展的“瓶颈”,率先以干部、用工、分配制度为突破口进行机制改革,深化管理创新,走出了一条国有企业面向市场经济的改革发展之路;面对市场对产业升级及产品更新换代的需求,加快产品结构调整,以高新技术改造传统产业,走出了一条机械加工企业向现代高新技术企业快速转变的持续发展之路;面对国外企业的垄断,依靠科技创新,掌握自主核心技术,走出了一条具有中国特色的自主创新发展之路。

【机制创新,建立充满活力的内部机制】

许继始终如一、坚持不懈地狠抓机制创新,使企业摆脱计划经济体制的羁绊,建立起适应市场经济发展、充满活力的内部新机制。在干部聘用体系改革、分配制度与劳动用工制度改革等方面得到了国家有关部门的肯定。通过自主开发的 KPI 考核和个人绩效考核信息化系统的逐步建立和完善使这些改革可随时落实到具体操作中。中层以上领导和各部门骨干员工通过考核系统提交月或周工作计划和完成情况,及时反馈个人工作业绩,强化电子化考核。

【通过 PDM 和 PLM 系统支撑技术创新,提高企业的核心竞争力】

面对市场对新产品的需求,实施以提高产品竞争力为中心的科技战略,逐年加大科研投入,优化科研条件和手段,建立了完善的科研开发体系,使企业核心竞争能力大为增强。以高新技术开发为中心,坚持主业求精。始终把握国内外电力技术发展和电力工业发展的方向,用计算机技术、网络技术、通信技术和信息技术不断提升产品性能,调整产品结构。多年来以"产、学、研"和"自主开发、联合设计、引进吸收"两个三结合为主线,高起点超前开发高技术产品,使许继的科研始终走在同行业的前列。许继集团掌握的具有完全自主知识产权、达到国际先进或领先水平的科研成果主要有:(1)高压直流输电换流阀及控制保护系统;(2)大型工业自动化信息控制系统软件;(3)大功率电力电子型静止功率补偿装置;(4)全数字变电站自动化系统;(5)自适应光学电流互感器;(6)电气化铁道牵引供电自动化系统成套技术;(7)配网自动化系统;(8)可视化软件开发平台;(9)智能型电网故障信息处理系统;(10)干式变压器。

伴随着各项研发战略的成功落实,我们及时引入 PDM 产品数据管理系统,规范各类研发数据,建立 CBB 平台,提高设计重用率,减低设计成本,提高设计质量、加快新品推出时间。结合应用情况,公司于 2004 年全面引进 PLM 产品生命周期管理系统,该系统经过两年多来的建设,已经顺利完成了包括项目管理、文档管理、产品数据管理、变更管理、缺陷管理等主要功能模块。PLM 项目涵盖集团主要业务领域的产品开发和工程设计,对业务规范及产品结构模式实现了优化,并通过 PLM 系统对业务过程进行固化和支撑。通过集成把宏观的 IPD 过程控制和工程角度的图纸、产品配置等紧密结合起来,通过流程管理将数据的成熟度和业务过程的进展关联和集成起来。

【通过信息化手段促研发管理创新,保证技术创新出成果】

为减少研发风险,我们提出了投资理念和市场驱动理念。技术水平的高低不再作为项目组和决策者考核的唯一指标,而把市场效果作为重要衡量指标。我们推行了集成化科研管理模式,研发已不再是科研部门的事,而是多个部门的业务集成,立项由跨部门的决策委员会负责,开发团队也不再是清一色的研发人员,还有市场、制造、测试、服务等部门的人员。构建一个体系更加完备、反应更加快捷的科研平台,促进大规模系统开发任务的顺利完成。

在研发过程中强化项目管理理念,通过 PROJECT 项目管理软件的应用使开发过程的规范流程、规范的项目管理、与流程配套的模板以及 IT 支撑体系等逐步建立,使集成化科研管理模式逐步通过研发管理信息系统进行固化。

【依托信息化规划和建设支撑企业快速发展】

在信息化建设中遵循的指导方针是:需求导向,效益驱动。结合许继发展的实际需求和有限资源,在实施管理信息系统时采取的原则为:全面规划,分步实施,逐步集成,优化提高。保障最小的 IT 整体拥有成本(TCO),实现最大的 IT 汇报率(ROI)。

在信息化的道路上许继一直走在同行的前列,先后获得省级成果一等奖两项。集团公司连续四届(共四届)荣膺中国企业信息化 500 强,获 2004 年度最佳信息化战略奖,获 2005 年度最佳自主创新支持奖,获 2006 年度 PLM 最佳应用奖,分管或主管的领导连续四届获优秀信息化主管奖;连续获 2002、2003、2004、2005 年度中国企业信息工作先进集体称号;分管的领导连续获得优秀领导人奖。另外在中国制造业信息化门户网(www. e-works. net. cn)举办的 2005 年、2006 年"中国制造业信息化岁末盘点"中,经过网上公开投票和专家委员会的综合评定，集团公司BDI（PLM项目代号）项目荣膺“2005年度中国制造业信息化经典成功案例”，许继集团荣获“2006年度信息化支撑管理创新”最佳实践奖。《计算机世界》、《信息工程杂志》等对公司PLM项目实施经验进行了宣传报道。

在统一的IT规划指导下，许继的信息化进程中先后走过了自主开发、联合开发和引进ERP系统、引进财务系统、引进PLM系统等阶段。在满足各个时期业务需求，解决管理问题，全面实现订单管理、供应商管理、采购管理、工程数据管理、财务管理等功能的同时，也基本实现了各子公司间的数据集成，初步完成了引进ERP系统与财务系统及PLM系统的数据接口，实现了关键数据的共享与传递，并逐步完成了各主要应用系统的系列白皮书。2006年6月完成集团级合同和应收账预警管理系统，2007年6月着手搭建集团资产管理平台。ERP系统综合实施效果主要体现在：库存月末核算时间由10天下降到1天，仓库配料效率提高了50%，库存资金下降了27.34%，工程数据标准化程度提高了10个百分点，库存物资准确率提高到99%，收/付款、预收/付账准确率提高10%。通过PLM项目实施初步预期达到如下效果：节约5%—10%的直接材料成本，降低开发成本5%—20%，进入市场时间加快15%—50%，降低用于质量保证方面的费用15%—20%，降低制造成本10%，提高生产率25%—60%。财务系统的应用取得的效果有：实现了集团对各子（分）公司财务信息的实时查询；实现了集团对各子（分）公司资金的监控，方便了资金调度；可随时搜集、提取和分析财务数据，为重大决策提供参考；实现了数据集中、保证了数据安全。

在成功实施ERP系统的基础上，结合业界ERP实施的一般规律，我们自己总结出了一套适合许继ERP实施方法论。该方法论纵向为需求分析、解决方案、ERP原理和系统培训、基础数据收集、模拟运行、系统切换和巩固提高等阶段，横向为以项目管理为基础的范围、质量、计划、成本、风险、沟通、集成等项目管理方法，并制作了适合许继的各种模板，降低今后项目实施的风险，减轻项目实施的工作量。

随着信息技术在集团各项工作中的应用，陆续改版完善集团公司网站用于信息发布；扩容企业级电子邮箱，实现异步通信与信息交流；完善了集团级数据备份制度，建立了跨工作区域数据备份系统，下发了信息化相关管理制度，成立了信息安全管理委员会，初步讨论通过了“集团公司信息安全保障体系方案”，以确保信息系统的安全。以千兆光纤为主干的基础网络设施完备，相关安全防范解决方案措施得当，承担着集团公司生产经营活动相关全部数据管理任务的信息化数据中心全面投入运行，强化了信息统一管理，使集团公司信息化基础设施建设在安全与稳定上有了可靠保证。另外在集团内部通过网络和主要信息系统在集团范围内实施收费制度，将逐步增加投资收益意识，减轻集团投资压力，使各应用单位更加重视应用成效。

根据国家电力工业发展状况，许继制定了2020年发展规划。IT战略是许继发展战略的有机组成部分，许继IT战略通过对组织结构、业务流程和绩效评估的渗透为企业战略提供了一个数字化、网络化的实施平台。

（许继集团有限公司）

义马煤业(集团)有限责任公司信息化建设概况

义马煤业(集团)有限责任公司,前身是义马矿务局,始建于1958年,是国家特大型国有煤炭企业,中国企业500强之一,先后获得中国煤炭工业优秀企业称号、中国煤炭工业金石奖、全国企业文化建设实践创新奖、十一届国家级管理现代化创新成果一等奖、河南省思想政治工作先进单位称号、全国五一劳动奖状等。

义煤集团现有15对生产矿井,员工及家属20余万人,资产总额100多亿元。企业总部位于义马市,区位优越,文化底蕴丰厚。东临九朝古都洛阳,西接黄河明珠三门峡,北临连霍高速公路和滔滔黄河,南望陇海长龙和巍巍崤山。矿区附近不仅有举世闻名的仰韶文化遗址、鸿庆石窟、白马寺、古秦赵会盟台、虢国车马坑等文物古迹,还有三门峡大坝、小浪底水库等国家重点黄河水利枢纽工程。

义马矿区储量丰富,煤种齐全。地跨河南、青海、新疆三省区五地市十二个县,素有“百里煤城、千里矿区、万里煤海、豫西煤仓”之称。所产优质长焰煤、焦煤、贫瘦煤、无烟煤和洗精煤广泛应用于发电、造气、工业锅炉、炼焦、建材等行业,其中长焰煤是优质化工原料,产品广销河南、湖北、湖南、江西、浙江等13个省区。

义煤集团新一届领导班子在董事长、党委书记武豫鲁、总经理翟源涛的带领下,以邓小平理论和“三个代表”重要思想为指导,认真落实科学发展观,按照“团结稳定、继承发展、求真务实、创新未来”的总体工作指导思想,围绕“和谐友好科学发展,两大跨越又好又快;大型集团行业聚集,外向拓展相关多元;煤化基础结构升级,运转高效现代制度;企业增效职工富裕,本质安全平安义煤”的总体目标,大力弘扬“团结、务实、创新、奋进”的企业新风,规范管理,务求实效,团结奋进,真抓实干,做实做强企业,实现又好又快发展,着力打造“永续长寿,百年义煤”,为三门峡区域经济腾飞和中原崛起做出积极贡献。

义煤集团信息化工作起步较早,2001年,义煤集团计算机局域网正式开通。2002年,完成义煤集团——耿村矿18公里的光缆工程及光端机的安装,为耿村矿及西部各矿、厂的安全生产及通信网络建设奠定了良好基础。由于FTT+LAN方式的局限性,同年9月,购置了A8010拨号接入平台和华为MA5100ADSL宽带设备,解决了各矿、厂的办公上网问题。12月,为千秋、新安两矿建设了办公局域网。2003年4月,开工建设耿村矿的局域网,接入运销管理系统。2003年5月份,开通到联通的10兆出口。8月份,对网络进行升级改造,核心交换机更换为华为S6506三层交换机,使网内的交换能力大大增加。同时,加快了线路改造和交换机扩容步伐,并与中国电信、中国网通、中国移动、中国联通、中国铁通达成联网协议,建立了义煤集团移动虚拟网,开通了义煤集团公司网页。先后开通了169拨号上网业务、ADSL(超级一线通)业务,增设了影视点播服务系统和游戏平台,开展了IP电话新业务。

2004年10月,义煤集团到各矿的传输通道相继改为光缆,部分较远的矿改为2兆线路,实现了各矿瓦斯监测系统的连通。购置了华为Eudemon500型防火墙,出口开为100兆,对部门节点站改为千兆光缆连接。购置HPDL580G及HPDL380G4型服务器,建立了义煤集团数据中心,对数据进行存贮,提高了网络安全性。

2005年4月安装视频会议系统,实现了与省以及与所属各矿的会议室联网;8月,组织架设千秋矿至西风井、西风井至耿村的光缆工程,形成西部主干环形网,实现了西部主干传输双通道;11月架设集团公司至水泥厂光缆工程,实现了全局光缆传输的规划目标。同年,义煤集团投资100多万元的安全生产监测系统建成运行,实现了公司总部与各生产矿井的联网,各生产矿的安全生产情况随时都能在公司总部大屏幕上显示。

2006年9月完成了新义矿、义安矿、孟津矿的光缆架设工程,光缆线路全长72皮长公里,为打造东部三矿的数字化矿山和东部环网建设奠定了坚实的基础。9月份义安矿开通C&C08A型程控交换机512线,11月成功地实现义安矿业公司与义煤集团总部的通信联网,开通了互联网。12月份新义矿开通了C&C08SM2型程控交换机1 024线,实现了新义矿业公司与义煤集团总部的通信联网,开通了互联网。同年,投资10万元建立了义煤集团局域网络监测系统,实现网络系统全方位检测,确保了网络安全运行和服务器的安全工作。

2007年8月完成了千秋、跃进、耿村等中西部环网建设,共架设光缆46皮长公里,建成了中西部通信传输自愈功能的环网设施。9月,完成了集团公司、常村矿、跃进矿、耿村矿、杨村矿、曹窑矿、石壕矿、观音堂矿、氧化铝厂九个网点的SDH自愈环网。

与此同时,集团公司各基层单位的信息化建设也与集团公司同步开展,并不断发展完善,终端已经建立。义煤集团规划将在未来两年内,在销售、供应、财务、计划、人力资源等各个领域全部实现信息化管理。

鹤壁煤业(集团)公司信息化发展概况

鹤壁煤业(集团)有限责任公司是由1957年6月3日成立的原鹤壁矿务局改制而成的大型企业集团,系国家520户重点企业、全国工业企业500强、国家大一型企业、河南工业综合实力百强和地税十强企业之一。2006年资产总额79.35亿元,经营收入51.05亿元。现有员工46 608人,其中计算机通信类专业技术人员200余人。

鹤煤(集团)公司拥有的煤矿大多为高瓦斯、煤与瓦斯突出矿井,瓦斯始终是煤矿安全的最大威胁。根据煤矿生产的特殊性,面对严峻的煤矿安全形势,集团公司确立了科技兴安的企业安全生产发展战略,依靠科技进步不断优化传统的生产工艺流程,提高生产设备的自动化水平。大量高度自动化的设备和自动化控制系统在煤矿安全生产中得到了成功应用,将生产场所中不同程度的风险控制在规定的标准范围之内,使人、机、环境处于良好的状态,有效保障了集团公司的煤矿安全生产。目前企业信息化建设已初具规模,各种信息化应用项目已得到了有效应用,职工信息技术应用水平明显提高,为集团公司企业信息化发展奠定了良好的基础。各种信息化应用系统的开发与应用,正在为集团公司的管理现代化发挥着重要的保障作用。

作为煤炭生产企业,安全是企业面临的最重要的问题,集团公司根据企业实情,确立了信息化建设必须全面服务于煤矿安全、生产、经营的企业信息化建设思路。集团公司注重信息化与科技方面的投入,建立起了一大批服务于公司煤矿安全生产的信息化项目。公司投资1 000余万元,建设并完善了公司9对生产矿井的煤矿安全监测监控系统,对较早期的监测系统进行了更新换代,淘汰了非主流的监测监控系统,保障了煤矿安全生产的正常运行。2006年投资100余万元建成从省局—集团公司—各矿的高标准三级视频会议系统,已成功地召开多次三级视频会议,公司—矿二级视频会议已成为日常例会,为公司及时传达上级会议精神,及时对现场事故进行分析处理,降低会议费用,减少会议时间起到了较好的作用。鹤煤集团注重生产辅助系统的信息化投入,还相继开发了煤矿井下人员定位、考勤系统、束管监测系统、生产视频监控系统、地测管理信息系统等生产辅助系统,有力地保障了安全生产的顺利进行。

2006年鹤煤集团开发了一系列的管理信息系统,包括社会保险系统、医疗保险系统、煤炭运销管理系统,以辅助企业的现代化管理,大大提高了企业的工作效率,对各种信息的快速获取，为领导正确及时决策提供了科学依据，提高了企业应对各种市场风险的能力。

郑煤集团信息化建设概况

郑州煤炭工业(集团)有限责任公司始建于1958年,是国家大型一类企业,国家二级企业,河南省重点企业。先后荣获中国煤炭工业优秀企业(金石奖)、河南省重合同守信用AAA企业、国有重点煤矿科技进步十佳企业、质量标准化矿务局等称号。主要煤种有贫煤、贫瘦煤和无烟煤。现有职工4.5万人,子、分公司46家,控股上市公司1家。根据构建"平安郑煤,百亿郑煤,百年郑煤"的发展战略,"十一五"期间,将建成煤炭产量3 000万吨以上、产值在100亿元以上、在全国具有较大影响力的综合发展的特大型企业集团。

郑煤集团综合管理信息化系统从2002年4月开始建设。本着统筹规划、分步实施、效益优先的建设原则,在集团公司综合通信楼建设信息化矿区中心数据机房和传输机房,光缆已连接裴沟矿、超化矿、大平矿、告成矿、米村矿、王庄矿、芦沟矿、白坪公司,形成了郑煤集团专用SDH传输网络,语音、数据、互联网传输通道共享;企业虚拟专用网(VPN)通过光纤专线或ADSL专线的方式已初步覆盖金龙煤矿、老君堂煤矿、教学二矿、振兴二矿等40个整合矿井。

郑煤集团共注册备案英文域名2个、手机域名2个、中文域名8个、通用网址4个、二级单位网站域名5个。占用国家固定电话号源万层号4个,实际使用千层号20个,用户约1万门。

2006年6月,郑煤集团首次成功申办中华人民共和国增值电信业务经营许可证;截至2007年8月,XDSL用户扩容为2712线,互联网出口扩容为移动、联通、网通各100M,集团公司骨干网络线路升级为1 000M。

郑煤集团信息化网络上现已运行有物资供应、煤炭运销、职工医疗保险、安全生产导航、综合调度、设备租赁、计划统计、视频会议、VPN瓦斯监测、采掘规程管理等子系统;协同办公、企业门户、职工远程教育、科技文献检索、煤炭销售电子商务、米村矿内部市场管理等子系统,已列入2007年信息化建设项目,正在实施之中;郑煤集团郑州机关本部信息化正在论证之中。

2007年5月,6个信息化项目荣获郑煤集团公司2006年度科技进步成果奖:"煤矿瓦斯防治导航系统研究与应用"特等奖、"安全生产调度信息化技术研究应用研究"一等奖、"煤炭企业计划统计管理系统开发应用研究"一等奖、"物资管理信息系统开发与应用"一等奖、"设备管理信息开发与应用"一等奖、"视频会议系统技术设计研究与应用"二等奖。

2007 年 4 月，郑煤集团对信息化建设领导小组进行调整，牛森营董事长、宋广太总经理任组长，信息管理中心承担信息化领导小组安排的日常事务。根据《郑煤集团信息化建设五年规划》，到 2010 年，将基本实现信息化向整个集团公司集成、共享、协同转变，建成郑煤集团统一集成的信息系统；信息化基础设施、核心业务应用信息系统和综合管理信息系统达到或接近同行业的先进水平。

（郑煤集团信息管理中心）

河南豫能控股股份有限公司信息化建设概况

【豫能控股的基本情况】

河南豫能控股股份有限公司(简称豫能控股)于1997年11月25日设立,1998年1月22日公司股票在深圳上市,股票代码001896,现办公地为郑州高新技术产业开发区合欢街6号。公司目前拥有1家全资子公司、3家控股子公司、2家参股企业,拥有发电机组权益容量1 042MW。公司成立以来,已累计向国家上缴税金60 180万元,向各股东方分配股利44 720万元(平均每股1.04元),税利合计104 900万元。

【信息化建设主要工作】

市场经济中,各种信息瞬息万变,把握最准确、最及时的信息,对企业的生存和发展都具有重要的作用。作为一家上市公司,信息化建设对于豫能公司来说尤为重要,因此豫能控股从成立之初,就把信息化建设工作放在十分重要的地位。

公司按照规划中"公司的信息化管理要从点、散走向面、系统化,建立多层次、多方位的信息收集、发布机制"的要求,把信息化建设作为提高公司管理效率的一件大事来抓,以信息化推动公司管理现代化。一是建立健全了组织机构,制定下发了《重大信息内部报告制度》、《重大信息保密制度》、《计算机管理办法》、《网站信息管理规定》、《信息披露工作制度》等一系列内部管理制度,从组织和制度上保证了信息化建设工作的顺利开展,并且真正做到常抓不懈,使信息化建设工作逐步走向规范和成熟。二是公司坚持做好全体员工的计算机应用、电脑软硬件、写作知识等方面的培训,不断提高员工的计算机操作水平。同时公司坚持抓好硬件建设,建设有专用的机房,同时通过"lotusnotes"软件,实现了公司内部员工之间的信息交换与共享。三是公司坚持办好一网一刊。公司专门建立网站,制定并实施《公司网站信息管理办法》,充分利用现代和传统传媒作为有效载体,宣传公司改革发展动态。同时,还组织信息员队伍,拓宽信息渠道,创建《豫能控股》期刊,为各级主管部门和广大投资者及时获取公司信息和把握公司动态提供了渠道。一网一刊为宣传公司改革、提高公司知名度,为公司的企业文化建设发挥了积极的作用。

【信息化建设的成效和发展方向】

通过多年来坚持不断地进行信息化建设,一个"敬事而信、精韧不怠"的企业团队已经出现在公众面前,公司在上级领导单位和社会公众心目中树立起了较好的整体形象。

豫能公司的信息化建设取得的成绩是显著的，今后一段时期，公司将在上级有关部门的领导下，进一步建立健全信息化管理机构，加强资金支持，以数据库建设为中心，通过广泛应用现代信息技术，做好信息和数据的采集、传输、处理、存储、分析和发布等工作，实现数据电子化、信息网络化、业务规范化、管理科学化，更好地发挥公司信息化建设的作用，为提升公司形象，提高工作效率奠定坚实的基础。

中国石油河南销售公司信息化建设概况

中国石油天然气集团公司(以下简称中国石油)是国内最大的原油、天然气生产供应商和最大的炼油化工产品生产供应商,油气产量占国内总产量的70%以上。目前,公司资产总额已突破万亿元人民币,总市值突破万亿港元,在世界50大石油公司中排名第7位,在世界500强中排名第24位。河南销售公司是中国石油下属的省级分公司,成立于1999年2月,承担着中国石油进入河南成品油资源的计划配置、批发零售和网络建设管理等职责。下辖18个地市分公司和6家控股公司。进入河南市场9年来,公司网络规模不断扩大,销售能力逐年提高,已经成为河南成品油市场供应的主渠道之一。

根据总体发展规划,除修建"西气东输复线"外,集团公司还将建设"兰州—郑州—长沙"和"锦州—郑州"两条成品油管线,其中"兰州—郑州—长沙"管线将于2008年全线贯通。此外,中国石油已初步与省政府达成战略合作意向,"十二五"期间将在河南投资建设千万吨级炼厂和炼化基地。为配合这些项目的实施,争取把更多的资源留在河南,河南公司将配套投资30亿元完善河南地区的油库、加油站布局,力争到2010年公司加油站总数超过1 000座,销量超过400万吨,销售收入突破200亿元,利税达到10亿元,总资产突破80亿元。同时,我们还将积极参与河南省的甲醇汽油、乙醇汽油、煤变油、生物柴油和可再生能源项目建设,多渠道寻找替代能源和清洁能源来缓解经济发展带来的供应压力,努力为河南经济的长远发展、可持续发展和清洁发展提供更为有力的能源保障。

中国石油河南销售公司的信息化建设,是中国石油整体信息化建设的一个缩影,经过几年的不懈努力,河南公司已经基本完成了各类信息系统和信息技术设备的引进工作。九年来,河南公司一步一个脚印,不断用信息化带动加油站管理服务升级。2001年,率先在中心城区加油站实施了油气回收系统,强化安全,保护环境,节约能源。2002年,在加油站开始了IC卡的前期试验工作。2003年,在加油站安装了液位仪系统,强化库存管理,杜绝安全隐患。2004年,实施了成品油零售管理信息系统,保证了信息准确快捷。2005年,引入专业化运输公司,建立二次配送信息网络和卫星定位车辆管理系统,使配送资源与运输资源有效整合。2006年,全面发行了中油牡丹卡,集金融服务、电子银行与中国石油会员卡功能于一身,突破了地区和时间限制。今年上半年,实现IC卡全省联网,初步实现了"一卡在手,全省加油"。

截至目前，河南公司累计投入1.1亿元资金，先后建立了财务核算系统、股份公司OA办公系统、合同管理系统、业务销售系统、IC卡加油系统、油品配送系统及内部办公系统等七大系统，覆盖了各项业务、各个环节的过程控制和信息化，将管理水平推向了一个新的起点和高度，也为满足顾客快捷方便的服务和企业高效运作创造了条件。快速发展的河南公司正以一流的信息手段作为管理的助推器，不断提升企业的信息化水平，打造信息化的河南公司和现代化的营销企业。

河南省豫农农业生产资料有限公司信息化建设概况

一、省豫农公司信息化建设情况

省豫农农业生产资料有限公司，年经营各类化肥、农药30多万吨，销售额达4亿元，是全省最大的农资经销商，销售网络和仓储体系比较健全，农资信息化建设也取得了长足发展。

一是公司创建了农资电子信息化局域网。网址为：www.hnampc.com，该信息平台共开设了20多个栏目，数据库中记录了3万余条信息，访问量已超过10万人次，免费向社会各界提供农资供求信息、国内外农资产品信息等。

二是豫农公司总部（郑州）设立了农资物流信息管理中心。在8家子公司、32个区域物流配送中心、11处仓储设施设立子节点，实现了财务、物流配送、仓储等信息的网络化传递和计算机处理。

二、信息化建设存在的问题及建议

目前，河南省农业生产资料信息化体系建设还只是处于起步阶段。其原因：一是各级政府重视不够、投入不足；二是多数信息网站都集中在大中城市，还没有深入到农村；三是网络内信息量小，信息滞后，实用性差。

建议：一是政府应加大资金扶持力度。国家和地方政府应在信息化建设方面给予资金扶持。二是应加大行业应用软件的研发、推广与使用的力度。实现网络信息共享，让网络真正发挥指导农业生产的作用。三是解决好从城市到农村的信息传递问题。利用移动通信信息平台，直接将农资供求信息传递到农民手中。

洛阳单晶硅有限责任公司信息化建设概况

洛阳单晶硅有限责任公司(简称洛硅公司)位于洛阳市九都路77号。在周恩来等党和国家领导的关怀下,于1966年建厂,1998年改制为有限责任公司。40年来,洛硅人艰苦创业,不断创新,建立起集多晶硅、直拉单晶硅、区熔单晶硅、硅研磨片、硅抛光片、太阳能电池用硅片及与之相配套的研发、检测、环保等辅助系统为一体的综合性半导体硅材料专业生产的高新技术企业。产品不仅供应国内市场,还远销东南亚、韩国、日本、美国等国家和地区,先后有22项产品获得国家和部省科技成果奖。为我国第一颗试验通信卫星升空,洲际导弹发射,核潜艇下海,"太平洋"运载火箭的成功发射,"神五"、"神六"宇宙飞船顺利运行和国内首台高兆位存储器的研发成功均作出过贡献,受到党中央、国务院、中央军委及国防科工委的嘉奖和表彰。

从2005年起,以洛硅为依托,以多晶硅为源头,内引外联,延伸了硅产业链,建起了洛阳硅产业基地。为建设新型工业基地,促进河南信息产业的发展作出了贡献。

作为高新技术企业,洛硅公司十分重视信息化建设。近年来,企业在建立信息管理机构的基础上,投入大量资金购置信息设备,开发和利用信息技术并广泛应用到生产、管理的各个方面。面对网络越来越大的信息量,公司与时俱进,不断加大宽带出口,由过去的ISDN到ADSL,再到现在的电信光纤,宽带也由最初的下行128k到现在上下行均达到了10M,网络的稳定性不断增强,公司还购置了网络管理软件,保证了网络信息的安全,员工网上操作行为得到了有效控制。

随着IT技术的发展,企业内部自建了公司邮箱,扩大了信息交流平台。为了加强信息管理,各个部门都采用了相应的管理软件,处理日常的业务工作,达到了方便、快捷、安全的目的。针对产品在工艺参数上不能得到及时调整,易造成生产损失的情况,公司信息管理部门果断将信息数据采集系统应用于生产中,在硅片几何参数测量设备ADE8300上,通过相应的接口,适时采集测量数据,通过网络,反馈到生产线的电脑上,操作人员根据得到的数据及时调整设备的工艺参数,有效地提高了产品的质量,给公司带来了较大的效益。同时,工艺工程师也通过网络随时查看生产状况,对工艺状态有更直观的了解和控制。公司还通过信息网络中设置的摄像头、监视器、声光报警器等,随时掌握生产动态和安全情况,增强了员工加强安全生产和执行工艺规程的自觉性。

我们相信,通过不断的努力,公司信息化建设步伐会大大加快,企业将步入一个健康、高效、管理更加规范的良性循环发展的快车道。

河南同诚科技有限公司信息化建设概况

【同诚公司】

河南同诚科技有限公司成立于 1998 年，是专业从事计算机网络系统集成、多媒体监控、应用软件开发的高科技企业。

我们的目标是创造一个品牌卓越、充满生机与活力并能永续经营的现代化系统集成公司。

【经营宗旨】

同诚科技的经营宗旨是诚信、稳健、创新、高效。

诚信是公司的生命和立身之本，是公司贯彻始终的最大原则。稳健是公司抵御行业风险的要求，也是公司经营的要求和保证。公司把创新作为一种常规武器和经营理念，使公司永葆超强的核心竞争力。高效是公司能保持活力、竞争力和能对市场变化作出快速反应的基本保证。

同诚科技的企业精神是：自强不息、开拓奉献。

自强不息、开拓奉献充分展示了同诚科技决心通过自己的不懈努力永远立足不败之地，力争成为中国知名系统集成商的气魄、决心和远大志向。

【公司技术能力】

（一）大型网络系统集成能力

同诚科技系统集成部具有雄厚的技术实力，在全方位的网络技术和产品、系统安装调试、网络工程技术服务和咨询等方面在民生证券有限责任公司、焦作市教育城域网、宇通客车股份有限公司等用户单位享有很高的声誉。公司技术人员熟练掌握厂家硬件产品的性能，熟悉各种操作系统、网管软件、系统平台及接口标准，帮助用户选择最佳的网络产品及网络结构，在网络工程实施、测试及维护方面具有丰富的经验。

（二）应用软件产品开发能力

同诚科技的开发人员熟悉 Linux、Windows、Netware 等操作系统以及 Oracle、SQLServer 等数据库系统。同诚科技公司软件开发的方向是以数据库为核心、面向互联网的商业应用解决方案。现在的主要产品有：同诚电子邮件系统 1.1、同诚网上报表系统 1.0、同诚 HTTP 日志系统 V2.0.3、同诚统计综合服务平台、证券集中交易系统等。

2002 年 5 月，同诚科技通过了中国信息产业部双软认证，成为国家双软认证企业，并又有 4 项产品顺利通过评审。

2003 年 6 月，同诚科技通过了中国信息产业部计算机信息系统集成认证，成为计算机信息系统集成三级企业。

“同心同德、诚实守信”，我们将一如既往，不断地提高自我，为客户提供更高更好的服务。

河南省计算机公司信息化建设概况

河南省计算机公司成立于1984年,隶属于河南省信息产业厅,是河南省规模最大、历史最长的国有计算机高新技术企业。公司位于郑州市东里路41号,拥有1 200万元资产,4 000平方米的办公、经营、科研、培训大楼。公司拥有一支稳定的、高素质的科技开发队伍,现由专、兼职高级技术人员15人及近百名专业技术人员组成,是集软件开发、系统集成、计算机销售、工业自动化控制、新产品开发和各类工程服务项目综合发展的高新技术企业。

公司成立20多年来一直以质量保证、信誉第一、优质服务、技术精湛为宗旨。强调质量和服务是立业之本,通过不断的努力,取得了长足的发展。

近年来,公司承担信息产业部、省发改委、省科技厅科技开发项目数十项,并取得了由中华人民共和国信息产业部下发的计算机系统集成三级资质认证和河南省公安厅下发的三级安防工程资质认证。先后完成了金融系统通存通兑网络系统,纺织、化工、烟机生产过程控制系统,IC卡燃气表及计算机收费系统,高级计算机多媒体教学系统等,受到了用户的广泛好评和省信息产业厅的嘉奖。

公司本着"诚、信、和、创"的经营理念,对用户——诚心实意、服务到家;对伙伴——信义双赢、互惠互利;对员工——和谐融洽、放手发展;对未来——创新求变、永不满足。坚持以市场需求为中心,以技术开发为主导,以产品质量为信誉,以长期服务为宗旨,不断开拓市场,及时有效地为用户提供各种服务。

近几年河南省计算机公司在信息产业厅党组的领导下,坚持以人为本,紧紧围绕发展这个主题开展各项工作。经过公司领导集体的正确决策和全体干部员工的不懈努力,取得了较好的工作业绩,经济效益连年递增。

目前,公司新产品、新技术的开发已有了突破性的进展:先后开发了嵌入式计算机系统产品、太阳能发电系列产品及汽车电子产品。随着这些新产品的开发、投入将大大提高公司的市场竞争力,为公司的长期发展打下良好的基础。

河南省科学技术信息研究院信息化建设概况

河南省科学技术信息研究院(原名河南省科学技术情报研究所)于1959年成立,经过48年的沿革和发展,已成为全省最大的综合性科技信息服务机构。主要从事科技文献信息资源的收集、加工、存贮、阅览、查新检索、情报研究、信息编辑、翻译等业务,为省委、省政府宏观决策提供战略信息,为河南省"科教兴豫"、科技发展规划和综合性科技管理提供专题研究报告和指导性参考资料,面向企业和社会开展竞争情报研究、科技评估咨询和课题跟踪等形式的科技信息服务。

2006年,该院经历了一场47年一遇的重大改革,在省科技厅党组的正确领导下,经过全所上下的共同努力,克服了编制大幅度减少、分流压力较大的矛盾,顺利完成了非营利科技服务机构的组建,实现了管理体制改革的平稳着陆。改革后实有全供事业编制74人,自收自支事业编制10人,企业人员18人;正高级职称3人,副高级职称23人,中级职称23人;专业技术人员的年龄、学历、知识结构更趋合理。有内设机构18个,其中综合部门7个,分别为院办公室、党委办公室、人事科(老干部科)、财务科、后勤管理服务中心(保卫科)、情报学会办公室和翻译协会办公室;业务部门11个,分别为科技图书文献中心、信息网络中心、科技文献检索中心、科技评估咨询中心、科技战略信息中心、科技电视制作中心和杂志社总编办公室、河南科技综合版编辑部、河南科技乡村版编辑部、创新科技编辑部、光盘技术编辑部。挂牌有"河南省科技宣传信息中心",代管有处级建制的自收自支事业单位"创新科技杂志社",挂靠有"河南省科技情报学会"、"河南省翻译协会"和"河南省科技创新促进会"等社团组织,主办有《河南科技》、《创新科技》和《光盘技术》三种杂志。办公楼建筑面积15 000多平方米,截至2006年底固定资产总值达4 000多万元。建筑面积、基础设施、设备条件、资产规模及综合实力等位居全国省级科技情报(信息)机构前列。近年来,该院按照"推进一项改革、打造两个平台、强化三大功能、实现四化目标"的总体工作思路,积极、稳妥地推进改革,优化资源配置,坚持主体业务,发展相关业务,抓稳定,促和谐,各项工作全面推进,服务水平不断提升,工作领域不断拓展,综合实力不断增强,为推动河南省科技进步与创新做出了应有的贡献。

郑州新益华电子技术有限公司信息化建设概况

【新益华产品的社会价值】

新农村建设与和谐社会建设的两大重点：

医疗和教育：医疗关系健康，有健康才有小康；教育关系到素质，有素质才有未来。

新益华紧跟行业和社会发展趋势，围绕医疗行业开发出的系列软件为解决社会性难题——看病难和看病贵提供了有力工具，是信息化便民利民利国的典型应用。

【公司简介】

郑州新益华电子技术有限公司成立于1995年1月，是一家专业开发医疗软件的高科技股份公司，拥有员工近百人，采用股份制管理，吸引大批优秀人才加盟。公司拥有自主知识产权，具备做大做强的基础，是国家认定的双高双软企业。12年发展，专业带来品质，目前拥有河南200多家医院用户，50家卫生院用户，24家新农合用户。成为本省知名医疗软件开发商。

【产品简介】

医院端：基本信息系统（HIS），影像系统（PACS），检验系统（LIS），医生工作站、电子病历。

社区端：门诊、住院、药品、核算和六位一体管理。

卫生局端：资源管理与应急指挥系统。

农村端：新农合管理系统，卫生院、村医室管理系统。

以上系统的应用为每个老百姓建立一份电子健康档案，进行健康管理，降低医疗费用。

【取得的成绩】

新益华取得以下成绩：

河南唯一一家开发出医学影像（PACS）系统的公司（注：该系统填补省内空白，替代进口）。

河南唯一同时拥有信息系统（HIS）—检验系统（LIS）—影像系统（PACS）版权，实现数字化医院一体化设计的公司。

河南唯一开发有数字化医院、社区医疗、农村医疗、远程医疗、数字化卫生局产品，实现区域卫生信息化产品一体化设计的公司；

在全国率先实现社区、卫生院与城市医院的双向转诊、远程会诊，从根本上为解决看病贵提供有力工具；

2004 年被河南省信息产业厅评为河南五大软件开发商之一；

2005 年被行业评为河南 IT 50 强，最具潜力企业之一；

2006 年 4 月 25 日微软、信息产业部参观考察公司，河南省政府与微软 6 月 1 日签署合作备忘录，指明与新益华合作两年内打造全国医疗信息化的示范省；

2006 年通过河南省科技厅产业化软件专项评审，获得郑州市产学研项目资金支持；

2007 年成为信息产业部国家农村信息化试点中医疗信息化产品指定软件开发商，和 INTEL、HP、SISCO、ORACLE、Linux、中信银行、商业银行、网通建立战略合作伙伴关系，是行业中的有力竞争者，而且有可能成为行业标准的引领者。

洛阳尚德太阳能电力有限公司简介

洛阳尚德太阳能电力有限公司位于素有十三朝古都之称的历史文化名城河南省洛阳市，在洛阳高新技术开发区华夏路上，由世界光伏企业排名第三、国内第一，在美国纽交所挂牌上市的无锡尚德太阳能电力有限公司与洛阳方自然人共同投资兴建。公司于2005年11月16日注册成立，注册资金9000万元，主要从事晶体硅太阳能电池及其相关产品的技术研究、生产制造及销售服务。2006年12月被河南省科学技术厅认定为高新技术企业并通过高新技术产品评审。

公司占地面积103.3亩，现有员工500余人。一期30兆瓦电池项目于2006年10月正式投产，90兆瓦扩建项目同期进行，2007年生产能力达到120兆瓦。

公司运营之初，即引入国际先进的ERP管理系统，严格遵守萨班斯法案，公司运营严谨、规范、透明。导入精益生产及清洁生产的相关理念，实行现代化的科学管理。预计2007年底通过ISO9001国际质量管理体系和ISO14001国际环境管理体系认证，产品质量已达到国际先进水平。

洛阳尚德公司在尚德集团网络式模块化创新研发体系的支撑下，在强大的人才和技术实力的支持带动下，已于2007年3月建立了企业的技术中心，并与澳大利亚新南威尔士大学、郑州大学等高校、科研院所在科研、产业化技术研究和推广应用等方面进行研究与合作。

河南莲花味精股份有限公司简介

河南莲花味精股份有限公司于1998年8月在上海证券交易所挂牌上市,是国务院重点扶持发展的520家企业之一,被农业部等8部委认定为全国第一批151家农业产业化龙头企业,也是全国最大的味精生产和出口基地。

公司下属10条事业线（味精事业南线、味精事业北线、莲天事业线、出口味精事业线、面粉事业线、小麦淀粉事业线、热电事业线、副产品事业线、环保事业线、服务事业线），拥有员工14959人，注册资金8．84亿元，现有总资产45．44亿元。

公司以“为人类的生活和健康服务”为己任,紧紧围绕粮食深加工做文章,主导产品形成了年产30万吨味精、30万吨等级面粉、5万吨谷朊粉、5万吨葡萄糖、20万吨饲料、20万吨复合肥的生产能力,并拥有装机容量8.5万千瓦、年产蒸汽220万吨的热电联供的热电厂,年转化小麦近100万吨。

公司是世界上唯一用小麦做原料的味精生产企业。公司主导产品“莲花”牌味精，在中国食品行业率先获得ISO9001国际质量体系认证。莲花味精被中国名牌战略推进委员会审定为首批“中国名牌”，“莲花”商标被国家商标局认定为“中国驰名商标”，品牌价值14．08亿元，是中国味精行业最有价值的品牌之一。莲花味精一直占据国内市场的主导地位，并远销世界20多个国家和地区，出口量占全国年味精出口总量的80%以上。莲花谷朊粉年出口量占全国谷朊粉出口总量的80%以上，产品供不应求。莲花六月春面粉通过HACCP体系认证，被授予“中国放心面”称号，已形成10大类30多个品种，莲花系列产品市场发育迅猛。

公司制定了“十一五”发展规划,致力于打造六大产品系列,分别是以味精、鸡精为代表的调味品食品系列,以谷朊粉为代表的天然植物蛋白食品系列,以葡萄糖、麦芽糖醇为代表的低热量糖食品系列,以高等级面粉为代表的小麦精深加工食品系列,素肉食品系列,保健食品系列。同时努力发展六大软产品系列,分别是味精生产技术、环保技术、小麦加工技术、策划设计技术、管理咨询技术、清洁生产技术,进一步拓展公司业务范围,提升公司盈利能力,拓宽公司发展空间。

公司充分发挥多年积聚的质量优势、品牌优势、技术优势、规模优势、市场优势和地处中国小麦主产区的资源优势,积极实施农业产业化发展战略,努力打造中国小麦深加工龙头企业和绿色食品生产基地，立足国内国际两个市场，积极参与国际大市场竞争，将产品优势逐步转化为出口优势，大步向世界强势企业迈进。

河南信息工程学校简介

河南信息工程学校是省属唯一的一所公办信息技术类中等专业学校，隶属于河南省信息产业厅，是国家级重点中专、国家技能型紧缺人才培养培训基地、国家级电工电子实训基地、全国十佳思科网络技术学院之一、电子信息产业高技能人才培训基地、河南省职业教育先进单位、河南省最具影响力的十佳职业院校之一、河南省信息技术职业教育集团依托单位、省就业与再就业先进单位。

学校位于郑州市金水区，南临风景秀丽的滨河公园。占地面积146亩，建筑面积8万多平方米，图书馆藏书35多万册。环境幽雅，交通便利，是理想的学习和深造场所。

学校拥有一支年富力强、爱岗敬业、知识结构合理的教师队伍。现有专职教师160人，其中高讲、讲师130人，拥有硕士学位的教师36人，有8名省部级优秀教师，教学实践经验丰富、教学质量高。学校现开设18个专业，共有在校生5500人。

学校拥有60个专业实习实验室、1100余台计算机、10个大屏幕教室，以及先进的语音教室、多媒体电子阅览室、与国际互联网宽带互联的校园网等，教学设施完善，教学手段先进。2005年学校获得财政部、教育部国家电工电子实训基地项目，设备投入320万元，增建15个专业实验室，现已投入使用。

学校长期坚持校企联合办学之路，以就业为导向，面向市场，面向企业，强化学生全面素质和专业技能培养，先后与思科网络、神州数码、北大青鸟等大型IT企业合作，引进先进课程培训体系，成立了全国中职学校唯一的一所思科网络技术学院。2006年，学校与德中机电集团公司进行了深入合作，开设"中德班"，运用德国"双元制"教学模式，专门为德国在华企业培养机电一体化专业技术人才。学校设有国家级特有工种技能鉴定站，面向全社会进行职业技能鉴定，毕业生一专多能，一人多证，深得用人单位普遍好评。

学校注重对外交流与合作，与高校联合开设信息技术应用管理专业大专班和本科班；与西平县职业中专、温县长城计算机学校等职业学校进行了联合办学，开设了分校。在优势互补、互利共荣的前提下，大力开展城乡职业教育合作，受到了上级教育部门的重视和好评。

2005年8月26日，国务委员陈至立在教育部部长周济、省委书记徐光春等陪同下来校视察，对学校的办学特色给予充分肯定，并欣然题词：发展职业教育，促进中原崛起。

河南中原商贸城开发有限公司简介

河南中原商贸城开发有限公司成立于2005年4月，注册资本3 000万元，是由多家浙商企业联合成立的专业从事商贸市场开发的公司。公司总部设在郑州市荥阳市，有各类大专文化以上专业技术和管理人才150多人，下辖工程部、监理部、财务部、行政管理部、营销部、招商部、广告部、电子商务部等。

公司秉承"中原崛起，荥阳腾飞"的发展原则，以培育市场，繁荣市场为宗旨，开发建设的特大型"中原国际小商品城"位于郑州市的主干道——中原西路两侧，距郑州市委、市政府仅13公里，总投资40亿元人民币，总占地面积5 000亩，分三期完成。规划总建筑面积400万平方米，是中原地区首个小商品一级批发交易大市场，吸引广大浙江一级批发商截流长江以北的客源，以内贸为主，拓展国内市场份额，将真正打造成中原商贸地产航母。

整个商品城预建有四栋高层、按五星级标准设计的中原国际大酒店、中原国际数码港、小商品生产研发中心、国际会展中心，组成本项目的高档次商业中心——新街口广场，商业用沿街商铺约有30 000个，下设各分市场：香港精品城、义乌小商品城、温州机电城、永康五金城、上海珠宝城、海宁皮革城、绍兴服装轻纺城等，同时规划有仓储中心、物流中心、商品配送中心、餐饮、超市、银行、邮局、医院、学校等公建配套。首期建设约150万平方米，预计投资15亿元，约10 000个商铺，计划于2008年完成建设。后两期交叉滚动开发，3—5年完成整体建设。

"中原国际小商品城"的市场培育成功后，将成为河南省最大的物流中心、仓储中心、产品交易批发中心、新产品研发展示中心、信息电子商务中心，商品城年交易额300—500亿元人民币，可安排约16万人就业，将有近2000家浙江相关企业、厂家随迁至"中原国际小商品城"及周边地区，形成大规模的产业链，使当地的商贸、物流、工业、交通运输、餐饮、旅游等相关产业迅速升级，形成产业龙头，激活本地经济，加快地区经济发展，为中原崛起作贡献。

郑州市社会信用服务中心简介

郑州市社会信用服务中心是郑州市人民政府批准成立的征信服务机构,具体负责社会信用信息的收集、整合、管理和发布,以及郑州市信用信息数据库的建设和管理。

郑州市社会信用服务中心自成立以来围绕建立企业信用信息数据库先后共征集录入16 413家企业和3 076家事业单位的信用信息,其中包括全市各类企事业单位有效信用信息140余万条,基本注册登记信息132.4万条,良好信用记录2 000条,不良信用记录3.5万条,财务经营信息5 000条。

2005年1月"郑州信用"网站开通。该网站是郑州市信用宣传的窗口,是政府为企业、投资者和市民提供信用服务的平台。主要有企业信息查询、企业守信与失信行为信息发布、信用理论宣传等几大功能。

信用法规建设是社会信用体系建设的重要保障。郑州市社会信用服务中心会同郑州市法制局拟定了《郑州市企业信用信息管理办法》(草案),2007年3月顺利通过了市政府秘书长办公会议的审议。

除了做好以上工作,三年来郑州市社会信用中心单独或联合其他单位多次举办信用宣传活动,并及时向市委、市政府、市人大常委会汇报工作进展情况。2006年、2007年郑州市社会信用服务中心两次荣获团郑州市委颁发的"青年文明号"称号。

河南省宛西制药有限公司简介

河南省宛西制药股份有限公司主要生产以“月月舒”牌痛经宝颗粒和“仲景”牌六味地黄丸、逍遥丸为代表的系列中成药产品。“月月舒”、“仲景”两大商标先后荣获“中国驰名商标”,“仲景”牌六味地黄丸、逍遥丸多年全国销量第一,企业先后荣获“全国中药行业优秀企业”、“全国五一劳动奖状”、“全国先进基层党组织”、“河南省优秀民营企业”、“河南省重点支持企业”、“河南省工业百强企业”、“河南省信息化建设示范单位”等称号,连续多年被认定为中国中药五十强。

公司坚持以仲景文化为核心,以技术创新为动力,以树立百年品牌为核心竞争力,以产业化发展为内涵,用信息化助推企业发展,全力实现由“制造”向“创造”的转变。坚持“突出继承弘扬张仲景中医药文化,突出八百里伏牛山中药材资源优势,突出中药现代化、制造现代中药”的经营理念和“为员工创造机遇,为社会创造财富,为人类创造健康”的文化理念,秉承“让老中医放心,让老百姓放心,让老祖宗放心”的社会承诺和“药材好,药才好”的制药理念,坚持用现代科技手段武装传统产业,设立了河南省唯一的中药现代化工程技术研究中心和河南省同行业首家博士后科研工作站,全面引入ERP管理系统和CRM供应链系统,建成集光电感应、视觉成像、在线检测等现代质量控制技术于一体的国内首家中药浓缩丸全自动化生产线,完全实现借用现代信息化手段对生产、经营、营销、对外联络的无间隙覆盖。

未来的发展,公司将积极引进、吸收、应用现代信息化的最新成果,利用信息化带动、提升工业化、现代化、产业化水平,将公司发展成集张仲景文化研究、张仲景药材基地建设、张仲景经方产品开发、张仲景大药房零售、张仲景医院、张仲景养生院医疗保健于一体的典范企业。建成中国经方药物开发、生产、应用基地,为社会提供更为全面、更为方便、更为优质的康复、保健服务,做行业先锋,树世纪品牌,创百年企业,为弘扬发展祖国中医药文化事业作出新贡献。

八、附录

河南省信息化工作大事记
（1994—2000）

一、1994年8月4日，河南省信息中心与国家信息中心、中国吉通公司在郑州签订《建设河南省金桥节点（网络分中心）协议》，国家信息中心副主任杜链、中国吉通公司总经理齐鸣秋、河南省计经委副主任夏宗勇出席签字仪式。1994年9月12日，国家经济信息化联席会议副主席胡启立主持，邹家华副总理参加，河南省、北京市、上海市、天津市、辽宁省等24个省市与中国吉通公司、国家信息中心在北京人民大会堂正式签订了“金桥”工程启动建设项目协议。

二、1996年5月14日，河南省经济信息化领导小组成立。省政府常务副省长李成玉任组长，省政府副秘书长侯国富、省计委副主任夏宗勇任副主任。领导小组下设办公室，办公室设在省计委，夏宗勇兼任办公室主任。

三、1996年10月11日，河南省经济信息化领导小组召开第一次会议。会议由省经济信息化领导小组组长、常务副省长李成玉主持。会议的主要精神和决定的事项是：进一步提高对经济信息化战略意义的认识；提出了河南省信息化建设的指导思想和方针；加快制定我省信息化规划；以省政府综合信息网为示范，加快联网建库工作；设立省经济信息化专家咨询组；加强信息化人才培养和教育工作；加快制定信息化的政策法规和措施，推动信息产业发展；加强信息化工作的领导和协调工作。

四、1996年11月7日，河南省经济信息化领导小组专家咨询组成立。专家组由郑州大学教授苏锦祥、郑州工业大学教授张嘉一等11位专家组成，张嘉一教授任组长，苏锦祥教授任副组长。

五、1997年7月，河南省经济信息化领导小组更名为河南省信息化工作领导小组。

六、1997年8月27日，省经济信息化领导小组在郑州召开第一次全省信息化工作会议。会议的主要内容是传达全国信息化工作会议精神，讨论部署全省信息化“九五”规划和 2010 年发展纲要。各市地主管信息化工作的副市长、副专员、信息化办公室主任,省直有关单位负责同志参加了会议。常务副省长、省信息化工作领导小组组长李成玉发表了重要讲话,对全省信息化工作进行了部署:把信息资源开发和利用放在首位;积极参与国家重点信息工程的建设;加快发展电子信息产业;大力加强重点领域特别是农业领域的信息化建设;加强全省信息网络建设和管理;广泛开展信息化的社会宣传和普及教育工作;研究制定信息化的政策、规章和法律。李成玉还就如何加快全省信息化建设步伐提出了要求:进一步提高对信息化工作的认识;认真做好本地区、本部门的信息化规划;切实抓好领导机构的组织建设。

七、1997 年 7 月 26 日,河南省信息化工作领导小组将省信息办编制的《河南省信息化"九五"规划和 2010 年发展纲要》上报国务院信息化工作领导小组办公室。1997 年 12 月 1 日,国信办致函省信息化工作领导小组:河南省信息化规划符合全国信息化工作会议精神,密切结合本省的实际情况,目标具体,重点突出,从总体上说,可以用于指导全省信息化建设。常务副省长、省信息化工作领导小组组长李成玉批示:先按规划分步实施。

八、1998 年 9 月 8 日,河南省信息化工作领导小组与省计划委员会联合下发《关于发展我省信息资源上网的实施意见》【豫信办(1998)4 号】,针对在信息网建设中存在的"有路无车"和"有车无货"的现象,强调"搞好信息资源的开发,是信息化工作的核心,又是一项长期和艰辛的任务,各单位必须高度重视,务必把信息资源开发工作落实到具体部门和人员,建立考核机制,使这项工作逐步规范化、日常化"。

九、1998 年 10 月 5 日,河南省人民政府办公厅下发《关于解决我省计算机 2000 年问题的通知》,指出:为了加强综合协调和督促检查工作,省政府决定,由省信息化工作领导小组办公室(设在省计委)负责全省解决计算机 2000 年问题的组织协调、宣传指导和督促检查工作。随后省信息办组建了由银行、电力、电信、民航、铁路、医疗、供水、供气等重点部门构成的计算机 2000 年问题应急小组,组长由省计委副主任连维良担任。

十、1999 年 6 月 30 日,河南省人民政府办公厅下发《关于认真搞好政府上网工作的通知》【豫政办(1999)36 号】,指出了政府上网的性质、意义、指导思想,规定了政府上网的范围、内容,明确了政府上网的保密、安全保护责任,要求省信息化领导小组办公室做好上网的组织工作。

十一、1999 年 11 月 28 日,省委常委、宣传部部长林炎志主持召开省数字图书馆建设工作会议。会议确定:成立河南省数字图书馆工程领导小组,省委常委、宣传部部长林炎志任顾问,省政府副省长陈全国任组长;成立河南省数字图书馆工程委员会,工程委员会下设办公室,办公室设在省信息办;第一批上网单位为省图书馆、郑州市图书馆、郑州大学图书馆、郑州工业大学图书馆、河南医科大学图书馆、省中医学院图书馆、省博物院、省农科院、省科技情报信息中心、解放军信息工程大学等 11 家单位。

十二、2000 年 4 月 10 日,河南省委下发《河南省人民政府机构改革实施意见》。关于信息产业和信息化工作部门的机构改革意见是:不再保留电子工业局、无线电管理委员会、省信息化工作领导小组办公室(现设在省计委),组建信息产业厅。

(河南省信息中心　卫乃良)

河南省信息化工作简要回顾

胡锦涛总书记在党的十七大报告中指出:“全面认识工业化、信息化、城镇化、市场化、国际化深入发展的新形势新任务,深刻把握我国发展面临的新课题新矛盾,更加自觉地走科学发展道路,奋力开拓中国特色社会主义更为广阔的发展前景。”胡总书记还指出:“发展现代产业体系,大力推进信息化与工业化融合,促进工业由大变强,振兴装备制造业,淘汰落后生产能力。”胡总书记的指示站在历史的高度,立足社会主义初级阶段的国情,科学分析我国全面参与经济全球化的新机遇、新挑战,进一步明确了今后一个历史时期我国发展和改革所面临的历史任务,确立了信息化在我国现代化进程中的战略地位。

在省委、省政府的领导下,在全省经济社会快速发展所产生的对于信息化的强烈需求驱动下,河南省信息化建设得到快速发展,信息化发展的速度远远超过了预想期,对全省经济社会发展的影响也日益显著,成为全省实现科学发展的一个战略因素。

一、信息化意识普遍提高

从20世纪80年代初计算机的单项应用到21世纪初计算机、通信、信号处理等技术的综合应用,全球信息化得到快速发展,人们的信息化意识普遍提高,各级领导对信息化工作更加重视。省委、省政府专门成立了河南省人民政府信息化办公室、河南省信息化工作领导协调小组、河南省电子政务建设领导小组,建立了网络与信息安全协调工作联席制度,针对河南实际,制定了各种推进信息化的文件,编制了“十五”、“十一五”河南省信息化专项规划,指导全省信息化的发展。省委书记徐光春亲自提名编写了《信息化助推中原崛起》,省长李成玉在2006年亲自与比尔·盖茨签订合作备忘录,陈全国副书记亲自负责协调农村党员干部远程教育系统建设,李克常务副省长亲自主持召开了电子政务协调小组会议,史济春副省长在济源市基于互联网试点报告中批示:基于互联网电子政务是一种创新。各省辖市以及部分县(市)成立了信息化工作办公室,信息化在国民经济和社会发展中的战略地位已经得到了充分肯定。

二、企业信息化效益显著

信息化从20世纪80年代初的萌芽到21世纪初的广泛应用,使企业得到了快速发展。目前,大型企业已经从信息技术的单项应用向综合应用转变,摆脱了传统的手工设计,实现了网上管理及网上销售,生产方式也向自动化、智能化转变,提高了企业领导的决策能力和企业的经济效益。省政府于2006年制定了大力支持中小企业网络服务平台建设的意见,有力地推动了中小企业信息化发展。

三、农村信息化有了新的突破

进入21世纪以来,党和国家非常重视新农村建设,农村信息化有了新的突破。省信息产业厅、农业厅、商务厅、文化厅、气象局、畜牧局、通信管理局等单位积极支持农村信息化建设。商务厅实施"幸福工程",畜牧局实施"金牧阳光"工程,农业厅实施"三电合一"工程,都取得了显著成效。信息产业厅于2006年重点抓了漯河、许昌两市农村综合信息服务试点,争取信息产业部约400多万元的支持,同时支持信息培训基地建设,取得了显著效果。省委组织部重点抓了农村党员干部远程教育系统的建设,已覆盖到96%左右的行政村。省通信管理局重点抓好村村通工程,解决了农村信息闭塞的问题。

四、领域信息化快速推进

以"金"字工程为代表的重点领域信息化取得了快速发展,效果显著,"金税"、"金质"、"金保"、"金盾"、"金土"、"金关"、"金桥"等工程为全省经济社会发展起到了积极的推动作用。特别是为民、为企业服务的效果显著,创造了经济效益和社会效益,受到了国家有关部门的表扬。

五、电子政务收效明显

为了加快河南省电子政务建设,省委、省政府专门成立了河南省电子政务建设领导小组,制定河南省电子政务规划和建设指导意见。为了认真贯彻十七大会议精神,省电子政务建设领导小组于2007年12月28日又专门召开了小组成员单位会议,专门听取领导小组办公室的汇报,专门就今后三年电子政务与信息安全工作进行了讨论,并一致同意以省委、省政府办公厅名义转发,指导全省电子政务和信息安全建设。目前,全省统一的电子政务网络平台已初步形成,公共服务、公共管理逐步展开,四大基础数据库正在建设完善。电子政务在促进机关工作创新,改变政府传统工作模式,提高政府办事效率和工作水平等方面发挥了重要作用。

总之,河南省信息化建设正在向全面、深化、应用的方向发展。今后应积极贯彻落实十七大会议精神,充分认识信息化发展的新形势,紧紧抓住信息化发展带来的新机遇,理清信息化发展的新思路,明确信息化发展的新任务,加快信息化与工业化融合,促进我省经济社会又好又快发展。

(河南省信息产业厅　彭八牛)

河南省信息化相关指标基础数据

电子信息产品制造业

2002—2006 年河南省电子信息产品制造业主要经济指标完成情况

单位:亿元

指标	2002	2003	2004	2005	2006
工业总产值	185.28	242.13	188.95	223.84	289.11
产品销售收入	112.78	166.72	219.86	227.27	288.64
工业增加值	27.38	44.06	55.36	56.70	59.33
利润总额	5.43	11.82	14.88	7.37	8.55

数据来源:河南省信息产业厅

2002—2006 年河南省主要电子信息产品产量情况

指标	单位	2002	2003	2004	2005	2006
集成电路						
程控交换机						
移动通信交换机						
移动通信手机						
微型计算机	万部				2.4	4.08
彩色电视机	万台	125	158	164.2	176.7	163.7
电子元件	万只	42 036	49 948	59 291	66 525	59 720

数据来源:河南省信息产业厅

通信业

2002—2006 年河南省通信业务主要经济指标完成情况

单位:亿元

指　标	2002	2003	2004	2005	2006
通信业务总量	228.81	316.76	436.01	556.51	721.42
其中:电信业务总量	205.16	290.34	407.74	524.7	684.9
其中:固定通信业务总量	91.42	95.23	113.44	128.4	148.1
移动通信业务总量	113.74	195.11	294.30	396.3	536.8
邮政业务总量	23.65	26.42	28.27	31.81	36.52
通信业务收入	180.19	204.43	226.02	261.01	299.72
其中:电信业务收入	156.29	178.73	198.69	232.5	268.1
邮政业务收入	23.90	25.70	27.33	28.51	31.62
电信业增加值	78.84	112.37	129.28	146.4	178.3
电信固定资产投资额	59.3	73.2	73.6	80.1	84.8

注:通信业务总量 = 电信业务总量 + 邮政业务总量;电信业务总量 = 移动通信业务总量 + 固定通信业务总量;通信业务收入 = 电信业务收入 + 邮政业务收入。

数据来源:河南省通信管理局、河南省邮政管理局

2002—2006 年河南省通信网络基础设施发展情况

指标	单位	2002	2003	2004	2005	2006
光缆总长度	公里	146 416	161 296	194 135	211 680	240 787
长途光缆总长度	公里	23 075	26 649	32 644	33 093	33 536
局用交换机容量	万门	1 099.18	1 159.7	1 296.62	1 349.6	1 376.3
移动通信交换机容量	万户	926.00	1 184.50	1 679.00	2 089.2	2 936.3

数据来源:河南省通信管理局

2002—2006 年河南省电话用户发展情况

单位:万户

指　标	2002	2003	2004	2005	2006
电话用户总数	1 947.3	2 443.43	3 017.34	3 678.5	4 378.7
其中:固定电话用户总数	1 181.34	1 370.86	1 625.03	1 863.5	2 027.5
其中:传统固定电话用户	1 181.34	1 262.3	1 377.34	1 504.3	1 581.2
无线市话(小灵通)用户		108.56	247.69	359.2	446.4
移动电话用户总数	765.96	1 072.57	1 392.31	1 815.0	2 351.2

注:电话用户总数 = 固定电话用户总数 + 移动电话用户总数;固定电话用户总数 = 传统固定电话用户 + 无线市话(小灵通)用户。

数据来源:河南省通信管理局

2002—2006 年河南省电话普及情况　　单位:部/百人

指　标	2002	2003	2004	2005	2006
电话普及率	20.26	25.28	31.05	37.66	44.59
通话行政村比重				100%	100%
主线普及率					
固定电话普及率	12.29	14.18	16.72	19.08	20.65
移动电话普及率	7.97	11.10	14.33	18.58	23.94

注:“主线普及率”是指每百人电话主线数。

数据来源:河南省通信管理局

广播电视

2002—2006 年河南省广播电视发展情况

指标	单位	2002	2003	2004	2005	2006
广播综合人口覆盖率	%	94.50	95.50	96.03	96.36	96.51
广播电台	座	19	18	18	18	18
广播节目套数	套	103	103	104	142	146
电视综合人口覆盖率	%	95	95	95.96	96.16	96.42
电视台	座	18	18	18	18	18
电视节目套数	套	142	142	132	162	164
有线电视用户	万户	325	353.40	338.33	480.86	505.70
有线电视普及率	%	13.48	13.96	14.74	18.72	18.34
有线电视传输网	万公里	0.77	1.00			9.75

数据来源:河南省广播电影电视局

计算机与网络

2002—2006 年河南省上网用户发展情况　　单位:万户

指标	2002	2003	2004	2005	2006
上网用户总数	208.40	245.81	273.36	275.00	327.40
其中:专线上网用户数	0.41	0.14	0.10	0.10	0.19
拨号上网用户数	159.41	207.27	187.38	135.70	124.00
宽带上网用户数		38.40	85.87	139.20	203.20

注:通过多种方式上网的用户被重复计入各种上网方式中,因此各种方式上网用户数之和可能大于上网用户总数;专线上网用户指通过以太网方式接入局域网,然后再通过专线的方式接入互联网的用户;宽带上网用户指使用 xDSL、CABLE MODEM 等方式上网的用户。

数据来源:河南省通信管理局

科研与人才

2002—2006 年河南省科研与人才基本情况

指标	单位	2002	2003	2004	2005	2006
专利授权数	件	2 590	2 961	3 318	3 748	5 242
科研与开发(R&D)经费支出额	亿元	29.30	34.1	42.4	53	79.84
R&D 经费支出占 GDP 比重	%	0.47	0.49	0.48	0.53	0.64
教育经费占 GDP 比重	%	2.51	3.6	3.38	3.37	3.34
从事科技活动人员总数	万人	14.32	14.64	14.44	15.81	17.72
*在校大学生人数	万人	72.85	85.59	105.12	145.53	167.45
其中:信息技术类专业人数	万人					1.35

*注:指大专以上在校大学生人数。

数据来源:河南省统计局、河南省教育厅